近代中外交涉史料丛刊

海國公餘輯錄

（附杂著）下

张煜南 辑
王晶晶 整理

卷五　海国轶事

高　楼　特　志

循梯而上,简文传百丈之奇;拾级而登,公孙有十层之胜。尽堪望气,上与云齐,虽非海市之寓言,实类广陵之绝响。盖自古迄今不数觏也！不谓美国纽约埠所建高楼,几欲驾而上之,亦足见其穷奢极侈矣。缘该处近筑二楼,一计十有五层,其下五层纯用钢铁,其上十层纯用砖瓦,而金迷纸醉,气象辉煌,登斯楼也,大有心旷神怡之象。一计九层,规模宏敞,亦擅胜景。总二楼经费约计扶令二兆枚,合银元五十万枚。设令禹偁复起,而欲重构《竹楼记》,则于齐云、落星、井干、丽谯之外,又添一则文料矣。

一楼也而穷泰极侈如此,可以知其俗矣。

奇　技　遥　传

有赫灵人造一报时钟,获售英金四千磅。其面针所指,如德之赫灵正十二点钟者,兼知德京、俄京、上海、印度、墨特拉、美国极西之旧金山、地球极南之澳洲,兼英之都会,其时为几点几分,皆可一望而知,然犹未足为奇也。每至夕间八点钟时,即有少年八辈联袂而出,延请贵客入礼拜堂诵经,诵声琅琅然也;堂中悬电灯一盏,电光闪闪然也;一少妇端坐弹琴,琴声泠泠然也。至每年除夕亥末子初之际,有二人出铜湾,呼号骤鸣,一若曰"迎新年",盖送者先吹而退,迎者始奏其技也。每年五月间鹁鸪出,其声若曰"布谷";六月间鹁鸠群飞焉;十月间朝雉飞焉,一猎者如英人装束,枪鸣而雉落,其人趋前,雉纳囊中而退,皆奇巧不可思议。且每日黎明之顷,有小铃,声清越以长旋,有宛转奏听者,若曰:"天明了天明了!梦醒否梦醒否?睡起罢睡起罢!"尤足发人深省也。天下之奇巧无逾于此者矣。

不过一自鸣钟耳,幻出如许奇观!壶中天地,费长房不得擅奇于前矣。

山 海 志 奇

《庄子》云:"北溟有鱼,其名为鲲。鲲之大,不知其几千里也。化而为鹏,扶摇九万里,其翼若垂天之云。"然则生物之大,孰有过于水、羽两族者哉?昔康熙朝琼州居民,时当白昼,忽见黑云蔽天,腥风扑鼻,父老之有识者曰:"此必大鹏鸟过也。恐其下粪,则吾族无噍类矣。"乃相与走避。及天色晴霁,居民回村,见鹏粪高积,状如丘陵,居民数十家覆压殆尽。遗下鹏羽一枝,大可覆数亩,其毛管中有人乘马而入,尚觉绰绰有余。正德末,有鸟黑色,大如象,张翅如船篷,飞入长安门内大树上,民家所养鹅鸭被啄而食之,如食虫蚁,数月方去,人以为海雕也。又昆仑有大鸟,其名曰希,左翼覆东王公,右翼覆西王母。然则晋时所云海鸟,毛长三丈,诚卑卑不足道矣,羽族之巨者有如此。

沈作哲尝过海上,至普陀山,见海中数十里外有旌旗掩映,如军行数万骑,汹涌东下。问其人,曰:"此大鱼耳。所见旌旗乃其鳞鬣也。"岭南节度使何履光所居傍大海,自言亲见大异有三:一曰海中有两巨山,相去各六七百里,晴天远望,青翠如滴。开元末,海中大雷雨七日,有人从山边来,云:"有大鱼流入二山之中,进退不得。其腮挂一崖上,七日而山崩,鱼乃得脱。"二曰海中有洲,纵横数千里,洲上有物,状如蟾蜍数枚。大者周回四五百里,小者或百余里。每至望后则口吐白气,上透于月,与月争光。三曰海中有山,周回数十里。每夏初,则有大蛇如山,长不知几百里,以身绕山数十匝,然后垂首饮水。一日忽见蛇与山被吞殆尽,亦不知吞者是何物也。《集异记》:"裴迪光,开元七年都督广州,仲秋夜漏未尽,忽见天已放晓,星没鸟飞,举郡惊异。裴公衣冠而出,则广州将吏已集门矣。询诸司更者,则三更尚未尽也。良久天复昏暗,夜景如初,官吏咸执烛而归。数月后,有商船至,因谓郡人曰:'八月十一日舟至某处,忽遇巨鳌出口,双目如日,照耀千里,久之始没,夜色依然。'征其时,则裴公集宾僚之夕也。"《广异记》载:近世有波斯乘船泛海,飘入一岛,山上皆珍宝玛瑙诸物,乃将己贱货弃去,取载满船。忽遇胡人,令其速发,谓:"山神将至,必当吝惜,汝船不能归矣。"于是挂帆行四十里,遥见峰上有赤物如蛇形,久之渐大,胡人曰:"此山神惜宝来追也。"俄见两山从海中出,高数百丈,胡喜曰:"此两山者,大蟹螯也。其蟹常与山神斗,神多不胜。今蟹出,无忧矣。"大蛇寻至,蟹与斗,夹蛇头,死于水上,如连山。船人由是得济。《玄中记》:"北海中之蟹举螯如山,其身固在水中。"佛经论:有商人五百入海采宝,见摩竭鱼王开口,船去甚疾。舟师问楼上人何所见?答曰:"见有三日及一大白山,水奔流如入大坑。"舟师曰:"三日者,一是真日,二是鱼目。山是鱼齿。若奔入鱼口,我曹死矣。"时船中有僧,令众人但诵南无佛,鱼便合口。众由是得免。水族之巨者又如此。由是以观,可见天下之大无奇不有,特未可为管窥蠡测者道耳。

水、羽两族举出如许证据,若见若闻,令人谈虎色变,可谓驰域外之观。

海 外 诗 人

上古泰西诸国诗歌肇端希腊。瞽者和美耳最长于诗,其生平著作,当时已脍炙人口,后人为之校定成集,分上下二部,到今流传。闺秀撒弗,工于小诗,分为九卷,率多咏新婚慕悦之辞。其诗皆思致缠绵、情意真挚,易于使人兴感。所作诗句,长短皆有定式,不得少有紊乱,大都率不押韵,非若近日之多作韵语也。自英国伊底罗义兴起,咏物言情,如牧童歌、四季诗、女师诗,及礼拜六晚农夫归家之状、生民流落荒寂无人之村诸篇什,以及米罗敦所作"忧喜二诗",米勒敦著长诗二卷,皆详咏亚当出离落园之事,并久见重于世。迩来诗人,大辟所传,格调苍古,出笔不凡。德微士年届垂暮,犹娴诗歌,与里人结为诗社,人比之白香山。傅兰雅诗有风趣,其人立志欲取各国从军之诗,绎为一书,将使人能自警心,胜残去杀,著想甚奇。白思士尤以诗著名于世,死后建屋坟上,石刻其像于中央,以示景仰,其感发人者深也。法人哥内罗、拉先滋二家,皆善作哀怨凄凉之语,令人心恻。意大利人丹低深明世故,兼善立言,所著长诗一集,中分三卷,卓卓可传。德人勒星始以诗名,兼擅词曲,迨中朝嘉庆之初,其国之世落耳,与哥底皆善于诗,而世落耳尤喜描写古人忠孝义烈之事,闻者莫不兴起。哥底素称博学,浸淫于诗教者深,其诗虽较晚出,而名则高驾于勒、世二人之上。白休士之夫人谓叶韵希腊古时多有之,与三百篇同旨,独抒伟论,亦大难得。奥国玛加部诗人越恺者,有诗名,西人以李太白例之,与毕相论欧洲全局,动中肯綮,其人正不止以诗名也。印度有斐哈长于抡颂,法部西工言情,语奇趣溢,各极其妙。日本则金尾蓝田、大鸟圭介公二君皆能自辟坛坫,与中国星使相酬酢。梁伟《琼浦集》有赠马细香女史诗,极其风致。他如大窪天民有《诗圣堂集》,柏木昶有《晚晴堂集》,菊池五山有《五山堂诗话》,皆称绝句名家。安南则梅庵公主,为国王女弟,著有《苇野集》《仓山公诗词》,古朴可诵。张登懽诗笔尤敏妙,亲逢国破,流离于北宁之雅南,几与杜少陵遭逢丧乱同一苦况。琉球则有天王寺诗僧号瘦梅,万松院诗僧号不羁,一以赤龙青鸟得名,一以白云黄叶擅誉。二僧皆推重一时,不染尘俗,翘然出物表。凡此者,皆标名海外,能拔戟自成一队者也,孰谓扶舆清淑之气止钟于中国哉?

按,海外之诗,流派甚远,其体制与中国稍异,然情见乎辞,出于口,无非根于心。不事雕饰,节拍自然,亦无害其为异域风谣也。昔周太史乘輶轩巡行天下,采取十五国风诗以上贡庙堂,用志一时歌咏之盛。余居棉兰,暇取各国所传诸诗而评论之,略举其概,非敢谓惬心贵当,第求无失风人之旨云尔。

德 国 兵 官

郭筠仙《使西纪程》云:"德国兵官,其人白皙文雅,读书不辍,即嬉戏中常不忘武备。一胡桃也,有以额触之而碎者,于是群引额撞之,或碎或不碎,而皆轰击有声。或横一指于上,引拳击之,立碎;或纳胡桃肘下,伸腕舒掌拳,一手拍掌上,立碎,见之咋舌。日间常十余人为投石超距之戏,一人曲腰立,其余诸人相距十余步,以次疾趋,按其腰,张两足,一跃而过;继乃量地三尺,投石为记,不准纳足其中;渐增至五尺,则飞跃而过者两人而已,余皆纳一足石限内。已而六七人曲腰立,相距各五尺,十余人连跃而过,无一虚步,从容嬉笑,沛然有余。"彼处人材如此劲健,宜其国兴起未艾矣。

兵贵素练,平时偷惰自安,临事欲其摧坚,难矣。泰西之兵无不以投石超距为戏者,岂特德人为然哉?

那威士哥沙风俗

颐仙辑《时务大成》云:"友有自南洋回者,谈该处风俗,谓该地僻处南洋,为英国所属。岛中土人穴居野处,不知稼穑,食草木之实,饮鸟兽之血,恍与上古洪荒相似。然素性纯良,孝友相尚。父母有疾,为子者昼夜旁皇,以头触地,愿以身代及父母;疾没则蹩踊号哭,自击其首,愿与俱死。此虽愚孝,而人心不昧,天理常存,亦自可嘉。一山之中,倘有病故者,别山之人亦代举哀,以寓物伤其类之意。婚姻之道,无所谓纳采问名,若某家有女,愿为之婿者,闲时猎取鱼鸟等物,奉其父母殷勤备至;俟岳家欢喜,即与其女同居。常有一夫而得数妻者,怡然共处,不闻诟谇之声,无俟仓庚疗妒,其素性然也。"

按,泰西诸国不讲伦纪,父子异居,视若陌路,其习俗然也。乃威士哥沙国则不然,秉性纯孝,亲疾则愿以身代亲,没则愿与俱亡,已足令人起敬;至交谊之联,秦越无异,视数妻共处,诟谇不闻声,此等仁厚之俗,虽中国犹惊为未逮,不图竟于蛮貊之邦得之,所见亦罕矣。

奈儿娘娘

埃及国境内向多水患,因海水流入内地,有害居民。其流入之处有大河曰"奈儿河",每年潮汛之期,合境咸以为苦。初时有贞女某，矢愿筑坝御此水灾。惟水流湍急，成功匪易，竭数年之力尚未合龙，乃鼓励众人，而观望徘徊，不克奏效。贞女恐其功败垂成，乃跃入水中殉之。众人急救，已是不及，于是念贞女苦衷，竭力经营，始得筑成一坝，即范贞女之像建设坝中，名曰"奈儿娘娘"。每逢身殉节期，则举国停工，绿女红男纷集祭奠，必杀一人投入水中，如河伯迎娶故事，如是者凡三日，始各回家。今杀人之事虽已禁止，而殉水节期依然热闹也。

按，大河水患各邦有之，而埃及奈儿河受害尤深，咸思筑坝一道，以捍风涛，第筑坝非难，合龙为难，不得一人焉以身殉之，恐终难奏厥成功。录贞女一节，奇在巾帼中竟有是人，是足以风世矣。

屋加民挥锤

颐仙辑《时务大成》云："德国之克虏卜制造厂周围数十里，所用工匠数万人，所蓄驼马等物以供转运之役者亦以千计。然则该厂之巨，实天下莫之与京矣。德皇前往该厂游幸，主人克虏卜君亲随皇后，以备顾问。皇游历诸处，多所许可。既而至一大铁锤下，其锤高悬空中，重不知凡几千万斤。锤之上落，均以机器为转运。皇阅至此，乃叹曰：'伟哉此乎！'克君乃奏称此为钝物，犹不足奇；最奇者，管理此锤之人，名曰屋加民，工巧绝伦，能以人手按锤之下，乃挥锤如风，从而下击。及其坠也，竟不及于手，不过仅差毫发之微耳。皇曰：'有此绝技，可试一观。惟此险工，不宜以人手轻于尝试。'乃在衣袋中取出御用之金钻时表一具，置诸厨下之砧中，命为演试。屋加民运动机器，锤即从空而坠，乃锤既定，果不及于表面，且锤之距表仅不过一分许，而表则毫无破损也。乃取表缴回于皇,皇喜甚,即以表赐之,曰:'姑以此旌汝之技。'屋加民忽闻皇语,不禁喜极而痴,手战目张,执表呆立,不能言动。克君趋前代取其表而圆其说,曰:'吾固知若不敢在皇前收赏赐,吾盍代汝取之?'乃将表置诸怀中,仍从皇周游各处。事毕复经大锤之下,克君乃取表,而裹以德金一千乌克之银票,呼屋而语之曰:'今乃可以受皇之赐矣。'屋乃鞠躬受之,君臣欣然而别。"

技妙,文亦妙。

土酋食量之洪

《时务大成》云:"英国派驻亚非利加洲先云生地方之领事官,一日设宴邀该处土酋会食,酋名惹惹,届期而至。未几,盘餐已具,因与诸宾入席。英领事语酋曰:'此为宾主联欢之会,可以随意饮食,幸勿以客气闷人也。''唯唯。'桌中有火腿全具,酋即顺手取至己前,悉数脔割以占朵颐。须臾,腿肉已尽,并其骨亦已舐遍矣。一时座客见酋如此饕餮,不禁且惊且笑。又有酸果一瓶,适置酋前,酋取而啖之,又仅数下而瓶已磬然,乃并其酸亦饮之,极赞其味之佳。领事见酋之爱之也,因命再取以饷客。乃酋连食四瓶,始欠伸云:'真妙馔也!'因命取酒,迨酒至,则一吸而已尽一瓶,举座无不骇然。酋欲再命取酒,则诸客已尽饭毕而兴矣。食量如斯,即使善饭廉颇见之,当亦曰避君三舍!"

按,英国宴宾,食品有定,至食量之大,至惹惹土酋极矣。食肉兼及余骨,啖果连下数瓶,吸酒不厌百杯,在席诸宾咸为咋舌,观其意犹未足也。余阅《宋稗类钞》云:"有一小弁,生平未尝一饱,尝以带束腰使紧。适遇上官邀其对食,尽心恣啖,腹果下阶,闻裂声三四,上官意其肠断。明日来谢,席诘其故,始知其吃饱腹充而带裂耳。"今之惹惹得无类是,惜未棋逢敌手,一决其雌雄耳。

女 儿 巢 树

　　钱颐仙《时务大成》云:"西国有女儿巢树一事,颇足令人解颐,泚笔记之,以供谈助。据云法国某乡村有女孩一,年约九岁,其黑如漆,人类也,而宛同野兽,人有疑其诞自空桑者。女向处深林密箐之中,摘食蔬果等物以养其生,夜宿高树之颠,无冬无夏,不畏霜露,身裹兽皮,科头跣足,见人不甚惧,而亦不敢近。一日,忽跳舞入村中,手持短杖,阖市大哗,佥称鬼至,咸以闭门羹待之。有自门隙中偷觑者,见其暗畏犬嗥,因纵猘犬出噬。讵此孩手持杖奋击,犬骤毙,而群犬各窜。乃操梃打门,知御之颇坚,长啸而去。踪迹之,见其缘树直上,捷于猱升,倦而卧于树杪交柯处。适庄主人来谛视,甚异,令以盂水置树下,而人伏于暗隅。少顷,见女来吸水,人至,仍逃逸登树。后乃选弱女子握瓜果诱之,始瑟缩而下,得乘间获以归。入门后雉悬于庖,一跃摘下,剥食吞咽,咯咯有声。乃为之梳洗,给以衣裳,验得似系内地种类,而乡人之来观者,则均目为野兽之族,因闭一室中驯其野性。会天大雨雪,人偶不防,竟洞屋顶而逃于瓦上,飞行绝迹。庄人惧,纠人遍觅,始得获归。口常嘤嘤,人莫能辨,虽法国语言,卒亦未能领会焉。一日,庄主人来挈之归第,扶持豢养,颇费心力。又不喜食烟火物,如五味中之盐、五谷中之麦,尤绝不染指。主人偶开宴会,呼孩出,令侍座隅,以博客赏。席间水陆珍错,穷极精馔,均摇首不欲食。忽离座奔赴门首池塘中,捕青蛙数十头,以衣兜而入,分赠座客吃,己亦以手剥食,若甚适口者。客交相厌恶,怒目向之,而彼若甚为诧异。其野性难驯有如此。后某王妃闻而异之,欲一睹,呼使来前,则跳舞而至,知其善驰逐也,挈赴猎场,兽兔走于前,能逐而得之,无有免者。妃大喜,朝夕善视之,稍稍能制花草,渐通语言,约略悬拟,似是当时覆舟于北极冰洋等处,而父母被溺,人迹不至,遂因树构巢,食生果以存活者。据言尚有一姊,因争物,被伊打走,遂失散。继过埃忌摩人,以枪击之,不中,跳而免。后送入病院及女修院,俾令学习工作,亦无他异耳。年渐长,至四十余岁,不知所终。"

按,女孩归身冰洋,因树构巢,食生果以存活;后为庄主人所得,豢养有日,使之侍客,客赐以珍羞,皆掷去,旋捕青蛙数十头,以手剥食,岸然自若,客恶之,使去;王妃闻之,知其善驰逐,挈赴猎场,走兽皆不能脱。同是人也,客厌弃之,妃善视之,亦善其得兽耳!可见人苦无知己,得一知己,不难踊跃效命。彼昧昧者,诮其野性难驯,适见其不知量耳。

逼 室 二 述

土耳其浴室之制不一。价之至廉者,每人不过七八十文,加以买手巾、买肥皂,亦不过百余文而已。其极贵者,堂则华赡无比,每人约计二元。有就河下水,次建浮屋,如船式,吸取冷水以浴者,与轮舟上之浴所相似,惟男女则分室,如自携妇女亦听同浴。层楼地板,亦以小长木块排嵌花纹,既坚致,亦无不平之患。盖材料虽小,故系木心,故反不取乎长大,其理亦确然。此就土耳其一地言也,推而至于英伦,宜若有异焉者。偶游苏京,尝至一浴室,而笑其设想奇绝。设此浴室者,犹是土耳其人,医士也,久驻英邦,出其余赀建置浴室,其浴法迥不犹人。男女异日而浴,浴室鳞次,必指定一所,须人引导而后入。将浴之时,先至一温室,热一百五六度,内一室,热更甚,几至一百四十五度,汗流浃洽,垢腻尽浮;然后就逼室,第无浴盘承水,仍坐白水榻上,以机引水,灌洒遍体。有一人专司涤灌之事,爬搔洗剔,自顶至踵,无不周也。澡豆面药,其香沁鼻,既浴之后,通体皆泽。其水冷热咸备,自上注下,作醍醐灌顶。男浴则以男司之,女浴则以女司之。第浴宜避人,今一切须人为之,正如吴姁之相女莹,纤毫毕现,未免难乎为情矣。

阿耳魄士山胜境

《出使四国日记》云:"阿耳魄士山,瑞士国胜境也。其地层峦叠嶂,积雪皑然,一白无际。山路由渐而高,铁轨斜上俯视,绝壑深杳无底,林麓人家蹲若鸡坿,侧道遍狭,车行亦缓。午正,至柳街诺。一译作罗卡诺,属瑞士之迭山省。万山之中,忽开空旷,晴湖如镜,明净无尘,倒影澄碧。滨湖万家,阛阓相连,盖各国王公卿相以及文人学士、富商巨族,无不驾飞车、挟重赀,僦居数月,徜徉于翠岚绿漪之中,亦多有营别墅于此者。车行益北,路益高,峰益峻,雪益深,景益奇丽。火车出入山洞中,忽然窅黑,忽然开朗,霎时之间,明灭百态,如图画之忽展忽收,令阅者应接不暇。凡穿数十洞,有行五六秒钟者,有行四五分钟者,惟山果得捺尔洞为最长,行至二十余分钟。此处山高二千一百十四迈,洞正当山心,南口为爱罗罗,属瑞士之德散省,即迭山省。出北口过盎堆而买特,又经小洞数十里果斯雪囊,属瑞士之越利省。始穿阿耳魄士山之背矣。地势渐下,雪山万叠,拔地插天,又经山洞二十余,滨徂揩湖一译作苏克湖。及揩脱尔缸东湖而行。酉正,度越勒岭。自入瑞士国境以后,车行终日,大抵皆阿耳魄士山也,山中吐纳万景,变幻不可名状,搜奇挹胜,俄顷忽殊。纵眺诸峰,或遥障如城堞,或巍峨如殿阙;或攒簇如列笏,或分峙如置棋;或雄踞如虎豹,或蜿蜒如龙蛇;或旋折如蜗螺,或昂企如狮象;或楼阁如镜云,或溪涧如轰雷;或喷瀑如拖练,或漱石如鸣玉;或密林如帷幄,或吐花如锦绣;或麦畴如翻浪,或松风如洪涛。青霭迎人,湖光饮渌,宜其名胜甲于欧洲。西人羡瑞士为洞天福地,良有以也。"

千岩挹秀,万壑争流,令人如行山阴中,目不暇给。

美国三富人

按,美国有三富人,其产业皆以数万万金计。其一曰铁国,乃铁路总商,美国铁路什国归其掌握,所谓富堪敌国者也。其二曰水国,乃太古洋行之旧主,轮船商舶,运载遍于五洲,其富亦不可计量者也。其三曰土国,为纽约一埠之地主,富与相若,而发迹甚奇。年少之时,一无赖子耳,后忽发愤自立,积洋五元,尽买鸡雏,于旷地积秽生虫以饲之,和以腐渣,数月长大。向以洋五分购一雏,今每只售洋五角,于是五元赀本化为五十元矣。改而畜豕,获利倍之。由是而牧羊牧牛,积赀盈万。纽约一埠,三江会合,其时一荒野牧场也,其心计此间日后将成商埠,乃以廉价购之,未及十年,各国商人麇集,果为美国第一大埠。人多地少,楼高五层,皆一人之业,日安坐而收亿万之租,所谓土国者是已。然某以牧牛之利,至广至丰:牛乳一宗,西人饮食必需之品;牛虽倒毙,筋皮骨角,无一弃材。故于美国之西,广辟牧场,畜牛百万,所制牛乳,封以铁瓶,行销五洲,精美冠天下。今日子孙犹然,世业致富之道,至奇亦至庸矣。

天下事至奇发于至庸,致富一道,在人自为。观于美国三富人,一办铁路,一行轮船,一制牛乳,初不过图温饱而已,及其后,各人产业皆以数万万金计,此岂人力所能致哉?不谓之天不得矣。

德皇子游历暹罗

《时务大成》云："德国皇子往游于暹罗国，借以览其民俗，考其政治，非徒为寻常游历计也。未入境时，暹王命以罗多士花园为皇子小驻幨帷之所。园中珍禽诡兽、异草奇葩，莫可名状；亭台房屋，陈设辉煌；服役之人，足供使令；并有暹罗官数员为之指挥传命。盖以皇子远来，笃念邦交之义，礼隆谊厚，朝廷亦视为罕购之典也。暹王畜有马匹，购自新金山，蹑电追风，可称神骏。有巨象，性极驯扰，近人不惊。其马车则旋转轻灵，刻划工致；其马兵则衣甲鲜明，如荼如火。此外有乐兵，节奏锵鸣，悠扬入听。其随御之军，则意大利国人所管教，步伐整齐，今悉命陈列园中，以壮观瞻焉。方皇子将至之时，园中士女云集，或三人，或五人，分坐一隅，鬓影衣香，时相接也。园中游客与裙钗款洽者，尤极殷勤，往往兰麝甫亲，茗瓯先献。俄而众音毕作，人语喧传曰：'皇子至矣。'于是鹄立环观，则见皇子偕先锋同至，暹罗官及各国绅商趋前迎之，有德国妇女并在其列。皇子相与叙谈，各操土音，虽在他乡，无殊故国。又片时，闻暹王亦将至矣，遥见马兵前驱，御林军拥其后，王至园前，即下车而入，皇子及随员、各国绅商趋前迎迓，暹王颜色极为欣悦。园中有平地半弓，绿草如茵，葱茏可爱。循此而过，历数级，则有小山，俯视园内，人物纵横，宛然在目。暹王观览少顷，众乐齐鸣，而夕照西沉，暮烟四起矣。园中遍燃灯烛，火树银花，俨同白昼。有优人演剧，扮作文臣，趋跄朝右者；或作武将，戈矛驰骤者。宫移商引，剑响箾鸣。未几，而庖人以进膳告矣，暹王乃与众宾入席，来游士女于是或并肩携手，或策马乘舆，兴尽而返。"

暹王之待宾，描写尽致，然来人游历之深衷，则疑不在此也。

慕赛九女

《时务大成》云:"昔希腊人敬奉鬼神,中有九女,号曰'慕赛',事之尤谨。相传九女为姊妹,行同居于阿伦卜斯山上,每值群臣会食之时,则此九女和歌以侑之,在人间则分司文明之事。九女座皆平列,首座左执简、右把笔,主增慧于咏事诗人;二座则座前展书一卷,主增慧于作史文人;三座执笛,主骚歌;四座执剑,以葡萄叶绕首,主哀曲;五座执琴,主舞曲;六座左执琴、右持琴拨,主演谱慕悦之词;七座面作思慕色,主步虚、游仙诸诗词;八座执杖,向一球作指势,主天文;九座执牧杖、戴假面,具以五加皮绕首,凡调笑诗词及牧歌皆其所主。是以泰西遇出有著名善于诗文之人,众即言其获诸慕赛之默佑。其初,民皆崇信,争趋若鹜,后人自悟其非,更无过而问之者。而慕赛默佑之言,今仍不废。"

既悟其非矣,何以默佑之言今仍不废?可见积重难返,天下事大抵如斯耳。

礼失之野

钱颐仙《时务大成》云:"西国之俗,有以免冠握手为礼者,免冠示其敬,握手示其爱也。而陋俗遐荒,则其礼俗之奇殊,有令人喷饭者,兹略举其一二,以资谈助。按阿剌伯国即亚纳人,若见佳宾,则彼此交头,宾主之面两相揩擦,是为最重之礼。印度人若见大宾,则必倒身而伏谒;见长上,则必捧其足而嗅之,以为恭。日本国人见客,则遽脱其双屦,叉手于胸。缅甸人见客,则必就客之面而嗅之,且言香甚;嗅毕,复请客嗅己面。新金山土人相遇,则各吐其舌,彼此舌尖相舐,以为亲爱。此则秽亵甚矣,然犹谓示其亲爱,野人至性，质陋无文，尚可言也，乃更有见礼之奇出人意表者。亚美利加之南海，有土人一种，聚族而居，礼俗均与众不同，即其会客一事言之，如有贵客嘉宾，抑或友人之久别者，相逢之际，主人即取瓦缶一具，满盛清水，向客之头掷下，缶破水流，不啻醍醐之灌顶，至其客首、面、衣裳尽皆湿透，于是始为欢爱，即皮破血流勿问也。噫！此等见礼，实觉闻所未闻也。"

形体不同

天之生人，洪纤毕具，轻重攸殊，述奇者恒以为怪诞不经。今征之《漫游随录》及《西征日记》而后，知其言为确而有征也。王韬《漫游随录》云："余到伦敦别埠，有哥拉斯谷，闻一妇人甚肥而短，躯颇硕大，巨腹彭亨，权之得五百余斤。"斯已奇矣。又《日记》云："初抵伦敦，率儿女观僬侥人。始出男女二人，各高二尺许，最后二人各高尺许。男年十六，女十八。男重九磅半，合中国权七斤七两有奇；女重四磅九两，合中国权三斤十两有奇。声啾啾如京城傀儡戏，形亦似之，体段么么，骨格软弱，如数月之孩，然语言酬应无异成人。"出洋所见，新奇更无过于此者。又《时务大成》云："印度勒铙地方有奇童，年十三岁，一头两身，四手四足。其身则前后相叠，如两人串行状。前足举步，后足即随之；两手作事，前一手动，后手亦随之互作，大约有互相牵引之意。见之者咸啧啧称怪。有波斯人以俄银一千罗卜与其父母而赁之，挈往蒲拿赛物会以作奇观，寻又携往孟买。凡欲观者须纳以赀，计收得俄银数千罗卜。据观者谓其作事举动，前后手足亦可以单用，而不必互用。"此又一奇也。

按，天之生人，赋质不同，形体亦异。闻一肥妇人重五百斤，一小童重三斤十两，一奇童一头两身、四足四手，皆英国人。事之新奇，无有过于此者。汇记之以博人一粲。

巴黎赛珍大会

按赛会广场甚为宽敞，中有王宫，名曰"讬洛卡豆罗"，其顶穹圆如覆钟，下可容七千余人。会毕，此宫即留为胜迹。前有水戏，水自池内上喷，捷如激箭，高十余丈，溅玉跳珠，亦属伟观。四围有亭台山洞，茅舍仿乡村景色。旁有瑞典兵数人，建一棚以庇驾车之鹿，酷似北冰疆风景。有中国人新至，筑一高塔，巍耸异常，卖茶其下。日本国王特派工匠数十人，赍博物院古时陈设之物，造东洋古式屋宇以储之。工匠皆西国装式，监督之人服极华美，能操英国方言。中国人布衣木鞋，以辫发绕其顶，勤于工作，塔之合尖尚须数日。主持赛会者为英国王子，见赛会场景物，甚为喜悦。各国赍携珍物前来者，皆为位置妥贴，高下胪列，颇有可观。英国一分，排陈最早，极属整齐。法人接待英王子致敬尽礼，英王子亦竭力助其速成赛会。房屋高敞轩朗，正在都城内之香迭玛街旷地，一区平坦，约百许亩，如铁路、车、房、配列货物，均为合式。对面隔以珊玛溪，一水潆洄，殊饶风景。是处有脱罗卡兑罗花园，可同时眺览。此次赛会为天下冠，集其大成，足征法人见高识远。

日本所有赛珍各物，已齐陈于会内，其所制各物具有自然之理，不独紫铜器具，兼有各种瓷器，并为希世之珍，精巧工细，非所能及。有围屏一，铜质而嵌金银；有花瓶一对，约高七寸许，银质而加瓷彩，式样极新，价值金钱一百六十磅；紫铜玩器二具，遍嵌金银，雕刻甚精，价二百六十磅，较之日本寻常所售者，无此佳品也。又有陈设花篮一，篮中之花均以紫铜为之，工致精美，设色名贵，或悬挂，或排列，价一百四十磅；有香炉一，上刻古时争战之物，盔甲鞍鞯，维妙维肖，价六百磅，精细绝伦，见者无不以为贵也。日人善以马口铁涂以瓷彩，伪充紫铜，或谓其恐累真品。又有绝大花瓶一，漆极精滑，光泽可鉴，所绘皆东洋服饰，值四百磅。其沙透明若水晶，有一鱼在水中，状若游泳，活泼泼地。各种盆碗并皆细致。欧洲自命为名瓷家观之，咸赞叹莫及。有四折围屏，黑质雕花，花以螺甸为之，碗沙金银嵌之，极称精美，价二千六百磅。其余各式等物，观者无不称美。

会中陈设中国物件，装潢绚烂，雕刻之物精致玲珑，非耐心工艺者不能有是。象牙油漆诸件，颇为巧妙；绸鞋出自东方，花样精细，颜色鲜明；绣花屏幛华美罕伦；古铜、瓷器，皆古时玩好，而为骨董家所喜。此外则有商贾各种器具，与西国所讲究者大相悬殊，观者尚可动目。正中大厅胪陈各国珍异，中有中国物产，有亭以装储。第一分为生物，蝴蝶虫豸，文彩斑斓。各种纸墨金笺，纨折各扇，辉煌耀目。各种乐器、各种钱币、古今奖牌，尤异者为女子弓鞋，峭如菱角，殆不盈三寸。第二分为木器，几机椅枕，各式咸具，紫檀红木，或镶以大理石，或嵌以花瓷，雕镂工巧，几于人巧极而天工。错油漆之色，分门别类，光彩陆离。其于篾竹制成者，古雅可观。第三分为衣服，凡绵麻绒绸毕备，下此有金银珠翠首饰，复有军械，乃自海南、台湾运来，系番俗野民用以拒敌者也，而古意存焉。第四分为五金、煤石以及草木、花卉、药材、农工器具，用以缫丝制糖；复列食品，山珍海错，无不搜罗尽致，赅括无遗，大率来自广东、福建、宁波、上海、天津等处为多，亦可谓集厥大观矣。

凡入观赛珍会者，人收一福兰，合鹰银五分之一。九日中计收金银十万八千四百二十四磅。是年五阅月，计收三十九万六百三十八磅。赛珍会将毕，则又各出奇技，如水戏烟火灯、绦电灯，皆于宴毕后大加比赛。时有西班牙国王、英太子与其妃、丹国世子、荷兰公爵、意大利公爵、俄奥贵客咸在，于前一日分给赛珍奖牌，得奖者二万五千人。

于各国珍物布置停当，朗若列眉，十色五光，令人目不给赏。

多 行 善 举

伦敦好善，老幼孤穷、废疾、异方难民，皆建大院居之，优给衣食。有所谓老儒会者，皆读书寒士，虑其就食为耻，则继粟继肉，遣人致诸其居。有所谓绣花局者，世家妇女家道中落，不能自赡，则聚之深邃房屋，供给衣食，使之纺绣而货之，禁男子不得擅入，以远其嫌。有所谓施医院者，院中罗列治病之器，后有铁栅六层，乃学者立，处男女养病。房皆洁净，设矮床三十余架，被褥俱备；每室有舍身义仆一人，甘心扶持病者；其上下楼皆以小车载之。有所谓养老院者，男妇老者日三饭以为常，晨饭一馒、一茶、一牛脂，间以饘粥；午饭加肉，晚饭有羹，皆丰洁。血气衰者，医士谓宜酒，则酒之。男外服以黑大呢，内以白布，女服杂色衣裙，无异充裕之家，礼拜一易而浣濯，敝则改造。寝所宽舒，男女异处，衾褥随四时为，厚薄咸备。自院中夫妇偕，则共一室。周遭各有院落，可任游憩。其他义塾不可胜记，经费皆绅商所凑，不足则或辟地种花养鱼，或会中演戏弄杂耍，游人往观而收其入门之费、赁座之赀，以资弥补。有贵家妇女陈杂货，邀请国主官绅往游，选女子之美者当肆，货皆百倍其价，必购取数事而后可出，亦以其会充善举焉。伦敦然，推之中国亦然。光绪三四年间，山左右两省大饥，英之助赈者三万余金；前年黄河郑口一决，沿河一带饥民尤为可惨，英人助赈，三月间费银三十四万两。巨款乐输，毫无吝色，真可谓好行义举者矣！

善举不难,难在布置如此之得宜耳。此则西法之可师者矣。

法京观剧

《漫游随录》云:"法京中,游玩广场非止一所。戏馆之尤著名者,曰'提抑达',联座接席,约可容三万人,非逢庆赏巨典,不能坐客充盈也。其所演戏,或称述古事,或作神仙鬼佛形,奇诡恍惚不可思议。山水楼阁,虽属图绘,而顷刻间千变万状,几于逼真。一班中男女优伶多或二三百人,甚者四五百人,服式之瑰异,文彩之新奇,无不璀璨耀目。女优率皆姿首美丽,登台之时袒胸及肩,玉色灯光两相激射,所衣皆轻绡明縠,薄于五铢,加以雪肤花貌之妍,霓裳羽衣之妙,更杂以花雨缤纷,香雾充沛,光怪陆离,难于逼视,几疑步虚仙子离瑶宫贝阙而来人间也。或于汪洋大海中涌现千万朵莲花,一花中立一美人,色相庄严,祥光下注,一时观者莫不抚掌称叹。其奇妙如此。英人之旅于法京者,导余往观,座最居前,视之甚审,目眩神移,叹未曾有。此外之戏,约有四端:一曰搬演。能纳大于小,变有为无,又能使禽鸟虫鱼顷刻出诸笼中,取之不穷,幻化莫测,几疑于神。他若剪布再续,无异故体;用索缚人,立能自解;以及吞刀吐火、缘绳走壁,艺术、勇力,皆臻绝技。一曰影戏。专用玻璃画片取光于巨境,人物生动,意态逼肖。园林水石,屋宇河山,皆系实有其地,并非虚构。兼以日月星文,光华掩映,恍疑置身霄汉中。其巧妙如此。一曰马戏。多以少年妇女便娟轻捷者为之,缟衣长裙,乘马疾驰如风,能于马背飞跃。当两马电驶之时,一跃竟过,令观者瞥不能辨。技最神者,能于马上跃升高际,空中悬圈数十围,外蒙薄纸,一跃能破纸圈二十。飞燕之凌风欲翔,翩仙之踏尘无迹,未足喻其轻盈也。又能马上掷球,其大如斗,圆转盘旋，几如宜僚之弄丸，五色陆离，令观者神眩。一曰跳舞。髫年丽姝悉袒半身，执花蹁跹而集，进退疾徐，具有法度。或有以童男女双双对舞，流目送盼，媚态横生，亦殊可观。此外如战陈纷驰，鱼龙曼衍，天魔献瑞，异状杂陈，则又五花八门，应接不暇矣。"

　　描写戏态活色生香，令人目眩然而不瞬，舌挢然而不下。

印度陋俗

　　《时务大成》云："印度部落中，有以全家女子而奉事一男者，长幼老少皆勿论也。此种陋俗，实为闻所未闻，姑举一事以证之。该处所属之孟俄地方，有某僧者，乃居邻部人，寄迹孟俄，俨然拥有妻孥，此尚其俗例使然，无足怪也。乃近来某僧竟以全家女子嫁与一现年不过十龄尚属未通人事之小孩，而亦俨然举行婚礼迎娶过门。计其所娶者，则某僧之姑母六人、姊妹八人、某僧之女四人，计共十八人；年齿老幼不齐，其最老者已五十岁，而最幼者则仅三龄，乃概行遣嫁与孩。当行婚礼时，其三龄幼女不知行礼，乃以一铜盘饰其女坐于盘内，使人扛之而与孩成合卺礼。印度一地现已归于英辖，何尚不设法以除弊俗耶？"

　　按，一女配一男原无足异，所异者，合全家女子老幼少长而归一男，且所归之人不过十龄小孩，举行婚礼迎娶过门，真真出人意表，实不解其何心爱此小孩也？此等弊俗，真闻所未闻矣。

玻 璃 巨 室

　　《漫游随录》云："伦敦玻璃巨室，土人呼为'水晶宫'，在国之南二十有五里，乘轮车顷刻可至。地势高峻，望之巍然若冈阜，广厦崇牕建于其上，逶迤联属，雾阁云窗，缥缈天外。南北各峙一塔，高矗霄汉。北塔凡十一级,高四十丈,砖瓦榱桷,窗牖栏槛,悉玻璃也,日光注射,一片精莹。其中台观亭榭、园囿池沼、花卉草木、鸟兽禽虫无不毕具,四周隙地数百亩,设肆鬻物者麇集,酒楼茗寮,随意所诣。有一乐院,其大可容数十人,弹琴唱歌,诸乐毕奏,几于响遏云而声裂帛。有一处鱼龙曼衍,百戏并作,凡一切缘绳击橦、吞刀吐火、舞盘穿梯,搬演变化,光怪陆离,奇幻不测,能令观者目眩神迷。宫之中央有一观剧所最大,所演多英国古时事,战阵亦用甲胄刀矛,贵官出巡亦坐舆轿,仪从仿佛中华。最奇者,室宇可以霎时变易,洵如空中楼阁,弹指即现。有一女子,年仅十五六,短衣蔽膝,下缀金穗,上皆钻石,宝光璀璨,不可逼视;容色艳丽,一笑倾城,长于跳舞,应节合度,进退疾徐,无不有法。有一楼多设珍奇之物,火齐木难,翡翠珊瑚,悉充牣焉。又储各国宝器,罩以玻璃。楼下有狮虎共争一羊,狮腹破而虎亦殒。楼梯旁有一印度女子向西而立,手执连环,姿态绝美,云系古时王妃。有一石筑方室,高与楼齐,乃澳大利亚积年所掘之金,已有此数。有一处悉造各国宫室,人物禽兽,皆肖其国之象。登其楼,目及数十里外。宫内游人虽众,无喧嚣杂遝之形。凡入者,畀银钱二。余游览四日尚未能遍,其室可谓大矣。"

　　人巧之极,几夺天工,世之夸海市蜃楼者,应自悔其所见之不广耳。

胡　氏　园

　　郭筠仙《使西纪程》云:"园为胡植所辟,广方数里,奇花异草、珍禽怪兽及所陈设,多生平未经见。玻璃巨匣函羚羊头一,双角并存,皆向下三盘乃伸而上。野牛角、犀牛角、鹿角各二,鹿角长三尺许。鱼须一,长七尺许,色如象牙,盘结坚瘦。鱼腮一。白蚁一,用玻璃瓶贮水养之,长约二寸,有两石卵藏之,上凿一孔通饮食,剖卵乃得之,谓之白蚁王也。驼鸟卵十余,大如斗。蛇卵如鹅卵者四。驼鸟二,彩鸾二。六脚龟一,长逾三尺。白壳龟二,紫花斑文,背中高如峰,头足色俱白。狗熊一、豪狗一、袋鼠一,头及前二足似兔,自腹至后二足则大逾数倍,后足膝后折,著地不能伸,然视前足犹高逾倍,尾长二尺,行则跃起如飞,腹下有袋,谓之袋鼠。京师德国公使署曾见鸟兽异种图有此。"此足见园储藏之富也。植,广东人,本富商,吾华初置领事,即以植充之。

洪家花园

郭筠仙《使西纪〔程〕》云:"园为闽广人公地,花木成林,有水一溪,极清幽之致。有虎圈一、豹圈二,并张铁网为外障。狗熊二。山狗三。猿九,有灰色者,有红面者,身臂或长或短,其种各异。其一甚巨而狞,用铁圈笼之,黄毛长四寸许,则所谓金丝狨也。其豺狸、黄鼠、松鼠、山獭之属,则制铁网为屋,周环约三十余所,与雀鸟相间,中植花木,五色缤纷。鹦鹉四种,一白、一灰色、一红、一绿,又有绿色而两羽红者。鹰三种,一白、一苍、一灰色。雉三种,一彩文、一苍、一棕黑色相间。鸽种甚繁,最奇者翠鸽。异鸟如青鸾、山雀、水雀。一种山鸡,彩文而头或蓝色、或红色,善鸣;一种似水凫,头有毛一丛,甚长而细。又于其中得奇景三:一,罗汉松高数丈,覆地如钟,披视其中,松身合抱,枝皆盘曲而中空,条叶外护,乃极繁密;一,藤萝障天如巨屏,凡数所,有曲折如九叠屏风者,皆拔地直起,高数仞,四无凭倚,花叶周环扫地;一,长松高入云际,凡十余株,距地尺许,横出五枝,悬针周匝如盘,每尺许辄出数小枝,远望如数十级浮图罗列深林中,皆奇景也。又制铁盘如伞,引藤络其上,盖新种者,十年后必复成一奇景。始知以上数者,皆人力为之,究不知何以能然也。至蒲葵张叶,如巨扇植立,则此间所在有之。其诸花木来自各国及诸番者,皆插牌标记,足见此园魄力之大矣。"

观此及胡园之所储,皆足以补《山海经》之所未志。

抽水救火蛇

《时务大成》云:"美国有地名那高打者,在美苏里河下游。西报言其地产蛇如喷水筒式,人呼为抽水蛇。此蛇不知所自来,一千八百八十六年春,始有人在伊门上村落见之,大都身长十六英尺,径三英寸,成群结队,约三百尾。其舌底有一孔如筒,透至尾,孔径三英寸,柔软同橡皮而坚固过之。教养极易驯熟,能为人作工。是处之人,时时掩取。有一农夫在吉地路地方养二千尾,教之工作,用口一吹,其蛇齐至河边,中推一条为首,自沉于水,其尾搭岸上,第二条即含其尾,由是次第接含,长三百尺,接至牛栏灌水给牛饮。农夫云往时有一屋堆积麦秆,忽然失慎,农夫急往扑灭无奈,其人救助正苦无策间,忽闻长林丰草中扑簌有声,视之,则抽水蛇相率往近处小河,推为首者入水,互相含尾,引水拨火,甫十五分时,屋内火已全息。当为首者入水时,救火心急,甚为出力,咸闻其吸水之声,及起,力竭而毙。然则此蛇也,不但有用于农圃,并有义气凌霄,诚千古之罕有者矣。"

人具灵性,物亦有之。美国产抽水蛇,可以助农功,并可以御火灾。兼此两美,人犹难之,初不意蛇甘为其难而力竭亡身也。录此以为舍生取义者劝。

斯德零观驯兽

《漫游随录》云："斯德零为苏境一府城，栋宇崇隆，屋舍华美，廛市亦极整齐，有前王之离宫在焉。一日，有驯兽者至其地，波氏女学士飞笺招余往观。其人多蓄珍禽异兽，奇诡万状，大抵皆捕获于各地，非一处所有也。蓄养之法，植木为阑，架板作屋，内以铁格间之。每室之下皆有四轮，以便行运。环列之则成小室数十，分居虎、狼、狮、豹及麋鹿、猿猴之属，亦有各种野熊，狰狞可畏。中一大房，则居二象。铁槛之外，又设诸笼，则禽鸟之类也。又以玻璃作柜，中蓄巨蛇数十尾，俱长寻丈，腹粗于臂，或有蜿蜒其中昂首骤起者，亦有偃卧覆卵者，卵亦巨于寻常。继而兽人入虎、豹、狮、熊之房，令其跃圈环绕作诸戏剧；不肯前者，以鞭笞之。各兽或有怒目张牙、咆哮作搏噬状者，兽人即出手枪，向空迅发，火焰震烈，诸兽无不悚伏，然后前后驯扰，惟所指挥。兽人于是履虎尾、捋虎须、攀虎牙，探首于虎口吻间，虎涎淋漓满面，博观者笑乐。于狮、豹房亦然，狮、豹无不弭耳摇尾，狎之几如猫犬。后复以一象作乐，一象环行，能以鼻掉动诸器，铿锵中节，携有阿洲阿皮西尼国王子，约十二岁，衣绣衣，戴花冠，坐于象背，游行数匝。此国之王本为英属，继而叛英，故为英所戮而并兼其土，此子固一乞食之王孙也。"

英京制度略述

一藏书院收藏最富，所有五大洲舆图、古今历代书籍不下五十二万部，其地堂室相连，重阁叠架，自巅至趾，节节皮书，锦帙牙签，鳞次栉比，各国皆按楅架分列，不紊分毫。其司华书者为德格乐，能操华言，曾旅天津五年。其前为广堂，排列几椅，可坐数百人，几上笔墨俱备，四面环以铁闸，男女观书者日有百数十人，晨入暮归，书任检读，惟不令携去。

一印书馆，其馆屋宇堂皇，规模宏敞，推为都中巨擘，为信宜父子所开设。其中男女作工者，约一千五百余人，各有所司，勤于厥职，浇字、铸板、印刷、装订，无不纯以机器行事。其浇字盖用化学新法，事半功倍，一日中可成数千百字，联邦教士曾行之于上海。其铸板则先捣细土作模，而以排就字板印其上，复浇以铅，笔画清晰，即印万本亦不稍讹，此诚足以补活字板之所不逮矣。

一造纸所，闻总理其事者为鲁伦士，一日出数百万番，大小百样咸备，设四铺于英京贩诸远方，获利无算。《香港日报》馆咸需其所制，价廉而物美焉。导观其造纸之室，皆融化碎布以为纸质，自化浆以至成纸不过顷刻间耳，裁剪整齐即可供用，亦神矣哉。

一名画院，画悉出良工名手，清奇浓淡，罔拘一格，山水花鸟、人物楼台，无不各擅其长，精妙入神，此皆购自殊方异国，无论年代远近，悉出搜集，甚有尺幅片楮价值千万金者。八法至此，技也而进乎神矣。西国画理均以肖物为工，贵形似而不贵神似，其工细刻画处略如北宋苑本。人物楼台遥视之，悉堆垛凸起，与真逼肖。顾历来画家品评绘事高下者，率谓构虚易而征实难，则西国画亦未可轻视也。另有鬻画苑，许人入而临摹，有合意者即可出重价携之以去。

一电信局，是局楼阁崇宏、栋宇高敞，左为邮局，右为电房。总办师导览各处，堂中字盘纵横排列，电线千条，头绪纷错。司收发者千余人，皆绮年玉貌之女子。按电学创于明季，虽经哲人求得其理，鲜有知用者。道光末年，民间试行私制，而电线之妙用始被于英、美、德、法诸国，其利甚溥，其效甚捷。凡属商民荟萃之区，书柬纷驰，即路遥时逼，顷刻可达，济急传音，人咸称便。同治七年，英议政院以电线获赀甚巨，遂禁私设，悉归于官而征税焉，通国设局五所，以京都为总汇，内外分局五千五百四十所，岁税金钱百数十万，可云盛矣。

一织布所，楼五重，上下数百间，工匠计三千人，女多于男，棉花包至此始开，由弹而纺、而织、而染，皆用火轮。总轮有四百匹马力，分于各处；小轮以万计，其声震耳，觌面语不能闻也。棉花分三路，原来泥沙掺杂不净，弹六七过，则白如雪、柔于棉矣。又于轮纺由粗卷而为细丝，凡七八过，每过皆用小轮数百纺之，顷刻成轴，细于发矣。染处在下层，各色俱备，入浸少时，即鲜明成色。至织处则机万张，刻不停梭，声尤大作。每机三张，以一人司之，计自木棉出包时至纺织染成，不逾晷刻，亦神速哉。

按，英人牟利多方，宏纲具举，其生意以京城为大宗，藏书、鬻画各分一院；造纸、印板，又有成行；电信则千头万绪，总归字盘；纺织则由弹而染皆用火轮，事半功倍，其捷莫有捷于斯者。聊举数端以概其余，信乎其利溥矣！

鬻 画 院

法京巴黎斯近设有鬻画苑，凡民间所藏古今名画欲转售于人，则携至苑中，依西国拍卖之例，买画者各喝其价，昂者即得。是举每月四次，先期任其周览择视，遇当意者预为标识，或迳以重值购去。曾见其中价贵者，一女子小像售二百十六金，《兵士巡守局图》售四百九十六金。此外，山水图绘之作售六十四金，《酒肆图》售银亦如此数，中绘酒家女子绰约有致，亦犹中国文君当垆命意；《双驹图》售八十四金，法国《畴人小象》售七十二金，法国《古贵人入朝图》售七十六金。此皆名画家杰构,略述之以见一班,可知精研八法、妙擅丹青,亦足以驰誉而弋利,固中外一致者也。又或遇苑中闲日习画者,自操铅墨入苑,临摹古本,无所禁也。余于庚午春初,自英旋粤,道经法京,偕理君雅各入而览观,锦屏绣障,灿烂夺目,几于五花八门,美不胜取。旁有一女子,绮年玉貌,方面壁操管,对画凝神静视,见余入,辍笔睨余而笑,盖骇余服中华衣冠也。导游之人固与女子相识,因道余行止,女子乃起,执手作礼,出其所作山水一幅赠余,曰:"侬亦雅爱中国图册,特习之不能神似耳。此幅或堪仿佛一二欤?"余观其画,颇似北宋苑本,亦近于文待诏一流,受之,致谢而别。彼女子于一见之顷,雅意殷勤,诚慧心人也。

因鬻画而叙及作画之人,玉貌绮年,大有藐姑仙人风致。

德 国 风 俗

德意志风俗:喜礼貌,惜妄费,尚显荣,耽烟酒。凡识面者每遇必举冠,英人谓德人之冠无五分时安稳。武官则举右手于鬓为礼,虽提督,见兵亦答礼。名片之官衔、衣襟之宝星,皆以多为贵,官衔有多至四五行者,宝星有多至四五枚者。女人见亲长尊客,必屈双膝。昔无握手礼,近十余年始行之,卑者不与,尊者出手则握之紧,重顿者以示亲昵。最亲之友可接吻,须发皓白者亦然;遇稔友之妻,可以吻接其手;每筵罢,又各握手,礼文甚周也。凡男女称谓须带官阶,英人称式而已为尊敬,德人称迈音罕尔未为尊敬,称妇人曰马代姆、马赛,亦未为尊敬;必查其职守称之,方不为简慢,如称男人必称官职,称女人之有爵者,必曰某爵夫人,有官者曰某官夫人,及学士夫人、习教夫人之类,或自尚书夫人以下,乃氏西佛老尔尔,其女则概称福来林。凡男女大半加一芬字,则世爵相连之字,犹法国之特也。德之世爵嫡派、支派,世及罔替,男女无异,故几无人不爵,即无人不芬矣。又有商人自称好夫尔拉脱者,每年须纳税一百马克左右。其余职衔皆国家论功赏锡,不准自称,惟他人称之者或可过尊也。德国烟酒之嗜,甚于他国,市廛亦烟酒居多,自将相以至佣工,每衔二尺长之大烟袋,斗大于杯,每筵罢入室,饮加非尽,人吸烟霞满室,虽妇人未散,不顾也。昔有将军送王女出嫁于英,舞会未终,将军出呼吸,捕役逐之,主人不能缓颊也。各书院学生遨游街市,衔烟呼酒,衣冠与齐民等,不似英之方巾深衣易于辨别也。又有听乐饮酒之所,王宫西边之加非庖,则终年沽酒,晨夕无间。礼拜日午后游人尤众,贵贱杂处,耦俱无猜;每有工匠蓬头垢面,挟其妻女,浓装华服,姗姗其来,围坐七八人,中设皮酒一大瓯,男女合饮之,惟鲜有酗酒者。富贵之家上午用茶点一次;午后大餐一次,荤腥二三味,皮酒一杯;日入后又茶点一次,冷肴一二味,牛羊鸡鹅恒隔数宿,不似法之日食四次、英之大块脔切也。市中饭馆每人每餐六马克者,已可宴客;其佣工匠作,有每日仅费一马克者,勤俭冠于欧洲。

游华盛顿第宅

《出使美日秘日记》云:"上小岭,前行不半里至其第,局面甚小,乡居盖如是也。第一层画华盛顿像,纵横约八尺,为骑马赴敌形,前一将则执刀马前,后则华盛顿之兄,最后则从战诸将,皆骑马;像外有华盛顿亲笔书,又德法诸将小照,皆从征有功者。右室为洋琴、竹笛、琵琶各一,则平日所陶情者。室外衣架二,海花一朵,为婚时人所赠者。遂上第一层楼,中厅挂枪一枝,牛角筒一具,下置笔架墨盂;厅前挂刀二柄,长二尺;余皆其生前所用之物。楼左右男女像各一，则其兄妹。前为客房，后为华盛顿卧房，房中有瓷盆、木箱、木榻，华盛顿即寿终于此榻上。又上第二层处，则临江一室可眺长江，又一室亦置盥具并木榻，则其夫人之卧房也，夫人后君殁，即寿终于此榻。再上则已扃不可陟矣。"

泰西婚嫁之礼

按泰西男女二十一岁，父母不能约束，给以赀财，令图自立，所谓人人有自主之权也，婚姻亦皆自择。先贤倭伦旦节，通国少年子女各戏所爱，其法有二：古法，届期男女各约同数，如九男九女或十男十女，各书其名于纸，如甲男拈出乙女，乙女拈出甲男，则彼此因而结婚，亦不用媒妁之一法也。今法，届期各择所爱者寄柬，虽以言语挑之，而言颇雅驯。此等信纸亦由铺中出售，上画人物，隐含情意，有女摘花而男子夺取者，有日午而男子送扇与女者。如以夺花，纸写则云："卿所摘花，实不如我，不信请试留之，久而自知其香。"以送扇，纸写则云："天热无扇无风，倘蒙录用，何乐如之？"等语。虽云赠芍遗风，亦不失香草美人之意也。两情既洽，遂以戒指为定，约之，使不得他悦也，偕出入唯其意。迨过门，则偕赴耶稣堂大会，实供十字于案，新妇偕婿入跪案前，伴亲之女郎偕跪。教士亦跪，旋起立，向新妇与婿诵戒语，戒毕而祝；祝毕，导其夫妇入后堂，书名册籍，又同赴乡官署，各秉笔立案。回家酒食，女有饼一枚，名曰"嫁饼"，亲友分食之。遂任所之，夫妇同往外国游历。富者或千万里外，年余始回；贫者走百余里，宿客店成婚。初婚曰"绿婚"，以黄杨叶置花冠，上衣白，蒙首以白纱，其习俗然也。

婚礼自择权操诸男女，泰西之俗然也。其法有二，古今不同。古法各书名于纸上，拈得即合为夫妇；今法各寄柬以所爱，情投则缔以丝萝，尚有采兰赠芍遗风。此则不用媒妁，出自两人情愿，胜于媒妁多矣。

缘 绳 之 技

钱颐仙《时务大成》云："泰西有缘绳之技。以一绳长逾数百丈，系其端于危楼高塔之间，演者跃身其上，若履坦途。昔年日耳曼有盛集，列国君侯咸至。法人于是日演技，请许之预召一日人之娴集绳技者曰哥利，德命与之角高下。届期法人跃行绳上，其捷如风，揉升高塔，鼓掌俯瞰，意甚得也。回时甫及半程，适逢哥利缘绳而来，两相值，绳阔仅骈两指许，无地可避。时观者云集，皆为心寒股栗，法人亦失色，手足罔措。哥利从容语之曰：'俯。'法人如其言，哥利一跃过其背，数千人齐声赞叹，有若雷鸣。法人大惭逸去，由是哥利以绝技闻于当时。

"近今有都比伦敦者，亦法人也，其技更精于哥利。都比生于道光四年，其父捕鱼为生，五岁时曾往观缘绳之戏，心羡焉，归而壹志效习，务极其能。初以其母曝衣绳系于两椅间，试行之，人重椅轻，立仆，继取鱼索试之，亦断。最后得一巨缆于舟子，喜曰：'是可置我足矣！'遂系两端于二树间，以杖支地而行其上，久之身轻足健，视悬缅之驾空无异平桥之在望。由是名日益著，欧洲之演是技者无敢与之颉颃。

"都比挟其所长，云游列国，观者争输金钱，获利无算。其在美利坚演技一事，尤为脍炙人口。美利坚利北境与英吉利属地分界处有一大江，名尼押格尔拉，是江上流高于下流约一百六十尺，广约一千一百尺，上流之水奔腾澎湃而下，状如瀑布，声闻百里，骇人心目，江之下流两岸石塘颇为高广。都比行于绳上，手执一杖，盘旋戏舞，忽坐忽眠，如在平地。时有轮舶一艘泊于江中，以防其坠。都比取绳于囊，垂至船中，船主以酒一瓶系于绳端，都比收绳得瓶，饮酒既罄，掷瓶于江，逦迤而去，竟过彼岸。是日远近来观者约二万五千人，围如堵墙，靡不啧啧称奇。逾时复回此岸，问岸上有人愿至彼岸者，能负之而过，三呼卒无应者。然都比犹以为未竭其长也，因负木棉一捆于背而行，离岸二百丈，复系一竿于绳，而取一牌悬于竿杪，既抵彼岸，复携小车一乘而回。是时观者莫不目注神凝、屏声息气，以为得未曾有。由此都比名噪于欧、美两洲。"

按，小道可观一技也，愈习愈精，即如缘绳一戏，向推哥利，今则竟称都比。盖都比幼时娴习此技，别有心得，自与人殊，故系绳江上，能手执瓶酒而饮，能背负木棉而过，往而复回，飞行迅速于急流中，故能作此从容暇豫之状，纯任自然，宜其技出哥利上，名噪一时也。

记旧金山

《道西斋日记》云："金山为大平洋贸易总汇之区，华人来此者六七万人，租屋设肆，洋人呼为唐人街。六会馆之名，曰三邑，曰阳和，曰冈州，曰宁阳，曰合和，曰人和；此外名公所者，无虑数十处。皆有绅董经理，董事有正副，皆商家聘请，每月束脩百二十两，公费三千两。华民皆粤产，自闽来者不过百之四五。有戏园二所，一名丹山凤，一名杏花春，皆粤腔。又有酒馆，酒馆以会仙楼为最，造费二万余圆，陈设雕镂皆华式；远芳楼次之，杏花楼、乐仙楼、万花楼又其次也。华人居此者，器具食物俱用华产菜蔬，赁地自种以售，惟麦粉、牛奶市诸西人。有王家花园以供游览，入花房中，见一种兰叶短而阔、花大而肥，干柔弱而长，分作二三歧，每干可四五十朵,有紫白、蜜黄、浅黑诸色,云出自墨西哥国,生山谷间,根抱木,移时截木一段,以铁绳悬之;又有石斛,甚大,能作花,亦如兰朵,疑所见阔叶似兰者,亦石斛之类耳。出花园,循海岸,见山麓一楼,名曰'观潮楼',俯临水石,近处有三四小岛,海狗数十头,偃卧石上,吠声獉獉,华人谓之海狗山。闻有人教海狗弹琴、打鼓、敲锣、击钹诸戏,迟速应节,最后令一小童没入水中,则诸海狗咸跃入衔救,非素具灵性者,必不能作此伎俩。天壤甚大,不图于海外所见,竟别开生面如此。"

按,旧金山为大西洋贸易总汇之区,华人居此设肆,洋人呼为唐人街。建有六会馆,有戏园,有酒馆,著名不一,备极华丽。此外又有花园,花房中蓄兰一种,兼紫白、蜜黄、浅黑各色,云出自墨西哥国;石斛甚大,亚于兰,亦能作花,自捐俗黟循园。登观潮楼,俯视石上海狗数十头,吠声陡作于幽寂中,忽闻此巨响,不禁心为之动也。

道出柏林游蜡像院

徐仲虎《欧游杂录》云:"院中新到蜡像一位,面目衣履与生人无异,能据案疾书,足有轮,可任意推置何处。揭其襟,则见胸鬲间轮甚紧,表里洞然。开其机捩,则蜡人一手按纸,一手握管横书。试书数字于掌心,握拳叩之,则口不能言,而能以笔书,往往出人意表。曾侯在掌心写中国字,问余到外国几年,则蜡人书一月数;余亦写数字于掌心,问余几年能返中国,则答以冬间。其时余未有归志,其后卒如其言,不知蜡人何以能先知也。此事若非目击,出于他人之口,鲜有不河汉其言。在外洋数年所见奇异,终以此事为第一,其神妙莫测,真觉言思拟议之俱穷矣!"

一蜡人耳，能先知如此，此则真出人意表之事矣。

游乃武斯吉街蜡人馆

张在初《游俄随笔》云："谓乃武斯吉街巴萨日玻璃棚小巷东首，楼上设一蜡人馆，入者每人四十考贝。屋宽四丈，深十丈，四面楼列男女老幼，形式不一，工料似稍亚于伦敦者。中横两大玻璃罩，左一女露体仰卧，脐下横花锦一幅，闭目作睡状，而胸前喘起、口内呼吸，久看不觉其为蜡人；右一女亦露体斜卧，腹以下以窄幅鲜锦覆之，横枕玉腕，垂头看书，神气如生。此上为另一层，登者每人加十五考贝，右边一行段段分列，如卖靴给妇人捧脚试大小者，卖酒彼此论价者，密室男女私语，一老人脱履立于门外、由钥锃孔中窃听者，楼上幼女双手拽少男登楼、楼下一犬啮其裤者，皆神形逼肖。左边横一大玻璃罩，内仰卧一伤兵，胸前被刺，孔深寸余，血溅满衣，面目憔悴，胸前喘气甚缓，目虽闭，有时而开，观之恻然。正面横小台，坐一阿美里加墨西哥国弱女名席班呢者，满颏乌须，居然一丈夫面也，乃语言袅娜，十指柔荑，随时针绣，动作娇羞，俨然女态。据云随伊父来此已逾三月，留之以为奇货，令人鉴赏，其父因而获利焉。此旁一门内小室置俄国古时刑具，并以蜡人做出受刑各态，如一铁抓作十指，如两手捧于一处，以之捧女乳，十指插入，女作叫态；又一人四肢皆缚，背后垂割下鲜皮两条，宽各寸余，长尺半；又一物如长几，一人坐于其上，手腿直伸，绑木架上，腿臂之间横列铁锥两行，似手脚动即被刺状，见上下已刺孔数十，深皆逾寸，其人面色青黄，两目呆视，欲泣不得；又三人缚于铁树，树下生火，腿皆烧黑如炭，有已死者，有仍睁目如泣如诉者；又有穿红铁靴者，膝下肿裂流油；又有坐铁床者，有戴铁箍者，笔难琐述。虽系蜡造,令人不忍逼视。"

观蜡像馆男女,形骸不一类,皆神气如生,终不若生者之妙。盖生者能言不足为奇,奇在以女子而作丈夫面,胡髯一部,如戟怒张,使观者惊骇欲绝,宜其多得金钱也。

泰西各善堂

泰西各善堂经费偶绌,或他国有偏灾,则王公将相之命妇、闺秀,相约成会,或歌舞,或演戏,函招绅商观听。或出亲制之针黹、石刻、油画,或捐己之首饰玩好,或设花果酒醴,或集衣服杂物,函致相识者来会,抬价劝购。或会集教堂,跪求布施,但以招徕之广、劝募之多为荣,即笑语诙谐,勉效市井,亦所不惜。国后、王妃亦乐为会首,为之提倡。更有一种解脱,人不重后嗣,积产数百万,临终尽舍,以建义塾及养老、济贫等院,措置既已,自谓没世无憾。询以祀事何人,则曰:"吾舍赀以成善举,虽千百载犹奉吾像,奚以祀为?"语以祖父血食之斩,则曰:"祖父养吾一人,吾以其财养千万人,大孝即在是矣。"

揆之平正道理,似属偏激,然其恤民之心,则既不可及矣。

英国蓄物园、法国生物园合记

英国蓄物园,飞走鳞角,靡不毕具。巨狮一头,尾长而细,头大面长,方口巨鼻,顶毛披拂,状甚雄伟。虎三四头,一巨,余小。豹数头,皆有文泽可观。灰色象,高一丈许,铁链锁其足,时时以长鼻向人闻嗅。猴类甚夥,有长尾者,有无尾者,又有啸悲不止者。鹿亦有数种,最异者一兽,形似鹿而加巨毛,文如麇,项长盈丈,翘其首高出屋外,闻产阿美利加洋,其名未详,中国所无也。次则牛羊狐豕之类，无甚异。继见猩猩三头，一大二小，状绝类人，惟通身黄毛，足长能握物，见人辄从铁栅中出手索食物，异哉！飞禽自孔雀、鸾鹭外，无甚可观。鳞蚧有蚺蛇数头，又有绿色蛇，色如新竹，不知其名。观既殆遍，乃复从虎阱旁出。天阴欲雨，狮虎皆猝呼吼，声如击铜钲巨鼓，使人心悸。法国生物院，异兽珍禽、鱼虫花鸟，无所不有，不知名者十之七八。如孔雀有纯白者，鸡有全蓝者，水鸟有全红者，树有皮白如粉饰者，皆见所未见也。欧洲各国无竹，此独有翠竹十数竿，云由南阿墨利加洲得来，仅见此君，颇欲使人日为报平安也。又见海棠花叶类中华，而尤肥苗，居然有香，得非昌州移植欤？

铜铸人像、石雕王与妃像合记

按，两男像为紫人，即美国土著之烟甸人也；一妇人、一小童像为英人，则二百年前到美国者也。一紫人举斧以斫妇人，另一紫人以手格之，斧未下；妇人则以右手入紫人腰际，抽其短刀，已将出鞘，盖欲夺刀以刺紫人；小童则骇极，张口而号，情形逼肖。距铜像二丈余许，有枯树一株，无枝叶，盖当时之物，已二百年，生尽而未删伐，特留之以志此事之颠末也。又乐德海岛铜铸一人，高三十丈，安置海口，仅以手而论，已不能围抱，两足踏两海岸之两石台，其脐下之高广，能容大舶经过，左手持灯，夜照引海舶认识港口，以便丛泊。铜人内空，从足至手有螺旋梯，升上点灯。造工每日千余人，凡十二年乃成。又布鲁斯王陵石床上卧石刻王与妃像，其面目形体、衣褥袜履，皆毕肖，旁有从者四像。闻从前王妃闲游市上，见幼童以土抟人极巧，乃命之入宫而教导之。及长，为泰西刻石妙手，后妃病笃，此人觅巨石，尽九年之功雕成二像，以报妃德。

铸铜像而留踪，刻石像以报德，栩栩如生，神情逼肖，非得此妙笔不足以达之。

观鹦鹉及弄蛇舞象之戏

吴瀚涛《南行日记》云："印度市肆中百货俱集，土人弄杂戏者极多。有笼鹦鹉作戏者，其人立一小铁架于地，出鹦鹉立其上，以小木棒两头有小圆球，鸟口受之，展转作舞。西人士女观者，皆为解颐。戏鸟者复出一小铜炮，授鸟以炮，洗鸟口衔而投之炮，三投三出已，乃装满硝药，塞以败纸燃线作绳。鹦乃登木架，衔火线就燃，炮门火发声震，洋犬皆慑伏，而鹦鹉不之惊，亦异物也。又有弄蛇者，曝口微唱数声，则蛇自草楱中出，黄身黑质，昂其首，扁如琵琶，狞恶可畏，此印度真毒之蛇，啮人立死。蛇人盖先去其毒，复以药水杀其毒，乃能驯扰之，然亦何苦乃尔也？又有象十二只，能串阵跳舞，象蹄起落与琴声应节，象奴于鼻端盘旋作势，或以首探入象口，使衔之而无少伤。或谓象体雄伟，殊非雅观，不知象固能舞，蛮中有象阵，斯诚灵物也。见铁栅中一人置车上，栅高七八尺，内蓄七狮，使二象负车出，一人入栅，以铁梃击狮使怒，与角斗许久，犹以为未足，复轰以火枪，则皆怒吼，声若铜钲，狰狞相攫扑，观者股栗。正在急迫，人忽耸身出栅，栅门随闭，人虽有巧技，容非狮敌，故闻屡有被伤者，皆可纪也。"

按，鸟兽性本灵敏，得人教之使驯，始可资之以养活。鹦鹉衔火线以燃炮，坦然不惊；蛇以药水杀其毒而不噬人；象跳舞起落，蹄声与琴声应节：皆弄杂戏者所引导也。观此可知人能与物狎物，物亦听其指挥，而惟恐或后矣。

游西本愿寺及丰太阁见平秀吉故像

《道西斋日记》云："寺在西京东北,天正十九年造,寺僧六百,今尚存百四十人。寺中有飞云阁,丛桂中有泉,曰'醒眠泉'。明和丙戌,光晖铭并书铭云:'石甃崩塞,水行地中。再浚乃涌,孰曰匪功?盥漱醒眠,此是名泉。厥德实博,注渠养田。湛湛其色,合曜青天。雨旱无变,永流万年。'循泉而左,有一茆亭,平秀吉观月处。由林中绕行,登一阁,阁上画雪山,仰视可见,下有秀吉自画林木。按秀吉起于人奴,致位通显,能通绘事,东人争相宝贵。又有画月在云中,侧视可见,似参光学者。由招贤馆出回雪亭,见寺前银杏荫蔽亦广,亦三百年前物也。传闻寺僧多娶妻生子,由先代国君多禅位子侄,退居削发,不能屏弃妃嫔,然亦无害其为清修也。又过丰太阁北政所,以征伐朝鲜时所得军舰茸为穿堂,以车盖为屋顶,室中供香炉亦朝鲜物也,'法云'二字亦朝人所书,'卧龙'二字朝人雪月堂书。室中供秀吉六十一岁象,红袍纱帽;右为其夫人四十一岁象,以白布蒙首,屈一足,神气宛然,真写生妙手也。"

按,平秀吉初为人奴,致位通显,与西汉卫青无异,人但知其能立战功,而不知其能通绘事。观其画月在云中,侧视可见,即此一端,足征神品,无怪乎东人争宝贵也。

泗 水 之 戏

钱颐仙《时务大成》云:"斯朵阁姥王宫之西里许,有长桥,桥畔建院宇,为泗水之会。会之长,亲王也,佐之以总办司事。水中央竖柱架板为基址,筑室百十间于其上,中有池,长方,周围二百余步,木堤横亘之,分而为二,置梯四隅,三面皆矮屋,各悬镜一方,巾栉数事,供易衣梳拭之用;其一面为岑楼方丈,自顶及地四重。泅者多十龄童,皆裸露,以尺幅系掩下体,及十数人为一班,两两跃下,浮水面作诸剧。每食易一班,乃自楼而下,善泅者至楼顶背水立,足趾垂外,仅以指著檐,翻身腾跃入水,久之始出。后有皮制圆球径尺五,跳掷水中,壮者八九人蹴踏为戏。再后一人登楼作谐语,伪为失足者,以为笑乐。阅三小时,易四五班乃散。院旁有池,差小,一幼童不及十龄,入水苦寒,赤体僵立而偻曲,见之恻然。院后设座,许卖糕饵茶酒,总办邀饮,乃小憩,凭栏远眺,夕阳在树,烟波渺然,俯视游鱼,鳞鬣可数,不减杭州湖心亭焉。初疑是会将以备水师之选,询之殊不然,谓居于水宜习于水,趁此炎夏,借沐浴以固肌肤、舒气血云尔,闻暹罗、日本有之,中国何独不然? 曰:中国亦不乏其人,有能于水中度日者,固未尝郑重而为之会也。窃忆关忠节守闽时,操演水军,谓水上乳际者不用。而越中村童亦辄能出半身以渡,顷所见者,竖立则水必及肩,岂其身躯较重欤? 总办赠会中号牌各一枚,大如铁,面镌鱼形,有文在幂盖。池边环坐而观者,尽会中亲故,外人不得辄入临池。复订期于下次休沐之某日,比往,则泅者为童女,以细布绷系其身,仅露五体,观者皆妇孺而无男丁,乃知破格相待也。傍晚邀总办饮,以答其前日之请。尝闻西人酷好水嬉,于兹益信。"

　　西人酷嗜水嬉,某亲王作一大方池,预养童男童女数十辈,以备戏耍。值风日清美,令投水中,备极下上浮沉之趣。然男女必间日而作,男则任人纵观无忤;至童女,观者皆妇孺而无男丁,非至亲密友不能遽见。于戏耍中显示区别,亦足见西人重女不重男之意云。

弭 兵 会

　　西历五月十九日华四月初十日。《伦敦报》云:"各国专派之弭兵会大臣俱于十六日齐集和兰海格都城,中东二国专使与焉。"初,和兰女主接俄公牍,将为弭兵会于其都城,遂饬内官就城外行宫洒扫洁清,以待襜帷之戾止。行宫距都门一里,以英程计。沿路茂树成林、花香草碧,往来车马得绿阴以障赤日,几于隔绝尘氛。宫之形制:正殿南向,两偏殿左右拱峙。和君以正殿及右偏殿暂赠会中以为议事公所。计其中有如大堂者三,一仿华制,一仿日式,一兼仿泰西各国,规模类皆装潢富丽,布置合宜。与会之大臣凡二十有四国,三大堂公座亦即预设二十有四位,一国一位,秩然不紊,和廷虑周藻密,良堪佩慰。况行宫既远于朝市,安静华美,又极合于会商大局之用。入此宫者,时或临轩四望,眼界顿恢,则巨苑环之也。十八日,廿四国大臣齐赴行宫,衣服既殊,体制自别,其尤为标新领异者,厥惟中华。突厥之使星众人,皆属耳目焉。和兰大臣奉女主之命在宫门外行延宾礼,俄而各大臣偕入会堂,行开会礼,其森严之气象已有令人翠然高望、穆然遐思者。和大臣居主席,即代女主宣言,曰:"俄皇志在太平,因欲免战祸而除凶械,善心仁术,于此不凡。本大臣谨代天下文明之国,望俄皇本意之克成,倘他年耄期倦勤时,一念及于此会,必将曰此日为大俄第一光荣之日矣。"

　　兵,凶器;战,危事。古圣人于此兢兢致慎至今日,而环球之战事亟矣。机事机心日出,其至毒之器以为用,生民之害无已时也。俄皇乃创为弭兵之会,其事虽未必成,其意则人所不逮。果能五洲之内其体此意而勉为之,此一气运之大转机耳。

行军制器愈出愈奇

　　世界万事,递变愈新,试由流以溯源,有耐人作十日思者,矧又有相生相克之理,真所谓"神妙欲到秋毫巅"矣。夫开花弹之原于爆竹,德律风之出于竹筒牵线,奇矣。若乃取童子之风筝以助摄影之技,则有如两军相见,尚距百里以外,攻者可察炮台之向背,守者能知战舰之往来,墨翟、公输,皆玩物耳。又有如轻气球者,军前侦探,无可捉摸,甚至行空抛药敌营,无端怒炸,真如起霹雳于晴天,毒矣。英人百计以破之,先演试于海口,当气球上升之际,击以大炮。然至高至远而至小,益之以随风飘飏,测量虽准,岂能命中?乃命佛郎机送百子弹,大壳裂于云端,小子纷如雨下,且弹力终高于球力,但有一点坠于球而业已瘪而下坠。是之谓战胜于太空。至若铁甲之裹战舰,厚至英度二尺而极,若再加厚,必付波臣。欲求彻札之材,则铸大尖弹,借螺旋之势以钻之。然弹亦不能加大,此中克制之数大抵已臻绝顶,则又制为雷艇以破铁舰。然铁舰仍不甘为所破也,先结挡雷网以御之,复造灭雷艇以捕之。海战之术,百出不穷,鲛宫贝阙中其尚有宁宇哉?更离水而言陆。古人以戎车胜步卒,"驾彼四牡,四牡骙骙","啴啴焞焞,如霆如雷",小丑跳梁,自当股栗。然至进退不可、周旋不能之际,甚至"骖絓于木而止",为祸不可究诘。于是舍车而专用马,风驰电掣,万骑凭陵,陆战之威,旌旗变色。乃忽舍马而专用车,则更奇。考西人有脚踏车之制,前后只有两轮,运以双足,洵称灵便。然其始只以代游屐耳,既而练踏如飞,一日可行三百程,遂借以充行军之用。且由旧制而加以新法,车身务从其轻,闻有仅重英权八磅者。或当山径崎岖,轮行窒碍,即可荷之以背,并无重坠之嫌。德意志恶之,则有嗾狗咬人之法，登车者猝不能下，当之立蹶。假使与晋赵盾遇，得毋曰"弃人用犬，虽猛何为"乎？呵呵然毛虫知人性，德人步使犬部之后尘，犹可意料及之也。又有舍毛虫而用羽虫，且可借充战士者，然则卫人欲使鹤以御狄，非瓽言乎？曲端命纵鸽以点军，有成案乎？夫鸽之飞固甚捷也，而目能辨认家园之方向，西人有试鸽者，笼家鸽而闭诸舱，不使见天日，迨行海程数千里，纵鸽于外，船未返而鸽已归矣。又与燕睇相同，西人又有试燕鸽之迟速者，其详具录去年公报。德人遂用鸽以达军书，即使陷入重围，瞬息间无殊面语。鸽作寄书邮不致，如殷洪乔之浮沉，华人早已行之，欧洲似尚属创获也。英人思患豫防，即专饲鹰以捕鸽。盖自火枪行而鹰猎废，今乃重恃乎钩爪剑翎之力，外援以绝，间谍以除，是之谓鸟战。而又慨夫守旧而不知变者，几尽智出鸟下也。噫！

行军之器，至今日几不可究诘，然有用之者，终当有制之者，惟火炮尚无以御之，或者生民之厄运未有穷乎？

日都风俗纪略

蔡和甫《出洋琐记》云："日国都城每岁西历二月，戏园举行跳舞会，上自爵绅命妇，下逮硕士名姝，无不麇至。入门购票，女需银一圆有半，男需银三圆；不习跳舞者另赁一房，价值十圆。跳舞之际，男女各自择偶，乐作则作，乐止则止，进退疾徐，曲折盘旋，皆以乐音之宛转抑扬为节。女子入场多戴面具，变娇婉之音为雄壮，即素相识者亦并不知彼为何人；若有识破其庐山真面目者，则彼必前来，嘲笑杂生，诙谐间作。亦有男作女妆者，扑朔迷离，雌雄莫辨，拱立车旁任人嬉笑，即逢君主君后之车亦无所避。主后亦并优容以答之，笑谈无忌，普庆胪欢，此亦古者与民同乐之遗。此外亦有贫民洗足会,君主君后亲临焉,君与贫男洗,后与贫妇洗,洗毕赐宴,异常优渥,亦畀金钱以示宠异。其入会受洗之男妇,皆年高耄耋者也。届期前后三日,自君主以逮军民,咸步行,不得升车。西俗如此,由来久矣。"

按,跳舞会,泰西诸国皆尚,男女各戴面具;道逢君后笑谈无忌,此则日都所独也。所尤异者,君后为贫民洗足,洗毕赐宴,然非年臻耄耋者不能邀此异数,即此一端,足见其敬老之礼行矣。

金 刚 钻 石

四百年前,法国南方公爵以六十万金购金刚钻石一枚,巨若半鸡卵,公爵以为宝玩,珍之逾于拱璧,因为冠饰,光耀夺目。后公爵统师出征,兵败弃冠而遁,遂失此宝。旋瑞士国军人射猎战场,见沙砾中光芒璀璨,逼而视之,金刚石也。知为昔法国公爵之物,喜甚,往售于法国一富人。富人视为希世奇珍,秘藏箧笥,传守弗替几二百年,嗣因敌国交侵,军需孔亟,其家拟较捐输,遂命家人持付瑞士质库,取银助饷。甫出国门,遇盗劫杀,盗遍搜家人身畔,迄无所得而去。盖盗蓄谋窃石已久,故侦家人出门未远,为是截取也。其家闻变,载尸还,剖腹,宝石固在,或家人遇危险时吞之者也。卒以此石献前废王拿破仑王,用以饰刀柄,辉煌耀座,举世以为希有。后王被废,宝石遂流落民间,辗转入西班牙国,国后以连城之价得之,临薨以贻至爱之人,而其人未之能守也,又入俄罗斯国。俄王得之,藏于国库,嗣君不宝异物,谕有人爱此石者不妨举以畀之。巴社商人以金钱二万枚献,竟为所得,自视如和氏之璧不啻也。然无何,仍入俄宫,置于后冠,召博物士议其值,卒未能定价,但言约值千百万金而已,因议每岁予银三万圆,至今未止也。俄得是宝,殆近百年，而其实始出于法。物无常主，宝不空生，卒为有力者所致，是亦可以观变矣。

泰西物产之珍，莫如金刚钻石，得一巨石若鸡卵之半者，价尤不赀，顾物不自贵，因人而贵。法王得之，但饰刀柄，不过耀为美观；俄后得之，用以嵌冠，宛然尊若元首。观两国皆知宝贵，法究不若俄，宜俄博士议其值，卒未能定其价矣。

海蟒特志

英京有舟师符兰芝的甸前者，曾由伦敦奉命赴亚刺士架地方，采风问俗，以察探土人政教。据舟师言："尝行抵该地时，用茵陈人为乡导，以游览山川名胜。一日偕同茵人到一小岛，垂纶下钓，借消永昼。该岛系在昆加律岛之北，相距约有一百四里之谱。迨日已西斜，兴尽而返，同驾小舟欲归原处。二人对坐鼓棹，容与中流时，则风日晴和，水波不兴，霞映日红，水连天碧，方尘襟涤尽，心悦神怡。讵行至距岸约有二百码处，茵人勃然变色，疾声呼叫，晕倒舟底，状若发迷。吾甚诧异，急行回顾，瞥见一物在于小岛之左，距吾舟约有一十三四里之遥。此物由水面突出，始犹疑为船艘之桅，迨见其愈浮愈高，约有七十五英尺，始知系属海蟒昂头水面，张口吐气，口大容人，两目光灼，鳞甲灿然，估其长约有二百英尺，围约有十五英尺。吾心亦恐，急驶登岸，告知同人。翌日联合多人驾舟出海，希复重见。惟见烟水茫茫，已不知遁迹何方矣。"

海外桃源

日本宫城县中羽前街道，从事开凿已阅多时，自加美郡东小野田村以达山形县北山郡母袋村，俗所谓柳濑也，地处深山，人迹罕到。日前工竣,忽于此处见一人家,家共五人,询之,老者云于三十年前卜居于此。揆其意,惟恐人见,盖遁世者流也。睹其状,面垢而发结。宫城县知事船越君闻之,亲造其庐,见其所居之屋支木为柱,上覆以草,下掘土为坑;屋内别无器具,惟小朱漆碗内盛放盐水常食,木质,不举烟火。船越君仅得其数语而返,工人知其事,咸欲往视。于是男女老幼,骈肩接踵而至,及抵其处,杳无所见,想既迁往他处矣。噫!若而人者,岂无怀氏之民与?抑葛天氏之民与?

白雷登海口避暑记

《海外文编》云:"英伦四面环海,水汽和而得中,无严寒,亦无盛暑。"然邦人士之富贵者,咸以避寒暑远徙,一岁中恒四三月,而避暑必在新凉之后。当夫秋高日晶,天宇澄旷,去邑适野,舍业以游,西人名之曰'换气'。盖都会之中,人民稠密,居之久,则气浊神昏而百病生,必易一地以节宣之,则气体清健而百病却。此于养生要术研之颇精,意不专在避暑也,其避寒之用亦然。癸巳七月之杪,余从西俗避暑白雷登海口。海口为巨绅豪商必至之地,以海气养人躯体,尤善于郊坰清气也。白雷登在伦敦西南三百余里,乘火轮车约熟五斗米顷即至。邦人士营此胜区,罔惜才力,岁异月新,有穷林以翳炎阳,有幽园以栽名花,有陡入海中之新旧二堤,以待游者涵濡海气。岸高也,则有升车以省纡绕。波平也,则有小舟以恣荡漾。海岸上中下三层俱罗花木,可步可坐,可纳凉焉。余初来此,神气洒然,如鸟脱樊笼而翔云霄之表。所居高楼,俯瞰海湄,夜卧人静,洪涛訇阗,震耳荡胸,涤我尘虑。少焉,风止日出,波澜不惊。西望辽夐,想像亚墨利加大洲,如在云烟杳霭中,未尝不觉宇宙之奇宽也。于是携侣扶筇,任意所之。见有驶电气车者,夷然登之。风驰云迈,一瞬千步。制造之巧,愈于火轮。数百年后,其将行之我中国乎?俄而下车,步往长堤,听西人奏乐,披襟以当海风。或遥睇水澨,而羡鸥鸟之忘机;或旁眄钓徒,而悯众鱼之贪饵。于斯之际,触烦涤嚣,心旷神怡,窃谓世间所称神仙者之乐,不是过也。晷移意倦,浩歌以归。归而倚枕高卧,亦得佳趣。梦中如游邃古之世,既觉,偶睎窗外,海景奇丽,皓曜万里,恍睹金碧世界。盖日将西匿,倒景入海也。无何,暝色已至,秉烛朗诵杜子美诗十余首,以畅余气。如是者旬余始返。其诸所访名迹尚多,不尽记。余自春初期满未归,羁怀侘傺,悄焉寡欢。今而知天与人以自得之趣,随地可以领会,初无遐迩之别也。夫诚默体古君子素位而行之旨,将焉往而不乐哉!"

右《海国轶事》一卷,公余无事时所辑也,采自群书,述由诸客。半在余闲,积久成帙。极咫尺万里之观,萃三岛九洲之胜。付著书之岁月,不厌多多;等过眼之云烟,何嫌琐琐。人伦首重,固在表章;庶物不遗,亦兼采取。出机杼于一心,得游戏之三昧。宛西游长春之记,变幻多端;作东方曼倩之谈,诙谐俱妙。洪纤具举,梗概粗呈。敢希山谷,侈为百家之衣;聊学王筠,亦是一官之集。煜南识。

卷六　海国咏事诗

昔尤西堂先生著外国竹枝词百首,脍炙人口。然仅跼蹐一隅,未尝合五洲万国以为言也。兹篇选材不出《瀛环》全卷,间参《海国》诸书,披览所及,歌咏随之。虽故实征求不无增益,然挂一漏万,有识为讥,吾犹不惮为之者,亦以乘槎万里,托兴诸篇,聊吐奇气于胸中,非徒骋游观于海外也。

海　国　总

浪迹浮生一粟孤,周游瀛岛与蓬壶。试看海外神州九,益地还多未献图。

輶轩窃欲效观风,不出瀛环志略中。一样著书费心力,魏公端不让徐公。

阅尽南洋各埠头,欲征故实费搜求。此行喜至地中海,再与西人话地球。

客子光阴岁屡移,游踪到处爱搜奇。异邦风物凭谁记,收拾行囊一卷诗。

东洋二国

日　本

宏开宫殿定朝仪,仗列千官贺玉墀。二月二旬亲受拜,谁如神武辟东夷。二月二十相传为神武纪元即位之日。

冶铜为镜似新磨,对脸敷红照翠娥。一样庄严留佛相,依然露坐在山坡。铜镜一枚,铜佛一尊,俱是神功皇后物。

文窗人静学涂鸦,八法能谙学士家。暇命奚僮勤灌溉,瑶阶新种瑞香花。瑞香花可造纸。

历尽神崎道路中,撩人春色正蓬蓬。花时烂漫浓于酒,开遍绯桃十里红。神崎遍植桃花,约四五里。

墨江三月发红樱,人号花王费品评。每到花开争给假,赏春一半是公卿。樱花,东人称为花王,三月花时公卿告假以赏。

烟火红烧两国桥,嬉春争赏上元宵。爬龙又道逢端午,人著绡衣拨短桡。东京两国桥,烟火所萃之地,端午日又有爬龙舟故事。

回环引入玉川流,绿水如油涨御构。凫雁依人不惊怯,一群飞上采菱舟。周濠引玉川水灌之,凫雁成群,无敢弋者。

庋驾纷陈宝器图,古来遗物出泥涂。金蛇一纽文方寸,汉印犹存赐委奴。金印一蛇纽方寸,文曰"汉委奴国王"。

盘飧适口问何如,玉板调羹尚笋蔬。别检食单多异品,庖人新进马鞭鱼。马鞭鱼,出日本。

《女诫》书今遍国中,闺房劝学一灯红。绣针未便长抛却,赢得余闲课妇功。曹大家《女诫》,亦有译本。

十三样色嫁时衣,黑白分明不敢违。堪笑新人著新屐,出门惘惘赋于归。嫁女临行易衣凡十三色,著新屐入婿家。

美发低垂委地深,挽成前后髻当心。梳妆别有新时样,斜管风流玳瑁簪。女多美发,前后挽髻,插玳瑁簪。

栩栩如生貌逼真,银硝纸上镜中身。缥霞更有屏风漆,光彩荧荧影射人。髹漆之器最称能品,缥霞彩漆尤光彩射人。

左右偕行驾六骃,时逢佳节作清游。拓开眼界全舆在,揽胜来登第一楼。第一楼在山顶,西京最高处也。

支持残局矢孤忠,一旅勤王殉血红。士女也知钦节烈,闻名无不识楠公。楠正臣仗义赴国难,兵败身殉。

天然画入小西湖,十里公园迹未芜。预约同心三五辈,明朝亲去撷芙蕖。公园侧有湖广数十亩,名曰小西湖。

欲消清昼寄闲情,百战河山一局枰。拟向朝霞台上去,予看冷暖玉分明。日本王子来朝,言国东有朝霞台,台上有手谭池,以冷暖玉为棋子。

卖茶客集市随开,价定牙郎日几回。近日绿汤味尤美,百箱先购美人来。卖茶有牙郎,近日山城国所产绿汤最佳,米利坚人喜购之。

夹道松篁翠上轩,引人入胜御花园。泠泠觅得流泉处,知是声从石罅喧。宫中有御花园,水从石罅泻入,名曰青龙瀑。

镇日流观大地舆,谁如风土继高书。奇奇怪怪征方物,三趾鸟兼四足鱼。海鸟三趾,黑鱼四足,皆不经见之物。又侯继高著《日本风土记》。

海错登盘半昧名,饱餐黄白酒初行。如何匕箸临时设,待取奚奴手削成。俗移于味,黄白杂陈,不设匕箸。临食,待奴取小材者削成札,人置一双。

观优每喜到芝居,子弟登场曳舞裾。手把琴弦徐自按,猗兰遗谱识隋初。俗喜观优场屋名曰芝居。又其国重三弦琴,隋代遗谱尚有识者。

世易风移代变迁,铁钱使后又铜钱。近来铸得新模式,龙凤双飞银一圆。银描画龙凤,中有"明治通宝"字。

仙人宫阙本虚无,风引舟回事却诬。止有东西两京地,至今犹自拓鸿图。史言海上仙人宫阙风引不得至,皆燕齐方士托言也。

琉 球

首里王居在半山,大夫金紫耀华班。守官所辖无多地,清俸惟闻粟米颁。王居首里国,与中国同文,官之最尊者为金紫大夫,岁惟俸米百石。

谁似中山种菊花,重阳佳节放官衙。书成竹简征名雅,开遍朝霞复晚霞。朝霞、晚霞,皆菊花名。

城郭凭依铁板沙,就中景物亦堪夸。阳回十月春先到,桃李沿村已作花。天时和暖,十月桃李已花。

闲看夷戏上阶除,公子多情响佩琚。袜著红罗衣锦绣,问年多是十三余。演戏者多是贵家公子。

短笛三弦小鼓锣,雏童齐唱太平歌。宵来烟爆门前放,数十人骑纸马过。每值元宵,爆竹满街,小童骑纸马游耍。

人居那霸实堪嗟,顿顿都闻食地瓜。水利未兴农事旷,一生米不见桃花。此地产米极少,以地瓜为食。

远游来学赴京师,荒陋谁云僻在夷。一札瑶笺工赠答,贵家子弟也能诗。琉球遣贵家子弟入大学读书。

森森竹木大崎饶,驿路兼通海国遥。此去却金亭下过,有人清节著前朝。大崎一岛,竹木独富。

封章五度锡麟洲,拜敕香飘玉殿头。排列盛筵宴天使,笙箫迭奏听涛楼。听涛楼极华丽,是彼国宴使臣处。

南洋滨海各国

安　南

如墨疑通黑水源,富良江上浪花翻。经冬天气无霜雪,十月青梅尚满村。富良江发源最长。

天开文教辟交州,士燮南来学校修。试赋试诗兼试论,取人闱总设春秋。吴士燮在交州作牧,交人始知文字。取士用策论。

制仍唐宋旧衣冠,短榻平铺坐贵官。独怪缝中扪小虱,解衣磅礴任人看。衣冠仍唐宋之制,坐则席地。贵人乃施短榻,或解衣扪虱,恬不为怪。

多藏铜鼓富豪夸,手把银钗一一挝。云是汉朝诸葛物,不妨持赠宦游家。民好击铜鼓,富豪女子亦习为之。

港口行舟水色澄,荻芦吹动好风乘。纪程一百八十里,如入桃源过武陵。舟行港中,处处芦荻丛生,殊有画意。

花前小饮醉难醒,酿酒无须曲蘖成。招得昆仑奴踏曲,小琴小鼓不停声。乐用昆仑奴踏曲,佐以小琴小鼓。

雇尔佣公阅苦辛,伤贫未嫁女儿身。代持家务劳心力,非礼难干木石人。雇未嫁女子佣工,操作极勤,第不得干以非礼。

一水湾环入海湄,美南楼下驻舟时。大花园里供游赏,古树珍禽种种奇。入西贡海口有七十二湾,美南楼在堤岸。又大花园地极宽广,树木苍老,禽兽繁多,颇饶胜概。

无人敢捕任群居,喷沫扬鬐意自如。在昔闻援王子溺,随潮下上两鲸鱼。海面鲸鱼,土人无敢捕者。相传昔安南有王子溺水,两鲸鱼翼而起之。

汉琅河港水清涟,四面环山好泊船。程距富春百六里,南东门户想天然。广南省汉琅港四面环山,距富春越城一百六十里。

珠江红洗血痕殷,上相威名震百蛮。屈指二旬陁利服,佛桑花下唱刀镮。孙补山征安南,不二月即平。

暹　罗

沿河楼阁画中俱,万国城低峙海隅。一路梵宫耀金碧,壮观十丈是浮图。王所居曰万国城。

掉舟播种插秧青,河水方生浸杳冥。水得退时禾已熟,价低一石抵三星。米极贱,每石值银三星。

以鱼为命贮筼篮,小艇乘风受两三。出入港中期有定,一回北去一回南。暹人多以鱼为命,乘风出港,冬北夏南。

沿门托钵去来频,兰若从无举火人。都道饭僧兼饭佛,三生齐结石缘因。俗崇佛,僧沿门托钵募食,无事举火。

主持商事握邦权,明敏多推女子贤。贸易场中无用币,但闻蚆子代金钱。妇人志量实出男子上。交易海蚆一如钱价。

纤纤女手嫩如荑,淘米余闲又拣丝。争织云裳争酿酒,工夫应不让西夷。妇人工织绣,尤善酿酒。

收鳄曾传没水奴,牵鱼出水总由符。情甘受戮皈依佛,刳腹仍存一大球。国有鳄患,僧书符,遣奴没水牵出,僧稽其孽迹多者戮之,刳其腹,有得铅珠二升者。

层楼近市阁临渠,黛绿颜红女妓居。报道客来争出接,一帘明月上灯初。层楼多住流妓,善伺人意。

花为秋来结实香,南中柚子满林黄。园丁早备汕头鬻,摘取累累载海航。汕头市上沽逞柚极多。

缅　甸

大江据险号金沙,结筏中流傍水涯。国筑五城皆用木,苍苍云树是王家。王筑五木城以捍敌。

不图经卷见蛮荒,完好依然什袭藏。文字素来分二种,上崇金叶次槟榔。其文字上进者用金叶,次用槟榔叶。

放舟江上侈奇观,巨竹沿江十万竿。中杂甘蕉数百本,绿天覆处夏生寒。沿江巨竹数十里,梢云覆水,不见天日,下杂甘蕉数百本,洵绿天也。

伊奴涧下注清泉,小饮人来别有天。建得竹房如小舫,二三层板好安眠。竹房式如舫,用板三层,可容客数人。

蛮暮江头景最幽,夕阳红入打鱼舟。沙中更有梳翎鹤,人立矶头看水流。蛮暮江有沙鹤成群,作人立状。

树栅重重大木横,老官屯上列高营。石桥记否前时失,前队空劳用象兵。老官屯筑三栅以待官军。又石桥一役,缅兵丧失大半。

孔明城筑备姑乡,四面周围尽女墙。十里民居多板屋,茫然一望白如霜。备姑乡有城,闻是孔明所筑。

金钢宝石罩金冠,遣使遥贻麦马韩。马射喜邀同一顾,六街百姓尽环观。麦马韩,法酋名。

南洋各岛

吕　宋

托处卑辞借一枝,区区尺地请牛皮。孰知早具鲸吞志,龟豆名城筑水湄。西班牙初到吕宋,请地如牛皮大,旋建城于海滨,名曰龟豆。

包括三湖带水萦,湖田万顷稻如京。收成富有仓箱米,装载连船入广闽。内、中、外三湖甚广,湖上有田万顷,一岁再熟,运入粤闽发售,即中国人所谓洋米是也。

解铃原是系铃人,娶妇须防咒我身。堪笑虾蟆传蛊法,女儿生小授慈亲。虾蟆蛊,彼能放亦能解,其法母传女而不传子。

燕窝土产易军装,地小兵强霸一方。空列西班牙属岛,江山只好画中望。苏鲁岛地近小吕宋,未能征服,已列入版图,即西人嗤为画里江山者。其岛地小兵强,华人时以军械易其燕窝。

七日偕来谒教师,情深忏悔未嫌迟。此生愿仗法王力,恩爱终身不忍离。男女嫁娶后,每七日至院乞巴礼改罪。

财贿专司付女尼,院中封锁秘谁知。日需什物须传进,转斗时时不告疲。女尼院封锁极严,日用所需之物,壁上用转斗传进。

野人舂米作机关,流水声中碓自闲。一片寒声云外度,几疑琴筑响空山。赤嵌近吕宋,其地舂米用水碓,人力少而成功多。

缚竹为罨使细腰,身材瘦削不胜娇。冰肌玉骨都文遍,只有蛾眉未解描。番女以竹为罨,束腰使细。

独驾牛车意适然,靓妆盛饰出游天。怪他麻达风骚甚,愿作前驱效执鞭。番俗未婚名麻达,争执舆夫之役。

囤居深处好幽探,竹木回环舍北南。瘴气春深渐消歇,遥知花已发山柑。生番作室曰囤居。又山柑花开则无瘴。

独木工营艋舺舟,随潮下上逐寒流。月明时节歌声起,载得新茶出埠售。番以独木凿其中为舟,名曰艋舺。

琴弹猫踏笑纷纷,中道相逢女子闻。为怯晓行多露水,藤皮爱著一条裙。猫踏,未娶者之称。番女多揉藤皮为裙,晓行以御露水。

乳哺才停作茧功,将儿安睡布床中。高悬树杪无知觉,摇曳多时趁好风。番妇有事耕织,以大布为褪褓,系儿于树,若悬床,风动枝叶,儿多安睡不觉。

藤球一掷向空飏,风日晴和戏广场。何苦临溪观出浴,浪花交泼逐鸳鸯。番以藤丝编制为球,聚众交戏。又番妇日往溪潭沐浴,见人无怍色。

挟矢溪头射特精,扬鬐水面数鱼行。得心应手无虚发,不俟烹调便啖生。番挟矢循水畔,窥游鱼辄射之,得便生啖。

木桩开处诱群熊,牝牡难逃一夹中。更有老猿拳握果,不容出栅啸生风。番取熊、猿,设木桩,插木栅,入其中者,多不能脱。

足蹴层冰未觉寒,百钱水裤费艰难。赤身不怕阳侯怪,笑踏波涛出浅滩。番以尺布周围下身,名曰水裤。

西 里 百

冰片沉香作贸迁,纷纷扰扰日中天。篆文历代多殊状,市肆今犹用制钱。芒加萨在西里伯之南,市肆交易皆用制钱。

气吞寇盗目无人,日日扬帆出海滨。获利归家伸孝养,倚间常恐负双亲。土番芜吉技击最精,一人持短刀,可敌数十人。每扬帆海上,海贼望而引避,获利则归养其亲。

绝技驰名本女徒,如风扫籜靖萑苻。休言婢子娇痴甚,侠骨倾城号掌珠。又俗善枪法,女子亦然。

户口繁多觅食难,明珠苏木换壶餐。最怜生载红鹦鹉,苦煞羊城气候寒。苏禄岛在吕宋、婆罗洲之间,地产明珠、苏木,又产红鹦鹉。

小岛区区石一拳,独能血战气无前。东王入贡中途殒,妃子生存守墓田。东王归次德州卒,留次妃、次子守墓。

婆　罗　洲

留镇闽人作国王,剑横三尺耀干将。石城拆卸缘何事,为御寒潮筑海塘。文莱在洲之北,相传国王闽人,随郑和往,因留镇焉。又王因长腰屿筑岸御潮,拆石城以为塘。

嫁娶民间重结缡,愿王金印背边施。篆文奕世今犹在,请认王宫汉字碑。土番人嫁娶请王金印,印背印篆文,兽形,云是永乐间赐,王府有汉字碑。

箬覆居庐异盖茅,宝刀常佩未能抛。生平嗜好关情性,喜把铜钲手乱敲。诸番箬屋为居,身常带刀,性喜铜钲,器皿皆用铜。

每苦炎蒸近午天,临流俯首坐溪边。借渠一帖清凉散,净洗烦心便释然。吉里问气候苦热,午必俯首向水坐。

甲子茫然识未能,绝无文字苦难征。是何记事惟卷石,石数盈千结一绳。不知年岁,无文字。以石片记事,满千石,则总于绳为一结。

讼事人言各自殊,牵羊同诣长官庐。一经判断人胥服,直者牵回曲者输。讼者两造各牵一羊,曲者没之。

不用金银作聘钱,槟榔送后手频牵。问名都不知年岁,但记天边月几圆。合婚有槟榔,问名皆不知年岁,但记月圆几度耳。

地辟罗江百里长,公司昔日立兰芳。廿年客长人争敬,碑记今犹竖墓旁。昆甸有兰芳公司,粤人罗芳伯善技击,颇得众心,华人敬畏,尊为客长。

巨鳄抟人肆意吞,结坛致祭事重翻。琅琅宣读韩文罢,已挟风涛出海门。鳄鱼为害,芳伯取韩昌黎祭文宣读而焚之,鳄鱼遁去。

异兽难征尔雅经,见人掩面似猴形。何如解识猩猩嗜,红屐一双酒一瓶。戴燕山中有异兽,不知其名,状似猴,见人则自掩其面。

梦魂常恋黑甜乡,小憩佳文席一床。我自酣眠无物扰,卧看虫蚁上东墙。佳文席出马神,能辟虫蚁,上者价值四五十金。

漫说光流海上虹,金蛇闪闪入眸中。昨从吉里门边过,只见深青不见红。吉里门电不红而深青。

噶罗巴

为避台风入万丹,虚辞厚币请和兰。贪财地已归他族,禁制王宫欲出难。噶罗巴土极饶沃,荷兰以诡谋取之。

主人尊重信无加,一见低头静不哗。屈膝地中皆合掌,自称名姓曰占巴。巴俗主仆最严,仆见主人必屈膝合掌,名曰占巴。

贱男贵女俗相因,会计能精半女人。觅得唐儿作交印,一生食著不忧贫。俗贵女重男,以男嫁女,谓之交印。

桃夭三月赋宜家,灼灼红于海上霞。国色天然无用饰,不施脂粉不簪花。女子不施脂粉,不簪花。

甋甋铺地座生香,见客争看握手忙。解取一番诚款意,金盘高捧进槟榔。俗重槟榔,客则捧以示敬。

竭力何曾事灌园,春蔬落落少滋蕃。菜花和露黄金煮,问价高于俎上豚。蔬菜价倍于鸡鹜。

瞿疾因风情水医,病人浴体出河湄。玻璃四面镶窗户,常怯风来冷透肌。巴国冒风则病立作,以水为药,凡感冒风寒浴于河则愈。窗户皆用玻璃,取其不透风也。

两造齐来执一端,是非颠倒质华官。片言决断情无遁,都道公平甲必丹。甲必丹,和兰推举官也,专理华民之事。

流传异种自中华,开遍名园四季花。岁首总交冬至后,定期十日不曾差。百花四季不凋。以冬至后十日为岁首。

近厝调和病不堪,余赀未领俟亲男。梁㕙作字如渠意,收贮先输美色甘。近厝俗名病厝;梁㕙即和兰代书人;美色甘,和兰衙门。

山海图披郭璞经,搜罗怪状与奇形。厨中森列禽鱼富,长浸琉璃酒一瓶。和兰欲穷览博物,每得怪禽恶鱼,用火酒实以玻璃而藏之。

银刀奏技病能瘥,争道荷医善外科。拔去腐脓终合口,依然国手一华佗。和兰善医疽疾,用银刀割去腐肉,敷以膏药,三日平复如初。

观音亭内住持僧,静洗尘缘恐未能。几度烹茶呼小婢,一瓯擎出待高朋。住持僧公然娶妇,客至,唤婢烹茶,了不异人。

一生诗酒自豪雄,晚养巴中数井公。恰有山僧共酬和,乌丝醉写袖围红。

出素熬波煮海天,平田万顷植红莲。大宗盐米归专掌,谁似斯官扼利权。三宝垄甲必丹独擅利权,盐米归其掌握,无不富逾百万。

队马成群对对陈,入门遥见膝行人。怪他安坐如山重,直至身前始欠伸。甲必丹陈曜,淡板往见之,膝行而前,危坐不动,俟其至,乃少欠伸。

钟声四达雨余新,楼上闻敲点点频。一昼夜分两昼夜,市开市闭不犹人。礼拜寺有高楼,钟声四达。丑、未之初为一点钟,至十二点而止;未正、丑正为二点钟,家家闭户而卧,路无行人,是一日如二日也。

不须机杼自成纹,手错金绒理自分。织就上清衣一幅,轻于蝉翼薄于云。番妇女红极巧,手错金绒,不烦机杼,西洋布最轻细者皆出此。

海口非遥栅外窥,重重泊面备查私。去来舟楫俱虔祷,争拜真人泽海祠。北胶浪有泽海真人祠,舟楫往来者,必具香楮拜祷。

花放春秋到处芬,小游亭子号闲云。鱼池南畔西丝里,园沼萧然净浴氛。亭名闲云,为甲必丹游息之所。

深邃园林辟浪中,八芝兰地远相通。采菱人至渔歌起,景色天然点缀工。浪中地隔八芝兰仅一河。

巢居逦迤洞中天,海燕成群萃百千。采取窝涎人结屋,布囊每系竹竿边。巢燕千百成群,巢于洞壑。

番舞番歌媚态呈,浓迎才了又花英。终年嬉戏无消歇,税饷原来什一征。浓迎番戏名花英者,类影戏。

灯火摇红入夜深,清歌娓娓小鬟临。为充国课藏春色,一掷休论百万金。赌场灯笼大书"国课"二字。

每当宴会竹丝陈,长席能安列坐身。比翼鹣鹣容自择,结婚端不借冰人。宴会必设长席。女子字人,听其自择。

剖食棕梨许共尝,倾瓶不语又丁香。许君雅量能容婢,尽碎杯盘也不妨。许君有雅量,得棕梨,与客共尝之。碎丁香油瓶,未尝计较。婢碎玻璃器一副,则自任咎。

潮来早晚气常青,风雨鱼龙更杳冥。北斗夜来沉不见,但看南极老人星。地问岛夜,则北斗以下诸星沉没不见,而南方星宿倍明。

两耳低垂贯玉环,丰姿濯濯好容颜。眼看翠羽穿林过,不出苗厘岛上山。苗厘岛女子喜戴玉环,山产翠羽。

啃叻

帆樯林立画中收,直驶轮船泊码头。一角炮台起山麓,地当要处驻渠酋。啫叻,南洋第一埠头,英有大酋驻札,总理三埠贸易之事。

航海人来托一廛,华民八万胜从前。别开衙署同敷治,庇覆咸称领事贤。光绪十五年始设领事官。

书院兼营米利坚,藏书不少补亡篇。九州以外文章富,翻译人来已代镌。新嘉坡有坚夏书院,米利坚国人造。

惊人长角侈羚羊,剖卵兼推白蚁王。并用玻璃好妆点,平看借水洗眸光。国有羚羊,长角一双。闻白蚁王是剖卵中所得,一贮玻璃瓶。皆胡氏园中希见物也。

男爵膺封锡宝星,多金择地筑园亭。琼轩好客频开宴,指示珍禽目未经。胡琼轩先经商此地,择地辟一名园,园中所蓄珍禽异兽,多目所未经睹也。

火船停泊海天东,贾客抛钱掷水中。没水捞钱还出水,成群不少小儿童。此地小儿善泅水,估客以钱掷海中,则群跃没水,少顷,握钱出。

来往驰驱道四通,马车一路过匆匆。御车人漫嗤肤黑,花布缠头直见红。御车人多麻六甲,人肌黑如漆,惟首缠红花布。

各办殊珍异域来,珍珠蒜石价高抬。异常一匹金边布,问值须银八十枚。金边洋布一匹值八十金,出自曼哒剌萨。

消耗金钱女校书,三层楼上合同居。平康十里繁华地,胜过临淄七百间。此地流妓最盛,甲于他埠。

招邀文士喜评衡,性嗜藏书起萃英。闻旱更捐金十万,救时还欲济苍生。商人陈金钟于此间起家,积贽数百万,慷慨好施,创筑萃英书院一所;闻山西旱,捐金十万赈之。

皮革犹存立不倾,虫鱼鸟兽宛如生。欲征物产从来处,书上松牌各系名。博物院当门置象骨头一具,甚巨。既入,则鸟兽鱼虫各分一室,奇形怪状不能一一悉数,均用药水敷之,完其皮革,实之以草,植立如生,牌示其名，并注所出之地。

异邦土物实堪嘉，鲜果经冬饱齿牙。时届小春天气暖，金盘堆满有枇杷。此间物产丰盈，十月犹有枇杷、波罗密、檬果诸物。

游车过处疾如风，夷妇娇妆坐正中。中道相逢诸女伴，赏花有约去园东。西俗七日一礼拜，夷妇于是日坐马车游名园者纷纷。

投得樗蒲付海瀛，再三申禁赌风清。谋生人聚财无散，多寄回家慰父兄。英禁赌极严，作工之人财无耗散，多寄回里，人受其惠者多矣。

停泊船为礼拜延，放行次第看牌悬。遥看山上红旗展，知有招商入口船。轮舶放行，洋行先期牌示，定期某日行某船。

山泉远引入庖厨，调水无须再用符。一汪清池试深浅，毫厘应不爽锱铢。取水法，用铜管引入庖厨。

有约翛然系气球，云霄直放出沧州。文禽剪彩双飞翼，误认鸾凰天际游。英人有刻木为鸟，剪彩作两翼系之，气球腾空直上，望之如鸾凰之集天半。

不盈一尺笑么麽，小小猿猴入市多。更有珍禽解人意，见人百啭自成歌。猿猴小者不盈尺。珍禽尤夥，五色俱备。

宛然甘露是醍醐，取水频淋病后躯。倾泻浑身都发战，沉疴若失霍然苏。人婴病伤于风热者多，淋身即瘳，无须药石。

让地犹存守府名，退居近岛著贤声。交游广晤公卿面，海内无人不识荆。实力本柔佛地，柔佛王退居荒岛，有贤名，常遍游欧洲各国，交结公卿及各领事，是以英不废之。

入寺焚香绝俗缘，镂金为带饰新鲜。岁逢一月清斋日，灶冷俱无上屋烟。柔佛每岁逢一月吃斋，灶绝火烟。

园果红酣海国春，晶盘盛处荐时新。尊崇我佛慈悲教，血祭如何又杀人。邦坑在实力之背，地饶蔬果，俗尚佛，杀人血祭。

土产沙鱼带子繁,胡椒味辣甲诸番。居人争致红牙象,驯养先开海子园。丁噶奴在邦坑之北,地产胡椒最良,人喜养象。

笐竹多栽巧作城,环城屋舍绿阴横。寒生五夏浑忘暑,尽日风声杂水声。吉连丹在丁噶奴北,种笐竹为城,民环居城外。

食偏尚右古风存,抟取还教一手扪。妙绝馈遗咸用首,铜盘高戴进君门。食用右手抟取,凡献馈食物皆以铜盘盛之,戴于首而进。

听断凭王决片言,讼堂鸟踏露花翻。有时曲直全凭手,探取油锅验烂痕。王断狱决以片言,遇曲直难分,令两造探油锅,曲者手烂,直者手无恙。

生计人家半在渔,提筐日日卖鲜鱼。得钱便换一樽酒,带醉狂歌入穴居。土番多操小舟捕鱼,无屋宇,穴居巢处。

一番蹲踞入官衙,合掌沙郎礼有加。不重生男重生女,赚钱入赘阿娘家。宋卡在吉连丹北,民见官长蹲踞,合掌于额。俗以生女为喜,谓可以赘婿养老也。

綵缦花衣件件工,自饶妆饰不从同。天然一种宜人态,曳浅拖鞋步道中。斜仔在宋卡北,其地女子穿花色衣,被丝幔,曳浅拖鞋。

树脂搓作打魔香,却水曾涂一苇航。闻说夜来燃遇火,居人借此当灯光。麻剌甲在实力之西北,地产乌木、打魔香,香乃树脂坠地所成,用以涂舟极胶固,水不能渗入,惟遇火即燃,国人入夜以当灯烛之光。

文字权舆昧豕鱼,浑浑噩噩古之初。自从大启英华后,番汉人人重读书。英吉利在埠辟英华书院,以教唐人及土人。

构亭桥尚甘余楹,交易持平两不争。入夜更巡中国舶,鼓声不断杂铃声。中国舶至其地,鼓楼夜巡以铃。

电光任掣紫金蛇,霡霂连旬雨似麻。一洗炎歊凉气透,疏灯红照落檐花。气候极热,赖无日不雨,故可居。

象犀珠贝价高悬,锡箔三斤银一钱。贸易从无文契立,全凭信誓告苍天。贸易不立文字,指天为约,卒无负者。

绝无浴室与盆匜,洗濯同时入一池。行辈相逢无检束,洁身浑莫辨雄雌。地无浴室,每家各有一池,不分男女,皆裸浴其间。

勾栏山下驻舟师,修整船桅病不支。幸有土人天作合,山松同长子孙枝。槟榔屿在麻剌甲之西北,海中昔为勾栏山,今多华人。云是元军因风坏舟,驻此修整,有病卒百余未返,娶土人女,遂传子孙。

拓基赖特实权舆,风会迁流百载余。十万人家生聚盛,高楼重叠市廛居。埠开于甲必丹赖特,距今已百余年矣。

陡然货物满重洋,出口多于入口商。今日又增时市价,一船椰子与丁香。椰子丁香为出口货大宗。

好山好水好盘桓,别锡佳名唤碧澜。到此尘心都洗净,高高瀑布挂层峦。屿中有瀑布,高十八丈。又山色葱秀,洋人呼曰碧澜。

山色当门洒翠岚,此中胜境好幽探。留题不少名流迹,啧啧人称极乐庵。庵极名胜,流寓诸君多留题咏。

天气清和暖不寒,园中果实亦可观。四时春作罗浮看,甘蔗香蕉日上盘。香蕉、甘蔗,四时皆有。

便成秋意早凉催,未到重阳菊已开。八九月如二三月,一船风雨做春来。此地频年如夏,一雨成秋,八九月间多风雨。

经营谁似粤闽商,前后流风数郑王。大厦连云金百万,卜居累代未归乡。王文庆闽人,郑贵粤人,二君俱以财称雄于槟屿。

杯酒清倾送别筵,归乡名士倦游天。赠行不乏能诗客,醉月飞觞李谪仙。力永福返国,赠行者多。此地亦有能诗客,人以"李谪仙"呼之。

花萃新街月满楼,开厅团坐递金瓯。调丝擫竹无穷乐,不到更阑兴不休。流妓咸居新街,客至留宴曰"开厅"。

谋生无术苦难医,屡展归期未有期。烟赌累人良不浅,此身流落在天涯。烟赌码子收税特重,人受其累者多矣。

十年世界阅繁华,能守赀财有几家?物付摇铃生产尽,到头应悔弃泥沙。客到报穷,尽将家业付与番人,摇铃招买。

观音亭子上干云,绿女红男拜祷纷。愿借银瓶功德水,片时洗尽海天氛。观音亭起于海滨,男女焚香者络绎不绝。

春到他乡更十分,鲜花红炉石榴裙。戏园色色华而丽,豪放今犹道郑君。戏园为郑君作,至今华丽如故。

金刚钻石产丰饶,巧倩良工善琢雕。螺蚌虽微亦成器,小如盘碗大如杓。此地产金刚钻石,土人用以制器。小物如螺蚌蛤蜊壳,有如盘、如碗、如杓、如大葵花之类,肖物琢器,制成出售于市。

苏 门 答 腊

廿载经营未息烽,寓居海口客留踪。欲寻胜国前王迹,卧地今犹见一钟。苏门答腊一称亚齐,前明大监封亚齐王,颁赐之钟尚存。

海风吹面吼如雷,簸荡宵来听几回。生怕受风多起病,有谁高筑避风台。亚齐海口海风震荡异常,人受之辄病。

巨炮田鸡用四尊,外郭已入克拉屯。教堂一炬成焦土,困守孤城尚待援。荷军以田鸡炮四尊,攻亚齐克拉屯都城,闻已入其外郭,回回教堂付之一炬,赖有铁甲炮台固守未下。

苇芦业杂树交柯,深入常防伏莽多。疠气中人烟雨集,撤兵渐自息干戈。荷军以亚齐内地径曲而险,恐有伏兵,未敢深入,且疠气中人,死亡枕藉,留屯者仅二千五百人。

垢积衣裳手自提,濯须碧水向清溪。年来谁赎新码子,问价如潮日渐低。凡税饷重者,承码子必加增银数始得,惟洗衫等码子则价从其低者。

　　林木参差夹案生,溪山胜概画中呈。晚来平眺南华路,十里田畴一掌平。南华路为阿齐胜境。

　　寓楼文士足勾留,山色当窗翠欲留。招饮喜逢贤地主,玉人侑酒发歌喉。闻寓楼为宴宾胜地,面临大海。

　　山顶屯兵市肆开,商人运货小车来。石城进取为犄角,又听连营鼓动雷。山顶离海口廿余里,再进为石城。

　　不事干戈地辟夷,剪除荆棘拓园篱。公司十二人如海,争道张堪善抚绥。日里在亚齐之东,荷人新辟地。粤人官斯土者,措置之善,盛推二张。

　　垦土为栽吕宋烟,招工先办买山钱。收成利市真三倍,赢得洋银十万圆。土产烟叶,招工开园,利市数倍。

　　择地经营近水浔,楼台四面屋当心。收租十倍人知否,一寸廛居一寸金。买地建屋,出赁于人,得利不赀。

　　列架琉璃酒百瓶,黑奴把盏几曾停。每逢礼拜多休暇,烂醉街头唤不醒。黑奴嗜酒,逢礼拜日多沉醉不醒。

　　华贵轩中宴众仙,小鬟催酒拨三弦。逢场偶作呼庐戏,一掷休论百万钱。华贵轩是埠中宴饮宾朋之地。

　　遍布黄金到寓流,气豪湖海广交游。喜延宾客真如孔,酒满琼杯匼日留。士夫来游是地,闻地主馈赠极厚。

　　叶绿花红绕砌翻,恒心争道好林园。主人自著公余录,镇日丹铅不惮烦。恒心园宽广里许,诸物俱备,是埠中胜境。

　　归期屡展月黄昏,病死他乡带客魂。埋骨有人兴义举,空山择地筑坟园。日里有坟园一所,旅人沦没者咸葬于此。

　　车行火速骋飞埃,不用骍骝道路开。恰好钟声鸣一点,纪程已到鉴江来。鉴江是日里分埠。

戏园开日恰逢春,故事搬来出出新。度曲喜闻莺语脆,缠头多赐上鬟人。日里有戏园,看戏者络绎不绝。

波罗山色翠沾裙,八百程途入画初。排列成行如队伍,水心跃起半飞鱼。地有波罗山绵亘数百里,飞鱼跃起水面,有排列如队伍式者,真奇观也。

海产名香地产金,利归山海总关心。人多酿酒延佳客,椰子成阴绿满林。万古屡山产黄金,海产龙涎香,处处椰子成林,土人多以酿酒。

屿中龙戏下遗涎,捣碎为香气胜莲。独木驾舟人采取,半斤九十六金钱。龙涎屿,群龙遗涎屿上,国人驾独木舟,采以为香,一斤值其国金钱一百九十二枚。

入港西河路不迷,结庐傍水似浮鹥。楼台高下浑忘热,安用凉生辟暑犀。文都两岸居民俱临水起屋。

青青磁器尚杯盘,雨过天容造这般。不见亲朋刚一日,各携樽酒问平安。土人贵磁器,尚交游,以亲戚尊长为重,一日不见,则持酒肴问安。

五印度及西域回部各国

东　印　度

时逢吉庆布缠头,遍擦全身喜用油。不使金银使螺壳,市人交易两相售。明牙剌俗用白布二丈缠头,以油遍擦其身。又以螺壳有文彩者,交易皆用之。

情深伉俪未亡人,誓欲从夫倩积薪。跳入火中同化去,先将金宝赠亲邻。俗夫死妇矢殉,积薪于野,先焚夫尸,将尽,即跳入火中同化,众皆羡之。

时果装篮挂木端,悬空分撒众人看。寻常拾得夸神赐,归奉高堂博喜欢。土人每值赛神,辄先竖直木,一贯以横木,以二人系其二端,各绾一篮,内装时果,悬诸空中,观者举横木推之,篮中果分撒于地,得果者归于奉母,以为天神所赐云。

水幔周围裹下躯,饲牛日日放平芜。拾来牛粪涂门户,海上原来逐臭夫。俗嗜牛,喜以牛粪涂门户。

不啖山猪不食牛,亲亡竟举付中流。抚尸舐掌犹知爱,寄语空江莫浪投。土番巴蓝美有老死者,送至水旁,各以手抚其尸,反掌自舐遍,则弃诸水。

城营菩萨地恢张,拜像人多尽爇香。一月恒河经洗涤,喜离地狱上天堂。恒河即今之安额河,印度人称为灵水。

扑鼻香多处处开,闺房无不种玫瑰。揉成叶叶花花汁,傅粉均匀上镜台。玫瑰花最多,闺中揉其花汁以作粉。

爱戴天朝敬使臣,绒毯殿上宴来宾。传杯只饮蔷薇露,不用吴兴竹叶春。其王敬使臣,设宴绒毯殿上,不用酒,以蔷薇露和香蜜水饮之。

释教尊崇古里人,座旁穿井水痕新,碧天将晓鸣钟鼓,手汲清波灌佛身。俗尊释教,佛座四旁皆水沟,后穿一井,每钟鼓汲水灌佛身再三。

中　印　度

鹫峰高出拟登天,御世如来五十年。听说法华经一卷,点头石亦解真诠。

石室山阴示涅槃,流多五百泛温泉。向存功德无量水,今亦源枯不得煎。大石室,如来涅槃处,昔有五百温泉,今存数十功德水,今亦枯涸。

远使求经出塞人,大山登陟绝凡尘。行过太子投崖处,饲虎曾闻一舍身。大山有萨埵太子投崖处。

高入云中第一山，山中狮子产斓斑。垂涎欲吸天心月，坠谷伤身不欲还。云中山产狮子，见月欲吸，往往颠坠岩谷。

插天高峻落迦山，我佛真修寓此间。受戒老君时顶礼，不知门外有尘寰。落迦山滨海，真修者礼拜真佛，受戒数年乃出，人皆称曰老君。

佛牙携得返神京，万里风涛涉不惊。供养旃檀留宝相，辉生精舍放光明。和僧至伽罗国，取佛牙还京，涉波涛如履平地。

玉像遥来已十年，瓦官寺里结前缘。贵妃截取为钗钏，饰得娇姿分外妍。狮子国始遣使献玉像，经十载乃至，布施在瓦官寺。

海滨有石状如莲，佛足犹存迹显然。水本多咸能转淡，病人一饮即能痊。海滨有石如莲，台上有佛足迹，海水入其内，不咸而甘，病者饮之则愈。

遥传异种到京华，不改初称吉贝花。衣被九州今益茂，御寒功竟驾桑麻。孟买出棉花最多，种入中土。

拜庙香留竟日馨，咸将花瓣撒诸庭。如弓好趁初三夜，向月喃喃跪念经。马剌他每月初三各于所居门外向月念经。

裹布番谁唤白头，作工精绝善雕镂。贵人涂额多花卉，时驾轻舟出外游。俄亚一名小西洋，土人多以白布缠头，所谓白头番也。

五日良辰出水乡，满河飞遍野鸳鸯。浴身见惯浑闲事，上褪花衣下褪裳。俗每年五月，男女俱浴于河。

争结僧家一面缘，延僧低坐在河边。女人争掬海中水，洗足还他清净天。延番僧坐河边，女人将起，必以两手掬水洗僧足。

南　印　度

谁塑如来佛一尊，经留贝叶手频掀。院中四丈菩提树，尚有浓阴覆寺门。锡兰岛在南印度，居民皆崇佛教。有生佛一尊，云系一千四百年前物,寺前菩提树亦然。

宝幡摇曳寺中施,浮海曾来郑内师。勒石有文余汉字,犹存永乐六年碑。又明永乐遣太监郑和,赍宝幡施于寺,并建石碑。

翠蓝山顶望中赊,足迹曾留佛释迦。浅水至今犹未涸,掬来拭面净无瑕。相传释迦从伽蓝来,登此山,犹有足迹。

登山入寺证来因,道遇番僧不一人。卧佛侧看三丈许,未知何日塑金身。古刹有番僧数人,卧佛长三丈许。

西　印　度

服皆丝缕饰瑶琳,一袭衣堪值万金。可惜红颜容易老,十年已作白头吟。女子十二岁即产儿,年二十容颜凋瘁。

留心文学重尊贤,侍侧诗人舌灿莲。润笔不嫌颁厚赐,诗成一什一金钱。设文学馆厚待诗人。

鲑炙膏粱合一槽,攫来左手效持螯。大家会食聊肩坐,杯碗粉罗椅棹高。会食用金银为巨槽,合鲑炙粱米为一。又他邦坐皆席地,此独用椅棹。

经典能通诵几番,咒余牲畜即滋蕃。相逢青草生时节,各出牛羊送阿浑。回人通经典者曰阿浑,代众诵经,祈牲畜滋蕃,遇青草生时,各出牛羊一头送之。

红衣斑驳坐红床,跨马周游出四乡。布散金银无眼孔,面镌弥勒背镌王。所有银钱面为弥勒佛,背为王。

满身油露洒芳菲,换得新衣去故衣。几度巧逢教堂上,袭人香气是蔷薇。遇礼拜日,男女皆沐浴更新衣,以蔷薇露洒之。

北　印　度

畏寒每苦节逢冬,人畜同居穴仅容。大雪山头看积雪,皑皑一望若银峰。北土极寒,有雪山环抱,望若银峰。

水秀山明岁序和,平分两部界隆河。大权旁落山河蹙,如此宗孙可奈何。寒哥,北印度大国,其地时序和平,山明水秀,自宗孙嗣位,信任奸邪,大权旁落,国势顿衰。

西域各回部

葱岭迤西有国都,人传得白德非诬。珊瑚多买西征土,二镒金输五十株。葱岭迤西有国曰得白德者,不以金银为币,止用珊瑚,征西军土有以白金二镒购五十株以归者。

真个良工算月氏,石嵌五色铸玻璃。安排隔座光俱彻,曾入吴宫照四姬。月氏国人能铸石为五色玻璃。

颇黎山顶矗峨峨,异种滋生吐火罗。驼鸟能行神马骏,此邦入贡大唐多。有神马,生驹辄汗血。又有驼鸟,翅而行,日三百,能啖铁,唐贞观、永徽间曾入贡。

辟支成佛寺中靴,迹显于阗国石多。更有袈裟在疏勒,烧经几劫不消磨。于阗国寺中有石靴,石上有辟支佛迹。又疏勒国释袈裟,置猛火中烧之如故。

欧罗巴各国

欧罗巴总

生儿娶妇岁频迁,一世欣逢三十年。酿得葡萄胜牟麦,历年愈久味愈鲜。葡萄酿酒可积至数十年,当生子之年酿酒,至儿年三十娶妇时用之,味愈美。

小学科升大学科,师生问难对无讹。得官便许任诸事,俸禄原来不厌多。试士之日,师生问难,对答如流,然后使之任事,禄入颇厚。

育儿无力置盘中,扣院墙传入院东。收养记明年月日,他时领取已成童。贵族家贫,耻于送子入院,置儿盘中,扣院墙,传儿入院,代为牧养,注明年月日,他时长大即可领回。

小民义气竟如山,拾得金银意亦闲。天主堂门书令识,言能符合即时还。拾金银则书于天主堂门外,令人来识,如符合其数,即以还之。

地中海面水平铺,有鸟来巢乳小雏。鼓羽能飞刚半月,风停浪静度商舻。地中海风浪极大,有鸟作巢水次,乳雏半月,此半月中风浪平静,商船稳度无恙。

饥餐鱼肉当糇粮,结队渔人出海忙。剥得鱼皮作舟舰,不愁风浪拍天长。人以鱼肉为粮,剥鱼皮以为舟,遇风不沉不破。

平地山冈种殖稠,果名阿利袜生油。国人法制饶风味,一食偏能润齿喉。果有膏油者,名曰阿利袜,国人以法制之最饶风味,食之齿颊生津。此种果西人封以铁瓶,远道运售,非时可得,销路日见其增也。

镜屏高射月光寒,议事厅开总署宽。线绣象狮神酷肖,幅悬十六画中看。地中海总署皆有议事厅,其一悬线制洋画巨幅十六,每幅丈余,绣狮象诸物,貌皆如生。

毗连苏士两洲湾,一线程通两海间。妙绝胭脂红入土,石人返照夕阳山。苏士湾海口两洲相连,在红海、地中海之间,红海皆红土,经夕阳返照,山色愈佳。又法人以机器治河,功成立一石人,高丈许,以记。

新开河处水湾回,一任游人去复回。独有行宫设江次,法王曾遣后妃来。同治九年新开河成,埃及王传报各国临视,意大里王与奥王皆至,法王遣其后至,而设行宫江次。

筑屋缒冰十丈余,穴中有窍得群居。老渔夜半钩悬铁,总为燃灯猎取鱼。冰海居民凿冰为屋,缒冰深至十余丈,鱼得窍以嘘气,群聚穴中,制铁为钩,取之,夜则然以为灯。

湖名小苦画图增,浸绿鲜红电气灯。照我舟行过波赛,苇芦两岸百鱼鹰。小苦湖一路水程所设煤灯千余盏,左红右绿,昼夜不息。灯均以机轴作自来火。由此至波赛,见鱼鹰数百浮游水面,泛泛于芦苇之间,颇饶画意。

亚丁岛乏雨如丝,辛苦台兵乏饮池。汲得溪流负而上,恐防倾泼缝羊皮。亚丁一岛枯焊少雨,山童不毛,英人据此,建三炮台于山腹,驻兵其上,苦无水泉,或缝羊皮负山溪水饮之。

俄　罗　斯

邦家肇造始咸通,王后名传显德中。出政始崇希腊教,规模开拓不从同。利禄哥肇造邦土,始于咸通。又周显德中,有王后理国。

出水芙渠一朵香,袒肩从不解中藏。长汤可有温泉沸,闻设都中女浴堂。俄都亦有女浴堂。

重围未解墨斯科,迁国图存唤奈何。士卒偕行同避寇,伤心一炬旧山河。墨斯科被围,俄人恐其据城,烧之而走。

规建年来又复初,巍峨宫殿紫薇居。湾湾曲曲回廊外,华屋依然六百余。宫中长巷复室,不计外室之大者六百余间。

盛陈杂宝付闲评,碧玉珍珠耀目睛。怪煞一双金孔雀,枝头小立按时鸣。有金孔雀立树上,按时飞鸣。

盥漱初完待曙光,穿衣一镜挂当房。红蓝宝石尤珍重,安放冠前手奉王。冠前红宝石一,大如鸽卵;蓝宝石一,大如雀卵。

踏球各样喜逢场,演戏花园尽女郎。有约朋侪高处览,金银争自掷私囊。踏球各戏皆以女郎为之。

玲珑楼榭喜飞觞，识曲伶人乐奏商。一派清音相间处，听风听水谱霓裳。一园临水筑台榭，伶人奏乐其中，间以山水之音，铿锵可听。

人非三十不能摇，如此洪钟纽未消。忽听满城声大作，知王生日是今朝。有大钟，以摇不以撞，摇非三十人不能，惟国王生日鸣之。

不须人力织呢绒，轮用机关火灼红。谁似奇温褥三尺，绿熊卧拥羽毛丰。织布皆用火轮。又以绿熊皮作卧褥，可以却寒。

材征文学馆先储，登进人才信不虚。赢得二千八百册，又闻书院有藏书。有文学馆，又有书院一所，内藏中国与俄罗斯国之书二千八百册。

心烦解渴凭茶汤，呼婢兼调一碗糖。旧种蜜林千百树，采花无数结蜂房。人多嗜茶，然必调蜜糖而饮啜之。又有蜜林，其树悉为蜂房。

皮鞋风领节惊冬，大海街头雪正浓。客店消寒茶当酒，招牌犹识旧金龙。闻华人在此地开茶店，招牌名曰金龙。

像塑楼中彼得罗，木盘铁杖列旁多。明灯一具悬鱼骨，曾照中宵习斧柯。楼中楹塑彼得罗像，面目如生，旁列铁方杖一，木碗木盘二十余事，上悬鱼骨灯一，皆其变姓游欧洲习工匠时手制也。

豕而人立事翻新，小象登场做屈伸。奇绝鼓声齐中节，挞之用鼻总如人。小象登场作人立状，闻鼓声起处，系象用鼻挞之。

男女僬侥迥出尘，各高二尺宛成人。幺么体段新奇甚，重恰三斤并七斤。僬侥人各高二尺许，男重七斤七两，女重三斤十两，所见新奇无过此者。

卫妻齐子结同心，宴客张筵鼓瑟琴。妙有西班牙使在，喜看合卺酒同斟。俄王次子娶于德邦，合卺之夕张筵宴客，西班牙使与焉。

两国联姻侈美谈，一归一赘总娇憨。桃花蕊绽春三月，蠲吉刚逢二十三。俄择西正月二十三日归其爱女于英，英世子就婚于俄。

十丈高标天主堂,花纹石柱色辉煌。到门不乏公卿妇,七日期逢礼法王。天主堂,堂高十丈,柱皆用花纹石。

灯火宵凉百戏呈,三弦龙笛听分明。红衫女子摇铜片,响答丁珰玉佩声。入戏院听杂奏龙笛、三弦各器,一女子红衫登场,手握铜片,开合作响,每颤摇佩,声丁当,如相应答。

两旁设座戏园开,天子偕人入广台。显示与民同乐意,不妨妃妾一齐来。观剧人同入广台,两旁各设俄皇便坐。俄主亦不时与妃嫔偕来,视与民同乐之意。

教堂行礼拣良辰,册籍书名次第陈。缟带綦巾纯用白,嫁衣又见这番新。西人嫁娶必先至礼拜堂行礼,女子衣履巾带纯用白色者止有两日,此日及嫁日是也。

瑞　典

为撄患难挫王孙,易服潜逃匿寺门。忍死报仇更英果,地基恢复旧封藩。瑞有王孙英果不群,嗹人系之狱,易服逃回瑞地,匿僧舍中,乃免于难,誓复仇,引兵伐嗹,所失故土全复。

瘠土偏能发愤雄,不闻强敌竞交攻。兽皮金叶花纹石,满载商船入粤东。瑞能发愤自保,不为强邻所兼并。其土产出兽皮、金叶、花纹石。

生憎暴暖日如年,五月鸣蜩六月天。入夜更遭蚊蚋毒,搅人清梦不成眠。五六两月暴暖,蚊蚋密如尘沙。

别传都会旧芬兰,屋舍园亭颇壮观。好上高楼望冰海,天光云影画中看。芬兰旧属瑞国,今归俄。又此地近冰海。

往来送信法难均,妥立章程议使臣。总局从今归瑞典,派员分任各邦人。诸使会于瑞典,商立送信章程,以瑞为总局,各国派员专董其事。

嗹 马

海疆天堑算波罗,万国都由峡口过。截得货船设关榷,不妨税比列邦多。诸国货船出入波罗的海者,必经由加的牙峡,因设关榷之。

烟惹香炉御院浓,女王摄政大从容。云连三国归为一,始信英才间气钟。女主英妙不凡,摄政后合三国为一。

排舰连轰炮似云,大尼梢手亦能军。舵栏若使英无坏,不得调和两解纷。英师船开炮攻大尼,大尼梢手并力防堵,英船坏舵栏,讲和而罢。

如山海水接天遥,屡筑堤防捍早潮。沙土未坚容易散,好栽桦木万千条。海水屡次涨溢,筑塘捍防,多栽桦树以坚固其沙土。

飓风害稼大掀天,种树沿堤护陌阡。取得海鲸作油饮,家家争放捕鱼船。每风害田稼,则种树以护之,居民捕海鲸鱼而取其油饮之。

奥地利亚

一战成功掳佛王,黄金听赎返家乡。舆图又拓波希米,总不矜夸学夜郎。佛王来攻,一战擒之。后得波希米地,疆土愈广。

瓜分邻国割波兰,拿破仑何又启端。众独推尊不相下,主盟作长让登坛。波兰衰乱,王瓜分其国。拿破仑恃兵力征伐四邻,王独不为之下,众推为会盟之长。

匪地都饶大利源,请看草荡与林园。土宜谷种山多矿,开种时时究本原。山出金银,土宜谷稻,其余草荡林园,蕴利无限。

冬寒夏暑泯咨嗟,抚恤殷勤若一家。独惜女人无检束,桃花流水逐杨花。待百姓如家人。女子多美姿容,淫泆无闺教。

屋宇门窗面面宜,光明不隔是玻璃。造成诸器能行远,十万华灯百万卮。居民善造玻璃器,运行四方,获利无算。

飞桥横跨小河边，不碍舟行更觉便。十万人家俱入画，林霏交杂市廛烟。

普 鲁 士

文石平铺路坦然，吉邻城建海堤边。居民初进耶稣教，受洗人来岁数千。吉邻城文石为路。居民初进耶稣之教，时受洗礼，每次数千人。

耘田执耒带经锄，名隶农夫学史书。地理天文都省识，事征儿女验非虚。农夫学史书，儿童知地理，女子悉天文。

啤酒纷纷运百艘，世人无不爱芳醪。白铅箔并长条铁，问价难侪琥珀高。所造之啤酒不止二万万镈，铅、铁、琥珀皆其国中所产。

纫线分丝各异科，人精织造不停梭。造糖更有红萝卜，万匹何如万石多。国民精于织布，用红萝卜造糖。

布帛丝绸价益增，商船重载海风乘。重洋万里来中土，旗上明明画一鹰。其番舶来粤贸易，用白旗画一鹰。

郭外田家聚荷锄，麦苗谷穄绽徐徐。渔人出海踏波浪，网得盈舱狗肚鱼。地产狗肚鱼。

清泉罢浴上雕鞍，僚佐相逢各脱冠。谁料道旁箍桶匠，一枪竟把相臣弹。相臣毕士麻浴毕乘车，道遇僚属，彼此脱冠作礼，猝来一枪弹中其手，询知其人为箍桶匠。

田间有鸟食禾虫，五谷滋丰借彼功。冬日避寒过意地，网罗禁见合同中。议田间有鸟，专食禾稼之蟊虫，有功于五谷。冬避寒，群飞过意土，人罗而烹之，咨商意立合同禁之。

绣针精美制尤殊，莫笑区区付贩夫。五载积赀七十万，分销人本是姑苏。德国针制素称精美，苏人奚姓，为德商相信，携入中国分销，未及五年，积赀七十万。

制成铜锁素称良，得遇巴狸更擅长。锐意研求经廿载，军中始重后膛枪。得赍赐，在普从铜师制锁，后改制枪。遇巴狸，留心指点，锐意研求二十载，始克毫发无憾。普军中所用后膛枪皆其所造。

赛珍大会记从前，争识君王一面缘。孰料九州成此错，寂居废邸冷如烟。法使设赛珍大会，具国书请普王至法，主宾相见，酬酢极欢。隔三年，干戈构隙，兵败归降，安置日耳曼废侯故邸中。

讴歌举国庆生辰，邻后偕来拜紫宸。卜昼更教兼卜夜，后宫陪宴半千人。德皇七十七生辰，举国相庆，咸祝德皇万年。撒逊王偕其后诣伯灵以贺，德皇集侯伯五十人张乐宴之；皇后更卜以夜，后宫之宴计五百人。

玉照遥遗大利王，宝星赠我本难忘。国书一纸情尤挚，报答殷勤礼意将。德王以等身小像遗大利王，所佩宝星，意王所赠也，亲制国书，情文款洽。

厂立孤松擅妙思，炮中机器用螺丝。几经摩荡盘旋出，魄力同天大莫弥。孤松厂主夙擅巧思，造炮能用螺丝，备极盘旋摩荡而出，魄力愈大，为别厂所未有。

天财地宝矿同煤，终赖人人探择开。门厂数千工十万，前前后后爱森来。爱森一镇煤矿甚多，镇前后皆工人所居。

长孙肄业学堂中，同席民间有幼童。何怪小人争砥砺，寸阴爱惜理儒功。德王近命长孙与民间幼童同席肄业，民益鼓舞走相告，语曰："王孙贵人，尚复与我同学，吾侪小人，敢不自奋？"

红颜艳说女人城，胎孕奇花易诞生。方便邻邦来聘问，定期百雨喜来迎。妈德堡名女人城，是地产女最多，德人凡欲娶妇者多至是地娶妇。

立锥无地诉中宫，小郡分封亦足雄。异日果将全境复，花红终不负东风。普后朝见法后，诉无立锥之地，乃封之小郡。普王归，图报仇，助俄,尽力前驱,侵境全复。

长生齐祝相臣功,争酿金钱像铸铜。三十年来谁共事,居民犹自话琦珑。毕相佐普立国,八十寿辰,德民争酿金钱为铸铜像。当年军中共事者为毛琦、逄珑。

石人十二琢成模,罗列刀钱数十厨。更上高楼阅油画,写生女子善临摹。入院长廊两旁列石像十二,厨中各色刀钱毕具。楼四壁皆悬油画,女子携丹绿就此临摹者甚众。

贵为天子亦从戎,街市巡行与众同。四十万兵征调易,亲期即日到都中。德皇自已为兵官,每行街市,与居民相交接。平时常备兵四十万,有事调集。兵由铁路中来,四五日间可尽集边界。

炮枪刀剑士谁抟,武器形模辨识难。披甲御容身不见,只留口目与人看。武备院历代所铸炮位、列国各枪式、刀矛剑戟,形制不一。德皇所披铜甲,全身不见,惟留口目数窍。

日　耳　曼

匠心独运费精思,制器称良过偃师。一自鸣钟容戒指,宛同芥子纳须弥。其工作精巧,制器匪夷所思,能于戒指内纳一自鸣钟。

十千美酒造葡萄,沽与他方价益高。涓滴何曾尝入口,只知饮水当投醪。国人善造葡萄酒,惟发售他处,土人滴口不入,惟饮水而已。

四周无不列珊瑚,延客堂中耀火珠。樽俎觥筹交错处,此邦夜宴有谁图。其土有一延客堂,四周皆列珊瑚。

严寒风雪冷侵肌,暖室回温造作宜。兽炭微烧红不歇,何曾官有惜薪司。气候冬月极冷,善造暖室,微火温之,遂极暖。

此邦山水大清华,春入园林处处花。人面妍争桃杏艳,红云多处驻香车。花产杏桃,看花者车马不绝。

极意搜罗拟石渠,语音能绎有谁如。玑衡圭表精窥测,多著天文未见书。各国所未见书,惟日耳曼人能读之。

蜂蜜家家不记钱,采花酿得味芳鲜。兼收幼稚勤清课,小学书藏可亼延。地产蜂蜜。有书院曰可亼延,取教幼学,人皆知书。

瑞　士

碧天如水映琼楼,十二珠帘半上钩。栏槛有人红袖倚,恍疑仙子在瀛洲。都城建于湖滨,琼楼十二,高入云霄。

最上高楼住大坤,飞尘不到息嚣喧。两行苍翠松兼柏,镇日阴阴护禁门。西国称后为坤,后住高楼,楼前多栽翠柏苍松。

胜游小驻水晶宫,持镜何妨入壁中。来往如梭千百只,浮游水面认微虫。入水晶宫用显微镜照壁,壁上皆作水纹,适见有虫如蝎,千百只往来如穿梭。

大鱼留壳想中空,门户轩窗处处通。结构宛然如艇式,作舟休更笑张融。巨鱼长六丈有奇,好事者取皮空其中,嵌以门框几榻,可坐百余人,登楼度桥,入口少坐,俨然巨舰。

是谁妙手擅天成,壁上悬图总有名。刻划历朝君后像,毫添颊上尚如生。壁间绘历代王后图像,奕奕如生。

山顶人来建一台,究心天象思为开。相传制得窥天器,累黍无差众共推。地谷白剌格建台,穷天象,累黍不爽,其所窥天之器西土人推之。

洞天福地古来无,如此风云万象图。呼吸湖光饮山渌,果然名胜赛西湖。山中吐纳万景,变幻不可名状。青霭迎人,湖光饮渌,宜其名胜甲于欧洲。西人羡为洞天福地。

层峦白雪积皑皑,俯视何曾见底来。山麓人家浑若画,炊烟一缕出林隈。山麓积雪皑然,俯视绝壑,深杳无底,林麓人家,蹲若鸡埘。

晴湖如镜不生埃,山半惊逢异境开。为避嚣尘人小住,翠岚深处筑亭台。晴湖如镜,明净无尘,富商巨族多有营别墅于此者,翠岚绿漪中任意徜徉。

四境分居扼要基,不容假道出邻师。桓桓十万兵无敌,练习惟遵布国规。实额兵十万人,分驻四境,各国不能假道出师。

鱼碍舟行滞水流,海天常聚万千头。渔人捞取纷无数,至足何须结网求。海中鱼蔽水面,舟为鱼涌,辄不能行。捕鱼不借网罟,随手取之不尽。

土　耳　其

营殿群推圣女才,周天三百六门开。登封燎祀无风雨,隔岁犹存故纸灰。有一圣女殿,门开三百六十以象周天,邻近有高山,国王登山燎祀,其灰至明年不动如故。

未闻聘礼下求婚,敌体无人侪至尊。姬妾多由巴札献,不知雨露孰承恩。王无聘娶之礼,以至尊无人敌体,由巴札各属国竞献希恩。

问谁正位作长秋,蒙子初生莫与俦。白黑阉官多黠慧,扫除常在殿西头。诸妃初生子者为王后,殿内白黑阉官中多黠慧。

救宗神示梦分明,密约同侪向港行。渡海竟同平地履,旋惊潮起阻追兵。摩西梦神人使赴麦西救本宗,密告宗人,约期同发,至海港,潮退变陆,渡毕而潮大至。

草卉滋生长薜萝,露苗烟蕊遍山阿。若论果实无他树,橘柚香橼到处多。遍岛皆橘柚香橼之属,更无别树。

笑看河水饮羔羊,黑白斯须变不妨。奇绝春波作绿色,冻成片石置云廊。有河水,白羊饮之即变黑,黑羊饮之即变白。又翁加里水尤奇,色沉绿,冻则便成绿石,永不化。

只因美酿胜梨花,并地何妨及古巴。陪饮最怜妃侍侧,举杯不厌劝官家。王闻古巴岛产美酒,饮而甘之,攻取其地,豪饮不厌,已而醉死。

深闺寂处绝尘喧,出闺何由有内言。问讯不通人面隔,仅容老仆守朱门。女处深闺,与男子不接见、不通问。

货物时稽律例均,国中尊贵属斯人。趋迎步亦分三七,仪制难忘接见辰。额兰威察货物,麻富底掌律令,是国中尊贵人,王见一趋迎三步,一趋迎七步。

涂毁名城典业沦,闲关游学散诸邻。大开书馆延文士,尚有贤王后起人。

希　腊

部分十二不分疆,遣使周旋事共商。军食绸缪先未雨,预储德尔佛斯堂。希腊分十二国,每国遣使二人,岁二会,各出蓄积,贮于德尔佛斯堂。

议事厅开集众贤,事关兴革贵无偏。立官分治遵成法,定制相沿八百年。建议事厅有兴革,必集众议之,其制相传八百年不改。

邹鲁居然遍海滨,国开雅典士彬彬。至今西土谈文字,不少怀铅握椠人。雅典最讲文学,为泰西之邹鲁。

邻国来攻两失机,能摧强敌势如飞。长桥空渡船俱坏,乘得渔舟海上归。波斯攻希腊,造长桥以渡军。又分道攻亚德纳师,船被风击坏四百艘,两军亡失殆尽,王乘渔舟遁。

群峰罗列若屏风,宫阙依山翠接空。士女仪容钟秀美,不须傅粉面殊红。士女仪容多秀美。

意 大 里 亚

楠木为桩永不枯,上铺砖石建街衢。桥梁一所尤高耸,下度风帆幅幅俱。有一种木为桩,入水长不朽。又有一桥极高,下可度风帆。

发黄丝白手频搓,掬水人多赴一河。亦有山泉可瘳病,洞名一百不妨多。地有两河,其一河濯发则黄,濯丝则白。山洞甚多,入则可疗病,遂名曰一百所。

名院新开校艺精,百工造作匠心成。炼铜铸得诸禽鸟,机动俱能鼓翼鸣。名院中有铜铸各类禽鸟,遇机发俱能鼓翼而鸣。

航海东来号大秦,欲通中国献殊珍。象牙玳瑁兼犀角,入贡曾闻遣使人。意大理在汉时为大秦国,常欲通使于汉,为安息遮遏不得。自达后,安敦遣使,自南徼外献象、犀角、玳瑁,始得一通焉。

五千狮虎爪牙张,铜栅当中设斗场。投得万囚相与角,霎时血肉尽飞扬。搏兽院设铜栅当中启闭之,使重囚一万与狮虎五千相角,霎时间血肉狼藉,观者皆咋舌。

小石如棋满径铺,缤纷草长绿靡芜。茶花一朵如杯大,珍赏何人付丽姝。非利阶小石如棋,铺径皆满,绿草交互其间,槛外茶花大如杯盘。

英华书院产归官,已作东方学馆看。封夺有年希复旧,哓哓空自诉衣冠。乂国拿破里城有英华书院产业入官,有谓为宜改东方学馆者。

天然图画七分城,泰摆江头昔著名。高阜有园林木茂,游人车向绿天行。城跨泰摆江上聊合七山之址,故西人谓之七山城,城内有高阜,罗马人营作花园,树林阴翳,游车如行绿天中。

图籍搜罗各国书,高低傍壁作书厨。铁丝门闭因风启,字蚀神仙免蠹鱼。书库在宫左,书厨傍壁而立,计三万厨,各设铁丝门二扇以通风。

远近阴阳不失分,别开生面洒烟云。名驰画院人争重,手迹谁能似辣君。辣飞尔创寻丈尺寸之法,远近阴阳不失分寸,得其真迹者值英金九万磅。

输城教主誓盟辞,布告民间遍使知。归教人人听约束,息争术莫妙于斯。意外曹遍告民间,谓已取罗马为都,与教主立约,归教之人听其自治,息争之术莫妙于斯。

翠入船窗两岸山,果而爱及好烟鬟。舟行尤喜逢春日,领尽花香百里间。意大利之南省有巨镇,曰而爱及。两岸皆山,丛林滴翠,楼阁矗起,舟行过此,群花并放,香闻百里。

女桑三尺嫩如荑,绿剪平芜一律齐。数百里长阴不断,春鸠时驻密兰啼。密兰女桑布野,一律剪齐,高三尺许,柔条初芽,行数百里不绝。

过尽长廊止大园,水光喷沫雨声喧。欲寻角觚知何处,四壁琉璃启小轩。宫为教王别业,有长廊,有大园,畦径交互。中设机器,激水四射,喷沫为雨。稍南作琉璃轩,为角觚所。

楼上流丹绘数重,高悬檐角报时钟。八株又见参天柏,翠盖阴逾绿树浓。楼上流丹错采,屋脊悬报时钟,园内有高柏八株,矗立亭亭如华盖。

古城湮没果何年,发掘长街尚宛然。人见衣冠古时式,不知经几劫余烟。名城被火山尘土填涌,近时经人发掘,城郭街衢显然呈露,人尸并不腐坏,咸见古时衣冠之式。

碑碣文多系腊丁,几多油画缀丹青。宝厨一启观铜器,刀匕权衡尚勒铭。四大博物院壁间碑碣多系腊丁文字,琉璃厨十数,映列古铜器,刀匕权衡之属绀碧盎然。

龙虾远比鳄鱼多,铜铸成形石琢磨。复有三桅船一只,池中安放水无波。有石琢鳄鱼,铜铸龙虾更多,又铜制三桅船一只,皆博物院中物也。

日光掩映状虹霓,喷薄成珠水亦奇。别有温泉宜妇女,一经浴后便生儿。女子浴温泉,不生育者即育。

火光发自镜光中,数百兵船一炬空。绝似敌舟烧赤壁,乘时初不借东风。几墨得铸一巨镜,映日注射敌艘,光照火发,数百艘一时俱烬。

左里城初阻石山,欲通无路隔中间。凿开正借群生力,容得车驰马骤还。从纳波里至左里城有石山相间隔,国人穴山以通道。

荷　　兰

碧天一水浸琉璃,近水王居号合琪。夹岸人家好图画,维舟最好夕阳时。合琪国王所居地近水,无处不通舟楫。

一千余后尚编年,通国犹行举剑钱。止见有人骑马像,御书翻笑笔生姸。国中所用银钱为人形,骑马举剑,谓之剑钱。

多种名花护画栏,花花都当牡丹看。以花为命花成崿,异国花无此巨观。最著名者花卉,甲于各国。

楼台倒影镜中天,杂树新栽近水边。水色树阴俱入画,有人摇荡木兰船。沿河种树,两岸雕栏彩户倒影水中。

火轮取水走如珠,巧制何人绘作图。涸出农田卅万亩,一时斥卤变膏腴。火轮取水,涸出田三十余万亩,有司绘图呈览。

悬空放炮万花攒,人在层楼注眼看。妙绝灯光照海水,红红绿绿现奇观。花炮起至半空,明灯万盏,照海水作红绿色。

勿希小利废吟功,工匠雏年不准充。培养英才留后用,未容版筑辱泥中。荷下院议定新章,凡民家子年未及十二岁者,不准习充工匠,恐该父母希小利而废读书也。

地出温泉恩姆司,春风吹暖入芳池。贻书邻主邀同浴,不欲恩波独自私。恩姆司有温泉,荷王约俄德两王同浴焉。

贡金为寿庆荷王,拟筑离宫备举觞。华屋何如普济院,及民恩泽惠无疆。荷王在位生日举国称庆,贡金上寿,拟筑离宫,王却之,转以金钱增筑普济院,君子谓王之能爱民也。

十指辛勤尚女红,兰闺争作错金绒。鸳鸯绣出凭君看,样子新兴特地工。女子能解作错金绒。

款留戚友话深衷,湘管含芬递一筒。领略淡巴菰气味,先燃火种自来红。国人多嗜淡巴菰。自来火,西人所制。

织成毛布素精良,染色黝然作宝光。装载估船来岭海,发售人在十三行。国中所织毛布贩运极旺,粤中消售尤多。

珠翠周围作艳妆,一圈头戴出兰房。剧怜平顶花枝插,吹送人前气亦香。头戴一圈,平顶插以花,其额围以珠翠。

麟狮虎豹色般般,禽鸟娱人亦解颜。怪绝蟒如升斗大,花纹全黑遍身斑。生灵苑所养禽兽充斥其中,蟒之大者如升斗,遍身黑斑。

桩立沿河系短篷,浮桥七百座皆通。行舟疑入仙瀛境,叠阁重楼入望中。沿河水中立桩,砌石架木,上筑楼阁六七层,舟行过此,疑入仙境,计桥有七百六十座。

游踪偶尔过来丁,书院藏书院未扃。搜辑何人宏且富,吟声隐隐隔墙听。来丁有大书院,藏书甚富。

比 利 时

港口潜封路不同,货由路运仗人功。长途铁路坚如砥,指日车轮到海东。比国有河可通海,被荷遏封,乃造铁路,以火轮车由陆转运。

洽比伊谁可作邻,佛郎西本是姻亲。近来代请通交易,争拒当今要路津。佛郎西与比为邻,近为代请于朝,俾其通市。

立国权分宰相尊,晚年遣使出伦敦。乞休洽与妻偕隐,本是朱陈旧日村。驻英使臣方得外耳能定大义,英王雅重之,其妻为英产,乞休后遂寄于英。

情深爱女貌如花,十六芳年未破瓜。许字玛加团练长,妆成催上七香车。比利时国王爱女路易萨年十六,许字于可白哥大公之子非路伯,此人为玛加团练之长。

自牢逸出预通谋,多谢山妻掖上舟。此日寓公真自在,日加市上任遨游。巴彦弃城,流荒岛中,自牢逸出,悬崖欲坠,其妻掖舟以待。一跃上舟,逃至比利时,查无送还例,任其寓居,日遨游于日加市上。

衙门刑部极恢崇,十六年来构监工。署未落成人倏谢,石雕遗像立门东。刑部衙门规模闳壮,称欧洲第一,用费五千万佛郎,其监工绘图构思凡十六年,未及葳工而卒,今雕石像于门首。

铸铜机器厂弹丸,整顿规模待萨端。昔日未闻兴铁路,挽车使犬出门难。铸铜机器厂规模本不甚大,萨端为之扩充。又比利时之人常驱三犬拉一车。

轧轧分丝女织纱,不多居厂散民家。披巾折扇夸新样,纤手穿成五色花。万恩尼织纱厂女工居厂者少,皆散在民家,所织折扇、衣料、手巾、披巾之属,皆极精致。

花事才看锦绣春,骅骝又见出风尘。一千五百斤肥重,高价宜沽一万缗。此邦有花会、有马会,马尤肥硕,有重至一千五百斤者。

赴宴人多廿四纷,酒行宾客有余醺。纵谈目下欧洲局,新旧金山定两分。国王设宴,合宾主共得二十四人,郎贝尔纵谈天下大局,谓旧金山与新金山数年后各自立一国。

分行巨树两旁排,浓荫交加映直街。城外丛林周十里,蔚然深秀是高槐。比利时有直街一条,两旁巨树分行排列,城外又有大树林,一望蔚然。

大厂依山遍挖煤,炼钢炼铁萃司来。预储诸料工包造,御敌尤娴筑炮台。司来地方有钢铁大厂,包造轮路火车诸料。其人长于制造,于炮台工程尤为著名。

储才异地有名家,流寓何人里力华。手著奇书一百卷,笔端灿灿若春花。波兰人里力华流寓于比利时,手著书百卷。

比人崛起立为邦,欲背维林气不降。信赖法援息兵革,订盟共浚马司江。维林第一为尼达兰王,兼治比利时。比利时人欲背维林自立为国,起兵作乱,法人以兵援之,十月息兵,约并浚马司江。

法 兰 西

哥罗昧始建邦基,嗣立原来本一支。天位未闻登女主,已殊他国重坤仪。哥罗昧有雄略,改国号曰佛郎西,相传只一支。未立女主,较他国固有间矣。

巍峨宫阙画中呈,谁建巴黎大国城?红裤黑衫持杖立,鲜明鹄峙守街兵。守街兵皆黑衣红裤,持杖鹄立。

淹通学士也能诗,入直宫廷待漏迟。文字正宗推佛语,兼娴各国会盟词。学士能诗能文,故各国有盟约誓辞,皆用佛国语。

胙土分茅示异恩,各君其国作屏藩。谁知彼母存高识,广蓄金钱给子孙。拿破仑得志后,所取诸国尽封其弟侄妹,自以为固若金汤也,独其母有卓识,谓必不能持久,广蓄金钱留贻子孙,为他日失势时用。

两度投荒恨独长,不堪回首话沧桑。插天华表高无极,空号英雄得胜坊。拿破仑欲混一土宇,兵败被擒,英人流之荒岛。得胜坊是其前时建功立华表处也。

眷属偕行苦徙迁,宫廷回望更凄然。相随掩袂惟公主,已在徐娘半老年。罅礼申报馆妄议之禁,被民党猝围王宫,不得已携其眷属而出。眷属之掩袂相随者则有鲁意第十六公主,虽已在徐娘年纪,而姿容美丽依然,顾影自怜。

丽都衣饰尚轻绡,人目王妃是服妖。消暇更成叶子戏,校筹容易到明朝。王妃侈于衣饰,时人知为服妖。又作叶子戏以消长夜。

靓妆炫服貌如仙,性嗜梨园醉管弦。伉俪情深刊小传,事传宫禁十余年。鲁意拿破仑聘尤姐为皇后,靓妆炫服,实为欧洲妇女领袖,拿破仑尤爱怜之,自制皇后小传,刊入《巴黎大日报》中。

国破山河风景殊,嫠居犹有旧金珠。不同公产原私产,屡遣行人索法都。法拿破仑第三废后嫠居于英,遣使至法都索其私产。

世家纵猎出平原,禾稼伤残不敢言。复有蛙声闻聒耳,遣人驱逐苦朝昏。世家出猎,有禽逸出,害稼,不敢擒狝。命妇偶沾微恙,恶闻鸣蛙聒耳,亦强役民人驱逐。

秋高气爽海天凉,鸽会今朝赛广场。色别羽毛各标记,碧霄无际任翱翔。法人每于秋高时设鸽会,其赛法则以飞之远近为胜负,又放时各取异色易于识认。

槐松夹道绿阴稠,庇覆行人似晚秋。无数飞桥跨江上,依稀风景似扬州。入城衢路纵横,槐松夹道,赛纳江上建跨飞桥无数。

谋及饔飧植物丰,造糖不弃菜头红。电池又作佛而大,罔惜金牌赏巧工。法令民以红菜头作糖。又兴化学家佛而大作电池,以金牌锡之。

老树伤秋叶早零,孔疮补以铁皮钉。万生园里征奇兽,牛马惊人目未经。万生园内树有成孔疮者,则以铁皮钉补之,免水渍入。又有麋身牛尾班马,形似虎,皆目所未见者。

金环戒指制攸殊,搜集前时姜女图。穿耳始知西土尚,夜光时贯大秦珠。法富人造博物院,备列古时妇女首饰、戒指、耳环之属,云皆千年前者,乃知穿耳之俗西土亦尚。

铁塔巍然顶接空,人登最上豁双瞳。阛阓庐舍微于粟,指点全城在目中。铁塔高一百丈,人登顶上必四换机器而后达,俯视巴黎,全城在目。

长堤两道障风潮,河阻中间造铁桥。机器有人能运转,一吹羊角水花飘。闻法人经营长堤铁桥,用费一二千万佛郎。又机器房,一人吹羊角,机器即能汲水。

摩挲旧物总如新,兵器前朝武库陈。黑白红黄分四色,惊看像具五洲人。博物院有武库二所,藏历代兵器。又蜡像院地球人种有四,分黑、白、红、黄各色。

巨幅高悬一室新,图成争战幻如真。又观面目惊全肖,不信生人是蜡人。油画院有普法交战图悬巨室中。又蜡人馆以蜡制生人之形。

释迦白玉问谁镌,佛像居然海外迁。不解圣门推艺士,亦随西渡有先贤。院中供中土各神像,白玉释迦高可二尺,皆不足异,独圣门先贤冉有夫子神位,不知何以独到其间,阅其纪载,盖一千八百年前于中国庙中得之者也。

游行无碍罩玻璃,鳞介洪纤海族滋。指点房中浮水面,青苔绿藻两参差。玻璃房畜养海中鳞介之属,兼有藻荇水石,荡漾可观。

多挈家居取水便,亚低井畔好流连。凿开曾事深千尺,地下旋看涌碧泉。阿尔及耳,法属地也,法人多挈家居此地,初苦无泉,试以钻地新法,凿深千尺,泉始涌出不穷。

城围能解阿连斯,巾帼知兵事绝奇。功德在人崇庙祀,至今人尚祝延釐。英兵围阿连斯,一女子起兵解之,城人建庙以祀。

耶稣讹道更重生,士女连襟尽出城。酒设园亭容小坐,耳闻筯鼓不停声。巴克节,西人讹传耶稣复生,是日倾城士女出城寻乐,遇园亭佳处便设酒茗,筯鼓之声不绝于耳。

燃灯照彻上元宵,一派红光火树摇。何若神人喷池水,排来玉柱百余条。池中石雕神人喷水直上,高十余丈,如玉柱百余排列可观。

广加学校屋渠渠,喜有生徒一万余。贫士更闻增社院,多储供亿读奇书。都城设一共学,生徒尝万余人。又设社院以教贫士,一切供亿,皆王主之。

生灵苑内簇奇观,鸟兽鱼龙不一般。卷石独怜消瘦甚,生成有格共珊珊。苑中搜藏奇石数十种。

春色名园好护持,千红万紫斗芳姿。园中不少栽花器,快剪芟枝灌水皮。过赛花会,奇香异采,光艳动人,凡灌水之皮带,芟枝之快剪,皆备列焉。

西 班 牙

玉琢真容金作楹,编成箫管更奇精。一看堂上机关转,百鸟波涛各有声。白玉琢成古王像六,金银殿二,编箫一管通众管,备具风雨波涛、讴吟战斗与夫百鸟之声。

多勒名城乏水泉,取泉山下上山巅。示奇谁造混天象,结想曾经十七年。多勒城在山巅,无泉,有巧者制一水器,能盘水直至山顶。又有浑天象,相传制此象者注想十七年。

石柱高檠架石梁,远山遥递水源长。青青草色黏天远,容得雏儿牧万羊。城乏甘泉,从远山递水,架一石梁桥,檠以石柱,绵亘数十里,其上可牧万羊。

迢迢苑囿数侯家,异兽扬威利爪牙。偶值名王经此地,射生一矢喜相加。侯家苑囿有周数十里者,禽兽充牣其中,异国名王经此者,往射猎焉。

山辉川媚萃殊珍,延召良工大有人。红碧玉兼青绿石,一经磨琢器从新。地产红玉、碧玉、青石、紫石、蓝绿宝石。

每逢礼拜著袈裟,梵咒齐喧静不哗。来谒广堂尊十字,九天天主散天花。俗尚天主教,七日一礼拜。

夜饮红摇烛影深,自鸣钟为报分阴。解醒共劝庐卑酒,百叠风琴奏梵音。自鸣钟、风琴,皆其国人所造。

寂居道院爱参禅,半世修行俗虑蠲。招得贵人念经卷,为谈因果证前缘。男女入寺往往绝俗不出,在内参禅,常招贵人入寺念经。

好逸生平乐未休,只知歌舞不知愁。儿童扣角天将晚,咸集平原看斗牛。男女习歌舞,又好为斗牛之戏。

挥洒云烟八尺屏,画师无不善丹青。留心鞠部工音乐,节奏天然娓娓听。俗工丹青,尤喜音乐。

为战荷兰与法和,出征兵士未投戈。充饥麦粉先时备,因便行军手自磨。西班牙与法人和亲,与荷兰人战,兵皆携手磨于军中,以碾麦粉。

葡 萄 牙

先擢同部达尼亚,新地南寻满剌加。立埠通商澳门地,寺基大小筑三巴。始征服回部,尽有达尼亚之地,是为立国之祖,继拓新地、满剌加,后通商立埠于广东之澳门。

海口屯兵代及瓜,炮台双建号交牙。遣人查看船回国,第一关心是豆花。海口有二炮台,谓之交牙。海艘至,必先遣人查看有无豆疮。

白来齐督控边关,谁锡王封得所山。航海喜将中国植,百株橘树好携还。王封得所山,为白来齐督。始自中国携回橘树,遍植国中。

葡人觅地素称良,打麦加回自远方。寻得海滨好望角,从兹印度好通商。国人打麦加始识好望角海道,从此与印度通商。

锡兰地并兀林兰,南北殊方视一般。遣使日行三载久,地球历遍不辞难。始寻得北海兀林兰,继取印度南之锡兰。又遣国人麦者即,三载周行地球一遍。

性本聪明迥绝伦,测量象纬验星辰。名贤入作钦天监,多是金巴喇内人。入中华为钦天监,多是金巴喇土人。

病院时营好善家,育婴尤恤命如花。别开女子清修院,不事焚香读法华。好善之家立病院,亦有育婴院,女院百三十八间。

畏露宵行洗罪愆,请僧忏悔跪窗前。喃喃私语无人觉,解脱凭僧便释然。妇女犯淫改过者,请僧忏悔,跪于窗下,向僧耳语诉其情实,僧为说法解罪。

盐号青霜米黑菰,德人城内景攸殊。观星台并军功厂,巨丽今犹入画图。军功厂、观星台,俱在德人城内。

英 吉 利

大英建号筑京都,败逐丹师散水隅。备语吾王战功绩,绘成二丈示新图。维廉为王,始称大英国,丹人以战舰三百伐东鄙,王败之,王妃爱必利得记其夫功,绘成二丈大图。

舆图大拓冠沧洲,女主经营五十秋。手执金镶象牙杖,坐朝论政广咨诹。女主临朝,手执金镶象牙杖。

行宫高广出人寰,屋宇三千六百间。此外园周三十里,树阴匝匝鸟声闲。厅宇高广,有云周三千六百间,园周三十里。

山前山后两王宫,新旧殊名地本同。最好倚山建楼阁,凭栏欣看落霞红。山后为旧王宫,山前面建者为新王宫。

冠戴金丝顶上高,多罗呢子服长袍。出游稳坐平鞍上,女骑千人尽佩刀。女王出行,戴金丝冠,衣红色多罗呢长袍。

富贵花开护牡丹,玻璃作屋障风寒。严冬果实无凋谢,荐食时登玛瑙盘。牡丹大倍中国,设玻璃屋以障风日。又作果屋,以铜管盛热水养之。

间游驾幸水晶宫,南北浮图入望中。行过回廊数花朵,绕廊开遍粉藤红。水晶宫南北各一塔,下有穿廊,绕廊皆种紫藤。

三花桥下水涓涓,锡管通流入市鲜。不断四时归浴室,澡身无事用温泉。三花桥下有法轮激水上行,用大锡管接注,通流于城内。

多采奇花载舶归,园林栽处竞芳菲。暖房处处为花建,生恐风吹作片飞。多采奇花归国种植,天寒建暖房以护之。

宫开宴舞壁涂椒,命妇偕来事早朝。项下咸悬珠一串,袒胸风致大娇娆。宴舞宫,英宫名。命妇每月二次朝主,项下咸挂珍珠一串。

正位长秋止一宫,肯教别馆筑玲珑。任他私向君王侍,未许称名嫔妾中。国王亦止一妃,女宫有妊者生子亦归正嫡,止可谓私幸,不得有嫔妾名号。

入夜红烧火焰腾,光明院落照层层。八千五百有余盏,四面高悬殿上灯。殿上悬灯,罩以玻璃,记八千五百余盏。

冈惜多多国帑縻,小儿立学女为师。藏书六万归储馆,亦许儒生借一鸱。立赤子学,女人办之,用费出自国家。其大学藏书六万本。

上下人从议院来,臣民分坐喜追陪。每逢大暑门长闭,待到梅花始再开。英有上议院、下议院,议院人无早暮,皆得见君主。每逢大暑,院绅皆避暑,散居四乡,订于立冬前后再议。

干电何如湿电轻,二金相感自然生。迩来书信传尤速,沉线能通海底行。英人惠子敦设电线于伦敦,自道光十八年始,迩来大东公司新得保护海线之法,尤为精审。

创造三人巧思生,轮船今日制弥精。事经百载无遗憾,不怯波涛大海行。苏格兰三人精究轮船之制,创用旁轮,改用汽机,又用隔舱,事经百年,始无遗憾。

乘风一任浪连天,稳坐舟中意适然。履涉重洋似平地,隔舱酣寝梦游仙。英船有分一为两,以铁条联络其间,使人居隔舱内,晏然不知船之簸荡,故无瞑眩作恶之患。

　　火车行后坦途开,每苦烟煤眯眼来。不若电行尤迅速,片时飞度万山隈。近日于火车铁路之外创行电车,以电车清洁,较胜于火车煤烟也。

　　烧灯争道礼成园,火树银花一万盆。如此繁花争快睹,车行终夜听声喧。赴礼成园观蒲丹尼会花灯。蒲丹尼,译言植物也。

　　米麦牛羊及苎棉,货多出口胜从前。借材异地勤分植,中土名茶吕宋烟。出口货米、麦、牛皮、羊毛、棉花、苎麻各项,他如中国之茶叶,吕宋之烟叶,印度皆取其种而分植之。

　　凌空矗起一飞桥,铸铁功成迹未消。泰晤士江江上望,彩虹双落画中描。伦敦铁路横跨泰晤士江上,重数千斤,一人可以开合。

　　年来服侍本殷勤,女仆花容国色分。莫笑鳏夫能续娶,一般少妇配郎君。册报内一事闻所未闻,伦敦鳏夫续娶,每百二人中有十二人即娶其女仆者。

　　举官乡邑令重申,税免储商厚待人。身价代偿尤盛德,黑奴赎后作平民。英国更张旧制,举官免税,次第递行。代赎黑奴,替还身价,尤称盛德。

　　津津亵语出房帏,昨是年来始觉非。老妪也知谈道学,借书一阅即时归。有某氏老妪向师可脱借书,一阅即还其书,谓是淫书,非今所尚。

　　尊称国郡羡王嫔,袍袴应多侍御人。预定后宫支发费,年年输入矿金银。英人称其妃曰国郡,岁需银二百五十五万圆。凡金银矿所产金银,俱供王宫支发。

　　馆甥贰室作虞宾,入赘原殊圉质秦。归赠嫁钱二百万,一生给使不忧贫。俄王女嫁英世子,赠嫁钱二百万。

纤纤女手白如荑,戒指欣看约不辞。婚酌定期宾客集,酒阑亲送入房帷。男女婚配,男以戒指约于女指。于归日,亲宾送之入房,欢宴而散。

成衣妙制铁裁缝,针步三千一下钟。从此绿窗诸女伴,偷闲相与话从容。成衣机器有名铁裁缝者,计一分钟可得针三十步。

多栽杂树荫森林,池沼萧然翳不侵。沿路为谁陈铁几,亲朋杂坐便谈心。伦敦所居楼阁层叠无呼吸,通天处数街辄有广园一区,荫以杂树,沿路安长铁几,以便游者憩息。

银钱新铸丽如行,病院尤多创善堂。生恐医居大幽闭,露桥独建迓阳光。伦敦丽如银行所出之银皆新铸。又施医院,独有露桥,病人游息其中,闻是善会所建者。

为婴精洁扫庭除,风雨晨昏慎起居。计得年华刚四五,便教识字读新书。育婴堂衣食起居无不精洁,及四五岁即便识字读书。

一千三百各分居,造作多营养老庐。衣食能供经费足,国君临视驻鸾车。养老院,英国京城计千有三百所,衣履完善,饮馔适宜,国君时一临观,以昭郑重。

局开雇绣织成花,妇女无衣恤世家。邃室不容人擅入,日添弱线静无哗。绣花局居世家家道中落妇女,男子擅入者有厉禁。

深明大略武兼文,笔札尤工谷子云。开拓封疆数万里,阿苏飞已奏殊勋。阿苏飞有文武才,始不过商学中一司笔札者,遂能灭印度全局,人咸称之。

医镜凭谁造作精,治喉治目视分明。几如扁鹊通神技,症结能窥五脏呈。医家新学,有治喉镜、治目镜,一望了然。

半年治事半年闲,休沐归来避市寰。偃息苏阿双岛地,胜游探遍好溪山。官绅初春开会堂,至六月底始散归,恣游苏葛兰、阿尔兰两岛,名曰避暑。

六街宽广地无边,石表巍巍弈世传。浮海运来埃及国,问年刚已阅三千。伦敦有大石表,闻埃及总督所赠,此石已阅三千载矣。

传闻生日近荷花,入夜沿街放火蛇。巧绝光中呈主像,冠缝衣褶认无差。六月初二为国主生辰,街市悬灯,夜作烟火戏,巧制冠缝衣褶,为国主像,于火光中呈现之。

绝无禁忌出游忙,香水沿途买女郎。道遇青年似相识,手挥一点溅衣裳。维多里亚生日,闻夹道皆卖香水者,少女辄袖之以游,青年子弟为所属意,则以香水溅之。

通花巾并黑衣裙,持服终身念故君。只合黄金铸君像,朝朝相封挹君芬。国主为其故夫持终身服,又筑台于囿,铸金像置台上,台与宫正相对。

坐陈红锦榻中央,公主雍容侍御旁。此日会堂众相见,代宣谕旨语琅琅。位陈红锦榻女眷尤贵者,左右夹持之。会堂开,士庶环立铁栅下,掌玺大臣持白洋纸书琅琅宣诵,诵毕,士庶始散。

免征粟米梗多人,议决投筒赖相臣。尤仗将军同语众,始登衽席泽斯民。阿兰省山薯歉收,宰相披利请免进口粮食之税,梗于众议。时惠灵吞将军在上议院,语众曰:"饿夫载道,此议专欲登斯民于衽席,奈何阻之?"众贵绅始允许。

阿非利加各国

阿非利加北土

森森大库富搜罗,书册咸推厄耳多。七十万函无片纸,其如回部一烧何。厄耳多在红海、地中海之间,有大库藏书册七十万函,为回部一炬烧之。

几人游牧向前行，茅草蓬蓬四野生。多事掠商骑四出，归装夺负健驼轻。北土沙漠间有片土生茅草，回族游牧其中，骑健驼四出剽掠。

能摧强敌手操戈，父子知兵擅土罗。将破围城弓尚挽，作弦发截妇人多。罗马兵围土罗，土罗坚守不下，截妇女发为弓弦。

阿非利加中土　东土

三推王亦解躬耕，培植平畴黍稻生。率旅偕行防暴客，明驼数百结连营。国王率酋长躬耕，以劝农事。又边境多暴客，商旅皆结队以行，驼数千行，宿如营阵。

半是高阳嗜酒徒，甘心贩卖效驰驱。可怜澳港诸夷馆，辛苦生涯尽黑奴。人皆黑番，多嗜酒，贩卖为奴。

阿非利加西土

草根掘食口为糊，生长巢居树数株。用饰美观无杂物，遍身悬缀象牙珠。居民多掘食草根，结巢大树；衣好华彩，用金珠象牙遍身悬缀，以为美观。

不解搜奇与贸迁，树油果实问茫然。就中物产名称异，谷象金奴判四边。地出各项果实，又有树油，土人未解搜采，就其物产为地名，有谷边、象边、金边、奴边等名。

阿非加南土

建城山麓两相关，不尒称名大浪山。饶有牛羊兼鹿马，牧场宽广尽知远。城建达勒与良二山之麓，俗名大浪山，牧场宽广，牛羊孳息。

平沙莽莽望无边，苦渴行人缺水泉。安得梅林千百树，道中入望尽垂涎。驾犊车行沙中,往往中道渴死。

阿非利加群岛

多栽桂木与棉花,货出居民九万家。沿海苦无停泊处,时遭风暴引回槎。土产桂木、棉花,沿海无港澳。商船停泊,往往遭风损坏。

万笏纷排碧玉山,飞流瀑布响潺潺。土人不解勤搜采,铜锡银铅视等闲。万笏纷排,瀑布飞流数百仞。山中铜、锡、银、铅俱有,惜土番不解搜采耳。

阿墨利加各国

北阿墨利加米利坚合众国

东西二路总渠酋,四载威权满即休。一变官家古来局,归心二十七炎州。国共二十七部,酋分东西二路,而公举一大酋总摄之。

河滨择地筑三城,律例规模次第更。异国绅耆同一体,息争每遣使臣旌。在颇多麦河地筑都城,规模已备,乃立与邻国相通之制,使臣往来不绝。

不须人力作生涯,流水声中滚雪花。数十纺车棉易尽,监工一个女儿家。每地置车数十家架,不用人力而以水力运行,纺数十车之花,以一女儿监之。

书板流传广万篇,枣梨无事费雕镌。承行印刷人无数,活字原来只用铅。书板极多,不用刊板,但用铅板。

人由众举本均平,比比先书纸上名。藏置瓯中拈出视,但从多处界弓旌。公举之人书名纸上,置瓯内,后开瓯,以人多公举者为之。

收作佣工阅苦辛，济贫有院养穷民。各分事业餐常饱，通国从无乞食人。国中设济贫院，收作佣工贫人，通国从无乞食者。

众推华盛顿为君，期满仍留策异勋。偶作府兵同法战，一人兼摄上将军。华盛顿为伯里玺天德，四年期满，国人留再任。归政后，法人来侵，作府兵与战，又推为将军以御之。

昆仑严禁买为奴，兴利兼权子母蚨。赀本预储一千万，创开银号在京都。立国号禁买黑奴，设银号，赀本三千五百万。

凭空结撰巧心生，电缆遥遥境达英。四小时行九百里，升天又见气球轻。置电缆于大西洋，以达英国。又有人作轻气球上升，四小时行九百里。

湖河盛涨水连天，力挽狂澜克保全。不把醵金私入橐，却营广厦为招贤。近郊大水，堤不浸者一版，王饬吏民悉力捍卫得保全。西人商宦于彼都者，醵金一万三千磅贻王，王以是金建书院，西人益贤之。

卖俏流娼不一人，伤心沦落在风尘。落花坠溷真无奈，谁赎蛾眉返汉身。闻西金山中国妇女以数千计，倚市门者十居八九。教士上书议院，应设法遣散归国。

仁会多端设馆奇，聋盲营作有余赀。酒能乱性尤须戒，登簿书名尽继屣。国内立仁会馆，使聋哑人咸得所。又设节饮会，归登戒酒簿者多人，戒饮多，故酒费少。

嫁娶犹存古礼行，升堂携手宛亲迎。二人作合须钤记，亲见高官印姓名。娶之日，男女升堂携手，有一官或族正等书二人名，盖之以钤记印信。

着身衣服色从灰，钮扣还须正面开。莫道夷冠高岌岌，前檐曾蔽日光来。衣服尚灰色，绒钮扣皆开在正面。帽高至七八寸，有皮檐一片以遮日光。

燔羊炙豕荐磁盘，今日相期饱大餐。只用刀叉不用箸，一台同叙合家欢。雏豕牛羊多用燔炙，合家共一台，用刀叉，不用箸，名为大餐。

鞭石何须力倩神，横桥跨水出风尘。又闻龙洞驰名胜，琢就天生数石人。天生石桥，离水二十丈。又有石洞，名曰龙洞，内有生成数石人。

大开农利过桑麻，种蔗成糖数万家。一柜更饶风力壮，弹残棉子取棉花。一夫种蔗十五亩，得糖五千斤。有风柜，可以去棉子而取棉花。

轮舶风行遍五洲，主人大古自风流。铁桥铁路专商利，又见良工掌握筹。美国有二富人，一曰铁国，专造铁桥，什八归其掌握；二曰水国，乃大古洋行之旧主，轮舶遍行五洲。

致富奇原购一雏，牛羊递畜利丰腴。荒原买得营楼阁，安坐年收亿万租。一曰土国，纽约一人发迹甚奇，初购一雏，改而蓄豕，由是多牧牛羊，积赀盈万；又于廉价买荒野一地建五层楼，安坐而收亿万之租。

赀财千万集民官，大会群夸博物看。十五院中诸器萃，海邦无不诧奇观。美国希加高城设博物大会，集赀一千万圆，诸宝物具列于十五院中，任人观看。

丰草茸茸辟牧场，养牛取乳制殊良。铅瓶缄固能行远，世业犹传致富方。美国某广辟牧场，蓄牛百万，所制牛乳封以铁瓶，行销五洲，精美冠天下。今日子孙犹然世业。

人人枫林腹偶饥，戏携铁管吸凝脂。仿他妙制糖如蔗，味美还如啖蔗时。美国初资中国蔗糖后，见土人杂坐枫林，以铁管吸取枫脂，乃仿其意，吸脂制糖。

逾楼十丈屋尤高，入夜悬灯照海艘。巧借风轮碾新谷，翻嗤水磨转劳劳。楼顶作小屋，每夜悬灯数十以导海舶。地平坦，无水磨，借风轮激水以屑谷米。

学馆宏开接水滨，又兴别院事从新。敢烦手指将言代，指示聋人与哑人。其学馆为二十六国之最。又有别院教哑与聋者,以手指代语言。

北亚墨利加英吉利属部

鸟声不断斧声稠,春水滋生放下流。得好价时沽美酒,举觞长在醉乡游。入林伐木,春水生放下海港,沽得善价,日在醉乡寻乐。

舣集渔舟海外村,风帆一任捕鱼翻。不知转鬻宜何国,腌得盈船贩教门。海面多鱼,夏季诸国渔船蚁集,捕鱼腌之,贩往洋教各国。

南北亚墨利加各国

身高逾丈侈长人,齿阔如斯可例身。矢入口中能没羽,休夸李广射通神。知加国人长一丈许,齿阔四指,全身可知。手握一矢插入口中,至于没羽,以示勇。

手取流泉白似脂,燃灯入夜火生姿。树膏一例能祛疾,伤损经时也合肌。秘鲁国有泉如脂膏,人多取以燃灯。又有树生脂膏,傅诸伤损,一昼一夜,肌肉复合如故。

异羊善走不输骡,抚慰还须好语多。一种异禽生巨卵,作杯尤爱手摩挲。有一种异羊可当骡马,性倔强,以好言慰之即起。又有一鸟名厄马,卵可作杯,即今番所市龙卵。

遭风海舶抵巴西,土地荒芜半淖泥。一自陌阡开辟后,人耕绿野喜扶犁。葡萄牙有海舶遭风飘至巴西,见其地空阔,徙国人垦种之。

腹垂著地不能行,缘树潜吞叶有声。纳子于房远有兽,乳儿著意在初生。巴西国有一兽名懒,面腹垂著地,不能行,喜食树叶。又有兽腹下有房,可张可合,恒纳其子于中,欲乳出之。

甫生代哺凤凰雏,调养还须倩丈夫。亲戚到门频问讯,馈遗食物满庖厨。又妇人生子,即起操作,夫代为哺养。

都白狼鱼款款骑，潜居波底目能窥。时逢一退南河水，争拾银沙手自披。土人能居水中张目明视，又有能骑鱼者曰都白狼鱼。其南有银河，水退，布地皆银沙。

眼波带媚注盈盈，任是无情也有情。邂逅相逢心便许，不须挑拨听琴声。智利国女子眼波明媚，使人易迷，又少习歌讴，尚音乐。

鱼头数万布沙田，谷得鱼精穟愈鲜。秋到黄云看遍地，非关作牧兆丰年。花地国其地多沙田，土人取鱼头数万，密布沙中，每头种谷二三粒，后鱼腐地肥，谷生畅茂。

游蜂千万作花房，宇托枯松酿蜜香。一孔预开藏一粟，也同小鸟蓄冬粮。既未蜡国中松木腐者，蜂辄就之作房。又有小鸟于枯树啄小孔，每孔辄藏一粟为冬月之储。

尼庵朴素地无余，仅一层楼便足居。习静罕闻人迹至，终年尘积未蠲除。新地国有尼庵，朴素，楼仅一层，终年有洒无扫，故埃尘污积。

南北阿墨利加群岛

避乱移居海国村，地如秦世古桃源。留题岛屿探幽胜，犹有诗人姓氏存。英国内乱，士民多迁此避祸。有诗人注腊尔者，触景题咏，流播海邦。

此邦马匹乏骊黄，望见人骑避未遑。独有银河并金穴，山川宝气发光芒。西班牙人初到时，骑马登岸，人望见皆奔避恐后。银河、金穴皆见此境。

右《海国咏事诗》一卷，为家仙根先生所著。先生替余校录毕，出所著示余，余读之，爱不忍释。见其无奇不搜，有闻必采，如行山阴道，茂林修竹，令人目不给赏；如入波斯国，五光十色，令人宝莫能名。兴到笔随,并臻佳妙。爰亟辑录,附刊于后,俾浮海者睹指知归,作迷津之宝筏,为指南之金针,夫岂徒酒后茶余借渠排闷？朗吟一过,便觉齿颊俱香已也。戊戌冬月煜南又识。

海国公余杂著

张煜南 著 张鸿南 校

卷一　推广《瀛环志略》

粤自道光癸卯，五口通商时，徐公继畬观察厦门，与领事文牍往还，《瀛环志略》一书所由作也。自是以后，商务迭兴，商情日变，越今距作书时，忽忽者将六十年。余宦游海外，购得是书，再三披阅，窃谓作之者经始于前，尚待继之者推广于后，更觉赅洽。爰于公余之暇，拟欲详其所略，即本原书以会其通，参诸管见以恢其说，引而伸之，不厌其烦。虽所著无多，有征必信，谅亦阅者之所心许也。庚子夏月煜南识。

地球

测地用经线纬线

《志略》云："地形如球，以周天度，分经线、纬线，画之，每一周得三百六十度，每一度得中国之二百五十里。海得十之六有奇，土不及十之四。"泰西三百年前，欧西教士由陆路游历至吉林，仅以每日行路若干积之，计两地相距之数殊不足凭，盖途有纡折故也。途有纡折，任己意以推测之，罔所适从，以不解用经线纬线之故。自天文家出，以经线纬线测之，地球自南极至北极，经线计七千八百九十九英里，赤道纬线自东至西计七千九百二十六英里，赤道东西周围二万四千九百英里，水面较陆面计多三倍。陆面分七大洲，计亚细亚、欧罗巴、阿非利加、北亚墨利加、南亚墨利加、澳大利亚、北极与南极陆地；水面分五大洋，计太平洋、印度洋、大西洋、南冰洋、北冰洋：地球尽在是。测之者亦据线为准，由是得地球之形，遂全知地球之里数若干。分而析之，遂知各国之里数若干。界限分明，界然不紊矣。

日本

论日本变法之易

日本前时，葡人尝欲据其海口，日本与之战，荷兰以兵船助日本，葡人遁去。故其国通商者，中国与荷兰而已，其余一概禁绝，与诸国相隔绝者二百余年。盖其时，主锁港之议者，德川氏也。据江户，传子孙，久享承平，不闻外侮。近则美、英、俄驾兵船来，迭请互市，幕府拒之。既而审力不敌，乃始定条约，是为开港之始。明治以还，德川氏废，王从大久保之议，从事简易，视前时尊卑悬绝者迥别，自是改革纷纭，举数百年积弊，次第更而张之。向以其法为不足遵，后又乃仿其法之善者，凡制度、器物、语言、文字靡然从之，下至易服色、治宫室，焕然一新，亦能酷似。风会所趋，殆有不克自主者乎？亦足异矣。

日本收中国通商之利

日本在东海中，与中国通商最久。其地所产紫铜、海鲜、樟脑，中国皆产。有兴其利者，则可不资于日本，而日本之进款大损，中国银钱之漏卮亦减矣。按日本与中国比邻，不知辅车相依之义，而为同室操戈之谋，台湾、琉球，其明征也。日本尝言，海鲜一类至多者，莫若海参、鳆鱼，土人得之皆生食。龙虾盈尺，味尤鲜美。市头充斥，大率鱼类也，运往欧洲各国无过问者，而中人嗜之如饴。盖中商以棉花、白糖来，其返国也，多以海参、鳆鱼诸海错归，销路最广，是得通商之利而不以睦邻为心。中国若禁其入口，或重税之，亦塞漏卮之一端也。何也？货物者，日出而不竭；银钱者，有限而难继。故地球各国均欲货物之畅销，而虑银钱之出口，其意深焉。

论日本之善交邻

日本古称倭奴，其国在东海中，平列三岛，不过夜郎、靡荚之伦。而年来发愤自雄，变更峨冠博带之旧习，师法轮船飞炮之新制。原其变法之初，借材异地，不得不从事邻封。欲得邻之欢心，莫若善于结交。环视欧洲诸大国，若俄、若英、若美，尤其所注意者。日本北海一道名曰库页岛，西邻俄，日本举以归俄，而日俄之交固。用李大国开火车铁路，而多借英国之债，多至一百万磅。其国主尝见英使巴夏礼，与之潜谋密计，秘不示人，而日英之交固。用黎展远密查台湾情形，引为指臂腹心，又多派幼童出洋学其语言文字，而日美之交固。彼其卑躬屈节，不敢开罪于三国以求悦于三国者，固非无为而为也。即以通商论，日本海口有六，美国首先立约，英、俄继之，视后之各国有间。日本之所以重视此三国者，无非欲借三国之兵威以求一逞。观中日一役，三国按兵不动，坐视成败，未闻先事为之解铃，非其善与邻交，安得收此明效哉？

日本轮船独专中国之利

日本国在东海中，中曰长崎，土较大，与浙海普陀山相对，内地商船互市于此。按日本轮船之行，自同治十三年起至光绪二十六年止，中国所有棉花、米粮等物运至日本，仍需日本之船，水脚所得亦多，宜其获利无算。中国招商局设立二十余年，始则大亏，继则无大利。只闻载某某上任，载某某查事，直为大吏所驱遣耳。即偶出巡洋，不过一举，未闻有接续而往者。此无他，不得人而理之故也。则日本之船不过由横滨至上海，中国之力尽可为之，何难独专其利？且即不能独专而与日本分之，亦不甘让人之一道也。今日本之货恃轮船运售内地，源源而来，民间财力为之益竭。我不能出货以抵之，是自塞利源也。人谓中国向来于言利一节夷然不屑，观于此，益信为然。岂知治国如治人也，脂膏脧削，体质无不羸焉。苟不急起而亟图之，后将噬脐无及矣。

日本之割库页岛于俄人

日本在东南大海中，为道七，北海道一岛榛芜未辟，尽北则意千、库页各岛在焉。按库页岛，鄂伦春、费雅喀、库页三族人所居地，近东洋，何由而隶于日本，无可稽考，日本呼为唐太，又名华太。咸丰二年，俄船以送还漂民至日本下田地。明年，复遣水师提督布田延至长崎，请正唐太疆界。十一年，猝有兵船泊对马岛，以示争唐太之意。其时日本与泰西各国构兵，诸藩争胜，遣人赴俄，许俄民杂处唐太。光绪二年，即日本明治八年，遂割全岛与俄，而俄以意千岛偿日本。闻华太居民皆渔海猎山以自给，山多椴松，海多鮭鳟，掘炭捕鲸之利尤厚。又白主大洞，岁出昆布不几千万石,洋洋乎一大利薮也。俄人累世觊觎东海,一朝得此两地,于是辟土启疆,开军器局,修造船厂,屯练水师,设提督统带。又置轮船十余艘,往来商于黑龙江、日本、南洋诸处。英使水师提督游其埠,则阻而不纳。两国之互相疑忌,盖已流露于不自觉矣。唐太隔日本仅一衣带水,最为日本切肤之忧。尝观其朝野臣民以其国处东洋门户,俄人骎骎而南,悲愤之意,发诸篇章,其意可见矣。

越南

志安南不忘旧君之意

俗传红毛船最畏安南,不敢涉其境。以今考之,不甚确,盖英法屡扰其地矣。按亚细亚洲,法国向无属地,仅东印度一隅耳。自咸丰十一年,乘中国之乱,遂踞东京,不三十年,遂全有其地。迹其经营之始,备历艰苦。黑旗之勇,法人畏之。淮军克复谅山,法人父哭其子,兄哭其弟,无不归咎于创议之人。至今日而兵弁之驻防者,损伤未已。一见于法国兵弁至江火山,攻不服法人之党。法兵受伤甚多,法统领易云凌受枪伤至重,抢回而死。又河南地方,土人与法人交仗,恃其勇敢,土人仅有快枪六十杆,而法人兵数倍之。法兵决为寡不敌众,锐进围之。土人四面应敌,枪无不中,法兵不敢前,土人竟溃围而出,只伤三人,法兵之死者十倍。其所由不靖者,亦民之不忘旧君有以系之。夫一饭之恩尚思图报,况农服先畴,士食旧德,深入民隐者已久,伺隙而动,分所应尔,此所以奋不顾身决于一往也。

西贡兼金边国地为法人所据

越南即安南，古之交趾。秦以后，唐以前，皆隶版图。汉末即自立为国，至后五代时乃列外藩。近与法人构兵，屡遭败衄，不得已割六省地，与法议和。六省中西贡最擅形胜，其地与金边国邻，其幅员纵横不过二千余里，与西贡仅隔一海。都城尚在内地，有长江河可直达焉。昔年属于暹罗，近为法国所据，视为外府，等诸西贡，虽设国王，仅拥虚位而已。中土人居其地者三十余万，长子孙，居田园，有历至数代者。今法人亦援西贡例，令纳身税，虐政害民，难以尽述。其地所产为鱼盐，每岁春夏之交，必发洪水，一二月间水始退，满地皆鱼，民收而贩之外埠，以敷一年食用。今粤人所食咸鱼，盖多由金边国来者。即此一端，亦足见其物产之多矣。合之西贡出口诸产，米数大约数百万石，其余药材、香料、豆蔻、茄楠、玉桂、燕窝、鱼翅、犀角，悉为贵品，收利无穷，视金边国鱼盐又加倍焉。

法人据越南先造铁路以示利

越南本中国地，北界广东、广西、云南，西界暹罗国，分四十余省，一省所辖止数县，不过中国三省之大。法据越南，分为四省。开北路以通广西、云南；开西路以剿抚生番，并通暹罗；开西北路以通缅甸，此近日之布置也。法国由东京至富兰团地方已造铁路，先行开车试办，以示越南民人有利无弊之意。谓有铁路则运道通而运费省，无铁路则运道塞而运费昂。一通一塞之间，商业之盛衰系焉。开办之初，邀请该处绅士搭坐火车来回，系知铁道有关系于国计民生之处云。按，法国本国铁路由巴塞北境之干路长二千余里，初招商股，应者无人，荏苒三年，复归官办。今此之铁路应归官办无疑。盖大利所存，理宜归国也。忆二十年前，法人垂涎越南，欧洲各国皆知之。至见于报，中国亦知之矣，爰派徐延旭往查，始知东京已为法人所据，又造铁路以通不通之区。布置久定，方思有以防之，而究无补于越南之灭亡者，缓不及事也。

追述烟土之入中国先经安南

英人灭孟加拉，其地产鸦片烟土，载往中国发售，先经安南边境。按其国只有造烟之人，无一食烟之人。有食者，其国集红毛人环视，系其人于桅竿上，以炮击之。初入安南境时，先诱安南人食之，安南觉其阴谋，下令严禁，犯者死无赦，今则安南人嗜之如饴矣。中国之被其害者更甚。孰料物极思返，濡染必及。迩日印度人多嗜之者，印度产烟之地，得其利自应受其害。寖至美国、日本之人亦或吸之，法国之人亦吸之，侨居越南东京之法人多嗜洋烟。始则犹恐人知，今则不复隐讳。且其瘾更甚于华人，每日吸至一两数钱之多，其戍越之兵颇多沾染，犹自解曰："越南水土不佳，不得不借此以避瘴气。"语曰："天道好还，历历不爽。"理有固然也。

论属国与外国立约之非

安南，古之交趾，臣服中国，世修朝贡。自法人南圻六道之割，而吾华以粤乱不克问，贡道久停；至再立互市约，吾华苟执公法，责法人以属地通商，当与吾华立约，不应与越人立约，未必不能挽回万一。闻迩来又听高丽与各国立约，未识终保无事否。今之当道称为老成持重者，莫不以孤注为戒，每遇边衅，辄弥缝以图省事。不知西方各国即弱小与强大争论，往往相持至数十年不决，而未尝启兵端,盖争之虽力,持之虽坚,而玉帛雍容不轻决裂,卒求合公法而后已,强邻所以不敢轻视而生无厌之念也。

越南非无人才

南境临海,有都会曰柬埔寨。光绪六年,法人以计诱为属国,置六道于其地,后合占城四道为南圻十道。彼固预料彼族无能,必无起兵出而抗拒之者。虽然,莫谓无人也。近土王之弟名西华才者,不服法国,率众肆出骚扰,为法人患者数年于兹矣。一日忽约归诚,法人以为从此可无事矣,既而逸去,而骚扰如故。按越南非无人才,惜其风气未开,向不讲求武备,故一遇劲敌亦不能持久也。梁灭,而梁之后裔不服陈、隋,若西华才者于国亡之余,亲见宗社为墟,发愤而起,尚欲挽回于万一,谓为豪杰,谁曰不宜?

暹罗

暹罗矿盛不自开而假手于他国

暹罗国之西南有斜仔、六坤、宋卡、大咩、吉连、丹丁、噶奴诸番部,皆其属国,所产者银、铅、金、锡俱多,复有宝石矿,红碧均备。其著名者曰欢林矿,义人所开;曰迩楞矿与迩辣脱矿,一为入英籍之华人所开,一为英人所开。更有准法人所开者,皆近时事,俱纳租于暹罗焉。按暹罗之名国人不知,彼自号其国曰佥。或谓暹罗黄色也,乃湄来旧号,盖旧国也。明时其世子航海而来,爱安徽九华山之胜,遂结庐于此,终老不归,盖佛教也。世修职贡,今阙然矣。其地多矿,不自开而假手他国,其无远图可知。闻英法二国均欲得其地,迩来沿海地方均为英有。中华人寄籍在彼不少,商贩亦多中华人。土产梯勾木运售中国,其刊木者皆缅甸人,而木极轮囷离奇,皆缅甸所出,尤大而坚伞。通商海口,曼谷为大,运货之船独英居多,进口出口之船共有三百三十五号,其图利不可谓不厚。然出产过多,令人生心,恐将来终为分裂也。

论暹罗之筑铁路

暹罗曼谷城水长一千数百里,产米极多。农时掉舟耕种,插秧毕而河水至,苗随水长,水退而稻熟,价极贱,每石值银三星。时载往粤东售卖,米从水道运出,而陆路则未闻也。近则讲求商务,铁路繁兴。自曼谷筑至考辣之铁路虽未告成,费已不赀。成后与掸人通商,必多由是路。所有筑至青免之铁路亦既兴工,是路成后,曼谷商务势必蒸蒸日上。夫使火车既行,河道亦浚,则暹罗产米之地,出口之米必致大增,暹罗将顿改旧观矣。惟暹罗国小而民惰,所有商务之权尽归他国主持,与日本殊,殊无把握。苟其在民主者,知米一项为土产大宗,善自为理,何难与亚洲诸国相颉颃哉!

论暹罗缺贡之由

暹罗,南洋大国也。北界云南,东界越南,西界缅甸,尝遣使入贡中国也;至我朝,修职贡尤谨。咸丰年间,因道路梗塞,贡使被劫,遂不复入贡。然非暹王意也,顾以缺贡已久,恐被责问,故不敢来。光绪五年三月,接到中国催贡札文,仍由驻暹英领事转递者。或曰是年英官以战船假中国旗号,伪云责贡之师以胁暹人,使之求助于彼,则札文虚实似尚未可知。然暹王向其臣下具道所以历年缺贡之故,因贡内前用"跪具"字样,近以改用西礼,不无窒碍,盖其意未尝不思转圜也。然卒莫为代达于中国者,故不能不与英人倍加亲密,赖其保护,得以图存。以视越、缅之终归灭亡者,有间矣。

缅甸

述缅甸地产之饶

英人以兵船入内港,缅王不得已议和,让海滨旷土为其埠头。既而渐渐蚕食,争战累年,国为其有。按缅甸王在孟养之南,木邦之西,物产繁多,夙称富庶。木邦境内有波龙银厂,桂家致富之所也。孟密西南有宝井,思歪创业之地也。兼之河产金沙,山产银、铜、煤、铁、宝石之矿,又石油自石缝中流出。石油即《隋书》之猛火油,近人呼为煤油,南洋诸岛产之,而缅所出尤多,取之不竭。且有大铁木数十万株在麻木地方堆积,悉中栋梁之选。英人得此地后,经营布置,设法运售,拟免税以恤商,欲货之,不弃于地也。夫物生自天,待人而辟,若无人以调剂之,势将委弃于山谷间,与草木同腐,英人此举可谓先得要领矣。运售有要道,故从中察看,若莫瓦勒瓦谛江,以是江为商人运货出入之枢纽。赋税之旺,虽不如印度,犹胜于新嘉坡等处也。

南掌

南掌入于英

南掌即老挝,北界云南。按其地自前明内附,置宣慰使司,今仍列藩服，向称恭顺。顾其国为缅甸附庸，缅依山负海，尚受英人之约束，南掌素弱，更何能为？闻其地多系野番，其山有金矿。野番用金与掸人兑换食盐、槟榔、椰子、牛羊及银。野番数百家为村，各有头目，入贡于缅，并入贡中国。近则缅见灭于英，而南掌亦入于英，其金矿固如是也。英人兼并之后，利权归其掌握，近复垂涎滇矿。滇与南掌邻，南掌实傍怒江，转输货物直达南洋，据此以窥南洋，遗患非浅鲜也。又考南掌左缅甸、右暹罗，暹罗大于缅，有湄南、澜沧二江，田肥美，濒海大埠六，得此更足有为。英真叵测哉！

南洋各岛

新嘉坡为西南洋第一岛

新嘉坡旧本番部，不过一片土也。按是地原柔佛所辖，《明史》曾一列其名。颜斯综《南洋蠡测》云："是地有华人坟墓碑，具载梁宋年号，是华人之居此地者，六朝时已有之。由来已久，不自今始也。"嘉庆间，英人以货购之，立廛肆、开船埠、减货税以招商旅。西南两洋之估船麇集，渐成阛阓。然其时仅为印度通南洋必由之路，泰西船东来者，率绕道于阿非利州之好望角，经印度洋之南，入苏门答腊岛与噶留巴岛间之巽他夹，即分诣各处，不必尽至新嘉坡也。自同治中，法兰西人沟通红海、地中海之水道，于是泰西商船多北由新嘉坡，不复迂道于巽他夹，而新嘉坡之龙断遂为西南洋第一岛。其地街衢绵亘，自东北至西南约七八里，民口约十余万，华民居多。其人置长官驻此以统摄之。吾华虽设领事官治华商，事权未能与之侔也。

苏禄能自强

南洋诸岛被西人蚕食殆尽，惟苏禄一岛巍然独存，即《志略》谓为番族能自强也。西班牙以岛近吕宋，叠派兵船驶往海岸以镇抚之。乃屡次用兵未能征服，既不能征服，仍列入版图，宜西人嗤为画里江山，谓虚有其名而不能收其地也。按其岛地小而兵强，岛民五万人，齐心一力，深固不摇。刻华人以军械易其燕窝，彼得利器，朝夕操演，武备因之益精。敌以炮来，我以炮往，往往击坏其船，卒不得志而去。但使南洋得数十苏禄固守疆界，西人何能鸱张若是？近惟阿齐一岛屡征不服，宛然与苏禄相颉颃。荷人即据其海口，地仅一隅，置埠通商，尚未能深入险阻，欲其心服，不以力服，固宜徐徐有待也。

东般乌出租于英人

婆罗洲之东北有小国曰苏禄，长一百三十里，广三十余里。首郡名北弯，乃都城也。其人悍勇善斗，西班牙既据吕宋，欲以苏禄为属国，苏禄不从，西人以兵攻之，反为所败。按苏禄国虽小，独喁喁慕义，累世朝宗。以拳石小岛奋力拒战，数百年来安然自保。其地本辽阔未辟之土，如东般乌一省之地，芜秽不治，兽蹄鸟迹纵横山谷间，其待人开垦者正多也。近闻英公司与其王议定岁纳租银五千圆，俾其管理，招工种植，在山打根开埠。闻山打根本港，内地河道甚多，宜于种植。门外一河长四百五十里，左右两岸皆金沙，取不胜取。惜所招华人不过数百，板壁铺户止二百余家。水土初辟，尚有毒气，伐木华工多染脚气等症，是以生意未见繁盛，坐待后时来者益众，定必蒸蒸日上。在英人甚为有益，于苏禄固无损也。

述望加锡风俗之厚

　　西里百岛分四支,一支曰望加锡。土番在巫来由中别一种类,称曰"芜吉"。按锡番原武吃氏之种派,其人刚猛好武。虽曰荷兰属国,然内地仍不受荷兰约束,荷威令所行,止各海口数里耳。华人托其宇下者约三千余口,特设一汉务司以治之。政尚清净,盗贼屏迹,虽有丁税而人无怨言。其海口有小屿七,渔家居焉。隔岸绿杨,天然入画,去海岸里许,辟名园七处,曰万里园、慕氏园、戴氏园、冯氏园、欧氏园、陈氏园、张氏园,俱有亭榭楼阁,足供游览。此外庙宇三座、宗祠三所,亦壮丽可观。又有坟山一所,拜扫无人,清明时节亦行致祭礼。于此见华人乡情之厚。近闻华妓各埠俱有人承充,惟此独无,敦崇廉耻,此一节尤足令海外人所矜式。至去锡四里许曰外城者,亦武吃部也,王府在焉。政治皆其所自主,前朝所赐蟒衣玉带诸物珍藏库中,值王嗣统,仍受斯物,以为光宠。式循旧典,亦可见其在在不忘中国,是亦足以风矣。

记吕宋烟草之盛

　　小吕宋一作马哩喇士,湿肥宜稻,产米最多,烟草尤盛。按俞正燮《吃烟事述》云:"烟草出于吕宋之地,名曰淡巴菰,明时由闽海达中国,故今犹称建烟,谓其烟味最沉也。"方氏《物理小识》:"万历末,有携至漳泉者。马氏造之,曰淡肉果。"肉字当是白字之误。淡白果即淡巴菰之转音也。又《蚓庵琐语》曰:"烟叶出闽中。"不知实兆端于吕宋。北方多寒疾,关外至以马一匹易烟一斤。初惟南兵北戍者吃之,明末遍处栽种,三尺童子莫不食烟。今沿而不改,举南洋诸岛开园招工种植者众,多属闽广人,收成后装载出口,得利甚溥。轮舶风行中外,销路极广,几于遍地皆然,无人不吸矣。或曰烟之性辛,可以去湿发散,然久服则肺焦,似不宜多食也。至番薯,屈大均谓来自吕宋,植最易生,叶可肥猪,根可酿酒,兼可充粮食。近闻粤多旱田,冬季恐旱,多栽此物,以其足资口食也。其销售之多,几与烟草相埒云。

小吕宋之华人日增

吕宋在中国东南洋,与欧罗巴相去绝远者。米牙兰航海东来,建设埠头,百货流通,而华人之至其地者日众。闻迩来踵至者有加无已,由美国与英国属地禁止华人前往,故流徙至此也。盖华人工作甚勤,土人利为所分。华人之利即土人之害,华人既来,土人即无以自容。其来也,如蜂屯蚁阵,不可遏止,不将反客为主,总持工商各艺也乎?若各项贸易与各类工作华人皆有其分,则土人之计安在?而又不能与之争者,则以其人众而势大,工勤而利厚也。各岛华人至多者莫如小吕宋,且恃与中国一苇可杭,往来便捷,服食器用皆由中国供之,小吕宋俨一中华世界。屋宇皆华式,店肆皆华款,所售皆华物,店伙皆华人,以及一切鞋匠、铁工、水夫、庖人、染人、修容之匠,向系土人所为者,今悉华人为之,土人自此几无所得食矣。夫华人岂好为舍彼适此哉?由美国之土人强,小吕宋之土人弱。强者,华人避之;弱者,华人欺之。犹是土人而强弱攸分,华人亦从而区别之。观时者可以知其故矣。

美教士为近吕宋岛人所逐

吕宋迤南大小十余岛,皆巫来由土番族类。有格罗林岛与小吕宋,近向不准各国教士在彼传教,教士去美国之在该岛传教者为岛民所逐。美政府照会曰,答以向不接待教士。嗣美又备文驳诘日廷,至今无回文,想不允美廷所请也。按教士之于亚洲,可谓猖獗矣。其实在欧洲之教士殊无能为也。最严者莫如德、俄,俄于教士,除通都大邑外,不准深入内地,且限其说教之时刻不得过半时。德于天主教之干犯国例者予罚不贷,无可罚者则予监禁。义则去年以天主教士唾纪功碑事,遂不准教士出门,教王之令不出于王宫之外。今日人又逐之矣。日人虽不若俄、德、义三国拒教之严,其敢下逐教士之令,亦必有所恃,而不惧其备文驳诘也。然则教士之猖獗,护教之国之要求,但可行于弱国,固不能行于强国也。

小吕宋为美人所并

小吕宋建城之地名马尾剌,昔为西班牙所据者,今则为美国所并矣。按美自华盛顿兴,硁硁自守,不以兵力占他国之地,未尝远及南洋,近亦效诸国所为,亦谋得地以兴利。已得是岛,及时规画,一意经商,以土产大宗,若木料与面粉之类运往发售,是为通商于东方之始。人谓美初无意于东方者,出美之意外。人谓美自有其本意者,美乃怡然受矣。推美商之意,极力经营,欲使吕宋商务之大,一如香港与新嘉坡。今其税则会与西班牙立约遵行,十年不事加税。闻外国均抽华人身税,美国不抽身税且不加税,无惑乎华人趋之若鹜,谓其有可谋生也。以后商务畅旺可卜而知矣。

噶罗巴应设一总领事

中国南洋万岛环列,星罗棋布,其种人统名曰"巫来由"。按诸岛归并荷兰由来已久,以今考之,最大之岛有四:曰婆罗洲,曰苏门答腊，曰瓜亚，曰西里百。四者之中各有大埠，若昆甸，若马神，此婆罗洲之大埠也；若日里，若亚齐，若芒古鲁，若叭哒，若巴邻傍，此苏门答腊之大埠也；若噶罗巴，若三宝陇，若泗里末，此瓜亚之大埠也；若望加锡，则西里百之大埠也。以上皆属荷国，皆为华人流寓之区。华人之憔悴于虐政，诉苦之状无岁无之。似应在噶罗巴设一总领事，而各埠选派商人充当领事，惜荷人之不见听也。

印度

苏彝士河之股分售于英

欧罗巴东来海道，率取道于地中海、红海，其条支都城在麦加，乃红海北岸。其河未开以前，由回部亚剌伯之亚丁入红海，西北行四千里至麦西河之苏彝士而港，尽行旱路一百七十里方入地中海。惟此一百七十里，舟楫不能通，东西水道不聊属。《志略》所谓"恨不用刀截断"者，指此也。有法兰西人力息者，起而凿之，纠公司四十万股，力息经营筹度，以九载之久，迄同治初年大功告成。英国当时有志未逮，决其必无成理，不及入股，国人皆惜之。埃及即麦西也，旋因国用支绌，欲将股份售于英。英太子过埃，埃人以河股为太子寿，英人踌躇未敢决。普相比思麦壮其志，遂受之，酬以金，自是运河英得而预焉。河处地中海门户，每年船只出入，英居其七，诸国以英之购受此河，多深错愕。有谓法人费无限财力，英人坐而得之，英将因是而谋土乎？惜埃及君臣无远虑，空作怡堂燕雀也。有谓善治国者如善弈，英于有意无意间布兹闲着。英之所重者贸易，断不借此股分以阻商船，亦未必遽及埃及以招众尤，惟望日后诸国道出于此,英已收利无穷。果不出数年,商船之经过者日益,股票之价已倍于前,有非人所能逆料者矣。

埃及请英法代治财赋之非

埃及为土耳其属国之一,传位照土例择长老为嗣,不拘拘于传子。同治五年,始令子孙世及,不复守土例矣。十二年,土王许埃及主与各国立约通商并添设兵额,主持埃及全权。名为土属,实则可以自专矣。当其盛河工成,则传报各国来阅,费用有余。及其季,国储绌则干没管库之臣。度支不足,埃君请于英法两大国,愿得心计之人为理财赋。于是英遣惠尔生,法遣留瑟,二君皆钩稽精核,素以善理财著名,而埃及财赋之权遂为英法人所掌。太阿在手,一授他人,遂不可复回矣。光绪七年,埃及苏丹人作乱,聚徒数千,势张甚,埃军不能平,英吉利遣兵助剿。初命大将戈登至二通,先与叛党马地议和,乃不遣大兵以议,其后被其戕害,后遣揭者拿统大军征讨之,一鼓而平乱,党净尽,即留兵戍之,至今不撤者。土耳其怨英人夺其保埃及之权,遂遣使辨论,促英撤戍,英人应之曰:"俟埃及能保其国,英兵即归。"土人不能竟也。夫埃及,回国之孱王也,利权一失,已难收回,奈何堂堂中国蹈其覆辙而不知,亦用洋人为总税务司榷税者,几二十年。滥觞已久,无有悟其非者,吁可怪也。

马赛铁桥长堤之兴建

《志略》之马克赛部在老海口,本法兰西南海泊船处。其时铁桥未兴,长堤未筑,商务未大通也。自法人经营此口后,在长堤之内建水栅四,皆有铁桥机轮开合,甚为便捷。最后一栅河面较宽,铁桥亦最巨,中一枢纽,铁练盘转,横亘水面,机器房用一人以羊角吹之,机器即能吸水灌于桥下,两大铁管练自运动,河即与之俱动矣。新筑长堤两道形如曲尺,用障海中风涛,两端一指西,一指南,长一千一百十丈以塞门,土杂小石,筑成堤,砌石街阔近一丈。闻法人经营长堤铁桥用费一万二千万佛郎,谓之新海口,而老海口遂仅泊帆船。自筑新海口后,各国公司轮船以其停泊稳,多集。马赛关税大旺,(遂)〔岁〕入至六千万佛郎矣。

地中海之增筑炮台

《志略》名海口曰巴拉尔,亦曰直布罗陀。地中海海口向未闻建有炮台,自英人踞有其地,因山为炮台,号称奇构。按炮台皆石为之,中加三合土。中护小城二重,以洋枪队拒敌之近攻者。炮城环护山麓,上施炮,下列兵房一连,皆于其旁依山建楼房以处兵人家属。炮大者十八吨,子重至四百磅,每吨一千八百〔磅〕,每磅十二两。由炮城绕至奇巴荅荅山西一角,观所谓山炮台者,盖穿石为炮洞,上下凡三层。所置炮各重五千四百斤,子弹毕具。环山三面曲折为巷,石卫绕上下。其南面临海,壁立千仞,不设炮所,至山西一隅而已。闻其中凿石为议事厅,宽广十余丈。又为石池一,收山雨潴之,足支炮兵一年汲饮。一经布置,遂为今之重镇矣。

孟加拉种茶今昔之悬殊

中国饮食之品可以行销外洋者,除茶荈一物外,他不多见。洋人尤而效之,携其茶种归,择地植之,先自英印度始。按印度种茶之地,即孟加拉东北之阿萨密也。《志略》称其岁得茶二十余万斤。今据英商斯谛文生言,在印度种茶三千余亩。中国种茶每亩收二百斤,印度可至三倍,岁益有加。近二十年,岁出茶三千万磅,今昔悬殊已逾百倍之多。观其茶种植有方,相地利,因天时,比萌芽而采叶而伐枝,莫不日以煊之、火以焙之、水以润之。或借人力,或用机器,皆有程度。故其茶质虽不及华产而食香味皆佳,举杯一啜,舌本留甘,宜乎销路之日广矣。中国之茶,迩来采焙不精,捐税日重,西商抑勒,年年受亏。向值五千万金者,今止值一千余万。出茶之款日无起色,后将难继矣。至加非一种,质如红茶而味微苦,搀以白糖、牛乳,始觉和平,西人嗜之与茶相等,华人嗜者又过于西人。此物在中国土性适与相宜,胡不效彼所为,择地栽种,少收其利;乃任其入口,概从免税,财力几何而不竭耶?

意国

意国增益茧丝之利

国人有航海至中国者,携蚕桑之种以归,试植之,与土性宜,由是茧丝之利兴焉。尝考意国育蚕之家,种桑有术而叶肥茂,选种必良而蚕硕壮。且察其僵之犹癞也,药而别饲之,使不传染,此诀良得,故传之至今,人乐道之。事阅一千数百年,而中国人不知,以为皆从粤东贩往,孰知梁陈之间已有之,其由来者已久也。近岁密兰一地所产之丝尤盛,渐与中国相埒。游其地者,见其村民多缫丝为业,女桑布野,一律剪齐,高三尺许。柔条初芽,行数百路不绝供给,蚕食沛然有余。其所出蚕丝甚多,茧亦大小咸备,虽不如华产之柔韧,而做法匀净,非若华丝,间有搀杂,故列国争购之而惟恐或后。近议增税,将与法国换约。奥国、瑞士前立之合同尚未限满,难以议加。如此,每岁之税可多得十五兆佛郎,利亦溥矣。

记意人进据罗马都城

罗马都城古迹最多，入教之徒如蚁，各食教王俸糈，其权势足以慑服与国。西土受教士之害者，指不胜屈。自意人进据其都，首下逐教士之令，举教皇所辖地悉归意政府，仅予教皇故宫一隅。虽有法令助，亦不能复振矣。考意之始取罗马城也，罗马尚为教王所据。其克城也，死事者三十三人。是年改国号曰意。意国中兴，承数百已坠之绪起而振之，越五年而始迁都于此。其中荡析离居之苦，经营缔造之艰，在在留意。兼籍教堂四十余所，藏书之多，刻签出六十万部，设书坊三区，供人钞览，为涉猎之资，亦博物之一助也。夫意大里古称声明文物之邦，名儒辈出，与中国往来最早。波罗马哥为元世祖所宠，回国后寻著一书，备述闻见，欧洲之人始知中国之大。厥后利玛窦、熊三拔、艾儒略等相继东游，以其格致、舆地、星算、医画之学取高官，著显绩，皆意国人也。近则人才稍衰，来中国者并乏绩学之士。况自新造以来，文教尚逊，民间知书者少。幸近日意之政府力求整顿，国中遍设书院，意欲挽回风俗也。

比利时

比利时专恃制造以为国用

比利时北界荷兰，古时本荷兰南部，后遂为自主之国。按其地狭而人多，立国之初仅四百万人，嗣是生齿日繁，不及四十年已增加一百八万人，都城有四十八万，视前二十年止有二十二万之数，几几乎又多三分之一。所出之粮不能供食，专恃制造通商以为国用。计通商制造之厂有二万六千百余所,需用之人约五十万,各厂进项每年有二千一百七十七兆法兰克,合中国银三万万余两。耕种之人每年可得银一百九十余两,工作之人则五倍之。其他如纺织,如屠宰,如酒,如煤,如煤矿,如绒,如铁厂,如机器厂,所入之款甚巨。售出之货以煤为大宗,绸次之,麻布、乳、油、麦、羊之类又次之,工价有加,计所获已不赀矣。或曰比利时人满而不闻越境谋生者,以其人各有生业,游手者少,故出境者亦少耳。

日耳曼

日耳曼为欧洲贵种

日耳曼为欧洲适中地,似中国之嵩洛,其人聪明阔达,类能读书,传国久远,邻国无敢吞噬之者。相传嗣王即位,议决七侯,先置玺于黄金盒中,议定方取出,与众人阅,从无移易,以其为贵种也。夫贵为国主,得以自立,传位不绝足矣。此则兼及各国,独创欧洲未有之局。日耳曼宴然受之,若固有此,非其所凭者厚,必不能享安富尊荣若是。考《布法战记》云:"昔英吉利国君为日耳曼人,今英吉利女主之夫亦是日耳曼人。"盖王气所钟久矣。

土耳其

土耳其整饬军士

土耳其,回部大国也。今则烽烟频警,奔命不遑,岌岌乎有亡征焉。近闻其国主因惧义大利国欲占夺德柏勒地方事,近来大增军额并整饬将士，一若有一鼓作气者。然查土耳其兵额名为七十万人，其实可以捐免，又且雇人代替，名虽有七十万而到营实数不能及半，且器械枪炮均不适用，一旦驱之枪林炮雨中，不溃即散，安能收临时驱遣之效哉？其所购二号大铁甲托英国代购，虚縻船费，永不出海，未尝狎习风涛，问以沙线暗礁则茫然罔觉，常泊海口任其绣涩，不勤加洗刷之力、刮摩之功，是有船一如无船也。近都城海口又不建筑炮台，并不预备对敌大炮。《易》曰："君子以除戎器，戒不虞。"土耳其一无可恃，盖武备不修久矣。今者闻敌生心，方思整顿，已迟不及事，又况有名无实，行间乏训练之师，临敌少折冲之士，又将何以固吾圉哉？

法国

述法人葡萄酿酒之美

佛郎西土地平衍，东南低湿，多草木，宜葡萄，物产之最丰者为葡萄酒。南方之民多以酿为业，味最美。按葡萄制酒，《续富国策》言之綦详矣。近新嘉坡领事张观察言："前在葛罗巴与法国总领事坐谈，出葡萄酒，饮之极甘。据云若得中国烟台等所产葡萄酿之更佳。因默识于心，不能忘。今年督办铁路大臣电邀至烟，坐中谈及此事，盛公谓曾试过，惜无酿师可靠，不果办。"观察回南后，特延奥国名师名白勃者主其事，即寄书奥京购葡萄秧十四万株，兼向美国采办有根葡萄二千株，先后到烟。自备资斧，购地建厂，招工开办，令其侄从白勃肄业。凡种植制造之法，悉心讲求，岁奉月俸五百两，以期有成。盖因制葡萄实有秘法，不得此厚俸，断不肯轻以示人耳。现已制成多种,窖诸地下,约不日即可起窖出售。其专利仿泰西成案,业已奏准,专利十五年,免税三年。查此物销路甚广,即仅销中国海疆已有一千余万,其享利无穷可知矣。

法人令暹罗撤退丹国之军

暹罗来电言法人以兵船胁暹罗索美江以东之地,暹罗已从命,而法国使暹之专使又令暹罗撤退所延丹国人。观于此,而知敌国之心焉,因知谋国之道焉。八十年前,拿破仑第一之胜普鲁士,则限其兵。数十年以前,俄国之胜土耳其,则索其兵船。智利之胜秘鲁,则限以不筑炮台、不添兵舰、不购枪炮。今法之制暹罗,则限以不用他国人才,诚以得人则战事可恃。如阿用英将施旦来,虽以德之强兵,为屡败是也。按丹国即《瀛环志略》所记之嗹国,中国以为丹麦,五百年前向以海泊劫掠各国为生,曾劫英人入贡,后渐衰微,盖其水战有足称者。计丹国盛时,在奈虹船厂制造一船,名撞头铁甲。其船临阵横冲,专恃铁撞头腾撞敌船,一撞即退船轮以拔铁头,头出而敌船沉矣。泰西各国以此为铁甲之雄云,船上水手皆习熟海道之人,故所向无敌。现暹罗延丹国人教习士卒,正合楚材晋用之意,法人惧其蹶而复振,故以是制之,此则法人之远识也。

法人与暹罗构兵

《志略》引《天下郡国利病书》,云暹罗为蛮方大国,隔以安南、缅甸,与中国地界相接者仅滇省边徼之一隅,故自古闭关自守。初不意法人先图安南;已得安南,今又与暹罗构兵。现踞暹罗之吕汪及不林望两处地方,欲犹未厌,必欲尽略其土地而后已也。暹罗自知力不能敌,特派专使于五月到美,求美排解。美外部以为法暹构兵,美居局外,若两国均愿局外之国判断,美国自可代为调处;兹仅暹罗一国相求,而法国并无愿请调处之意,未便与闻。按法君拿破仑第一加兵于日斯巴尼亚,英发兵援之;俄加兵于阿富汗、土耳其,英亦发兵援之。此非有爱于邻封也,以其屏蔽我国,恐斯地一失而遂窥我门庭,不得不协力以助之。吴起之言曰两人素相仇怨,"当其同舟共济,遇风,其相救如左右手",此之谓也。美于亚洲无属土,而又自守,安肯顾暹罗而取怨于法哉?暹罗求美排解不得,而法人又不肯罢兵,不得不转而从事于英,恳英力为保护,卒赖其力得以保国至今。几亡而不亡,此非英人之力而谁力哉?

记法人钻地之新法

阿非利加之阿尔及耳,法属地也,素乏水泉。按其地近地中海,最为繁盛之区,法人多挈家往居。其地惟迤南沙漠横亘,一望无垠,绝无片阴滴泉可少憩行旅。因试以西人钻地新法,不论何处均可得泉,凿井务深,不甚费力,名曰"亚低井",盖法人始创之于亚低地方也。其地颇厚,必凿至五百尺或一千尺始及泉,此与波斯国掘井至五十丈无水同。然波斯人之所以得生者,幸有海湾泉水涌出不穷,此则必须人力为之。当法人初钻地时,回人颇笑之。既而钻甫毕,水由地涌出约高五丈余,汩沸有声,回人乃复惊而异之,异其得未曾有。侨居是地者,饮而甘之,故至今侈为美谈。新疆一带戈壁,水草维艰,经左文襄、刘毅斋诸公经营擘画,凿井于大道之旁者以数十百计,行军便于汲饮,其智慧实不减西人也,孰谓古今人不相及哉!

英国

英人分一船为两船之法

英人商船，四海之中无处不到，大利归于商贾。火轮船之制，四五十年前始创为之。贸易四出，而履涉重洋，往往瞑眩作恶。近有设法冀免此患者，分一船为两，以铁条联络其间，中有两机器鼓动。明轮长二百九十尺，阔六十尺，半时许可行十三海里，乘风破浪如履平地。更有四明轮船，半时许可行二十海里者，长三百五十尺，阔四十尺。内有隔舱，长七十尺，阔三十尺，高二十尺，以压水柜镇之。猝遇狂风巨飓，船虽播荡而舱内帖然，顿使人忘渤海之深而羡乘槎之乐，亦一奇也。昔张居正之奉母归里，所坐之船，两旁植木数十株，令人忘其置身水国中，此渡江船也。今渡海亦复如是，晏然不惊，梦寐俱适，神妙若此，真令人惊叹欲绝矣。

英人勒令麻六甲国主之赔恤

麻六甲本暹罗属国，嘉庆年间归英吉利，立为埠头。近闻其地有杀人一事，英国勒令其国主赔偿，国主久未照覆，势将用兵矣。按麻六甲为南洋小国，华人流寓甚多，久已归英保护矣。顾法人保护越南而旋灭之，英人保护缅甸亦旋灭之。泰西所谓保护者，犹云系我之所有而管摄者也。而保护之地与藩属又不同，藩属之地则由我设官以治其民；保护之地仍由本国之君治其民，而我得管摄其国。故泰西各国不以越南、琉球、缅甸、暹罗为中国属地者此也。麻六甲已归英人保护，英之灭之如发蒙振落，列为属地，则与印度治法相同。闻廓尔喀亦已归英保护，渐事羁縻，不至于骤灭，然终亦必亡，不及二十年其将与缅甸、越南同亡乎！

论英船之出售德人

英国利归商贾，其商船四海流通，取利甚普。按道光二年始建轮船公司，至十八年轮船始渡大西洋，由此而抵南洋各岛国。近闻新嘉坡有一英国轮船公司，有船十一艘，向走曼谷与婆罗洲者已有数年，今忽售与德商，足见德国商务日兴，后未可量，东方商务将归其垄断。自新嘉坡至暹罗、婆罗洲，仅有德国船往来于其间矣，不特与暹罗、婆罗洲将船只载运之大利尽归德商，即寻常购煤购油及船中所需器用食物，皆不向英商而向德商交易。试观去年德国购煤二三万吨至新嘉坡，为其轮船之用，今年运进之数当亦称是，可知此项贸易亦属不少。夫以英之不惮力征经营，始有婆罗洲，又以暹罗商务，英居百分之九十八，今乃置而不顾，将所有载运之利悉让于他人，德人竟操胜算，购而得之，此于德人何尤？然德国商务式廓于此间，德之利即英之害也。

英人多占属地

墨西哥本西班牙所改建，英国富商多出赀开矿厂。近闻旧金山地名下金山者，属于墨西哥国。英人于彼开垦者，立有公司，所垦之地已多。英人谓得其地以属英，墨西哥其如我何？昔英国之得属地均如是也。英之本国只三岛，今比于诸大国，实属地之多耳。按墨洲全土始辟于日斯巴尼亚，自后和兰占之、法人占之、英人占之，其未为各国所占，皆立为自主。二百年来沧桑屡变，和兰只存麦天那一隅，法国只存济安那数处，日国只存古巴一岛，而英国之属地独多,近又垂涎于下金山。古语云:"前人田地后人收。"亦谓此地矿产最多,我不取,人将取之,极力图维,惟恐或后。况此事可以自主,何惮而不为之哉?

记鸦片之来自英

五印度全土归英辖者十之七,英人于沿海立藩部三,曰孟加拉,曰麻打拉萨,曰孟买。孟买产鸦片最多。自中国盛行之后,利市十倍,所收税饷居其大半,由是倚印度为外府,不知此物流毒中国为已甚也。按英人专以鸦片毒华,本国进口微少,仅作药品,国民吸者例禁极严。近日烟土之行销英国者,每月约有三四十箱之多,岂真用以充药料耶?抑有暗中吸之者耶?人莫能知,其不能终绝可知矣。夫以大毒之物贼邻,本国则擅其大利,彼都义士亦立会以戒其非。物极必反,英卒不悛,安知贼人者不旋自贼乎?语曰:"善游者必溺,善骑者必坠。"夫创火器之利者亦还蒙火器之害。中土木棉之利受自印度,鸦片之害亦受自印度。天道甚微,报施若循环,华民可哀,英人抑可惧耳。虽然,犹大昔贩冰豆毒,土耳其土人嗜之数十年,弱国瘠民,正与鸦片同患,犹大人无谓责我之不仁,当责土民之不饮。及土王亮连下八条之令,通国建院,六月设戒,一年而其患遂断。夫土能戒冰豆而我不能除鸦片,然则我亦盍自责矣。或曰鸦片既不能除,不若议加重税以杜其来。昔李傅相稍议加增,英使威妥玛即肆挟持,非傅相以坚定持之,几为所夺。夫鸦片害人之物也,泰西各国皆禁入口,即再议加重,却又不防,倘中国能照美国按磅收税十二圆,视成本已三倍,则入银当一万万,彼消缴不过,必至大吃亏,即可杜其来源,但此事难行,须俟武备增修以后耳。

英人灭缅甸以固印度

英吉利有新辟之地曰阿萨密,在缅甸西北,本土夷也。英人从东印度跨割有之,遂渐次窥取缅甸。缅人不服,英以兵力逼之,争战累年,竟灭其国,缅人皆怀报复之志。未几,境内之苏巴末围地方土民负隅与英为难。又未几,英总管所驻之城名散独淮,所有官署俱被一炬。康淮地方之桥梁,尧淮至增德地方之电线,均为毁坏。缅如果有人,则以数百倍之众制英,孤立之防兵,如齐人歼于遂矣,英且惮之无如。缅始非不勇,卒为炮火所慑,力不能支,亦终付之,无可如何而已。夫缅甸者,中国之藩属,印度之藩篱,缅人不修贡职于中国久矣,英人灭之,所以固印度也。且缅甸可通西藏,英人方求于西藏通商,是又为西藏辟一径矣。

论英国兵舰之多

英国兵舰极多,其兵重水师而轻陆路,水师衣常青。今年海军益壮,铁甲兵舰六十二艘,薄甲二十九艘,巡海船二百八十二艘,共计三百七十二艘。而现在添造之兵舰约于光绪二十年一律可成,合新旧计之,则铁甲七十七艘,薄甲八十八艘,巡海三百三十六艘,共计五百零一艘。夫英之水师,天下莫强,乃犹按年加增,犹恐不及,英人之志不小矣,人所共知也。而其用意之深,非沉几者不能测,请得而言之。英国战舰固多,然极富之国如美者,悉索其赋,极力图之,十年后尚可企及。至于藩部属国布满各洲,先事布置,处处有接济,水煤之地,未尝匮乏,此则地球各国所不能也,而犹有长虑却顾者,何耶?则以俄故也。俄之水师不如英,而陆兵则天下莫强焉。以俄人陆军之强,但有一处发难,即鞭长莫及,惟以水师牵制之，则俄有所顾忌而不敢逞。盖俄人用兵于陆，所得而蚕食者，其地无多，其害不骤。英人用兵于海，恃其战舰之强、电信之捷，一日之内可以同时发纵，一月之内可以随处交锋，一年之内而俄之海军尽矣。俄虽坚忍善战，不敢轻于发难者，无非畏其兵舰之多也。

英人查缅甸至云南通商道路

缅甸一名阿瓦，其都城距云南省三十八程。迩来英人以兵船入怒江口，缅人奋力搏战，为炮火所轰而毁。初让片土于英和好，后则全境为英踞。英得地后，自曼得来自怒江测量道路，以便兴设铁轨，途中多遇险阻。内有一处，须驾桥长三十丈至五十丈，始可免镩凿之费。又谓云南之西，崇山峻岭，皆自北而南，顺道而行，无凿险镩幽之苦，果能兴筑铁路，数年之内即有火车达于滇境。兼闻印度总督令缅甸英国商会遣人查勘缅甸至云南通商道路，拟于屯尼之东筑一铁路，使由缅甸达于中国，俾百货流通云云。此皆先事布置后可卜其有成也。夫云南一省地处边鄙，风气未开，纵有天财地宝，闭置山谷间，不得人以理，终成废弃。今英人由缅甸以通云南，教人种植开矿，风气大开矣。交涉之事，定益烦扰，当轴者宜何如审重待之？

英人求西藏之通商

缅甸东为后藏之边徼，英人已踞缅甸后，求于西藏通商。查西藏距京都一万四千余里，其境极西之阿里南地方距中印度仅二千余里。英人既得五印度，竭力经营。东南之缅甸，现已明踞之矣。近又请于中朝于西藏通商，将来由缅甸、印度两境以窥藏，中国之兵力鞭长不及。俄虽派员侦探，至再至三，究以财力不及而止。英则厚于力而雄于财，窥伺测量，先得要领，徐开铁路以底其境，将来商务必大有起色。夫西藏与缅甸毗连，而实通商之要道。蜀地殷富颇似江浙，由其土产之富也，现已闻通商矣。顾溯江而上，其行甚滞，若由缅甸、西藏陆路以达，则英独得之利也。宜其汲汲皇皇，图之惟恐不及矣。

英人治缅甸兴自来取水之法

　　缅甸，蛮部大国也，西连东印度。英人蚕食东印度诸部，渐及缅界，已而得其地而据之，渐次经营，思有以善其后，逐物考较，必使物无遗利。查得境内低山可以种植茶叶，兼种茄非，现已试办，惟其地雨泽稀少，未见滋茂。先导水之来源，兼以灌溉之法，业有成效。并兴办自来水，以为食用之需。计自来取水一法，先于都会处周审其源，弗计远近，择最洁者，以铁管置地中，随所在高下旋折，旁引曲达，吸以上聚诸池。池必居高处，否则易聚秽浊，令人饮之，必致疾也。复自池散布诸方，以达各家之外户，而后家各更以铁管引入，皆借机器为之。视居人萃聚之多寡，为机器大小，必相称，约需费一百余万。此西人长技，先耗多财，后所取偿必厚也。按缅甸终古自安荒僻，旁观者亦以为无可设施，乃英得其地，而商务、农务以次而兴，百年后当继香港而繁盛矣。然则人力固足凭也。

记英人制造耕田之机器

　　英吉利田土膏腴，为欧罗巴之上壤。查其本国只三岛，一为伦敦，即都城也；一为阿尔阑，一为苏格阑，此二岛为英富户之业。富户皆居伦敦，而收其二岛之税，故二岛之业农居多。有制造耕田机器,迥不犹人,图成一纸,彰彰可考。其中有刀与耙齿转侧迭相为用者,刀芟草苗,耙起草根,用以分而晒之。有屈铁为二十四巨钩者,钩密排如人之肋骨,所以约已晒之草而聚之。又有单刀、双刀或三刀以起土者,入土浅深各异。其式诸具,虽各有铁轮关键,而皆驾之以马,可代十数人之力。有用六钢刀以起土者,两端置火轮气机,系绳牵之,以自为进退,一人司之,可代六马之力。有引水器机旁皮筒相续沉入水中,机动则可行水至数里外。至高之处有轮机不烧煤而烧草者,轮自转草投火,不须人为推送。其轮机较轻者,单气筒可代六马之力,双气筒可代二十马之力。无论单筒、双筒,量地势之大小,用以起土引水,极省人力,可谓巧夺天工矣。夫二岛精于农事,举凡不能耕之地,一经其手,无不可以大获。虽曰人力之勤,要亦恃器之利耳。闻美国亦有耕种院,凡垦地、耘田、刈禾麦、诛草莱之事,多借机器以为功,谓其用可以代人力,力省功倍也。因论英人农田诸器,故连类及之。

德国

德国人尽为兵

普鲁士其国人尽为兵,凡二十以上男丁皆入伍,学艺三年放归。每岁秋操阅赏罚之,如遇战事则倍调用,故德兵临阵向不失措者,以习练有素也。德主之练兵也,安不忘危。尝出不意,至驻防要地,密观士卒,仅于数分钟分时,将率严阵以待。德主见军容整饬,无懈可击,心甚喜悦。此与戚继光备边,将士点名,大雨猝至,植立肃然,无一人离伍者,仿佛似之,宜其战功卓著也。夫兵出于民，民止四十一兆，数非多也，而通国皆兵，则多兵矣。且人人习于战阵，则精兵多矣。精兵多则百战百胜，即遇烦难而措置裕如，熟练于平时，庶不仓黄于临事。故德介居俄法两大之间，俄法皆事兼并，而德足以支持者，兵强之故也。

德国商务之日兴

普鲁士国都城曰伯尔灵，大呢、羽缎、布帛山积，磁器尤良，远客咸来贸易，故称西土大都会，宜其商务之日兴也。考德人商务于英尤称盛，即英国土商司会计者，半皆德人。始则寄人篱下，继则自成一家，另立门户。心计益工，赀财益进，利市三倍且有胜于居停者。追论其故，盖由德国人无不学，学无不精。市井间商贾辈，皆学校中肄业生也，故人通方言，转商各国，情无隔阂，与其交易者咸得欢心，事皆前知亿中，着着争先，不肯落他人后，所以无往不利，不若他国未读货殖之传，先操子母之权，未有不颠而仆者。然则欲商务之盛，取法于德可也。夫西洋以商贾为国，商务之兴，视乎其人，德商致富，其子孙则世其家。英商致富，其子孙即弃贾而官，势既相反，力难与争。以英较德，似德为优也。

记普国与意国立合同，烹鸟妨农，并美国芋粮入口之禁

普国治勒部可耕之田六万九千顷，常患人满，谷不足资，故于妨农尤切。闻其国富农环禀议院，云"我国田间有鸟，专食禾稼之蟊虫，有功于五谷。每岁春夏集于田，秋冬之交，群飞过意大利，循海岛而南入亚非里加，以其地气候温燠，借以避寒也。而过意时，土人罗而烹之，刀匕是供，食者日众，恐种类因是而绝，殊属殃及农田。请咨商意国，共立合同。示禁之后，倘仍有果腹之谋，即科以

妨农之罪"云云。按鸟之功用,等于中国之青蛙,俗呼为田父者。田父一名䖯,李时珍曰"大虾蟆",即田父也。背有刺,能食禾虫。春夏间禁人捕捉,其例相沿久矣。而洋泾滨居人多有嗜之者,小民牟利,犯禁者多。如守土者会同租界各领事禁其买食,苟买食无人,将捕捉之风不禁而自绝。又议禁美国芋粮暨芋皮、芋袋贩入本境。按,美芋多虫,克拉堕邦产芋极甘,虫亦尤甚,遂以邦名虫焉。德境芋田甚广,客芋多虫,蠹及本国,故并禁之。夫鸟能食虫,当存其种,虫能蠹芋,贵绝其来,二者俱申之禁令,使民知稼穑可宝,足见其国之留心农事矣。

与德人论中国造战船之始

普鲁士国,粤东称为单鹰国,亦因其所书之旗而得名也。贩运之舟,往来如织,出洋者往往与其国人同舟,邂逅相逢,肝胆尽露。絮语中问及"中国亦有大船否",答云:"自古有之。如二千年间汉武帝作昆明池,周匝四十里,为豫章大船,可载万人,上起宫室,此其明证也。"又问"有大战船否",答云:"古亦有之。如越欲与汉船战,汉遂治楼船,高十余丈。又隋朝杨素在永安造大船一只,名曰五牙,起楼五层,高百余尺,左右前后置六泊岸,并高十尺,容战士八百人,此又其明证也。"然此皆内地战船,而非出海战船也。盖自泰西创兴铁甲战舰,铁木兼施,上无楼而内列炮,将士宿于其中。今日之时势使然,其制造亦日精。一船之费,动须数百万金,告成须四五载。求其可以御是船者惟水雷,则造易而费轻,足以制之。按水师之用雷艇,利战于口岸,但得数十雷艇固守口岸,使敌国战舰不敢轻来,则足以固吾圉。德多雷艇,其志可知矣。

药水油作战衣能避枪弹

普鲁士都城曰百尔灵，有军器局，贮大炮。按其创造尤擅长于枪弹，绝大之厂为克鲁伯，爱森厂次之，制作日精。枪弹所及，无坚不破，弁兵虽有护身铁甲，均不能当。顾有人作之于前，应必有人御之于后。闻迩来闵寒埠有一人思得妙法，新创药水，以此水油遍透战衣，枪弹即难穿透。经德国兵部试验，置此衣于三百英尺之外，然枪击之，均不能透。惟三百英尺之内，弹之锐气所及，衣虽不穿，人虽不毙，恐亦难免受伤。德兵部以为可用，已令照造备用。事本新奇，古所未有，然以电线气球等用推之，当非诳语。但使能阻枪弹之力，则民生之劫数亦当少减。或曰云南深崖产一种草，编之为牌，可御枪弹。又纪文达《五种笔记》，言古董家瓷器一片可以避枪，或试之而不验，或并不敢一试，大抵皆子虚之谈，未足见其有济也。惟药水透衣一节可以御炮，庶几近之。夫来复之枪皆用纯铅，取其质软而能循来复线以出之。窃思其性既软，则遇硬于彼者必不能入，如衣铁甲即可避之，今果然矣。然弹之尖稍镶以钢，其围稍小于铅，则仍能循来复线以出，而钢甲亦透。此俄将军之所造，可恃而究不可恃，与闵寒埠人所制略同，故连类及之。

德国与阿洲人战始败终胜

德国城内有武艺院教击刺，举国人尽为兵习练之。军出征，与国无人敢当其锋，故所战必克，而犹屡败于东阿洲土人者，何也？查一千八百九十一年，德兵为土人所败，亡三百人，兵官亦殁，军器悉失，如是者非一次一处。德人遂视为畏途。后知德兵之败实因阿洲土人有英将施旦来为之主谋，发纵指示，动中肯綮，益以主客多寡之形，故不能敌。窃观古今时势，信陵归魏而秦气阻，季梁相随而楚谋消，此有其人而敌国不敢伐也。今德不知阿有是人而觊此败衄，固所应尔。业已知受其播弄，而不与为雠，反与之结好，谋定后动，而土人遂不支。乃知新练之众不能敌久练之军，而将兵者非其人，亦不能操胜算。然则欲求制胜之术，端在练兵。练兵非易，选将尤难。阿用将得人固能破敌，德阴与结盟，亦识时务，一转移间反败为胜，固在人意料中耳。

德人请暹罗给一屯煤之地

普鲁士为西土显国，得寓兵于农之意，每岁秋操阅赏罚之，故其国兵多而强。其通商于中国也，不能无护持商务之兵舰。欲驻兵舰，必先觅一屯煤之地。近闻德人思于槟榔屿之北，暹罗与巫来由之间，请暹罗给一地屯煤。谓缅甸与新嘉坡等处皆属英国，今德人所欲之地横亘在英国属地之中，别开一境界。按英国国都在中国之西北，而所辖槟榔屿、新加坡诸地在中国之南，前此侵犯中国，其兵舰皆自南至者，恃沿途处处有接济水煤之地也。德人此举，亦欲效英之故智也。第不识暹罗果能给之否耶？慨自铁舰兴后，行船不恃风而恃煤，煤尽则船不行。当无事时，随处可以购煤，不忧匮乏；兵衅一开，则随处守局外之义，煤不得市，非得属岛存煤候用，则船行阻滞，必至呼吸不灵。德人此举可谓先得有备无患之道，既筹驻师，不得不先筹及此耳。

论德国兵船之调赴智国

德国会城在莱尼河滨，与西人通商贩运之舟往来如织。狎习风涛，无瞑眩之患，不独商船为然。且令兵船出海至大西洋、太平洋、印度洋，探测海水四时流向及深浅、热度、随风力之大小。近又调兵舰一艘赴智国。意兵舰中所有士卒类皆刚强有力，人人负投石超距之能，又取道日本，不惮险远，以期其必达，此何为哉？以智利不靖，被乱党以水雷连日轰毁兵舰一艘，并坏兵舰一艘，恐碍商务，故至该处保护商民也。按智利为民主之国，在南墨洲之极南，欧洲大国均与通商。英国贸易者居三分之二，德次之。盖其地广人稀，风气未开，获利较易故也。德国派兵舰至智利，当越大西洋，过赤道，而后能至，否则由地中海过天浪山，计程皆三万里，可谓远略矣。

记德国教士之衰

普鲁士昔日尚洋教，今则转仇教人。倡议院更定婚制，不主教堂而统于官。旧制，人之生也，报教堂受洗礼，稍长则授之以经；将婚也，教人为合其欢而联其情；其死也，教人送其丧而妥其灵：始终不脱教人之手。而生也、婚也、葬也，皆有重费，几为之疲。今则尽罢其制，民受其赐多矣。又禁谈国政，恐其播弄是非，祸生肘腋。教王新册君，牧师无官于德境者，远之也。故西土谓教人猛如虎，贪如狼，德人搏而缚之，剪其爪牙，弥耳帖尾，不复能肆凶残。又谓教人盗窃事权，久持大阿之柄，德人夺其柄而反击之，已批其颊而扼其喉矣。教王昔倚重法人保护，常驻兵船数只，未尝或离。自兵船撤去，教王已失所恃，自是微弱不振矣。夫天主教始于普，其盛时大权独擅，能废立各国之君。自德胜法而法不能护教，其权遂替。至是法之各部亦厌之。俄限制綦严，教王乃自贬，欲媚于俄以求容，乃时势使然也。

记德国添兵之举

普国兵多而强，额兵计十六万五千，内宿卫一万八千，骑兵一万九千，炮手一万五千七百，步兵十万四千，别有兵壮三十五万九千二百，兵非不足也。迩来又有添兵之举，其故何也？盖为防法俄起见也。按其地介法俄，两国素好多事，又无高山巨浸之天险间隔，敌人可以长驱直入，两面夹攻。德国虽强，安能首尾兼顾？稍有不振作即为敌所乘耳。且法国与德毗连之一面炮台相接，铁路相联，地底电线暗通消息。若两国构兵，德国即胜，亦不能闯入法国内地，以法之炮台足以厄要坚守也。俄国与德毗连之地虽不如法国炮台之多，然其重兵驻守，常在边界。自兴筑铁路以来，声息相通，遇有兵事，立刻调集兵将数十万人，即可越过德界。是以德国熟筹形势，不敢一刻偷安，先事图之，节节设防，谓不如此不足以杜其兼并之谋也。夫士会虑楚人之乘我，卒以全军；相如防渑池之劫盟，卒以全赵。所谓有备无患也。德之添兵，得毋类是？纵观欧洲大局，以强欺弱，小国介居大国，多被蚕食，几几乎有"汉阳诸姬，楚实尽之"之概。德国介在两大，所处更难，无事先料通国入伍之数，有事则召各国驻防之兵，兵不厌多，多多益善，犹复增益之如不及者，非虚愒也。凡以强国之谋，固未有胜于此者，故卒恃其兵力之强足以杜敌之窥伺耳。

荷兰

和人怨德人之不赁福利澄埠

荷兰有水无山，利之所在，刳木为舟，不惮远行数千万里。其性喜贸易为生，通商船多至二千二百三号，大获利益。闻其通商南洋各岛独早，初租地设埔头，继而全有其地。因其地以为利，垦田种植，凿山开矿，生产无穷。迩年以来，税入益多，国用以足，然其嗜利之心仍无厌也。光绪十一年，德人创公司，船往来亚洲，与英法争利。自勃雷门放行，以和之福利澄埠为寄泊之所，既而比让铁路之益，德与之立约，改泊于昂物司，和人颇以失利为怨。夫和之怨德者，怨其已有成议而忽然改章也。区区之利尚不肯让于人，况其大焉者乎？吾以为和欲兴利，莫如舍末趋本，本国海滩之田淹没于水久矣，倘涸其水而出之，招工复业以广耕种，此莫大之利也。区区赁赀，曾何足比其万一焉？

西班牙

论西班牙斗牛之戏

西班牙人胆气粗豪，好为斗牛之戏，聚观者如堵墙。按此戏由来已久，今益盛行。斗法：选健牛六头，两人乘马，持枪执簪，从容以出，以红布蒙马眼。别有十余人，身擐铁衣，手执红绸，一方随纵牛出，各撩拨以侮弄之。牛骤怒，奋角相抵。乘马者径前以枪刺牛背，牛暴触马腹，牛马俱仆。执红绸者导牛至别所，所仆人马再起与牛斗，牛背被枪三四次，马亦腹洞肠裂而殒。人与牛斗须勇士八人，四人为一列，各持二尺许短枪以刺牛颈，锋刃陷入不得脱，而其人不为牛所伤，方为高手。最后一人左持长剑、右执红绸，出与牛斗，以剑刺牛脑，直贯牛心，牛乃吐血倒地。每斗一次，牛马之被触死者必三四匹，此中残忍所不忍观，而国人好之，举国若狂。每逢礼拜日申正开演，戌正毕事，至时往观者不下二万人，可谓盛已。夫火牛入垒，田单尝以之破燕，是牛之有益于兵事者，在昔已然。西人斗牛之戏，殆闻其风而起斗场中，勇士具备，借以练习胆气，以备异日干城之用，非徒饰观瞻已也。

葡萄牙

葡国创海电借资于英

葡国物产丰盈，人多素封，善酿葡萄酒，为本国驰名之品，每岁售值一百万磅，故家有赢余。然昔之以富闻者，今则以贫见告矣。何以知之？知其欲创海电而苦无赀，近与英公司订设海电，由葡都达阿梭尔，冀其消息灵通，已立合同，均签押矣，于是见葡之贫也。又于是见葡之失算也，不自设电而以授人，因措赀无所出，故借人之赀以成此举，彼固以贫而出此下策也。揣其意，设电以通属岛之消息，固防他国之占其属岛，而欲以是维持之，不知将来占此岛者即英也。以英人占此岛而由英公司为之告急，其消息依旧不达，呼应自必不灵，甚且虚者实之，实者虚之，且耸岛人以叛葡，不以电告，皆意料中事耳。《传》曰秦以杞子戍郑，郑使掌北门之管，而遂招秦以袭郑焉。此前车之鉴也，葡人不以为鉴，昧然行之，可谓失计之甚矣。

葡人守炮台之法

葡萄牙之都城建于河滨，河岸炮台守卫严密。按守台之法，守者尝逸，而攻者尝劳。自法王兴创设平行对垒及炮弹跳击诸法,则守者尝为攻者,十破其九。法王最后侵葡萄牙,英使威令顿率兵救之。周视其炮台,布置停当,无间可乘,而即知其难破也。盖葡京里司本城在海角之端,一面为大西洋,一面为大固河,适中择地,扼其最要者筑垒守之。其垒法凹字形制,或断或连,有独营,有独堡,有堵垒,有一面之炮台。炮能打贯敌来之路,且可彼此相助。其山坡用人力铲直,河道筑堤壅蓄。凡敌来,行路俱使坎坷,我则另作路以便疾行。第一垒长二十九英里,号令文报顷刻遍传。又作内接连一垒,两垒共长五十英里。炮台共一百五十座,炮洞六百个。法兵遍用各法攻打外垒不能破,无奈退回,反为守兵所蹑,此守之可恃者也。故西国于筑垒一道专有此种学问。又设掘筑一军,从事锄凿、测量、绘图等事隶之。以拿破仑攻法之奇,尚为葡人所困。陈规谓"攻法不可恃,皆守者失其智",诚哉是言也。

记葡人哃喝日人之无益

葡萄牙国王遣善操舟者驾巨舰南行,遍历南洋诸岛国,遂立埠头于澳门,为欧罗巴诸国通商之始,(近来推拓商务,多置商形势)遂称为大西洋国。近来推拓商务,多置商船,装载葡萄酒、橄榄油、橘、柚等果,及矿铁、矿铜、象牙、羊毛之类。又与东洋日本通商,葡人在日本犯法,葡员不思约束葡人,日本遂以其国例治葡人,两相龃龉,日人固早料葡人之无能为矣。葡自称大西洋国,其实地方民数不敌中国十之一,国小而民贫,其武备不齿于欧洲,贫弱如此,尚以大自居,盖亦哃喝一派耳。不知遣使以后,亚洲早知其国势也,今犹虚张声势,庇犯法之民而不问,置邻邦之文于不覆,且撤领事以示绝交,方谓日本必不予违矣,而日本即举所告于葡廷者毅然行之。葡人至此方知哃喝之全无用也,于是设法转圜,派员谢过,商议约束己民之法,盖黔驴之技穷矣。孙武子云:"勇怯,势也;强弱,形也。"日本惟深知葡人之形,故能因其势而用之,使葡人不得不从,不以哃喝而止。观此可以悟交涉之道矣。

奥国

奥匈牙利本匈奴别部

奥地利之匈牙利,地在国之东界,古时匈奴有别部转徙至此立国。按奥今之属地曰匈加利者,本匈奴种。奥虽并有之,而民心未服,故奥匈各有议院,各有官制,未能画一也。奥王每年巡幸匈部一次以镇抚之。奥政虐,匈民逞乱,奥发兵御之不胜,请俄助,方击退。土、匈素亲睦,匈之乱党多逃入土境。奥、俄索逃人,土不与。俄正未得土衅,因与奥谋伐土,英国闻之,以兵船停达尼河口,事遂寝。英之出兵援土即援匈者,非同恤相恶之义,实为唇亡齿寒起见。视秘鲁援玻利斐亚几至亡国,则唇未亡而齿先寒者异。匈国自是得安枕,始免俄、土交迫之虑矣。

论奥国改造兵器

奥地利亚本日耳曼故土,地产铜铁,按铁以铸兵器。奥国近年守土标兵,循仿布国章程,民间不论何项人等,年方壮,悉令当兵。且闻政府不惜巨款,将所用之枪改造,以求格外便利,饬各军改用毛塞式枪,以符新制。观欧洲大局,军务日亟,战具亦日新。昔之师行日数十里者,今以铁路调兵,日行数千里矣。昔之用刀矛弓矢者，今一概易而为枪炮矣。匪特此已也。德国以气球侦俄营之虚实，俄亦拟以气球拒之。英兵部遣人试验气球新法，欲于战阵之际凭虚侦探。过此以往，将有以气球合战者矣。法日两国已创行水底行船，美国现亦兴造，然不过为施放水雷计也，今乃仿水底施放之炮。夫水有阻力，炮弹之行将拖泥带水而前，岂能迅速？岂能及远？即中敌船，又岂能深入？是必有善法避此数端，然后可用也。陆战用气球高上云端，是陆军不必交锋于地面；水战用泅船匿于水底，是水军不必交锋于水面。钩心斗巧，愈出愈奇，殊未可以意计测矣。

希腊

听希腊自立为国

希腊全地属土耳者四百年，近苦土政苛虐，民不能堪，群起畔土，兵争九载，英人乘间取之。其后英、法、俄三国保护希腊，听其自立为国；复判断土人割两省以畀希腊，希腊既得两省地，其疆圉乃稍廓。自是力为整顿，谓富国以务农为本，现已垦熟田居十分之七，所出土产以米麦为大宗。与英俄两国通商均在黑海地界，运出之货由都城至海口六里，造成铁路，以火车载之，倍觉快捷。计商船有四千七百二十一号，行船水手二万五千人。黑海商船惟希腊称最，骎骎乎可与大国比肩矣。咸、同以来，希、土尝以边事构怨，诸大国辄为调停之。近复起兵侵土疆，诸大国不直希所为，各国兵船进封希各海口，禁希兵船出入。希君臣至是始知悔，收军还国，不复从事疆场矣。

瑞国

瑞士治军扼与国之越境

瑞士国山水清奇，甲于欧土，据险画疆，数百年不见兵革，称为西土乐郊。近亦练兵自卫，拟定军制，实额兵分驻四境以遏军旅。按瑞士为真民主国，自昔列国分争，独瑞士得瓦全者，以众志成城也。其国本居局外，法处其西，奥处其东，德处其北，意处其南，强邻逼处，不得不留心兵籍。兵分三类，一为合众标兵，一为留兵，一为团练老兵。布置井井有条，刻复择地自守，扼以重兵，则各国不能假道出师，有违盟约。计其兵数，正副各十万人。如正兵没于行阵，即以副兵补之。复分其兵为八军，每军一万二千五百人，于军内选可充乡导者为一队，用备进攻退守，以瑞士环国皆山，路多险峻也。更选精习枪铳者为一营，各军马兵计三百七十二，炮计三十六尊，工兵计一队，约一百五十人。御兵视用军之多寡，取路之远近以定其数，余为步兵。制度规模，当时推重。且其治军也，悉以布国为法。第练兵之限，少布一年，较速即较粗耳。若复精益求精，将布且有瞠乎其后者，不止自卫，兼可抗邻。积久后动，其势一发而不可遏矣。

俄国

俄人兵舰游历太平洋

俄罗斯国综其全土在亚细亚者十之六，在欧罗巴者十之四，地邻近太平洋。按俄国之在太平洋者，现拟不用英煤，因俄近日觅得煤矿,出煤甚大,无须外求英国。其君臣沉几观变,每伺邻邦衅隙,比邻诸国皆侧足而立,时时防患之不暇,固无有敢加兵于俄者。俄则用远交近攻之法以图之。远交,故通问遍于东西洋;近攻,故蚕食急于邻国。太平洋无属地而兵舰百余,周巡不倦,无非欲求谙习海线,宏此远图,骎骎乎有驰域外之观也。所用水师员弁皆习格致学,读万卷书,行万里路,博览洽闻,多方取益。士尽能谋,将无不勇,兵威所及,无坚不破。百年以来,计其攻土耳其,盖已九次于斯,其尚武好兵之心,他国不及也。

述狐貂海龙洋灰鼠之所自出

加匽五部其民善于硝皮,如狐貂、海龙、洋灰鼠之类,皆可制为裘者也。按狐之种不一,牴黑而白者曰"玄狐",产于北极之地者曰"白狐",二者俱推上品。貂皮近东北者,色黄;近边外者,色紫黑。产东北牙特库境者为佳,旧传人裸卧雪中,貂就而温之,因而取之,其说妄也。海龙皮即海獭皮也,闻悉比厘阿产其皮最贵。俄人得之,携往黑龙江市中发售,价极昂。洋灰鼠皮灰白为上,灰黑者次之,俱出悉比厘阿地。《西北域记》曰:"俄罗斯皮毦音燥,皮健貌。之属有灰鼠,即鼶也。"按《说文》鼶出丁零,即今俄罗斯地。然《本草》以鼶为黄鼠,而谢济世指为灰鼠,似非。汇观诸皮,苟不知所自出,色何由辨? 况北地苦寒,不得皮货断不足以御寒威。俄人择其上者上贡天室,其余则售于恰克图贸易场,收利甚溥。豪贵得此,轻暖适体,亦足顾盼自雄矣。

论俄太子游历日本之被刺

俄之嗣王即位见弑,其党众多,防不胜防,不料今日之难又发于外邦。闻俄太子亲带水师兵舰四艘由欧洲往新金山、新嘉坡、西贡以及中国各通商口岸,类皆致敬尽礼,无敢生异心也。后至日本游历,方其登岸,为巡捕名"散茶"者所刺,适中其首,伤不致命,然亦不轻矣。夫意外之变,人所难防,非积怨深者必不敢作此妄举。俄与日为邻,而俄人尝侮日。虾夷岛,日本所管也,俄人初约分属,乃自北而南,渐侵其地,十年前已尽据之,今则竟为俄有。或日人不能平,故以刺泄忿乎?秦王政并吞六国而有荆轲之刺,又有博浪沙之椎,皆不平之气使然也。日本谋刺不成,适以招衅,其将何以自处耶?

俄人取瑞典之芬兰

俄罗斯国据亚细亚、欧罗巴两土之北境,东与瑞典邻。按瑞典为俄旧婚媾,祖宗之复国,非夫人之力不及此。不思报德,视若仇雠,以土地之故血战经年,协取其波罗的、芬兰省。芬兰昔属瑞国者,今归俄殆将百年,户口益增,楼台矗起,其繁华顿异夙昔。远望冰海,天光帆影,风景极佳,令人有举目河山之异焉。其余若普鲁士之卑亚利土凥,奥大利之打纽波加西利,波斯之加士卑仁海诸邦,土耳其欧亚两洲黑海近旁之扼塞要区,以及高加索之冗杂回部,碌碌者无论矣。夫俄之强,强在陆,不在水,近更兴筑铁路,辟地益广,由彼都达珲春,在地球中当首屈一指云。

补述北徼方物之异

加匽地腴坦宜稼,产谷甚丰。南峨在大俄小俄之南,土脉膏腴,产谷最多。波兰地荡平如砥,谷果俱丰。小莪三部产葡萄、柑橘实多。加匽五部产木材,波兰部产炭。按,炭亦木所为也,故附于此。俄罗斯东界之山产金银；义尔古德斯科出银铅矿；加匽五部产铜铁；西伯路全土、西部兼产金银铜铁各矿，铁尤多，每岁得百余万担，泰西各国皆仰给焉。波兰部产煤，加匽五部产番鹼，《总记》作"番觋"。按"觋"字字书所无，仍当作"鹼"为是。冈札德加部海鸟翔集，亚尔干日尔部极北，滨海之民皆短小，以犬为马，盖与使犬诸部同俗。波兰部出蜂蜜，阿斯达拉干部窝瓦河从西北来，由此入里海，里海产鱣鱼、龙疴。慕斯科善酿酒，人多沉湎。义尔古德斯科兼产皮货，每年所得铅与皮甚多，足助国用。加匽五部其民善于硝皮，所售狐皮、貂皮、海獭皮、洋灰鼠皮价皆贵重。都拉部其民冶铁铸造各器，足资利用。至彼得罗以国人不善驶船，变姓名，走荷兰，投舟师为弟子，尽得其制海舶之法，自是与西洋诸国角逐，称雄海上。火轮船之制起于嘉庆以后，今俄罗斯亦有之。推之火轮车与火轮船同一机轴，奇巧无有过于此者。详为汇辑，备述物之所自出，首以谷蔬果品，次以草木金石。禽畜必区其种，虫鱼必辨其形。人力之所酝酿制造，工商之所冶铸经营，一一称名辨物，纤悉无遗。正不独屡贡土产如黑狐、紫貂、玻璃、鱼牙之属，咸露呈英以充庭实已也。

俄人议开波斯之铁路

俄于诺尼阿之东曰"日尔日部"，东距里海，跨高索山之南北，本属波斯。嘉庆十八年，俄罗斯战胜，割取之，隶入版图，由来已久。近俄人之富于财者向波斯议开铁路于其北境，以便与波京相通。尚未谋于波王，拟于动工时通知其事，盖早视波王无能，不敢不从也。夫兴大功，动大役，不独今时为然也，古亦有之。古人君雄才大略若汉武者，始非不锐；意开边后，闻计程数万里、携粮一二年之言,惮而中止。以其时铁路未兴之故,今则铁路兴矣。行远无阻,但须人力为之,勿中道而废耳。俄复坚忍耐苦,节节灵通,期于必达。此无他,汉武为其难,俄为其易。难则西域人能拒之,不使深入;易则波斯不能禁其不来也。

俄国迁农人于黑龙江

俄国抚有西百路全土,南境抵外兴安岭,与黑龙江接壤。俄本重农久,欲令其内地农人迁居于黑龙江,今迁居者已有二千二百四十人。只以由奥德萨至珲春路程艰险,船中供应恶劣,病毙者数十人;即已至珲春者,幼孩亦多病殇。俄人不安于其居,殆水土未服之故,久居则自然帖服矣。按汉时赵充国屯田于塞外,为用兵计也。俄人此举非为移民就粟,直欲遣民种粟耕耨,机器携以自随,开辟此土,传之子孙,世守其业,无非欲踵充国故辙。事虽创举,期于有成,用心之深,求效之远,于此可见。近又铁路举行,农民之徙来者日众,给地开垦,进款日多,谷之出口至英,计二千余万石,非其明效大验耶?

记高加索部之产石油

高加索部有石油出于巴库,自井开出,创始日得五千余吨,以后渐多,至三百三十万吨。昔以美国为最多者,今俄国又驾乎其上,且用以代薪。地不爱宝,任有力者取而用之耳。近来开辟利源,闻又有新获一火油池,销场既广,不暇装箱,乃埋铁管于地底,从油池直达海口,若流水之自来。而于出海处筑一极大之池以为油柜,中经高壤,油不能行,则仿自来水塔法,就彼填筑一池,吸油便上,由是一气贯注,运会省而油道灵,恣所取用,无告消乏。海口名巴屯，水深二丈六尺，其宽可容大船二十艘。现因出产日多，又将海口开阔，可容大（艘）〔船〕三十余艘。装载出售与国，可谓利之溥而思之精矣。以视苏门答腊、红海西岸所产止有此数者迥别矣。

俄国疆域日增民数日增

俄罗斯，外徼第一大国也。当明之季年，仅七十五万六千方里耳，至今日而增至十一倍，盖七百九十万余方里，得全地球六之一焉。其侵诸欧洲者，则瑞典、波兰、土耳其、波斯等国，约四百万方里。亚洲则回部最多，基发、霍罕、〔茂〕甫、穆哈剌、黑龙〔江〕以北，则近年所侵占者也。近又注意于印度，英人必不肯让。俄先与阿立约，由陆路通商至阿京。印度藩篱已撤，阿疆宇必日蹙可知。夫俄疆域之骤增，其民数必日众。当我雍正初年，民数只有〔十〕四兆，越自今，已有八十五兆。其所以增者，非关休养生息，盖因地辟而人亦益，所谓有土有人也。夫土地，人民有国者所资也，俄国胡以得此广土众民哉？想其初力征经营，不遗余力，已得长驾远驭之规。及其后幅员日廓，徙民实边，通商与国，兴大役，筑铁路，由都城以达西伯路亚，人不爱其力矣；兴大利，造轮船，由内地以出黑海，货不致弃于地矣。行之多年，坐收成效，国之所由称富强者，端在此尔。

论西伯路亚之铁路

南俄有可萨部悍勇善战，其开拓西伯路广土皆此部兵力也。按西伯路亚距俄都甚远，先未闻造铁路也。自兴筑铁路，由彼得罗直达珲春。阅数十年，力辟岖崎，不惮险远，不达其地不止，近则骎骎乎与中国连界矣。夫铁路之造，所以便用兵，亦所以兴商务，是以各国铁路大都造于繁庶之区。今俄国独不惜巨款，造于不毛之地。不毛之地所产无多，安有大利可兴？所用工人加至一万二千名，促期告成，借口通商，其实志不在此，非有狡谋，何事仆仆为哉？计此路不日可成，则由彼国京都达我边界，调兵运械不过瞬息之间。闻俄从前运军器出黑海，则不以为军器。军事秘密，固应尔尔，明者已能逆睹之。运军器如此，筑铁路更可知，是其今日之东路已便于西路数倍。现与中国和好，待时而动，不料中国与日人构兵，割东三省归日，力为争还，其用意可知矣。

珲春之让俄人屯师

俄罗斯既兴，西比利亚之人倾心归向，俄人建炮台以控制之。珲春地系比利亚东南海口，附近高丽东岸本中国属地，三十年前让归俄国。俄地近北极，土气严寒，海口常冰，于操练水师、驻泊兵船不便。自得珲春之地，以其海口屯兵船，则所入无阻而势益强。上筑炮台，驻兵四千人，按日操练，如临大敌。三十年来极意经营，已成重镇。现又造铁路，由彼得堡至其地，此路约五六年可成，兵士工匠共约六千名，且设医院治病，以求迅速。俄之汲汲为此者，无非思逞其大欲，所谓实逼处此也。按香港、珲春两地，中国视之不甚爱惜，一以与英，一以分俄。英人以香港为重镇，俄人以珲春为重镇。英人以之通商，俄人以之兼并，则俄之为患尤甚于英，中国之弃珲春较弃香港尤为失算也。珲春一城孤悬，虽有兵弁，其势不敌。彼德堡为欧洲之俄京，由此以铁路通珲春，将来调兵转饷，节节灵通。窃虑此路一成，高丽断不能守；高丽不守，东三省必不能高枕无忧。兴言及此，势所必至，不待战而始知也，尚其绸缪未雨哉!

俄金矿日有加增

西伯路全土地分八部,俄设大酋驻此,兼督矿务。凡产金之区,由官丈量,听民开厂,自行熬炼,送交官炉熔化。近日各金矿所采之黄金分载十三马车,运至俄都,经钱局提净,范为金砖,岁得净金九十七万九千二百余万,约值银二千余万,以十分之九铸钱币,以十分之一作器皿,制器利用,各适其宜,可谓富矣。按京北、奉天、黑龙江、兴安岭一带产金最旺,西伯路亚即毗连之省,故采金如此其盛也。推之越南、台湾均产金沙,越南金沙由山涧中流出,土番依山畜鸭,中国戍兵购其鸭宰之,肠中每有金沙,盖因金矿流出之沙为鸭所食故也。土番不知宝重,任其闭置山中,无从采取。法人侦知之,遂谋得其国,招公司承办,将来矿沙尽露,混沌凿破,同于阿洲,亦可与俄同享无穷之利矣。

俄罗斯嗜茶叶与大黄并重

义尔古德斯部产皮货,互市在恰克图口。彼以皮来,我以茶往。中国随地产茶,无足贵也,而西北游牧诸部则倚以为命。按西人《记贸易事》云:"茶叶一项,惟俄罗斯每年销售最多,故中国茶商往彼都开茶店者,金龙招牌。近今如故。"又以中国大黄为上药,查《名医别录》,大黄生河西山谷及陇西,八月中采根,火干,病热者得此物荡之,立愈。俄人沾病,非此不治,尤珍之。

记俄之土产铜铁麻布木料为多

俄国物产最多者,曰铜铁,曰麻布,曰木料,今日所出尤盛。按西伯路全土,西部产铜铁各矿,德波尔斯科产银铜铁矿。麻布需用不少,产布厄尔口城内,用以织帆,售于各国。木料不止产加匿五部,《总记》曰:"阿罗义斯多树,少五谷,〔仰〕商贩。""阿占牙尔,粮食俱由商舟运至。舟不回帆,即拆鸎为薪,以材木贱也。"故论者谓铜铁产于山,开凿始得;麻布成于人,纺织始成;不若材木自生自植,取给尤多。然贵者无失其为贵,贱者不失其为贱。虽曰贵贱悬殊,要其制用利器则一也。

美国

美人木植之入口

美国地产以材木为最多,山多杉木,冬夏常青,故名其地曰"洼满",译言"绿山"也。近闻其国商人与华人拟合伙运木材至中国出售。美国木植,杉木以外,松林尤多。自华盛顿至覃坝三千里,悉属松林,四望无际。土人结庐伐木,斫削成材,由火车运至通衢。取之不尽,收利无穷。此事若成,又夺中国之利矣。按自美国洋布入中国,而纺织之业失;自美国煤油入中国,而榨坊之业失;自美国洋针入中国,而工艺之业又失。今又加之以木植,则中国之材木又将废弃而不用。所以然者,外国用机制,工致而价廉;中国用人工,工笨而价费也。近闻中国方兴织布、冶铁诸局,欲少收回洋人之利。然非局无冗员,廪不虚耗,未必能与洋铁、洋布相持,上海纸局其前车可鉴也。

美国慑义国水师之强

热尼亚本意大里大岛,其战船皆屯泊于此。所造最大之战舰名"萨那"者,计长英尺四百十尺,阔七十七尺,容一万三千八百六十顿,洵足为意大里兵船之巨擘也,故水师之强,至今尤足慑人。闻美人横杀义人一案,美义两国因此案之故几乎决裂。现在美总统已有转机,可望调处。按美国与中国华工一再燔逐,中国照会,不为操切,以前各案绝无办凶手者,其恤款不过十之一耳。美国侈然自肆,心轻手滑,乃以用之于中国者,又用之于义国,大受挫辱。经义廷诘问,美初不肯恤偿,浸至义使绝交离美,(义)〔美〕始转圜。今而后庶知公法条约之不可违乎!闻诸道路美之急于转圜者,实慑于义国水师之强,非美所能敌也。(美)〔义〕国兵舰有名"担大罗""杜意留""义大利"者,其炮系一百吨,为各国兵舰所未有。美自揣兵力不能敌,故不敢始终妄行也。然美国经此番挫辱后,因知交涉之难,遂为补牢之计,添造新式铁舰二艘,思与义国水师相抗,亦可谓能自立者矣。

美国麦面一物出口之多

美国与英人平后,销兵务农。特设农部,专司稼穑之利于荒土。播迁之后,又虑谷贱伤农,为之开水道,浚内河,增分支铁路,俾易于转运,故出口之货,麦粉尤多。现在美国之麦粉运入中国者,每年约十万桶,皆不纳税。所入之款且至三万万圆,日有增加,可谓百姓足矣。尝读《汉书》,纪文帝之世,大仓之粟,陈陈相因,至红而不可食,今则移食于他国。合海外为一家,有无相通。米粟之多,不置无用之地。其谋国也,不可谓非计之得也。视越南、缅甸、暹罗米粟虽多而未兴铁路,利权之操于人者不同。世尝谓古今不相及,岂其然乎?

述美国盐湖之胜

美国水土平良,山内所出者,炭、盐、铁、白铅居多。按大盐湖地近柯林,乘大车者由达省至盐湖城,车中人皆欲往游。据云其地有湖,在山之高处,计长二百七十四里,阔一百六十五里。居民多煮盐为业,有窖百七十座,取湖水煎盐最旺。煎水四桶,得盐一桶,故谓盐湖,尤中国盐井。然夫盐本天生,供人恣取,美国盐湖之利,利莫大焉。美国然,推之各国,何独不然?闻英国有一盐地,有一见方英里,盐厚七十尺,每亩有盐二十万顿,足供天下八百年之用。又闻噶罗巴三宝垅埠煮海为业,归甲必丹掌握,无不富埒王侯。合而较之,其利之溥可知矣。

美人之售棉子于中国

米利坚各国地平衍膏腴,产棉花最良亦最多,英、佛诸国咸取给焉。按美国设种棉会馆,迄今已及百年,称其会曰"赛棉华",百年大会,洵盛举也。美国之视棉花如此其重,宜其棉花遍行地球,获利无算。中国近亦多购其棉子种之,一在汉口,一在赵州,散给民间布种。种棉之法,广为咨询,咸称王瓜能生之地,棉亦能生;其土宜燥,则北方天时地气似亦相宜;惟人工甚勤,尚须时时芸草去虫,种方滋茂。查美国棉子中国之购者多矣,而终不及美者,则人事之不齐也。其殆如生质之美者,必进之以学乎?

述美国百年大会之期

华盛顿与英血战八年后听其自立为国,北境荒寒之土仍属英人,南界膏腴之土悉归于顿,时乾隆四十七年事也。按开国至今,正届百年,是为光绪二年。其官民先期聚议曰:"我国地大兵强,宜举一极盛事以志不朽。"因择美国费里地费城,仿欧洲赛会例,创设大会,布告各国,广集天下宝物、古器、奇技、异材,互相比赛,以志其开国百年之庆。会建于城西北隅飞莽园内,基广六千五百余亩,圈以木城,为门十七。内建陈物之院五所:一为各物总院,一为机器院,一为绘画石刻院,一为耕种院,一为花果草木院。基址之广阔,营构之奇崛,局度之恢宏,陈物之美备,五大洲中古今无两。五院计用洋钱四百五十万圆。此外另造大小房屋一百五十余处,则有美国公家各物院、女工院各式,其余马车房、巡捕房与夫照像馆、酒楼、饭店并各项店铺咸备,此皆赁与民间,设以便游客者。又建轮车铁二条,凡夫煤气灯、自来水处皆有取给不竭。以上共计洋钱四百万元。统计筑地建屋一切费用,共洋钱八百五十万圆。落成日定期开会,游人各国皆有,男女参半,日以数万计。我国在美肄业幼童一百十三人亦与焉,随其师刘云房、邝容阶二人自哈佛来费城观会,见伯理玺天德于总理会务公署,彬彬有礼,握手甚欢,于此益见两国敦好之谊焉。

论米西西比河筑堤之费

米西西比河,米利坚大河,来源甚远,大如中国之黄河。颇受水患,每值水溢决堤,沿河被水,人民、城郭、村舍、田园尽成泽国。层见叠出,无岁无之。一千八百八十八年,即光绪十四年,筑堤经费共美钱三十万余,次年又费六十万余,而终不免溢决,伤毁民财以百万计。本年该省拟大修堤,因需款甚多,尚未议定兴工云。光绪十年,御史刘以中国黄河屡决,奏请仿美国治米西西比河之法,以列阵图治之,当奉旨饬查,查覆在案。中美相隔四万里,传闻失实,以为美国必有善法以治河,可以一劳永逸,而不知河患之至今未息,与中国同,而其费用之巨尚过于中国也。夫交涉之事、机器之用,中国向鄙夷而不屑讲求,故才智之人不用聪明于其中,遂觉逊于外国。若治河之法,中国所历代讲求者,岂有所不及哉?自神禹不再作,而河患遂不休。然而中国尚有神禹其人者,外国乃并无之,中国人才实胜于外国,在有以陶成之也。

论巴拿马河疏凿之难

按美公司所开尼拉孤河道,即巴拿马界分东西洋之地也。《志略》云:"地梗山脊,疏凿不易。"先是,法人勒伯西往年开欧洲之苏彝士河达地中海,商船便之,获利甚巨,遂以其术试之巴拿马,费银数千万圆,工不成而中止。美公司乃以相距不远之尼格拉孤国兴工开挖,冀夺其利而享其成。业已数年,所需用项为数甚巨,均由该公司筹款接济。近因金银价值相悬大远,银根遂紧,竟致无法筹款,所刻出借券无人承受,经费遂竭,不得已停工。巴拿马河经一再开挖,卒不得通,岂天之限东西洋不欲人穿凿耶?计其地仅百里,以百里之峡而以人力开通,竟为山横梗其间,费尽资财莫收其效。西人至此,技亦穷矣。故经是途者,由西洋至东洋必逾陆地而过,舍舟登车,约行两时许,费如许周折方到。否则疏凿能开,轮舟飞渡,瞬息即至,何便如之也。

论秘鲁之办古阿那

秘鲁膏腴之土,蔬谷皆宜。按此地通国大农户不下数百家,田土寥廓,自南自北约五百里。其用以粪田之物曰"古阿那",即鸟粪也。近托得佛来司专办此物,令月供四十万所儿。每一所儿约银一圆。闻其人新以化学之法分辨其质，可用他物质配制，而其实不尽鸟粪也。以此培田，田土所出，国之公帑官俸咸取给于斯焉。盖秘鲁土产以此物为大宗，约岁值银三百万磅。现轧奈江存储古阿那有三百万吨，照数销售，尚可支十年之用，其蓄积厚矣。闻其利始行于本国，继且远行于与国，互相仿效，取利尤溥。近英国撒里司白里平原之地，土本硗薄，自得鸟粪肥之而百谷滋生，可见转移之妙，天下无不可耕之地矣。

墨国禁金沙之出口

墨西哥本西班牙所改建，富有银山，矿徒所萃。前所开掘之矿，久已停工。近复设英墨公司，开挖至今。其间极美之矿地有二，曰黎阿特纲，曰法祖格，距都城六十英里，矿银值二万六千五百四十三磅，向运美售炼，美商利之。自美国加征入口税，墨国因自设炉以炼，遂知自炼之利较售沙尤厚，竟不运美。美政府虽允免税，而墨国已禁出口。按，美于今日可谓专利无厌也，加墨国矿沙之税而反失利，是所谓自侮人而人侮之矣。墨国矿利与美同而向不自炼，以利授人，西人谓墨人最懒，实定评矣，今乃如梦初醒，实由美国加税而致，此所谓困于心而后作也。

美国查破水雷之法

美国火轮船极多，往来江海如梭织，因地产石炭之故。以火轮必须然石炭，木柴力弱不能用也。近来整顿海军，制炮造船，尤注意于水雷一物。夫水雷种类甚多，考究甚易而施用甚难。其自轰与轰人分别，只在呼吸之间。较之施放枪弹，其难百倍。善用水雷者，专自船底及入水处垫发，以数千两之水雷而破数百万两之铁舰，一轰即碎，即贫弱之国亦易购置设防。美廷现查防水雷之法，惟有以钢网围船如裙，水雷之来，但触钢网而不能入，此法惟学习之乃可用耳。夫美国前此之忽于海军，尝受欧洲强国迫胁之苦，今则学习有加。先派员赴欧洲船厂试钢甲、验铁网，旋收到定造之水雷，正在分发各舰备用。而水师人员谙习施放水雷者，其人甚鲜，又兴水师学堂，分班学习，每班六人，十日更换，周而复始，皇皇焉如不及，可谓知所务矣。《诗》云："迨天之未阴雨，彻彼桑土，绸缪牖户。"其斯之谓欤！

美国新创博物院于山场

美国夙昔地旷人稀，兽蹄鸟迹交于野，今则胥归驯养，于博物院中具见焉。按美国新创博物院于山场，宅以石砌成，不甚高敞，以其因山势为周陞，以栖豢鸟兽，不专于院中故也。入院门见一鸟如鹊，仅一足独立，甚稳。鹦鹉两种，绿翅、红颈、白嘴，其色之鲜，画工不及。野牛与寻常牛同，惟脊上有峰，如驼。狮，与法、日所见形同，惟驱干甚巨如牛。猴种甚多，小者仅五寸许，头如鸭卵，目灼灼视人，似有知识。鳄鱼大者，一尾长八九尺，平卧碎石上；小者长一二尺，游泳水中，形如蜥蜴，惟蜥蜴之皮光而泽，此则有刺如疥癞耳。闻其善噬，虽狮虎不能敌。院外各厂，狐狸、猞猁、豪猪、豻、狼、虎、豹、象、熊、鹿、鸱鸮、孔雀、鹤、鹳分栖。狼形全是犬，惟尾最巨。鹿如牛，角之长者五六尺，新脱角者，顶上茸如茄，皆往来于草地。巨象二，共一院。豪猪披毛如骨簪，作白黑纹。虎，尾作黑斑，为一字纹。豹，斑为星纹。熊所栖之地，另依石崖凿壁为之，穴如巨室，外围如铁栏。有黑白二种，其形如犬，最巨者几如牛。鸱鸟面如猫，惟其口仍嘴耳。孔雀之雌者尾为花翎，有时展其尾，则圆如轮，其翎满轮，层叠相间，谓之开屏。汇而记之，所以广人之识见耳目也。院中种鱼处鱼类，锯鱼一种，唇之上生成一骨，两边为锯纹。乌贼鱼之大者，其足长丈余，虾头如大瓮，其须亦长丈余。虫类则大如螣蛇，小如蚁蟓，无不具备。禽兽以外更有虫鱼，略举一二以概其余。昔夏王铸鼎象物，传之至今，侈为奇观。美之创博物院，殆师其遗意耶？

智利求美国之造币

智利国山产金银铜矿，每岁得银八十余万两，故夙称富庶。按，智利都城曰"山的阿哥"，其海口曰"伐不雷速"。伐不雷速海口到都城轮路，智利能先筑之，其财用足可知矣。迩来内乱蜂起，智廷以经费缺少，求美国代造银币二万万圆。日内已带回国，乱党已侦知，将于巴拿马截抢云。墨洲之乱党亦知公法之不可犯也，前之求枪弹于美者，美廷不允，虽侥幸购成而终缴还。今之智廷求造银币于美者，乱党虽欲抢掠，必待于出境之后，盖于出境之后既非美国所辖之地，则美国不能问也。或曰：巴拿马实简郎所辖之地，独不畏简郎之问罪乎？答曰：此大小强弱之见也，智利国势小于美而大于简郎，弱于美而强于简郎，故美敢问罪而简郎不敢问罪也。春秋之世，秦师袭郑，过周而周人纵之，过晋而晋人要之，一纵一要，迥然不同，此已事也，不妨引以为例，为其大小强弱之不同也。

美人免麦出口之税

美国土田膏腴，产麦之多甲于诸国，惜出口道滞，政府为之浚苏山梅里河以利之。由是河出口者，一年之内计值银一万零二百一十万四千九百四十八圆。向来英属卡拿大商民运货过此一律免税，近因英属官待美商船苛刻，总统遂创新例征收英商之税云。按，外洋好兴大工，工之所至，利即随之。如埃及之苏彝士河、法国之马赛堤，先不惜巨费，以待偿于异日。迨功成之后，税之所入，足以敌一小国。若美之苏山梅里河，向所未开浚也，内地出口之货诸多未便；至是浚之，运行无阻，似专为利民而起，其用意微异耳。至于因英之苛待美商，而亦税英商船以报之，出尔反尔，奚怪其然？天下事未有逆来而顺受者，美人此举，第如其道以还之，复何疑焉？

论美国煤之所值为最巨

米利坚全土所产煤、铁、铅、锡、金、银极多，其致富之道悉由于此。按六者孰为大宗？以煤之所值为最巨，次则银，次则铁，又次则铅、锡、金。金之所值不及煤价之半，证以前所开矿之利，以煤为最重，信不诬也。夫煤为木化，闻古有大林沉埋地下，经千万载坚默而成此质矣。煤之所出，从地面至地下，多者九层，少者三层。向下一层必较上层坚固，历时之久暂为之。美国律例：开煤主人先于未开采时探知其煤层若何形势，呈请国家拨给。煤层若干面积有一定之界限，分塌采取，虽地之宽狭不同，而随所向而觅之，百不失一。故开出之煤获利无算，税止抽二十分之一，法至善也。由水路运出，运费亦轻，销售几遍地球各国，中国居多，约十之八，值银尤巨。然西人游历中国者，咸谓中国产煤之富各国不如，且云一省之煤可以敌英、法、德、比各国之煤。然则中国之宝蕴藏于地者，固极天下之至富也，宜择矿苗最盛处仿美国而开采之，先集巨股，一归商办，以官辅之，示以大公，持以大信，而后利源可辟。逮利源尽辟，复何患财用之不足也哉？

美国假道秘鲁取智利

智利在玻利非亚之西南，西距大洋海，沿海一带，土田肥沃。与秘鲁构兵，自胜秘鲁后庞然自大。近闻美国与智利龃龉一事，外部已商之总统，总统已谕商议院。时论多以智利海口实为天险，不易进兵，将欲假道秘鲁，由陆路而入，将来战胜，即胁智利所踞秘鲁之地还秘鲁以为酬。此意不知能行否，尚待审慎而发云。窃意此美廷之计也，如此则智利增一敌，秘鲁既可复仇而又复还所失之地，自愿假道，视晋假道于虞以伐虢，旋师灭虞，刘璋借先主以拒张鲁，卒以失国者迥别。此策果行而智利危，即未行而智利亦先自危，安得不抑然自下，降心以相从哉？查智国水师虽不敌美，而智亦向英法定购兵舰，筹战之道，先时豫备；美越国鄙远，未能决其鞭长之必及也。

美人禁止吕宋票之入境

吕宋建城之地名马尼剌，人称为小吕宋，向夸富盛，今则贫弱，借开票为养命之源。其法，售票之款提出四分之一以充国税，如收银十万两，则以二万五千两归公。其余除费用外，分作一二三四五彩给得彩者，其彩票之属何号，惟临时始知之。其法如闱中之掣签分卷，不用签而用珠，珠置两空球中，一为号数，一为彩数，每球一转则一小珠出。如此球所出之珠为一号，彼球所出之珠为头彩，则一号得头彩；此球所出之珠为二号，〔此〕〔彼〕球所出之珠为无彩，则二号空矣。其转球之人，童子一人，凡有票者均准往观，故无弊端而多购之者。然收十万金而但以七万五千金为彩，又除费用，则购票之所得彩者已多其票。始近被中朝者,继远及美国。近美绅以发财票害民伤财,立例禁止,不准信局代寄,不准银行兑银,有入境者一经查觉全罚入官,按例惩办云。按,美国前已禁吕宋票入境矣,兹又复申禁例,例严于前,而又浑其名,何也?盖法国巴拿马开河公司以费竭而中止,拟开彩票以继之。德国经营阿非利加洲,费无所出,亦拟开设彩票。美廷防其流入美国也,故为先发制人之计,浑其名曰"发财票",以各项彩票皆不外其名也,且不欲明明言之而开罪于邻国也。不刚不柔而不可夺,交涉之道如是其庶几乎。

记美国之能整顿农务

美国土脉膏腴,五谷皆宜。按,美国土产五谷,本国用之不尽,必能出口行销,方不致弃于地,亦不致贱而伤农。世尝谓外国逐末而忘本,其言不尽然也。英法各国地狭人稠,无本可务,自不得不逐末耳。若美旷土尚多,自应务本,故其国运出五谷为最多。古人谓"贱谷伤农",知其伤农,必思所以调剂之法,非空言可调剂也,美可谓能调剂矣。为之疏通转运出境,即以羡补不足之意也,而彼此均获益矣。尝考地球之上谷价之贱,首推越南、暹罗,计银四钱易米一石,由其商务不讲,商船全无,故运载出口之利全归他国,而谷之价又为他国所垄断,宜其贫也。

美园主愿雇华工

米利坚其土膏腴,宜五谷,蔬菜果实皆备。闻斐市那埠各园因百果成熟,需工孔亟,甚爱华工。雇工者每日愿出工赀一圆五至一圆七角,而苦人数不多。洋工亦一圆五而火食在外,且不受约束,故园主愿雇华工也。美国各公司皆喜华人而恶埃党,而华人之势卒不敌者，未尝入籍，不操保举之权也。或曰各公司亦操保举之权，美之官绅何以媚工党而不畏公司乎？答曰：铁路制造、蔬园、果园此数公司者，每一处用人，多至数千，少亦数百，而保举之例向按名而投筹，纵使各公司尽为投筹，度美国之公司计数当不过千耳，而所用之工党则千倍之，公司之势只抵工党十之一耳，美之官绅何畏哉？审势量力，欲美之不徇工党、不禁华人，必不能矣。

墨西哥革除教堂免税之例

墨西哥本西班牙所改建，昔多殷富，今乃苦贫。按墨国定例，天主教堂产业一概无税。因此墨国入天主教者，均将产业托诸教堂以免纳税，国库收税日短，经费日绌。现墨户部拟请议院革除此例，而烟叶、烟丝等物均加税云。余尝叹墨国之贫也，今乃知其治道之不善也。天主教向不安分，前西班牙之乱，乱党运军火均用教王封条，使不得查，此明证也。产业免税，则入教者多矣，即未入教者亦冒名入教矣。通国皆入教，则直无人款矣，国用何赖焉？查墨户部大臣即驻美公使罗美鲁也，驻美最久，盖十余年矣，熟于交涉之事，又熟于美国掌故，故毅然改章，否则必畏教士之挟制而怯懦不敢行矣。

巴西独允减美国商税之二成

巴西都城建于海滨，商船蚁集，为通国大埠头。海门广阔，商族羡为乐土。近因美国与其国订立报施条约，美国货产运入巴西较英国之货产税则已减二成。按，此即一体均沾之意也。巴西已减美国入口之税，则英国亦应援一体均沾之义，以求一律减税，惟意虽同而其实不同耳。盖巴西之独减美国货产入口之税者，所以报美国之减巴西货产入美之税也。有所施者应有所报,不得无所施而求其报也,且不得求其施而不言报也。虽然,此国势相敌者之所言所行也,国势不相敌则虽言而不能行,或且不敢言,此弱国之所以益贫也。

卷二　增益瀛环近事

窃谓徐中丞《瀛环志略》一书,成于道光末年,所采摘者皆五十年前事也。逮五十年以后之事故实缺如,须赖后贤续之,方征具备。乃续之者,有薛、丁二公,精心校核,极费经营,各订成一册待刊。惜先后殂谢,未及梓行,为宇宙间留一憾事。余不敏,爰取南洋各岛、西洋各国有关时务者,摘录其事于左,略参以己意。非敢谓事尽于此,不过假此以见一班云。煜南识。

普　法　之　战

案,普法之战,其端为置君争立而起,以西班牙欲迓德世子为王,法国阻之,德王听命,莫不谓两国相安矣。讵意变生旦夕,师出仓皇,皆耶稣会人之口,足以兴戎也。且其时适值各国监督集议新章于罗马,推教王权加万国,令出惟行。怒德人格阻其教,嗾法王伐之。而后惟所欲为,故议未决,而普法之战事遽生,谁兆其端?不归之教人不得矣。兴师之日,法师虽多,取之各路常额,征调常稽乎时日;普兵虽寡,训练常在民间,一召而劲旅即集。以此相较,优劣分矣。论火器,法用沙土钵,而普则用得斯来。论战事,则法娴日战,而普则兼娴夜战。论得人,法用巴彦,而普则用毕士麻。三者皆不及普,故连兵数载,法王率其子亲临战阵,战皆不利,普则始终锐气不衰。法将麦马韩与普军大战于蒲门，法败，入塞段城，普军三十万人合围之。麦马韩股伤不能战，维模显代之，全军崩溃，俘馘数十万，死伤不可胜计。普攻益急，不得已降之。普乘胜长驱，直捣法都，如入无人之境。围巴黎城一百三十二日，思解城围者不乏，刚必达辈乘轻气球冲出重围，纠合民兵六十万，以商犀统之，与普兵屡战，虽不能胜，然法之有以自立，实赖二人之力。普亦见彼国有人，始允其和，偿兵费五千兆佛郎，割两郡地以畀普。及普得地后，普王巡行蔑士旧战地，遍观营垒，指顾四周曰："某为进兵处，某为合围处，某为陈兵受降处。"民皆呼万岁，名震与国。普亦不料其事之竟至斯也。迨事定功成，合计两国死亡之数，有战死、有病死、有伤重而死者。德军死事者，计四万零七百四十人，更有逃亡者计四千人，共约四万四千人。法军死事者，计十三万八千八百七十一人，更有逃亡者计一万一千九百十四人，共约十五万人。德军受伤者，计十二万七千人。法军受伤者，计十四万三千人。法军更有足重茧、不良于行者，一万一千四百余人。甚矣！兵凶战危，天之所以必祸戎首也。推原祸端，实由于教，教人之罪。其可逭乎？

俄 土 之 战

光绪丁丑，俄国第九次伐土。论者谓近年战事之大、和款之难、其势其情倏忽万变者，莫如此役。吾得而言其略焉。俄罗斯者，中华北地徼外之国也。自彼得罗，迁都海滨，水陆皆操形胜，疆土益辟。俄罗斯近世之强定自彼得罗始。俄罗斯虽分四大部，而大势则东西两土。西伯利，其东土也；海东、波兰，其西土；高加索地虽在亚洲，而与海东部牙错，亦西土也。其全土在亚洲者，十之六七；在欧洲者，十之三四。东地虽广漠，多荒寒不毛，其新旧两京、名都大邑、腴地沃壤，皆在欧罗巴。统计俄地，东极大东洋海岛，西达黑海，绵长二万数千里；南界印度，北抵冰海，一片联属，几无寸土隔绝其间，而首尾包我中国疆土。以海与地合计，得地球廿六分之一；以土地计，得七分之一。幅员之辽阔，亘古以来，固有莫之与京者也。

土耳其本鞑靼种类，旧游牧于葱岭之东，奉回教，辗转西徙，入买诺。后阿多曼召集种人，攻夺买诺回部，遂为土耳其人立国之基。后东罗马取君士但丁为都城，三土遂全归统辖。红海、地中海南岸诸国，旧属阿喇马者，皆纳土称藩，阿喇伯亦输款为属国。复东取波斯，建为大藩，极一时之盛。合三土计之，纵横一万二千余里，亦可称泱泱大风也。俄固强盛，土岂弱小也哉？

俄、土立国，同跨欧罗巴、亚细亚两洲，本有黑海互隔，风马牛不相及。自俄南开高加索斯藩，而与土之东都接壤；北取波兰故地，而与土之西境毗连。土耳其本回部大国，据膏腴，擅形胜，岂肯遽为俄下？而俄则恃其土广人众，既欲肆其西封，非土是图，将焉取之？乾嘉以来，与土耳其开兵端，初则胜负彼此相当，继则俄胜土北。厥后俄日盛而土日衰，逐鹿纷纷，干戈无已，以迄于今。今则益加甚焉，狡焉思启，顿渝前盟，谓当年黑海之役，英实主之，后以女配英后次嗣，盖欲使英疑忌中消，开衅无自，而或得专力于土。法则为普所败，自顾不暇。而土失两援，俄以为天赐也，时不可失，于是赴英都，会意君，再晤奥王，三见普王，卑躬屈节，仆仆风尘，名保护欧洲太平，实则欲亟行其志耳。意若曰："西巴士多卜鲁之役，先君赍志以终。寡人老矣，子孙之强弱难必。天下滔滔，有志者成。东括太平，北尽冰海，西包大洋，南越印度，合南极北极，扶桑昧谷,而一人帝制之,何不自我作？古土固逼处吾圉,国又自毙,有衅不取,将必有起而图之者。"然则俄王图土之意,盖亦寤寐不忘,而审之熟矣。于是陈师鞠旅,屯兵土境,上分两路进兵：其在欧洲督兵者,俄王之弟,亲王尼格拉也,土则以冶度路应之；在亚洲者,亦俄王之弟,爵臣美格拉也,土则以亚夫悉达御之。陆路则用火器,水路则用战舰。两国各不相让,旗鼓相当。

光绪丁丑,俄亚洲兵与土军开仗于巴东之阿得汗城。俄初败,后胜,竟踞其城。越日,又攻巴东炮台,不克,久而后得。土元戎亚夫悉达,驻军依厘士,扼中守御,俄军不能遽进,遂攻嘉士城。嘉士者,土之安危所系也。俄军昼夜环攻,屹然不动,复得统军由依厘士进兵,而嘉士城中亦整甲突出夹攻之。俄军节节退败,精锐几尽,遂长驱攻阿得汗城。俄守将度哥洛富力战阵亡。城旋复,又收巴东已失炮台,浚濠增陴,连营据守。俄军退于境上,增师益垒以拒土。俄之边境及萨沙士诸属征服,进兵攻领军亚夫昔达大营于依厘士路。土兵迎敌,败之于巴东。续添新兵十余万,悉众进逼。凡土四面犄角营垒,如加西晏、西厘士、的斯,各处分兵,同时攻击,使其彼此不能应援。而中军士多机利甫兵最骁雄,由搭厘进击依厘士大营,大败土军,夺得大炮三十二门,俘斩兵士五千余人,军械不可胜纪。土左翼领兵芝富吉,失去大小营十座,弃营走,为俄兵追及。士兵在阿毡里及山的波仁险要处建筑炮台,力御追兵,未几,阿毡里、山的波仁各营垒俱被俄兵攻下。俄领兵士多机利甫复悉力进攻依厘士大营,土兵力战,击退俄军,逐北二十余里。至山的波仁,乘胜攻士多机利甫营,卒以众寡不敌,未克亚夫昔达,后收队而还,仍驻营于依厘士隘口。俄之美里嘉甫一军攻陷巴东,乘胜进攻嘉士,先为土守兵击退,奈俄兵众多,前队死伤,后军继进,愈逼愈近，亚夫昔达为士多机利甫一军所缀，勿能救。俄兵遂取嘉士炮台，城围始合，用开花大炮轰击城中，攻之势强而守之势弱，外兵蚁附登城入，其守陴将士犹督兵巷战，经时已久，城陷，美利嘉甫进嘉士城，安抚军民，收残卒。此亚洲进兵大略也。

俄之欧洲一路，兵入鲁马尼亚，经鲁都直抵多纳河口安营。土于多纳河中多设铁链拦河诸物，兼安放水雷。俄军夜渡，先用木排绳网爬捞水雷，潜使奸细烧其拦河铁链诸物。土军并起攻俄，失利，俄军乘势攻路西吃城外炮台，统兵官岳善等，先登蹲伏河干，以前队枪炮击土军，而招后军之未渡者。毕济，闻土路西台驻精兵五百，俄军水陆环攻，以炮轰其城，昼夜不辍。城中市廛楼阁，悉成瓦砾。俄军因连旬攻此城不下，分一军出些里司之路，据布里扶拿，为大小各军后路总管，并分军攻法那申拉。申拉境有巴肯山要隘，其山横亘五百余里，为土京北面屏藩。俄军乘胜而进，直抵巴肯山士迫架隘口驻营。土王以军事孔亟，特用阿士满、苏利文诸将以御之。以二将均非土产，破格用之也。苏利文者，土王先使率边师防边，未尽所长。及俄军抵巴肯山，飞檄调其赴亚鲁里安总统全军。苏利文至军，详度形势，曰："俄若于渡河之后，乘其锐气，以二十万众长驱大进，据山夺险，吾则前不能拒，后不能截，则君士但丁危矣。今俄在吾山北，分屯据地，而前队孤军独进，分兵则力单，且既三抽四拨。布里扶拿大营，辎重所在，其势必不能固，可遣精兵袭其后路，拨其本根。大营既挫，军心惶惑，二十万众可不战而擒矣。"密令领军阿士满率精锐八万，潜师直捣大营。其时，俄军尚未置壁垒，敌至，猝不及防，死力搏战，卒不能支，军士溃败殆尽。新筑炮台悉为土军所据。俄人巴肯山之兵，土军截于士迫架隘口。山路窄狭处仅容一人一骑，两军死斗伤亡之数相埒。及布里扶拿败,俄军自行退走,土兵追兵逐北,遂获大胜。乘势克复申拉及山北诸小城,进击法挪,围之三匝。俄军乘势力战,突出重围。土军追逐,及于些里斯的部之思士度华,距多恼河三百里而遥。

俄人闻兵败,急遣后队援军进驻思士度华,渐次招集成军,筑垒以守。当是时,土国军威大震,当适中扼要之卑厘剌地方建筑炮台,与思士度华之俄军对营而垒,烽火相望。卑厘剌本金城汤池,得阿士满统军守之,土国遂恃以为北面长城。俄统兵尼格拉济河,戒于众曰:"此役败衄之由,由于兵势之分耳。兵势一分则力薄,天下岂有孤军深入重地而能全其后乎?向使当时合兵而进,风驰电掣,使土京防不及防,必可操全胜耳。愿君等熟计之。"时思士度华俄兵日增,与卑厘战,阅三礼拜。巨炮往还轰击,无日不声震天地。军士委填沟壑,卒未得手。一日,有工程局老卒随其帅周巡,曰:"此所谓驱血肉之躯而与锋镝争衡,不可恃也。须用常法平行垒,长围久困,使城内水泄不通,堵其外援,绝其饷道,待其自毙,然后一鼓可下也。"苏利文总督诸道驻军法挪,为卑厘剌诸军声援,旋奉命东征,复调赴西北。苏利文谓其属曰:"今我朝东暮西,疲于奔命。一朝卑厘剌有急,鞭之长,其及马腹乎?"遂军于密告芝,与卑厘剌相去远矣。土庭当事者虑路西吃城兵势单弱,又调冶度加利督办路城军事,而卑厘剌势益孤。俄自定,计用常法筑垒攻打,日益众。又筑长围,四面皆有极高望楼,用远镜窥敌。阿士满以大势已落,岂可坐以待毙,出队曰流涕誓师曰:"今日之战非为国家出力,为貌躬争死生也。各宜努力,奋厉无前!"先冲破第一重围,再向第二重围冲突,为围之长堑所限,正当俄军兵势厚集处,前不得出,后不得归,遂各舍命死斗。阿士满正在指挥力战,为飞弹所伤,由是军士悉解体,而全军陷入围中。阿士满知事无济,不得已竖起白旗，令全营兵弁将卒约六万人尽数释械投降。是日，卑厘刺城陷。

　　设当阿士满屡胜之时，俄军一蹶未能骤振，土之四路军萃合一处，正可覆其未完之巢，乃按兵不动，待其攻而应之。及俄筑长围，事尤可为。苏利文总督诸道，正当先其所急，乃调赴西北，致失大援，及兵临城下，始议出战。倘于未筑时而防之严、守之密，仍于炮台沟渠间合力同心，若前之昼夜轰击，使敌不得施工，何能筑成隐垒？乃计不出此，一朝事急而拱手他人，是土之败，土之自取也，于人乎何尤？或曰："土国将帅本多楚材晋用，今土庭内生猜忌，天下未有权奸在内而大将成功于外者。且西国生有释降之条，死无褒忠之典。人情谁不乐生而恶死？豪杰英雄多为此累，何独责一阿士满者？况阿士满以十万之众，敌俄军四十万，当此之时，战士茹血，天地震怒，其志可嘉，其功亦伟。"然吾正以此为阿士满惜焉。回思布里扶拿得胜以来，三战三捷，功高盖世，几使俄人魄褫魂销，不敢西向而视。曾未几时，降心低首，一转瞬而汗血全功付之东流。抚今追昔，可胜慨哉！

　　俄军既得卑厘刺，军威大震，从此势成破竹，迎刃而解矣。苏利文昼夜驰援，及至卑厘刺，城陷三日。以敌军殊甚，将有直迫土京之势，而阃外之势，要在一人，鞠躬尽瘁，特于亚隶亚拿步尼及士迫架各隘口扼要设伏，置重兵以死守。土廷以当此敌兵压境，力难与敌，惟有请英国转为求成，庶几可免覆亡。英则始观衅而动，今见事棘，不能置若罔闻，先以电音请于俄曰："今则胜负未分，似宜见可而止。可否许成，早赐裁夺。"俄以电音覆之曰："如君所约。"俄人自接英电音后，进兵益急，率四十万众兼程赴敌，其势若飘风疾雨，迅厉无前，土之巴肯山北诸险，有领军美士其扼险以守，土兵踞山巅,以高击下,枪炮环轰,俄则蛇行鼠伏,冒烟冲火,拼命争先。并有悍兵攀险缒幽,逾山越岭,缘崖驱杀。鏖战三昼夜,土军腹背受敌,死者无算。美士其力竭降俄。在土国匹马只轮无返,而俄兵之毙于是役者三万余人,前锋奋勇殆尽焉。

俄军得此隘口,进取西及波里,直抵亚路里安,去君士但丁五百里。亚部城宽阔,无险可守,苏利文将大营军民徙屯于罗都备,接连至君士但丁,护城外炮台,分为九营,首尾联络以拒俄。或谓苏利文向称能军,既不及援卑厘剌,敌已向士迫架进发,土之安危,在此一举。为苏利文计,急宜督率重兵绕出敌前,合士迫架将士,因险设垒,密栅重营,拒敌冲突,或坚壁以老敌师。虽俄人悬军深入,士有必死之心,而以险遏散,以主待客,胜败尚未可定。乃计不出此,而反退于无险可守之地以拒俄,何哉?炀帝出塞,旌旗千里,法尚曰:"心腹有事,首尾不知。"俄以四十万众蹈险竞进,苏利文果知兵,以法尚之说待俄,则此四十万众,势将奔走之不暇,又何能斩关夺险而渡阴平也哉?此苏利文之疏也。俄人既许英行成,而飞驰急进,不肯稍缓须臾,以为敌军屡败,心怯胆丧,我军乘此锐气,深入长驱,以摧其枯朽。若得于一二礼拜内攻取土京,必可与土自立合约。岂可玩寇纵敌,俾敌人得为之备,诸国环为之谋乎?此俄之所以握操胜算,而亦欧人用兵之故智也。

英人闻俄军之进而不止也,恐其两路合兵,直抵土京,据其城郭,借其民人,私自先行立约,即发兵纠合众国先进黑海峡之达得尼河,去君士但丁二十里而下椗焉,劝土俄两国和。土业已与俄定约,俄仍秘而不宣,欲擅私利之独得。英则索约愈急,立词颇直,一若条约一日不定,和约一日不成。既而彼此罢兵言好,英撤战舰而出达得尼河,俄亦卷甲而返。各国分地,皆得如愿以偿而去。伯灵一会，实有苦心调剂焉。

　　此役也，始则俄之谋臣猛将视土如草芥，而布里扶拿之败，几致不可收拾。土则狃于屡胜，因循自误。而俄军蹶而复振，卒雪其屡败之耻，土之社稷几濒于危。即我中国近事以观，和、张两帅围攻金陵，逆贼困守孤城已如釜底游魂，乃奋其牙角，蹈瑕乘隙，一旦大营溃散，痛破毒流，祸及江浙，虽其仍归翦灭，而百万生灵罹兹大劫，事已不可挽回，可知兵凶战危，帝王不得已而用之。古人谋定后战，动出万全；圣人临事而惧，好谋而成。其慎重为何如也？然则土之一败涂地，将若之何？曰："事在人为耳。"少康之有众一旅，勾践之甲楯三千，安见不复大禹之业而雪会稽之耻？而况土也者，抚有三土甲兵，人民较之德、奥、法、意，未尝不可以并驾而齐驱。欧洲一隅国虽曰蹙，而亚、阿两土大有可为。兹甲兵休息之后，起残暴而噢咻之，以树艺畜牧饱其民，以营伍调练强其民，以涵育薰陶化其民，山川既阻，丁壮日繁，皆足固国家藩篱。土虽蛮夷，夫何嫌于鄙僻耶？不然，强雄错立，各图自利，以土视之，则诸雄国皆俄类也，岂独俄哉？若不以此时亟为之图，及至土崩瓦解，大势既去，宗朝社稷悉成丘墟，而君臣始唏嘘雪涕曰："天亡土也！"夫殆亦晚矣。是则土之为土，盖亦曰："谋所以自强而已，夫土其小焉者也。"

俄人争黑海之举

　　俄自彼得崛起，注意水师，兵威所至，潜夺土耳其之黑海口。黑海者，俄土两国交界处也。俄自得斯口之后，驻兵舰、筑炮台于其上守之，自以为土无如我何也。乃传世至尼古喇土，发兵掠土，为英法所破，炮台兵船被毁殆尽。于是立约定盟，以黑海为诸国所共有，许诸国货艘营业其中，禁俄兵舰不得驶入。其所分界限，即以但尼河一带为局外公共之地。河滨小邦，皆任自主，各国均可将各小国保卫，不能侵越其权。如逾此盟，即为公法罪人，各国必当共伐。此约既立，土国稍安，俄人守盟不变。逮普法交战之时，俄之势浸强矣，顿背前盟，再筑炮台于黑海之滨，兵船则径入其口，又在吐亚拍塞地方兴造埠头兼筑避风船澳。土王知之，惊甚，咨照各国，各国以普法方在有事，皆图自防，故未暇兼顾也。俄不特入其口，兼侵其地。王惧，举但尼河滨一带沃土尽以界之。英人不服，整顿兵马，将出而为难。各大国以战事之有害商民，共出议和，合英、俄、土三国，重会于法国巴黎斯京城，将前立之约详为改正，而俄亦不得占但尼河一步，传至于今，尚无异议。故土耳其之得以仅存者，赖有此约也。俄人既不得志于西封，行将转从事于东方矣。

俄人跨黑龙江之举

按，咸丰十年，俄觑英法内犯，乘间请黑龙江地，允以大炮相易，与恭邸面定条约。始遣大臣成齐等往勘分界，遂议自乌苏里口而南，上至兴凯湖，以乌苏里江及松阿察河作为中俄交界。其二河迤东之地属俄罗斯，迤西之地属中国。自松阿察河之原，逾兴凯湖直至白棱河，自白棱河口，顺山岭至湖布图河，再由湖布图河口，顺珲春河及海中间之岭至图们江口，其东皆属俄罗斯，其西皆属中国。盖实让与地二千七百里，而俄界已渐逼吉林矣。俄乘回人之乱，窃据伊犁，必不肯轻易退还。或有献策者曰："莫如明与定约，收回黑龙江以西地，与之互易，处置亦最得宜。盖以名而论，则伊犁地方饶沃，形势扼要，不可不责俄人交还。而以实而论，则即如曾星使劼刚续议条约，凡伊犁膏腴要害之区，亦已多归俄国管辖，而我所得，仅一空虚无用之城而已。是曷若以伊犁让俄，令俄交还黑龙江以东雅克萨、尼布楚诸城，而为国家维持根本地。"乃其策不果行，又为崇厚所误，得一空城，失地五千里，即改约收还南境帖克斯川，究竟无多。盖自是所占地益广矣。

近又于西伯利亚兴造铁路，于军务、商务均有益。闻珲春铁路现已工竣，从此达黑龙江境内，向多空旷之地，一片荒凉，人迹不到，此后辘轳衔接，所有金银铜铁各矿均可开采。珲春地方得此，易为接应，必将成为重镇，于商务大有起色。且此铁路成后，海参崴即便为俄国屯水师之地，如调兵至中国，不过数日路程，离黑龙江地尤近。按，俄人日经营于中国毗连地方，兴造铁路，业已至黑龙江，大有窥视东三省之意。东三省为我国根本地，迤北一带，处处与俄相接，一旦有急，防不胜防。夫俄不有事于天下则已，俄若有事于天下，东则中国当其冲。中国防之之法，非自造铁路不可。是宜由山海关起，至奉天省，再向东北至吉林省之伯都讷，又东偏北沿混同江混同江虽为俄据，而沿江以东尚为我地。而至三姓，再西南沿瑚尔哈河而至宁古塔，由三姓仍沿混同江东北至黑龙江，会宁古塔、三姓之兵以遏其前，以伯都讷兵为策应，远运黑龙江城兵，由陆路直捣其巢穴，而令其首尾不能相应，我更严守图们江北岸之长白山、南岸之朝鲜各要口，图们江口虽为俄据，而北岸为长白山，南岸为高丽界，非俄地。以防其乘虚而袭。俄人虽强，而我以逸待劳，无有不胜矣。

俄人争伊犁之举

按，伊犁一城，为天山南北关键，商贾辐辏，物产滋丰，实上腴之地也。俄人趁中国有事，蚕食诸回部，开疆拓土，占踞伊犁，但以保护疆界民商为言。原约中国平定西域仍行退还,迨左帅平定西域,在军次致书索还,俄即肯退还,其索取兵费必多,原在人意计中。中朝遣崇厚往伊犁,与其酋高福满面议。图志具在,崇厚平时略不省览,全昧地势险要。祖宗寸土不可畀人,厚意所注,专在得伊犁一城,惟恐其不归还,听其种种要求,任情许诺。仅仅归一伊犁空城,而伊犁所辖九城,河南、山北所属膏腴之地,大半划归俄人,已失疆土五千里,是俄人向所日夜求之不得者。一旦得之,欣喜实出望外,无怪乎高福满不待御批,径行归俄会办。崇厚亦持定约归国报命。上震怒,拟改定约,听俄暂从驻扎伊犁,俟改约已定,然后交割,特遣曾纪泽诣俄定议。

纪泽与俄外部再三申辩,外部则据成约为辞,不肯相让。幸俄君还都,谕令外部无与中国为难,于无可让中再行设法退让云云。即将原约中伊犁西南两境分归俄属,南境之帖克斯川地,当南北通衢,尤为险要,必令归还。遂舍西境不提,专争南境,相持不下。始允归还,然犹欲于西南隅割分三处村落,其地长约百里,宽约四十余里。该处距莫萨山口最近,势难相让,叠次争辩,方将南境一带地方全数来归。塔尔巴哈台界务,查该界经明谊分定有年,崇厚来俄,以分清哈萨克为言,于是议改,考之舆图,已占去三百余里。吉尔斯谂知必不肯照原议,始允于崇厚、明谊所定两界之间,酌中勘定,此画界大端也。至偿款一端,崇厚原许五百万元,核减一百万定议。至通商,则原议由嘉峪关许俄商西安、汉中行走,直达汉口之事,经驳诘,始允仿照天津办理松花江行船至伯都讷,将此条径行删去。综观界务、商务、偿款三大端,逐日争辩,事经三月,方见就绪,俄幸允行,公同画押盖印,定约而归。论者谓伊犁一役,群言崇厚误国之罪实多,而纪泽转圜之功不少,出使如纪泽,可谓不辱君命者矣。

俄人之释稽夫

昔俄国世禄之家，田亩广阔，每畜世仆数千，谓之稽夫，不令纳地租而令供使役。俄国世族弊政。承种期满，即给以所耕之田。统计俄民为稽夫者，不下二千二百万之多。其主往往虐待之，婚娶不得自便，一惟主人所命，势迫刑驱，动遭鞭挞。有小过，不加审察，即行充发边远，永无还期。盖其异于黑奴者几希。相沿数百载，欲一旦骤为变革，殊觉其难。故英人云："欲俄除去耕田之稽夫，盖亦能言之而不能行也。"彼得罗，素怀革除，犹豫不决，业经三世，今王嗣位，悍然行之，除旧政，布新政。计户编查，约有二十二兆人思脱去稽夫之籍，俾作平民。若不得一良法，将无以善其后也。俄王再四踌躇，下令稽夫先缴身价十分之二，余八分，俄王为拨帑代偿，尽复其身价。其代偿之银，虑无以归款，即以王产私田分给耕作，分四十九年以租偿之，如齐民头捐之数，即户口捐。如是者凡二百万人。四十九年后，帑银缴足，其土田即为其人自有而不复出租也，是为恒产。于是俄国诸城隙地可耕种者，无不踊跃从命矣。夫以数百年相沿之旧制，一旦更张之初亦觉其不便，然千百万苦虐之稽夫，易而为躬耕之小农，乐利所溥，吾知不数年，而俄将大受其益矣。彼布国之兴，亦由于此。布国分授民田，因以致强。司旦及嚇登白为相，变革旧制，使民各受一田，躬耕自给，而风俗丕变，政化日隆，遂臻强大，岂不休哉！

俄英通两国之好

俄英两国向称辑睦，通商有年。俄产油麻，英资工作，造成后又转售与俄,两有裨益。近又与英为婚,非徒为结二姓之好,盖欲坚两大之盟也。按,俄英婚媾,向未尝闻也,自今日始。俄王嫁女于英,命驾至英,谓宫眷臣僚曰:"吾女于归,今三月矣,吾甚思之,吾往视之。"此俄王之托辞也。俄英为国,相去万里,若风马牛然不相及也。而外部属疆之在亚细亚、印度者,南北天山骎骎乎几于犬牙相错矣。两国恐将来有越界之嫌,欲免临事之难,不惮先期修好。俄王至英结纳之际,容色谦和,其心愈下。在英宜通好无间,而犹有不满于俄者,惟恐其于亚细亚开拓边疆,直逼印度。观五十四年俄伐土耳其,英人救之,将兵攻俄,亦此意也。俄今王亚林三得第二,有蚕食亚细亚之志。基发之役,虽许行成,而驱策其王,有如仆隶。如英人之于印度,势成骑虎,不扼其喉,反为所噬也。刻英俄东界,议置阿弗干尼士坦为间壤以分隔之,然系纸上空谈,俄未必以婚姻之故,卧榻之侧容英鼾睡也。或曰:"此过虑之词。英俄之好方新,纵疆场交迫,亦可保数十年之安。况俄王苦于用兵,通商是务。前王米克拉斯善保四境,告绝邻邦。今王即位,反其所为。商旅往来,络绎于道;罢佣奴为佣工,计口授田;设塾教读,且营造轮路之车。前王以为一时权宜,今王以为万世之利。其意不忘开拓,可知也。夫俄之陆地多于海洋,以致不利舟楫;英之海洋多于陆地,以致属壤孤悬。论二国所得之地,迁民人,实荒壤,以遂其滋生蕃息,日逾富强,则同操胜算。近复结婚姻通好,会至英为视其公主也,馆于温萨行宫,拟驻跸旬日,而后旋都。从此两无猜嫌,邦交益固,则亚细亚、印度两地必无震动事矣。"

俄人背英法日之盟

俄,虎狼之国也。辟地日广,进款日增。近虽置戍添兵,未尝加税,然一见利有可图,即不知义为何物。试思同治八年,俄将加支可夫谓英钦使曰:"大国误于传闻,疑俄欲假道波斯,从阿吐累特河以窥印度。我国虽无是心,然大国之疑,敌国之惧也。请君与盟,自今以还,我俄兵有筑炮台于河上者,有如川流。"乃誓墨未干,而俄兵已屯于河上矣。越二年,俄伐机洼,恐英有责言,先遣使告英曰:"兵临机洼,以讨不服。然土地是利,愿与大国盟。"乃使臣甫归,而阿梅大雅河已非复机洼所有矣。巴黎之约,不准俄船行驶黑海。俄以众怒难犯,奉命唯谨,乃法被德蹶,而俄船之往来黑海如梭矣。且于黑海之东吐亚拍塞地方筑避风船澳,兼筑炮台,名曰克剌洞,称天险。欲入其境,必先堕其炮台,而能堕之者谁耶? 又创设一大埠,自罗斯打夫城营造车路至考克斯山南境,以通波斯,暨中亚细亚。故于黑海轮路所经之处设立埠头,转运水陆,易舟而车,实通商之关键也,其谋利可谓不遗余力矣。俄近又与日本交通矣。夫日本之敢与中国为难,所恃者,俄之密盟耳。乃向之助日本者,今且转而图日本,且强迫日本复辽东之地于中国,必联合德、法二国,使日本不敢不从,而日本亦大有不利。然则日本虽猖獗,亦不过盛于一时,其衰有可立待者。孰谓俄之盟可恃乎哉?

法国之易君主为民主

欧洲之国分三等,曰君主,曰民主,曰君民共主。民主者,位传贤,由国人公举于议院,择众所推戴者为之主,曰"伯理玺天德",译即总统之意,由众而定,以七年期为一任,任满即去,与常人等。如今之法兰西是也。考法主为普所擒,输德款多逾数千兆,民生憔悴极矣,莫不归咎于主之黩武所致也,咸思易君主为民主。初在濮杜军次,众推大臣爹亚渐摄国政,及爹亚辞位,众复推大将军麦马韩,遂拥国位。于是民主之议起，持七年首领之议，聚讼盈廷。初无定论，拍利也抗言曰："识时务者为俊杰，拘成格者无远谋。事至今日，因时制宜。计无便于民主，而议院采访，使不以时。"定国家大计，筑室道谋，宜其议论多而成功少也。经久始定其议，而定麦马韩。闻麦首领谕众之词曰："法易民主，可以闭关休息，保累世之安。"故其出巡西南两邑，百计牢笼民生，凡陈说地方利弊及财货之盈绌者，辄温语答之。然送迎者虽载道，半皆貌合而心离。七年之中，人情汹汹，有如寇至都城，为之戒严，尚尔伴遂乘机谋得国。且既易政为民，而当国皆主王政，贝罗利公亦然。滋物议，动群疑，莫此为甚。波旁、阿良之党近虽复合，而拿破仑第三客死于英，其党又分为二。波旁也，阿良也，拿破仑也，斯三者皆王族也，而百姓鲜爱戴之忱，大臣无拥立之志，天之所弃，谁能兴之？近幸德款既偿，戍兵归国，忍辱负重，吊死问孤，可谓勇于悔过矣。而民情嗟怨，见于歌诗，追论兵事之兴，归咎于置君争立，图取威定霸之虚名，受丧师失地之实祸。君辱国危，为天下笑，其变易竟有如是者。死事之家，每值令辰令节奠酒招魂，父哭其子，妇哭其夫，凄惨之声，彻于宫寝，首领为之罢朝贺焉。首领追念旧事，徐布新章，诚以法人心好动恶静，固多事之国也。已为民主，其权乃散而不一，庶穷兵黩武之风可以稍戢矣。

普皇统一日耳曼

昔燕昭王之破齐也，能用乐毅；越勾践之灭吴也，能用范蠡。二君皆以创霸名。普皇威廉第一，举无遗贤，是燕昭王、越勾践一流人也。考其即位以来，数十年中皆能勤修国政，日益强盛。得寓兵于民之意，训练特精，一旦率以专征，所向无敌。伐丹马，败之，割其膏腴之地。伐奥，复败之，去其共主之名。卒也为俄皇前驱，深入法境，擒拿破仑，法人割地输币以和，威名震于地球，几与英俄相匹敌。斯人也，不特国人归心，即日耳曼列邦皆属焉。向闻日耳曼分南北二会，南会推奥、北会推普为盟主。自同治五年普胜奥后，推普为南北盟主。夫盟主曰南北，直不啻统一归之也。日耳曼尚如此，列邦可知矣。

自普称帝后，举一切水陆军政、赋税章程、各邦商务以及铁路电报，有关军务者，均归普皇统制。列邦互相争竞，并由普皇剖断，权力所至，中外凛遵，在普皇若固有之也。闻之西人谓威廉第一无甚本领，不过赖其所用数人以有大功，自以睥睨一世。不知君人者不必自雄其才智，惟知人善任，而才智乃宏。当是之时，毕士马克娴于外务，用掌外部，兼为首相；毛奇长于治军，用为大将；栾敌精于训练，用掌兵部；富列打力，普鲁士郡王，智勇善战，用统大军。只须能用此数人，而霸业始基诸此矣。然则德皇正不必自用其本领，斯所以为绝大本领也。

西班牙之荡平汤高鹿

汤高鹿之称兵也，恃加特教徒之众，进逼马德里城，盖欺其君幼小，母后拥政，将以夺其国而有之。所用之将，苏马拉加勒颔，沉鸷有谋，类皆一时人杰，故屡次进战辄胜。女主亦善将，将所用世的巴鲁，捍御有方，可称劲敌。相持已久，二将云亡，卒见破于世的巴鲁，师徒溃散，出奔法国，盖将留其身以有待也。世的巴鲁恃功颇骄恣，兼赖英人力，得留左右辅政。时值多艰，国人分党相竞，见迫于那尔淮士，解职奔英，与高鹿奔法同也。那尔淮士得政后，能用补林，严以御众，有作乱如高鹿者，辄诛锄不少贷，女主倚以自强。女主年已长成，始纳其从弟亚魁施斯佛朗士为夫，赦谋反及诽谤者,政从宽。昔时从高鹿谋叛教徒阴谋袭取,事幸不成,卒与国人意见不合,逊国而去。奔法,其子亚丰苏从焉,未识其时与高鹿相见否也。国人乃迎亚斯达公为主,是为意大利国之次子,即西班牙之王也。召各党魁,置之当轴,高鹿亦乘间由法返国,号召旧徒,树旗起事,屡与官军战。王为高鹿党所狙击,仅以身免。王召诸臣而谕之曰:"予以微眇之躬,德薄能鲜,诸大臣推择,谓可谬托以疆土。而即王位历有二载,今国乱未平,民生日蹙,用是惘然。诸大臣毋以予留,重予之辜,其更计宜为民上者,即退位。"于是议院会集计事,改为民主国,遂用共和政体,推共和党魁福基那拉为伯理玺天德。共和党作乱,变乱刑政,至为大臣所不容;高鹿党势亦张。共和党旋平于统领,而高鹿弄兵如故。后国人念旧,立前女主长子亚丰苏为王。按,亚丰苏寓公于法,游学于英,在外六年,今适有迎立之举。其时,军事未平,各路军士无不愿立前王之子,且都中之大臣、水师之宿将,皆不约而同,输诚推戴。首领以军心已变,即日旋都,谂知中外同心迎立新主,曰:"天与之、人归之矣。"遂避位而去。亚丰苏善用人,磨里由斯,能见其大,用以将兵。古巴岛民叛,率兵讨之,渐次底定,而高鹿闻风慑服,亦渐渐解散,于是乎告荡平焉。

西班牙平客塌济讷、登卡洛斯之乱

西班牙昔称金穴,今则日就衰弱。亚墨利加诸藩国皆叛,客塌济讷、登卡洛斯二地尤称猖獗,同谋不轨,互为声援。闻客塌济讷之城为乱党所踞,官兵顿于城下者累年。兵非不多,器非不利,盖以将非其人,劳师糜饷。近得卡首领指挥军事,悉合机宜,已堕其外郭,而摩、罗二部帅刻复驾巨艇出口巡洋,断其接济。未几,其魁驾奴门西亚铁甲船遁去,余众悉降。是役也,官军大集,三面进攻,城中复为之应。恐贼计穷并命，有死之心也，独缺城之西面纵贼远遁，亦穷寇勿迫之意也。刻调其得胜之军，合剿登卡洛斯余党。盖登卡聚众三万，日费千金，军粮器械究从何来？大抵勒索民间，攘劫淫掠，靡恶不臻，而教主间道潜通，倾赀以助，以故日益横肆。

帅众攻〔比〕尔波亚城，旋围三覃得城。将军摩利诃纳斯帅师救之，因兵力未足，屯于距城北境四十中里。乱党二万五千人踞山为营，以高临下，屡伤官军，官军退保三覃得城。摄政大臣塞兰那以将军之屡战不利也，檄调归国，下令亲征。探闻贼众攻比尔波亚尚未能下，按乱党计三万人，官军与之相埒，而塞兰那以力敌势均，难期必胜，俟兵力大集而后用之，可一战而定也。其罢将军兵柄，不责以师徒暴乱持久无功，而谓其力疾从戎，命其归养，亦可谓善于保全者矣。塞兰那率理威拉与罗马两将，全军攻之，两将受伤，官军伤亡者甚多。登卡之党虽退守，而未失险，因贼垒费数月之工筑成，极坚固也。

塞兰那见登卡难平，且与兵部议事不合，故辞职，以康卡代其任。登卡坚守土堡，一时未能即拔，分命将军摩利诃纳斯帅兵一万二千，自贼垒之东攻爱斯搭拉城，因此处有登卡之军料局也。后为官军击败，乱党已散，因首领辞位，乘机复起，滋蔓难图，前此犹无是勇猛也。又乱党能用汽车路之铁条包于土堡之外，如是则土堡受炮弹之轰而不致坍塌，兼运军械至营中，假道法国，法人未尝阻之。乱党得此两恃，抗拒官军，官军在北鄙屡屡败绩。塞兰那长子用兵，号称宿将，身率劲旅攻之，宜可以得志矣。无如进攻之时，先一夕大雨如注，涂滑不可行，抵堡，人马已困惫，堡内突出攻之，三战三北，嗣以粮尽，益无斗志。康卡愤极，督率将士亲临前敌，旋被炮弹伤股，殁于阵。复命兵曹查瓦拉为将军，统其众。按，查瓦拉无谋无勇,老师糜饷,曾无一矢以相加遗。登卡党相戒曰:"无犯查瓦拉,若易他帅,吾谋不能逞矣。"其为敌所轻如此。

西班牙军与登卡余党两军相当,久持不决,既而登卡党置炮攻破以仑城,方庆得所凭依,不图将军罗马忽率万人间道而来,登卡党惧而遁。登卡党连年动众,迄无所成,部下军民以为口实,故急得一城以雪其耻,兼之山内严寒,几于冰天雪窖,冀得以仑为屯兵之所,故遂并力图之。官军仓卒进攻,登卡防御无及,死伤三百余人,自以仑退屯山谷,天气严寒,多冻死者。西班牙自是分道出师,共期荡平巨寇。将军腊色尔那分统其众,计七万人。摩利诃纳斯远近征兵,中以祸福之词,激成忠义之气,不逾年而得数十万众。塞兰那临冲督战,登卡之党夜间劫官军营,官军小挫,退走(宜)〔以〕仑城濠,城内军应之,反败为胜,军势益振。朝廷念军事未平,将才难得,复命堪坡士治兵,以为后劲。堪坡士党于阿耳分所,行至中途兵变。塞兰那檄调北境中路各军,合攻堪坡士,各军亦心变。首领知事不可为,即日旋都逊位去。

按,塞兰那素称文武才,颇得人望,在位一年而登卡之党仍如故也。逮阿耳分所嗣位,人皆忻然相告,谓班境之承平可望。登卡之党慑于新主兵威,渐为解散。闻新主传檄巴西等郡,云:"国家为民除暴,罪在渠魁,余无所问。尔民如诛首恶归朝廷,该朝廷亦不强为异同,无苦此檄,一本至公。"乱党得此,旋闻革面洗心,归降恐后,而乱党于是乎底定。

英俄人探北冰海之役

尝记《汉书》云:"胡貉之地,积阴之处也。"积阴则离日愈远。北冰洋,日所不能正照者,则海常冰,路途阻绝,测者难之。英派轮船二号往测北冰洋，有谓此举为多事者。或曰此格致之一节也，譬如行路，一步虽不加远，而千步差一即不能达，况大利所在，皆非目前所能知也。夫预审其利，推算无遗者，此工商之业，非学问之资也。国家不惜巨费，相与有成，俾国有通儒商民，亦蒙其益。一灯之照，明及四隅，非此之谓欤？故格致会人尤重其事，探还者皆出国门郊迎以待。嗣派总兵勒尔斯寻北极，选能任寒者三百余人，挈之以行。历二岁始还国，言至北极之八十二度尚见地土，过此皆冰海矣。其始舟行积冰中，测度冰之厚薄，有至三十六丈者。再上抵八十三度，则舟不能行。凿冰为道，凡两船三百余人牵倚以北，每日约行三里许，遇冰山矗立，无路可通，或崎岖行一二里许。凡行两年余，不见日者一百四十余日。随行兵多病者，死者四人，计穷而返，始知病之由，以无从得水果，而咎兵部不多储果汁以行。仍决计再往探之，必以穷竟冰海为期。

又奥人乘小轮船开行八月至北冰洋，冻不能行，嗣后逐冰顺流，自北而南行七十九度五十一分，前临高山，望之隐隐约离八十三度，至此冰益坚，进退俱难。今年五月，遂舍舟，乘冰车，南行二十四日，遇俄船，趁之径达挪威，同行二十四人亡其一。所言与英略同，俱言冰上亦有居民，凿冰为屋，以雪为门，入则封之，猎鸟兽为食，衣以鹿皮，亦荐其皮以寝。其猎鱼锤冰，深至十余丈，鱼得冰窍以嘘气，则群聚穴中，制铁为刃，累长竿钩取之。用鱼油为薪，夜则燃以为灯。其居逐冰窟迁徙，以凭猎取鱼兽，若蒙古之游牧然，亦穷荒之异闻也。

红海地中海之开通

新开河者，地名苏彝士，旧本亚细亚、阿非利加一线相连处，广约三百里，以隔断地中海、红海之界。昔人航海者至苏彝士即疑为海之尽处，不知北逾三百里更有地中海，西出地中海更有大西洋也。此河未开，西人市舶东来者，率由大西洋经阿非利加之南，入印度洋，经苏门答剌南入巽他峡至南洋，绕道三万余里。咸丰六年始议沟通，法人里息躬承其役，欲使地中海商船以直达红海，商之埃及总督，总督韪之。盖督固于里息友善也。

于是里君回法集赀，每股五百个法蓝，每法蓝合洋钱二角。得金钱一千六百万。开办之始，惟英国直决其万无成理，以其地浩浩皆沙，非土石之尚易从事，必随开随合，不肯入股。不料里君已先筹及，一面相度丈量，先建机器取水法，埋铁筒地下，接他处淡水，备工人饮食。已得始事要领，遂于八年兴工。用绝大浚机六七十，具事畚捐者，日尝二三万人。复患沙易流合，就他处取黄泥壳类于两岸镇压。同治七年告成，历十一年之久，费十万万两之巨，成河长二百八十七里，宽一百九十二尺，深二十六尺。

落成之日，埃王传报各国临视。意大里王、奥王皆至，法王遣其后至，而设行宫于江次，甚盛事也。因其地本埃及之地，收税甚巨，议归其王三分之一，嗣埃王以千二百万金售之法人，安南之役，法因饷绌，将股票出售与英者亦复不少，利权遂渐归与英掌握矣。初英人悔其不入股者，现股份逾于各国，坐享无穷之利，幸何如也！

今计其河身不甚广，仅容过火轮大船，亦间有阔处，两岸设电线，置电房相望。凡南船先入隘处，电房即电知北船，令停阔处。俟南船过隘，然后南行；若北船先入，南船亦如之。因不能疾驶，两岸积土沙易于下渍，常有数船取泥以为疏浚。过者悉按载吨数稽征，闻河初成时稽征甚重，每载货一顿，征法银十佛郎又二分佛郎之一；载客一人，征法银十佛郎。今即稍减矣。去岁所收，计金钱二百二十四万一千，岁费外尚大有赢余，以为开河公司之利。西人纪载云，周匡王之世，有埃及国法老尼谷者，欲沟通此处，兴工十二阅月，死者十二万人，而工不成。今竟能沟通之，宜西人自诩智力胜于古人也。

大西洋太平洋之开通

按，巴拿马在南北亚墨利加之连界，东为大西洋，西即太平洋，界隔两海，阔六十里，久思开通，免行船纡远之险。据《瀛环志略》云："米利坚人谓赴粤买茶，由此路可近三万里，因其过岅处太险，且汪洋数万里，无添备水火之处，卒亦罕有行者。"又谓："能将此土开为海道，则东西两洋混为一水。挂帆而西，直抵中国之东界，便捷甚矣。"然地梗山脊，疏凿不易，人皆难之。不图同光间，竟有能开通者。法人里息与各国会士集议于巴黎，拟于明年元旦为中亚墨利加巴拿马开辟水道之期。此河若成，自东自西可近二万里。届期里息亲莅工次，破土兴工，掬土一握，为万众倡。盖以里息曾开通苏彝士水道故也。

当开创之初，英人佥以为不可，赖里息力争，遂开千古未有之奇。各国人士以巴拿马形势与苏彝士略同，里息既克立功于前，必能著效于后，是以借重里息董率其事。预定通工人役约六七万人，工竣约七八年。其地旅居者多华人，是役也，趋奋捐而赴工者，计一万有奇。巴西黑人之数亦称是，兴大役、起大众、建大功，当拭目以俟其成。至于经费之筹，约七百五十兆福兰，先拨二兆以馈于委内萨瑞拉国，以水道所经之地乃委人属地也。更预筹四百兆以为兴办之资。岂期经办数年，耗费不赀，迄无成效，遂已中辍。继有米利坚人集款兴工，旋于一千八百六十九年开办。先与玛居南部立约，即于彼处山脊凿通，阔约六里，计费约须七千万金，期以十五年，一律深通。既通之后，岁收商船利银，科伦比亚得十分之一；美国收足工本后，哥伦比亚得利十分之二分五也。平时商船往来由美国保护，遇有军事，则不任敌船乱行。通用银钱即秘琐，合英银四喜林。贸易则用法国福兰格。五福兰格为一秘琐。其银钱非本国打造。称量之具悉照法国制，量地则用英国码也。卒之用观厥成，行轮者已近且便，省却许多路费。孰谓开河道易而开海道难哉？

南北亚墨利加之交战

咸丰十年间，南省兵革祸作。推原祸始，盖由释奴。按，美为英属之际，英以南省地荒，常往非州购买黑奴，教之耕种。美人虽以为非，甚至借词以畔英，然畜奴之利可以致富，此辈又蠢如鹿豕，不妨任情凌虐之。所产棉、米、黄烟，本赖黑奴种植，及创机器轧花之法，用力少而程功多，苟畜数奴，驯致巨富，所以相沿成习，竟有贩奴以为恒业者。南省几无一家不畜奴，北省随之而获利。初虽鄙薄，渐亦不以为非。英人之侨寓者，溥治田产，亦复尤而效之。教士有化导地方之责，乃亦与民争利。南省人或赠奴与北省教士，即谢而受之。教士如此，其余概可知矣。夫黑白同为人类，而白之待黑不啻犬马，揆诸天理人情，岂不大相背戾？无如积重难返，虽有贤君欲革此敝，奈违梗者多，急切无从措手。平常之人有议及此事者，则群起而攻，身命为之不保。故通国黑奴约四百万，悬悬迄无释放之期。孰知为日既久，北人天良发现，必欲去此恶俗而后始快，于是啧有烦言，并有加利生者开一报馆专论其事，众皆感动，又立释奴会纠合同志，多至二十余所。而南人视之则俨如仇敌焉，每当聚会时，辄突入喧斗，甚且迁怒黑奴，大肆焚杀。自是南北互争，垂三十年之久而成效未睹。所以然者，历任总统南人居多；即非南人，声气亦相联络。事不果行，职是故耳。及北人举林肯为君，盖林肯志在释奴者也，而南人大震，遂不愿与美合为一国。

嘉禄利拿省人首先发难，爵尔嘉等五省同时向应。未几，斐节尼亚等五省亦相继解体。此十一省约有中国十二省之地，白人六百万，黑人三百万，大势汹汹，别欲自成一国。是时北人初不为意，及实已涣散，乃命将出师，直抵斐节尼亚，大战于抹拿杀。北兵溃，至是始知厄险，然誓必平之，令民间投效，不旬日，得胜兵百万。共议罔恤耗费，务使南人不复反而后已。南人虽胜，然粮械不足，转运维艰。林肯君随发封口之旨，断其接济，而南人大困。有长江一道，曰蜜雪雪皮者，南省之天堑也。江口有埠，曰纽屋梁，旋为北人夺去。江防吃紧而东西隔绝，赖斐克斯婆一炮台以竭力守御。总统格兰脱君时为总督，攻克此台，驻以重兵，而南人益困。其时，南都在烈七门，北提督马克赖兰率师进逼，南提督李拒之。马别运机谋，不战自退。南军遂趋间道，拟攻北都，然卒未能得志。既而北军易帅，转战而前。所难得者，李以孤军力保危都，犹能出奇制胜，乘间深入北境。吉帝思波之役连战三日，终于覆败。格兰脱蹑其后，谓可一战成擒矣。乃李收拾残兵，掘壕设伏，苦战浃旬，互有伤损。论其将才，实当世所罕有也。北军虽渐逼南都，然垂数年之久仍未能下。格兰脱于是倾营而出，四面环攻，李军不支乃降，南都之主闻警先遁。是役也，用兵几及五年，至是全境肃清，黑奴尽释，且著永禁买奴之令。大乱敉平，林肯君毫无喜色，亦不究其既往之非。讵料事定数日，入场观剧，突遭南省匪徒行刺，逐薨于位。呜呼！惜哉！

印度之尊奉英主为皇帝

英吉利本海西数岛，土地褊小，仅拥王号，不敢妄自帝也。自有印度，国日富强。其部落一百四十有八，迄于今，大半为英所芟灭，即幸而获存者，盖十之二三耳，然亦遣官置戍，纳土称藩，国政不能自立，名号空存，块然守府而已。英则曲意抚循，不耀威而施德，潜移默化，遂使印度上下臣民中心悦服。延至光绪三年，咸以其女主维多利亚贤，议尊之为英吉利女王兼印度帝后也久矣，而议院士庶以君民共主，先王之制也，曷可废？且颂君德而劝进，非盛朝所宜有，事遂寝。此时有主议者曰："俄人耽耽印度，我于印度以力经营，今日之所以畏我而事我者，安知异日不以畏人而转事人乎？亟宜乘时帝制印度，庶有以示上下尊亲之义，而国中仍旧制便。"由是申前命于印度，而印度臣民归向喁喁，佥曰固所愿也。谓今日之印度疆域，南北五千余里，东西四千余里，为方里者一千一百五十六万二千七百二十三，民口二万五千三百九十四万一千三百一十口。陆兵共二十二万五千八百七十三人，欧洲兵仅八万，余皆土兵。分驻各部各海口。地产，北以盐为最多，南以鸦片为最多，岁税二者居三分之二，地税仅居其一，可谓盛矣。

十七日为印度帝后生日，印度诸王皆集会北印度之德列城行庆贺礼，远至西域诸回部及布达拉、廓尔喀、布鲁克巴、克什米尔之奉佛教者，及南洋之暹罗，并遣使称贺，而布达王亲至，为印度一盛会。列象至千余，所辖地皆施放大炮、歌万年曲、放烟火，大赦罪犯一万五千九百八十八名。有为债务禁押者，欠一百鲁比以下概行释放，所欠之项由国帑偿给。其推恩可谓至隆至渥，无以复加。正不独伦敦一地，官民称庆，夜放灯火，为其国主像，眉、目、口、鼻、冠缝、衣褶，皆以火中呈现之而已。或谓英主英伦三岛称君主，而又称五印度后，似其君权在印度较重。其本国所以仍称君主者，以数百年来为其民所限制，骤难更张之故，而要其权，则无分彼此也。

罗马教皇之衰

天主教布满各国，民无智愚，国无强弱，奉令承教，尤以罗马教皇为统宗。闻教皇之言曰："上帝委教王天堂地狱之管钥，凡入我教者即登天堂，不入我教者即归地狱。"假此以愚弄其民，绝不闻有教养之政也，但谓敬事天主即可获福，借端敛财，巧设名目，以七十五年为万福之庆，传檄监督，转行各境，谓信教诸人齐驱罗马，忏尔前非，赦尔往罪。按，此例起于元代，后于五十年为一期，复改三十五年为一期，近改二十五年为一期。凡本境人，礼拜三十日，每日诣教堂施财赎罪。外国人礼拜之期为十五天，相沿至明季以迄于今。教王以享利无穷，而恐远人惮跋涉而不前也，复变其例令，届年在本国忏悔，将诣罗马之资斧，准路之远近，折缴教使转献教王，亦可赎罪云。其所得金钱，可谓宏且富矣。自法与奥构兵、与布交战，届期不克举行，赀财亦稍稍匮乏矣。兼之法为普败，法人调其护卫教王之军回国，义国遂乘机入其都城，尽夺教王辖地，自是教王束手惟命。教王简派驻瑞使臣，循旧例也，而瑞人以教王失罗马，无一民寸土，安用此为，竟遣之归罗马城。教堂之籍归于官者，四十余所，教王不敢再争。教王盗窃事权，久持大阿之柄，意与立约，归教之人听其自治，余不得过问。教王不复有为，仅能自持教务而已。夫同一教王也，当其盛，献赠之资络绎而来，民亦得沾其余润，借以存活者不少。及其衰，婚葬之费革除殆尽，民乃得以自主，不闻复有所拘制。识者观其盛衰之由，亦可以知世变矣。

美人英人之采金

按，汉以黄金为币，上下通行，而开采之法，书缺有间。近数十年，宇下五大洲所用既广，所产益旺。美国嘉邦旧金山之采金始于道光二十八年，英国南洋属地新金山之采金始于咸丰元年。以上二处初采时，一处所获之金有岁值银六千余万者，近已少杀。而五洲各国现在各处岁入，犹统值银一万四千数百万。美英所产，几几居三分之二。采取之金，以淘金为宜。旧金山之沙，长千三百余里，宽一百余里。金之在山，凝于沙石，分支交互，都成脉理。山水冲激，挟之下趋，石块重而沉下，中壅为沙，上浮为泥，层层有金，唯在下者结最厚。人持铲一、斧一、畚一，铲以取之，斧以碎之，畚以淘之。豆金漉以水，屑金甚微，则渗以汞，合而蒸之，汞化而金凝已。淘采之初，人日所得值银百两。故闻者麇集，始年万五千人，其明年增至十万人。后人愈众，金沙亦瘠，每沙一吨，淘出之金少，犹值银二钱，一人终日之获可扯银一两。其有竭津而淘者，获金虽饶，而置机戽水，非拥厚赀、集众力不办。沙既瘠，而淘者稀，遂议从沙傍高山探脉开硐，鸠公司以采之。凡开山探磠、凿石搏沙、磨砻淘洗、合汞烹炼，用机器数十座，用工役数百名，费殊不赀。又矿石每吨约可得金值银六七两方不亏工本，迥不如淘金者日获虽微，犹可自给，故旧金山开山之七十九公司少赢多绌。英之新金山采山者鲜，淘水者众，盖鉴乎此也。至其办法，旧金山居者稀少，至自他国者皆听往淘采，不为限制。既流寓日众，始人限十五丈，不得占人现采之地，采毕往他处亦如之，每处停采不得过五日。若开山矿，人限三百丈，始得矿者倍之，集公司者，各以应得之数予之。每处停采不得过一月，有逾限，听他人接采之。所得之金，官不收买，听入市自为交易。立法简略，人人乐趋。又地气温和，种植蕃芜，流水不冰。淘金者终岁不辍，且耕且牧，招集日众。英之新金山其法同，其地气又同，两处并收耕牧之利，今且十倍于淘金焉。

旧金山之禁阻华人

英报载华人佣工于西洋者，约二十万人。计在美国者十三万人，其性驯良，易于驾驭，工值亦廉。土木之役劳苦备至，有非西士所能者，是华工大有造于西洋也。乃为穷黎所忌，合民工二万二千二百十一人，联名环禀议院，以华佣泛海而来者日有所增，土著穷民为之歇业，请禁止之。闻其事，上议院白来实主之，因其挑唆美民不许华工入境也。美民怨华工取值太廉，攙夺工业，甚于怨华民之败坏风俗。白来迎合众情，创立新例，显背条约，即派采访三人往勘其事，孰料刑司之勘狱也，以华人之言为不足证。迹其菲薄华人之由，以土著工人身价甚昂，不敌华人之廉，视之相形见绌，以故贫贱者妒而谗之。华人遭此阻抑，天壤甚大，几于无地自容，情殊可悯也。或有言美国限制华民之事，事非无因。查银行汇票总簿，华民每汇银至广东者，多则一千五六百万圆，少则一千余万圆。四年扯算，每年洋银入中国者，可一千两百万圆。然则仅就旧金山言之耳，他如古巴、秘鲁，其商佣所得之银，输回中华者奚啻数倍。盖近年通商以出入货相准，华银每岁流出外洋者约二千余万，惟出洋华民商佣所得以之相抵，尚觉有赢无绌。通盘筹算，恐华人源源而来，势必喧宾夺主，此限制华人之举所由起也。乃其中亦有起而非议之者曰牧师花勒，尝环游地球一周考察教务，游毕而返，述其所见陈于国中，曰："美国违约禁止华人至美一事，为无识者所为，无礼之尤。凡我美国人民，当同深痛恶，羞对中国者也。"又有上议院臣海加耳，议及华人至美国之事，不依中国与美国所立之和约而来，未出洋之前已有西人与之川资而立一合同，至美则与奴仆无异，其事不合，应与首领商议禁之，毋再苛刻其人，亦有足多者。然则公道在人心，勿谓美无人也。

英人之开新金山

新金山者，在亚墨利加地。其地丛林大木，阴翳参天，英人欲开通其道，以便行旅往来，莫如作火轮车为最要。其时有人名马斯孟者，劝用木路以通火轮车，作书一卷论其事，其说甚为有理。按，新金山为英人新得之地，树木极多，必先去之，乃可为种植之地。故木价甚便宜，而开路之料俱现存于路旁，取给不穷，宜无有阻之者。或有疑木条不能耐久，不知此事英人普剌萨曾行之于伦敦矣。闻其在伦敦相近处作铁路，长约七里，内有极斜之处，又设一远路，其径约为一里，所用之木条俱为六寸方者。其火轮车重十三吨，所牵五坐客车各重二吨，每日行十点钟至十二点钟，来往俱为运客。平常之速每点钟约行七十五里，共行十一月，毫无危险。此种弯曲不平之路，若铺常用之铁条，则断不能成此事，此其明效大验。伦敦然，推之新金山当无不然也。今将铁路与木路比较，则木路之价约贱一半；又如平常铁路之火轮车，其价铁路十分之一，（又）〔而〕木路所用之车，其原价与修理之费约贱一半；又如平常铁路之火轮车，其价洋一万圆，每年修理之费约洋二千圆，木路之火轮车有人连用九月，每日行十二点钟，而修理之费洋一百圆；又铁路之面相磨既久，只能将铁条翻用一次，若木条则为方形而可翻四次；又如成木路所费之时候约为铁路三分之一，故新金山等处急于用火轮车，此亦为要事。总之此法尚未兴旺之日，大半因炼铁之厂阻之之故。兹将木路之益处分为八事：一、能速成；二、成费太省；三、木条之价比铁条减少一半；四、销磨甚少；五、能易行弯曲之路与斜路；六、甚稳当，如正轮忽断，则辅轮能受车体之重；七、车行时不摇动而不发响；八、因各项之费用小，则运客之价可便宜，而主人易于得利也。有此八益，胡亦何惮而不开也？自新金山开后，所得矿金，用之以招商劝工，而举国鼓动，遂为诸国之开先，华民来此地者接踵。雪梨、美利二省佣工尤众，获利甚厚，英设总督巡抚治之，蒸蒸日富，遂不可遏矣。

意法两国之凿山通道

法国与意大利亚国交界之处有一带高山，名亚力伯山，又名孙义山。如能设法令火轮车过此山，则两国之铁路可通。内有一处长二十余里，为火轮车不能行过者，无奈何，欲开一大洞通过此山。但此山之质为硬石，不能依平常开洞法而有直立通风之洞，故必设新法。一千八百五十七年，有人设一新法，用汽机压紧空气，而用管引此气，至作工处之开石机气内，令其行动，此管虽长数里，而所通之空气仍有运动机气之力。又此气在洞内放散之后，令洞内常有洞风，以免恶气之弊病。山内通洞时，必在两端并起，渐渐相近，至能相遇为止。如不用最细之法、最灵之器而测绘全图，分毫不爽，则山中作工两来之人永不能相遇。故周围之山上择三处立记号，便于测绘之用。以后详细测绘其山之体，记其各数，则知所要开之路长约五十万尺。又洞之南口比北口高七百八十尺，此两口俱在山上之高处，所需用之器具与材料必先送至山上，甚属辛苦。至一千八百六十一年初，行用开石之机器。第一年内，每日夜只能开路十八寸，较之人工用凿所开者更少，此因机器不灵之故。第二年所开深者不多，第四年共开三千九百六十尺。自后每年愈开愈多，而南北两端相通，所差者不过数寸而已。此大洞之外，另有数处有小山隔住，亦必开洞，而所开之洞共长二万余尺，其开洞之法大半用火药轰开之力。总之，法国与意大利亚国其铁路相连之处长约一百二十里，开此路所费之银约洋银一千七百五十万圆。此路未开通之先，有人设法在山边开铁路，可直行过此山，不必定赖山洞。所用之铁路与平常之法不同，铁条用三根，而车有一个平轮与中间之铁条相切，则斜路与弯曲之处俱能行过。有数处必在路上搭蓬帐，以防下雪塞住此路。火轮车之前有一耒，冬日用以去雪而开路，以便车行。开此路之费，每一里约价洋银一万三千圆，其火轮车之价亦在其内。此路已成，而多弯曲之处，每一点钟车行五十里至八十里而上山。所以亚力伯山有铁路两条，一通过山之心，一通过山之面。有要事而必欲行速之人，则过山洞之路；游玩之人看山水，则过山面之路。山面、山心，路已不同，故过亦不同，任人之自便而已。

英法拟凿海底通道驾飞桥行车之役

　　法与英仅隔一小海，约距七十里之遥。天气晴明，两岸可以相接。昔时有人拟于海底建高大铁邃道，以便车马往来，两旁悉用灯火，无殊白昼，惜其事未果行也。今复议建桥梁，以铁为之，用铁墩三十二座，上用铁链为路，高五六丈，宽约二三十丈。桥之中间安置车路，可容两车往来，左右绰有余地，以便于行人过客。桥之两旁开设铺舍，约当路程之半，别设酒楼旅馆以为行客憩息餐饮地。桥下海水浅处约有十丈，其桥离水约四五丈，桥下并可容海舶出入。铁墩之上安置夜灯，船行过此，庶无防碍。但兴此巨工，所费不赀，约需银五千万两。若果能行，他日落成，真海上一奇观也。按，凿海底以通道，驾飞桥以行车，二者皆非易事。通道之役，英人已有集公司而为之者，惟英之水师提督深以为不便，谓："英与法相距只隔七十里一海峡耳，设使一旦用兵，艨艟对击，枪炮轰攻，亦为堂堂正正之师，无所畏于法也。今若海底通道，则彼或潜师暗袭，将奈之何？非置十万重兵不能守也。"是亦老成持重、思深虑远之言哉。

英人之禁黑奴

昔年有贩阿洲黑人为奴者，经英国上下议院集商禁止。出资数千万，悉赎之还，尽行遣释，法至善也。积久弊生，奸贩复作，故英兵船之在阿非利加者，向仅五号，近因土人往往擅卖黑人与他国为奴，添派两船往来稽察。本月十四日，议院询之水师兵曹，兵曹答之如此。又英外部近得阿非利加来文，备言擅买黑人为奴之弊，计惟由东海开通火轮车路径达内地，则棉花、橡皮、芝麻油、芭蕉油及各种香料，俱可懋迁往来。利源日浚，民各有业，自不复借贩卖黑奴为生计矣。此说若行，其裨益于黑人者不少。使驻金岸督臣严定奴隶黑人之禁，四境土王悉受束缚，又遣格致士立分斯屯往阿非利加黑人之处查考各事，无非欲保全之意。征阿珊，为其虐待黑人也。阿珊与英和，英并敕阿珊毋虐黑人，盖黑人皆畏威怀德，宜乘机利导，使之望风向化。前曾禁其掠贩黑奴，严防出境，彼将羊豕其人以供大嚼，是救之适以害之也。教之数年，纪纲粗立，俾狉榛之俦，被薰陶之化，我英即束兵退耳。炎蒸瘴疠之乡，原非利其土地也，用心忠厚，可谓无微不至矣。美亦有同心者，议事上院森讷耳，当时申奴隶黑人之禁。其人亦有足多者，可见好善人本同情，正不止牧师花勒而已。

秘鲁之禁猪仔

粤东澳门有拐诱华人贩出外洋为人奴仆，名其馆曰招工，核其实为图利，粤人称之为买猪仔。夫曰猪，则等人于畜类。仔者，微贱之称。豢其身而货之，惟利是视。其售至秘鲁者，其刻薄为尤甚。闻秘鲁国有人来信，云其国内大农户约有二百家，田土寥廓，自南至北约五百里，每一大家用华人一百五十人至千人不等，视同罪人，敲扑之，饥饿之，甚至杀害亦有之。有一处用有刺之鞭，人受此鞭，流血满体。有已受重伤之华人不能作工，在彼处作乞丐者。然此犹系耳闻而非目见之也。若剑华吴君出使秘鲁之目见，情节愈真，亲睹寮中人困苦异常及寮主苛虐之状。有一寮主杀人尤多，笔之于书，尤足令人发指。问华工之口食，止面蕉少许，食不饱也。问华工之寝息，则铁环其手，转侧皆难，寝不安也。又其甚者，稍惰则用鞭棒击之，偶逸则放恶犬咋之。华工至此，种种受其荼毒，进退维谷，呼吁无门，惟坐以待毙而已。吴君遂据实以告诸星使，前亦有委员数辈来查，一切供张均由商具，而于弊政究未详告，故华工依然困苦，世安得有几吴君哉？然吴君查寮虽力，回告星使，星使告诸秘廷，秘廷殊深抱愧，亦思设法援救，无如积重难返，释放未能，卒付之无可如何。于是华工不堪受此苦，况九死一生，再逾十载，华工定无生还者矣。噫！

俄皇美总统之被刺

大凡被刺者必有主使，未闻有无故而推刃者。环顾欧洲之大，凡民人谋杀官长及其国主者，意、法、西班牙诸国恒有之，初不料又见于俄、美二国。按,道光五年,俄王尼格拉嗣位,兼波兰王。至光绪六年,有尼希利斯党作乱,会王出游,要而弑之。闻是时,正曾纪泽出使俄都,驻俄七月有奇,商酌约章,终得就绪,实赖俄君顾全友谊而相接以礼,始终不衰,令人心感。且其为君,慈惠爱人,德政甚多,特以刚断不阿,严于去恶,遂及于难,各国惜之。回忆前十余年,俄王之父亚林三德因释奴事,各世爵富户多贫,因而觖望。数日前,俄皇宫内拾一匿名帖,云:"汝莫以前日行刺为幸免,虽去他国,终不甘心。且不惟欲弑汝,即他掌权重臣,亦视同几上肉耳。"查其纸非宫外物,事遂寝。一日,王出巡,回车还宫,尼希利党人伺于中途,掷火球车下,炸伤俄王,当夜即殒,如昨日也。

不逾年,又有美总统林肯为奸人刺杀一事。按,林肯平时素恶行奴,特不敢轻为祸首,适总统满期,议院公举林肯登位。林肯已立,执意禁奴,所有部内佣奴尽皆释去;不惟释之,且能官之,谓凡黑人年逾三十、才且贤者,准其一例选举,人多称之。南部蓄奴之家起兵与之相抗,联络诸家自立一国,曰会盟国。师行济江,又交通英国,英国潜以军器济逆。林肯知之,发谋封江口,先断其接济,南人始困。又能擢格兰脱为帅,用兵如神,先攻其炮台。即逆将名理者,忍挚善战,格兰脱专与之战,相持许久,卒能削平。销合盟逆国之名,仍合为一。伪行军、伪总统被擒治罪。捷报至京,欢声雷动,举国方将为林肯君贺。适林肯观剧园中,妻子俱在,猝不及防,竟被南省奸人刺死。此事实出人意外,尤骇听闻,是以下贼上也。例之克耳们之谋害毕相,民人之图杀勃林,至是而三,亦仅见之事矣。然科以二国刑律,俄则凡凶横人犯或入监不服管束者,日饮以冷水三碗,不给饮食,俟其垂毙,始加调护。美则于谋逆重犯,罪止环首,逆犯之祖父、子孙、亲族,并无作何治罪明文,其轻纵一至于斯，无惑乎？用枪轰击君主之事时有所闻也。

希土之构怨

希腊，欧罗巴州古国，自皇古至于周秦称极盛，声名文物比之吾华邹鲁。按，希腊疆域与土耳其界，自并入土耳〔其〕，其人苦土之虐政，尝思自立为国，畏土强，不敢发。至嘉、道之间，希腊人始起兵叛土，数与战，不胜。道光八年，希腊请援于俄罗斯，俄以兵十万入土。英吉利、法兰西恐俄人之得志于土也，乃合兵抗俄。明年，英法兵迫俄与土和，反土侵地，并令土听希腊立国，于是希腊亡二千年，至是复为国。咸、同以来，希、土尝以边事构怨，诸大国辄为调停之。闻去岁保加利亚与赛尔维亚交兵，希腊因起兵侵土疆，诸大国不直希所为，且恐兴兵构难，挠欧洲大局。于是英、德、俄、奥、意五国，议会兵船于希腊海疆，以退希腊兵。惟法不欲以兵船会，但告驻希使者，使释土希之图。月前，五国致书于希，云："五国兵船已集于贵国境上，惟贵国于八日内罢兵，则五国兵各自返轮。不然，各国之兵易集难解，将进封贵国之海口矣，惟贵国图之。"希腊不报，亦不收军，盖恃法为援也。月初，五国驻希使者皆束装出境，以示失好。现闻英之铁甲三艘，意之铁甲三艘，德铁甲一艘，奥铁甲一艘，俄铁甲二艘，并水雷船、小炮船、钢板巡船共十余艘，已进封希腊各口，禁希腊兵商船出入。五国之兵非欲战也，欲希腊勿与土战也。希腊君臣至是始知悔，亟亟焉谋弭兵，不敢言战事矣。

瑞士之能自立

欧洲王政诸国皆以瑞士为民主小国，各国奸民倚为逋逃薮，聚讼于其间，乘隙返国，兵事遂兴。故法、奥欲分裂其地，法西奥东，至一千八百四十八年，法、奥皆有内乱，他国亦多变，故不遑用兵，而瑞之执政复长于治国，律明政修，各国莫之敢侮。与之为难者，惟教王与耶稣会暨万国工会三类耳。按，瑞士虽多教士，而赋性清明，不受蛊惑。工会诸人欲挟持富人，平分其利，而瑞人力斥其非。又能开通轮道径达意大利，洞山通穴所费虽需十五兆佛郎，不惮其难而中止，可谓勇于进步矣。待各国恩礼有加，各国咸派员至其国，会议养恤战士公法暨会议亚勒巴麻船款两项，均有成议矣。西国书信往来向无定费，而道途之远近，货物之重轻，种种不同，欲得划一章程，价廉而行久无弊者，咸向瑞士折衷焉。议已定，画押永无改悔。瑞都设立总局，岁费约计七万五千，而送信之价，则以国之贫富大小分为六等，第一等岁费五十分，第二等岁费二十分，第三等岁费十五分，第四等岁费十分，第五等岁费五分，第六等岁费三分。总局收齐，次第给发，此后道出各国不复纳税，惟比利时地当冲要，文书络绎，公议筹款以津贴之。布置周详，咸称至善。迩来又会议万国公法于日内威城，瑞士内地。斟酌尽善，各国相从，并无间言，其见重于欧洲有如是者。

比利时为自立之国

按，比利时初隶荷兰部，继发愤为自立之国，与荷构兵，犹未已也，后偕荷人至英，立约讲和。荷人许其自王，由是列国皆以与国视之。始立之王为赖乌布耳第一，经营布置实赖总理外部郎贝尔芒一人，故三十年来事事皆臻妥协。今王第二为太子时曾游历中国，伊随之行，行至上海，闻前王得病而返。然于中国风俗教化耿耿在心，恒不能忘。嗣立为王，任为心腹，一如前王倚毗。其人学问素优，于天下各国之大局均能精心研究，折衷至当。尝论旧金山、新金山之土人日强一日,数十年后必各自霸一方,不复服属于美英,美英之势当稍衰。而中国又多两强国之交涉,应付当稍费手。又曰:"方今地球各国名相,以毕士马克为第一。"盖阴以自况也。佐君出政,井井有条,一切军国重务皆伊主之,侍郎喜梅但画诺照行而已。入其都城,闳整精洁,在欧洲有小巴黎之称。观刑部衙,规模闳壮,为欧洲冠。观万恩尼织纱厂所织折扇、衣料、手巾、披巾之属,均极细致,而欧洲妇人皆珍重之,行销欧洲各国,为比国土产一大宗。观德棱厂制造军械船炮,不亚於英德诸国,价较各国为便宜。其余学堂悉听民自行入塾,无强勉拘逼之劳。标兵平时四万人,有事一闻号召,立可得十万人。电线铁路四通八达,纵横交互,殆如蛛网,非留心经济者,必不能有此作为。闻此邦多产马,马皆肥硕膘健,有重至一千五百斤者,较常马高大倍之,皆壮马也。郎贝尔芒牧民如牧马然,人皆贤之。不意比国一小邦,昔时常驱犬拉一车,今则马车载道,赫奕辉煌,得列于与国之数矣。而且轺车四出,与上国冠盖相往来。驻沪者有尔来廷,驻京者有米师丽,皆极一时选,风气蒸蒸日上,以此见贤者之有益于人国如此。

英法助土攻俄之战

事有可已而即已者,况经人排解争端,从此可以息矣。俄皇崇希腊教,而土人抑之,遂发兵趋土边境,此无理取闹,宜英国君主致书直斥其非,且命土人严拒之也。俄皇怒,先夺土丹牛波江畔一省会而踞之。土王恃有英法两国之助,乃决意与俄人战。英法二国亦发兵船屯于黑海边之发脑海口。英命喇格兰为将,法命胜雅瑙特为帅,遣使约战。俄有兵四万人驻斯巴斯土拨地方,扼守险要,又有兵船多艘于该处海面游弋,声势颇壮。而英会同法、土二军乱流竞渡，直逼其营于山巅。争先陷阵，俄兵死伤相继，遂夺俄营垒，进逼其城。时俄兵已布置周密，无隙可乘，乃筑长围困之。安设大炮于南首山上，纷纷向城中轰击，七日不休。俄亦能军，蹈瑕抵隙，以马兵一队往攻土营，土猝不及备，俄兵直越土营攻英。英兵官嵌伯老成持重，严阵以待，直待俄兵进前，始发炮击之，俄兵于是败。总兵罗嵌，恃其骁勇，直冲俄营，俄亦整队不动，以多击其寡，英兵以是败。二军倏胜倏负，均称劲敌。已而，俄命亲王率全队齐出，直逼三营而阵。时值大雾迷漫，三国之军未辨虚实，但闻呼杀声满天地。幸喇格兰整静，命人自为战，不为俄所乘。经半点钟久，又得法派生力军九千援应，俄亲王度不能胜，急命退师，然已伤亡不少矣。俄皇计穷，有人献开掘隧道之策者，促命速开。英、法、土知之，亦效尤不少让。迨隧道成，两相逼近，几可接谈。俄隧名曰"马辣克夫"，英隧名"立延虫"。二军各向隧道进发，怒突狂冲，俄力不支，大败而遁，俄隧遂为英法所据。俄皇力竭，旋卒于军，世子嗣位。三国乘其丧，合力攻之，立破其城，并烧毁城内民房兵垒殆尽，俄兵船则嗣皇先命凿而沉之。当是时也，英、法、土屯兵于开米哑一带，计众二十万。俄新皇知不能敌，决意命使求和，英法二帅察知其情非伪，遂亦各愿罢兵，命俄国从此不许威逼土耳其，俄国在黑海之兵舰不得过额别有加增，黑海之滨不许再造大炮台。俄皇唯唯如命，不违于是。四国公订和约，相率振旅回都。英国之威名由此益盛，而俄之气焰亦少衰矣。

德人心羡荷人之抚有南洋群岛

苏门答剌岛以东，大小岛以数千百。除吕宋群岛属西班牙，婆罗洲之北属英吉利，巴布亚岛之东南属英吉利，东北属德意志，西为土番，胎墨尔岛之东半属葡萄牙，余皆属于荷兰。盖荷人善于操舟，能行远，利之所在，虽数千万里，尝不惮亲征焉。考荷兰本国褊小，计为方里者十万六千三百九十四，而南洋群岛属地为方里者六百又三万一千二百一十九，并较属地大于本国为五十倍过之。又其地所出，有米，有棉花，有色木，有烟，有椵楠，有胡椒，有香料药材，兼有黄白金、金钢石、橡皮、靛青诸贵重之物，喷盈充斥，取材不尽，荷之国用仰之。民口共二千五百万，而驻兵不过三万。群岛之民翕然帖然，数百年来未闻叛乱，虽荷人善於驭远，亦岛夷安于积弱，无揭竿之志耳。论者谓德意志虽处欧洲中原，而东西两洋无尺寸腴壤以为藩属。荷兰近在西鄙，旧本日耳曼诸侯，今既列为大邦，广抚属土，未免启德人之觊觎。德之兵力，亦足以并荷，但恐英法诸国执公法而兴问罪之师也。然德人固未尝须臾忘南洋群岛，尝见德意志人所作南洋群岛图，于荷之属地为特详，其用意可知矣。

日本萨、长、土三藩勤王，将军庆喜归大政，废列藩封建，改设郡县诸事，及琉球之役、台湾之役、西乡隆盛之乱、开拓北海道之役

按，日本立国二千余年，禁港不与外夷通。自孝明即位，英美船先后踵至，坚请互市，始与定条约，非王心所愿也。既而大臣家倡攘夷之令，征兵诸藩，守卫京师。萨、长、土三藩同谋勤王，厥后长人炮击美舰，萨人与英人战，互有胜负，卒之力屈请和，偿兵费三百万，始罢兵通商如故。大君辞职，天皇亲政，改从西法，卓然能自树立，布之令甲，称曰维新。明治元年，诏开兵库港，陆军取法于法与德，海军取法于英，海陆军有士官学校专以教帅兵者。凡夫地之

险要,器之精良,一一有成书,绘以图,贴以说,图说所未尽者,以土木肖其形,一览可知,不啻聚米之为山也。又有操练场,小队每日习之,间数月一大操,君及母后、妃后或临观焉,戎服督队,容肃而仪简,一一规仿西人。诸藩奉行,无敢梗其议;惟德川氏庆喜意见不合,上表辞大将军印,促召入京,不至,起兵江户,大举侵阙。诏削其官爵,拜二亲王为帅,授锦旗讨之。兵威所至,庆喜势穷请降,入宽永寺待命。宥其死罪,屏居水户,而旧藩邸第、危楼广厦,皆没入官,或为官舍,或为民居,其荒凉者鞠为茂草矣。二年,罢警跸喝道,改置议政院、议员,以议地方事,亦略仿泰西上下议院之意,以诸藩充之。材武以萨摩为最。维新之际,其国英杰首倡纳土撤藩,故功臣居十之六,长门次之。以今考之,其定封藩院一制之例,废公卿之称,只存华族、士族两类,所设官制有三院九省之名。三院者,曰大政院,曰大审院,曰元老院;九省者,曰宫内,曰外务,曰内务,曰大藏,曰司法,曰文部,曰工部,曰海军,曰陆军。省置卿辅,分其属,专其事,而受成于大政官。史馆、式部、电线、铁道、图书、农商等局,皆分隶于诸省。因时定制,焕然一新。又废东京、京都、大坂以外诸府,并为县,一如秦皇改置郡县故事。初置三府、六十县者,其后归并六十县为三十六县,以虾夷为北海道。北海一道旧属松前侯,今割分十一国,初令诸藩分任垦辟,后专设开拓使治之,以其土人不事耕种,日以驱狐狸、捕鲸鱼为事,现闻土人种类只存数千,合之后来踵至者,当更实繁有徒也。四年,分命工部大辅伊藤博文为副使聘问欧美各国,又遣大藏卿伊达宗城来中国结好。朝议遣使修报,遣何、张二使往焉,至日本宫偏殿见日主,西服免冠拱立殿中,亲递国书,进退皆三鞠躬,循西例也。五年,攘琉球于中国,改为冲绳县,册其王尚泰为藩王,拟一等官,列华族。

按，琉球邻近日本，自古不相往来，独源氏《大日〔本〕史》载尚宁王始服属事，近时日人好事者穿凿附会，又谓王族源为潮之子，甚至疑开国祖天孙氏亦为其裔，多方牵合，无非思掩其灭球之迹。六年，彼因琉球难民为生番所杀，借端挑衅，兵抵台湾，初与大吏议，不洽。七年，又遣使议台湾事，势在必得，大吏不能折之以理、怵之以威，反以数十万金赔款了事。十年，鹿儿岛贼起，西乡隆盛为之渠魁。隆盛者，萨人也，刚很好兵，慕秀吉为人，废藩时以勤王功擢陆军大将。台湾之役，西乡实主其谋。役罢，议攻高丽，执政抑之，去官归萨，设私学招致群不逞之徒。今春以减赋锄奸为名倡乱是岛，九州骚然，日本悉海陆师赴讨，阅八月始平，死伤数万计，费帑至五千万。计十年中所行，无非革故取新，以富国为要务。越至于今，又因朝鲜之乱咎中国背盟，遂至失和开战。彼族长驱直进，逼近京邑，始与议和，遣相臣至春帆楼定约而归，姑从其约，亦足见圣主如天之量也。

高丽守旧党之乱

光绪壬午六月初九日，闻朝鲜国王李熙猝遭乱军之变，围逼王宫，王妃被难，大臣被戕。国王虽不见废，然幽闭不能与外朝相接，朝臣涉外交者，搜杀无遗，人民率奔走山谷以避。迹其祸乱之由，咸称衅起兵丁索饷，而激之使变者，皆出自李昰应。盖昰应以太公摄政，阴结枉寻、利泰二里诸军以为羽翼，经人弹劾，渐作家居。昰应憾于失权，阴养无赖，期寻祸乱者久矣。或密藏火药于王宫而放火者数次，又以暴发药焚杀莅臣，国王皆隐忍不发。后国王复使其子载冕握兵柄，冀其转圜，或可弭乱。乃此次乱军初起，先赴伊家申诉，不出正言禁止，竟置乱党不问。国王无如之何，暗中遣使，告变中朝。中朝遣吴长庆等率兵往办，不动声色，将载冕诱拘南别宫，以水兵数十人守之，俾乱党无从推戴，然后部署一切。先往枉寻里捕其党羽，直捣巢穴。其地两面高山，中列街衢，瓦屋鳞次，分扼两头，俾不得遁，生获乱党一百五十余人。次诣利泰里，乱党闻风远飏，亦获二十余人。是役所获者共一百七十余人，第戮其首领，协从罔问。旋生致昰应，以兵护送至瀛洲，轮舶解送直隶保定省安置，宣示其积威震主、谋危宗社之罪，仍优给廪饩，终其天年。后国王顾念天伦，系怀定省，以李昰应年老多疾，乞恩归国，便于孝养为辞，嗣于十一年八月间释其还国，父子相见如初。是时乱党业已剿除净尽，当无有死灰复燃之事矣。

法人图越之役较俄人伐土之役尤狡

法之于越也，犹俄之于土也。越之富良江名红河者，犹黑海两河之要也。我之护越也，犹英之庇土也，以百灵之约相形，则红河水道即不照黑海封禁，亦只准商船往来。乃法人恃强逆理，既得嘉定，曾未几时，复图东京；既得东京，复攻南甸；既得南甸，复攻北圻，意欲浚富良江而窥我滇粤，此我之驻兵北宁、画河为界者，犹英之保土国亚洲属地，即所以自保印度，洵为至当不易之正理。若任由法人开埠东京，则红河之险尽为法有，我不得而问之。保胜孤悬关外，不第滇粤之门户将恐多故，而保胜之设关收税，法岂能始终守约而不渝乎？越南为入贡之邦，其江河通达之便，中国尚未行利用之权，法竟于东京海口设埠通商。设土之黑海两河，俄罗斯独自设埠通商，不惟保护之英所不许，吾恐德、奥、意、法诸国，必将起而掣其肘也。且彼不过以土为厄塞之国耳，若为其藩属，或其国连界，犹将不止于此而已。昔年普、法启衅，英人以比利时、鲁星勃连英境,函致普、法,毋扰其境。两小国得以获安者,皆英庇护之力也。我朝于越南兴灭继绝,推亡固存,历更三姓,载在典籍,播之史书,昭如日星,为万国人所共睹,均在咸丰八年法人图越之前,法人尚有何说之辞?即其于同治十二年与越续约第三款,内载"从前与何国相交、往来通使,今应仍旧不可变异",是其意明知有一中国在,但不肯明言耳。其咨总理衙门者,亦即此意。故自同治十二年,越与法国定约以后,迄今贡献不绝,仍无变异。不然,越南果为自主之国,法人何必多此一举也?乃此次议和后,彼与越立约声明,凡我所颁诏册,悉行缴还。诚若是,则我何必出此无名之师,以自取人欺?津门第(三)〔二〕条犹曰:"与越南改约,不插入伤碍中国威望体面。"诏册既缴,威望体面何在?前者置越不问,犹得存此虚名,而出师护越以后,并此虚名而无之,吾不知为何说也。塞邦布部虽曰自立,而春秋尚有贡献,中国犹戍屯兵。人以为百灵之约多便私图,吾以为百灵之约犹存公道,非夫人之力不及此,世风递降,可慨也哉!

秘鲁智利之战

秘鲁、智利昔为西班牙属国,今则自立为国。两国犬牙相错,固宜同其好恶,恤其患难,得唇齿辅车之义,而后可相安无事。乃忽启衅端者,何也?战事之兴,两军相见于海上,兵船交尚,而兵船尤以铁甲为要。稔知秘鲁购铁甲炮轮船六号,一名英纳奔腾卸,一名阿得歪伯,一名永宁,一名佛多利阿,一名罗阿,一名蛮格茄伯。按,蛮格茄伯在美国厂购到,有活炮台磨旋开炮,置五百磅弹大炮三等。自头至尾,包裹铁甲甚厚。临阵时船可沉下,出水六寸许,敌炮不能及,而行驶如飞;上有热滚水管,开其关捩则滚水冲入,而敌不得上,尤为奇构。智利定铁甲船二号,在英国定造的制,重二千吨,铁甲九寸厚;每号炮置六门,用来福,重十二吨。若以二号较六号,宜其多寡不敌矣。然智利乘秘鲁不备,蹈瑕弥隙,铁舰竟被掳去,而秘鲁不支矣。今智利自乱,闻乱党亦有兵船,名意打达,在美廷造者,私购枪弹,为美国地方官扣留后,私行驶回本国,而美舰追之不及。乱党自知理屈,即将该船与所购回之枪五千杆,解交美国收管。乱党失所依倚,正在踌躇,适智国轮船二只载兵入卫,乱党乘其不及防,竟掳其一。其一船为其穷追,几不获免。而卑沙瓜一城失守,沿海一带口岸俱为兵船所封,道路阻绝,势难复振,而智利亦不支。然则讲求海军首贵得人,若不得人,徒恃船坚炮利,巡防稍懈,多为所乘,适以藉寇兵而资盗粮。有国者尚宜留意云。

马达格斯之战

按,马达格斯加岛在印度(东)〔西〕南方,田土肥沃,谷果丰硕,清胜为阿非一土之最。自古闻未属于人,法人垂涎已久,乘间抵隙,屡谋取之,必期得地而后已也。东征之日,水陆两军由马赛登舟进发。其总统水师者,闻为杜甘司恩,先押近造快船在孛来斯地方。当水师营务督办及查验委员之面,加足机力,出海试行。水锅二十个,只用十二,炉中每一平方法尺之地,计烧煤一百七十五启迈,机器得马力七千匹,每钟速率得十七海里有半,合中国五十六里有零。此增船之数也。抵岛时,又示谕军中,一谓:"尔等曾与余共事于阿洲、北圻等处,尔等之功绩,曾余目击矣。若者为弁领,若者为水师,若者为陆兵,皆极好之勇士也。余于尔等,甚为放心,而尔等亦尽可惟余是赖。今兹之役,或甚艰辛,然或不至旷日持久。尔等素遵约束,素勤操练,志坚力卓,自足以克敌致果。耐苦却病、所有预防热气之应验良方,早经安排妥贴,俾尔等免沾疫气,而尔等亦当力求洁净,调摄得宜,并于一切却病之法敬谨照办,其各勤乃职慎毋忽。盖军中无甚病者,斯为督带有方,是则区区之意也。"一谓:"尔等至彼处,待土人不得异视,须知彼等皆系法国所保护,其身家财产,尔等皆不得干犯。其人若来,并无恶意,尔等当以友朋相待。即被获于行阵之间者,一经抛去军械,尔等亦应秉公接待,善为抚循。余固不准我兵倚势横行,虐待该岛之土客人等。倘土客人等能为我国出力,余益必优待而给赏。倘尔等有不遵号令,不守营规,漏泄军情,则当按所过失之轻重以军律严惩。尔等其知之。"委曲周详,何等体恤,实足令人心感。战事有期,法水师即会同陆路两军提督梅石然,首先奋战,夺得麦罗服爱要隘,及盎扒利拉发一路,将敌军分两路截断,敌人尽向东南遁去,所有大炮、快炮及衣粮,一切委弃无算。法兵死者一人、伤者五人而已。从此岛人震慑其威,不敢复谋抗拒。遂逼之立约,归法保护,甫八年耳,乃遽占其所属之岛。弱肉强食,习为常矣。

英法埃及之事

埃及为土耳其属国之一,传位照土例,择长老为嗣,不拘拘于传子。同治五年,始令子孙世及,不复守土例。十二年,土王许埃及自主,与各国立约通商,并添设兵额,主持埃及全权。名为土属,实则可以自专矣。今王依思梅勒会有内乱,无款可筹,借法国之债颇多,贷英富商金亦不少,其借贷英法两国款项,不以兴办铁路、矿务、学校、耕农有益之故,而耗费于玩好、炮械可缓之事,以致随贷随尽,无可偿还。英法以其度支不足,乃各派能员代为经理。于是英遣惠尔生往,法遣留瑟,二君皆钩稽精核,以善理财著名。盖财出于土，闻彼国中向称沃土，后被海水浸润，已变为硗，招人耕种，无敢受者。为之引河水，设沟渠，经画许久，依然变硗为沃，租税有所从出，国用或有不足，复凑巨款以贷之，意至善也。乃埃及王不以为德，而斥退两国经理之员，大有赖债之意。英法执政大臣以下，莫不忿怒，此兴师问罪之端所由来也。加以土人聚徒作乱，埃军不能平，英率兵往讨定乱，并诘责王斥退之罪。本为印度起见，并为富室贷金，恐其本利抛失，故不惮劳师糜饷，极意经营。法之意亦复如是。埃及因两国交逼，其势不支可知也，厥后分割两地以献，以苏丹分归英国，以马他牙归法国，抵两国所贷之数，财赋之权仍令英法人所掌，留兵戍之，至今不撤。土耳其怨英法夺其保埃及之权，遂遣使辨论，促其撤戍。应之曰："俟埃及能保其国，兵即归。"土人不能竞也。盖埃及自此益弱矣。

法人之灭越南

顺化本越南国都城，为阮氏世守。咸丰、同治间，越南杀教士之案起，法兵舰始往攻，不克而还，转而经营西贡。盖西贡口停泊极难，土人云此口有七十二湾，与大沽仿佛，其盘旋极狭处，只容一轮。法人于此睥睨已久，竟得入焉。凡启衅两次，割地六省，名之曰"科琛米兰"。译言"中国交趾"也。分二十小部，东西五百七十里，南北五百里，为方里者十九万三千七百四十，民口一百六十三万九千七百七十七。其地近海，多陂泽，所产有棉花、烟叶、甘蔗，凡有用之材木颇多，而以稻米为尤盛。法人以西贡为会城，设总督治之，通商立埠，有公所五，曰广帮、潮帮、琼帮、嘉应帮、闽帮，凡华民五万，而分居法属各省者，尚有二十余万人。出口货无税，惟米有税。西贡北地为柬埔寨国土，音转为金边国，又因地产棉花，土名高棉国，而地图遂写为高蛮国。西贡至柬埔寨，轮船二日程。光绪六年，法人以计诱柬埔寨为属国，复东侵及占城，其略地益远矣。九年，法阳借保护之名，而阴行翦灭之计，攻新河，窥丹凤，所往无敌。即怀德一败，犹复益增兵力，驾四大兵轮攻顺化海口。阮说督兵力战数日，海口不守。法入都城，国王宵遁，旋立阮福昇嗣位，外寇内讧，至是乞降。立约十三条，其首条以驱逐刘团为名，专力于北圻滇粤门户。又嗾奸党调张登憻入都，以阮仲合为北宁总督，仲合即前时通款法人者也。敌计甚毒，幸不果来，而登憻见放弹，骤启关走。然张虽不遁，城岂竟能守耶？越明年，东西两京尽归沦陷，即有猛将守臣力图恢复，大局既去，卒亦无济已。馁若敖之鬼，谁存赵氏之孤？禾黍西风，徒伤凭吊矣。

英人之灭缅甸

缅甸一名阿瓦，蛮部大国也，为我国南海屏藩。盖缅地在孟养之南，木邦之西。木邦境内有波龙银厂，桂家致富之所也。孟密西南有宝，井思歪创业之地也。西人著作艳称缅甸之河产金沙，山产银、铜、煤、铁、宝石之矿，又石油自石缝流出，取之不竭。石油即隋油，近人呼为煤油，南洋诸岛产之，而缅甸所产尤佳。其余所出之产，如胡椒、棉花、豆蔻、烟叶、象牙、燕窝、海参、红木、香料诸物，不可胜纪，英人垂涎非一日矣。其地又与印度相界，适一旦疆场有事，英人有不长驱直进而覆其国哉？无如深入缅境，土地恶劣，瘴疠频生，军士多死者。将退师，反声言直捣阿瓦。缅军气沮，遂输金帛请和，并割沿海底马撒及古剌西北之地。与英战胜而反割地，此固英人意料所不及也。咸丰二年，英人以其土官横征大甚，理论不改，遂率兵船至郎坤，一战胜之，复取北境全土。统计前后所得缅甸之地,名为英吉利缅甸,置三大部:曰北古,即拢古,古剌之旧疆也;曰阿剌干,古剌西北之地也;曰地挪悉林,(那)〔底〕马撒之旧疆也。三部各置长以隶于印度。自是缅人之海口、伊洛瓦底河两岸市镇贸易顿减,国穷蹙日甚。延及光绪十一年,英吉利以法兰西之并越南也,尤而效之,亦灭缅甸。观法人之取越南也,先取真腊六省。英人之取缅甸也,先据沿海三部。西南海形势往往在南而不在北,故自南起事者辄胜。阮光平以顺化胜,阮福映以浓耐胜,莽瑞体以古剌胜,岂非其明验欤?

暹罗勉以自存

按,暹罗国旧号扶南,相传已久,自乾隆中为缅所灭,其遗臣郑昭旋复国,子华嗣立,受中国册封,三年一贡,著有明文,载在礼部者也。闻近日为王者,非郑氏子孙,故朝贡久不至,且与泰西立约,遣公使驻各国,居然立于自主之邦。在圣朝抚绥四夷,初无利其尺土,一民之心来则厚以怀柔,去亦不加羁绊,使果能自主,未始非西南之屏蔽,较之他族处此,固自有辨。然法兰西据其东,英吉利逼其西,摄乎两大之间,而数十年来殆哉岌岌,犹能勉强图存者,岂无故哉?其王系华籍,所用将相,汉人居多,闽粤两地之民护卫王者纷至,数十余万耕屯贸易,上下一心。近更广购兵轮、精枪、快炮,延聘德人教练,增筑西式炮台。地居澜沧、湄南二江之中,春夏间江水盛涨,平畴得水,禾辄大熟,岁收丰稔。出口米贩至闽粤及南洋各岛者,常至七八百万石之多,民气绥静,国尚可为。乃法人因真腊边界未清,狡焉思逞,相持数月,卒能成和,不至如越、缅之灭亡一旦者,在法固虞英人之议其后也。盖英之国本在五印度,取缅甸即以保印度,彼暹罗者又缅甸之屏藩也,苟归法人,必为俄有。

纵横海上，权利已分，而新加坡一隅，英国经营百年，为南海往来之锁钥，暹为法灭，即可由湄南颈地另凿新河，息力商途将成虚设，不止暹京商务横被攘夺而已。故暹罗一国，中国边防所由系，亦英人大局所必争。况暹地华民极众，业已阴得英援，又闻暹王遣太子游历各邦，回国尽仿泰西兵法，思步日本后尘。彼鉴于缅越往事，唇亡齿寒，行将自及，不得不奋发图强也。

咸丰末年天津之役

北塘地势险不亚大沽，明代已设炮台，康熙、道光年间皆修葺之。迨僧王督办海防，营度于大沽、北塘之间已二三年，用帑百余万金，仅成南北三炮台，有备无患，法至善也。咸丰九年夏五月，英人率洋轮十七艘闯入大沽海口，旋分步兵上岸。王先布置已定，开炮击沉洋船数只，杀登岸洋兵数百，领队官殒焉，余悉南驶。当时固恃炮台以取胜也，惧其报复，益宜加意增防。会有言宜纵寇登岸击之者，王心匙其言，遂撤北塘之备，移巨炮于大沽南北岸炮台。心非其事者，御史陈鸿翊阻之，幕僚郭嵩焘争之，皆不听。至十年，英法联兵复至大沽口，惩前败，不敢闯入。徐瞰北塘防撤，遂移向北塘，先拔木桩，继据炮台。率马步兵上岸，洋兵执枪，先以七百人试战王马队三千，王始败，马队被其枪击者殆尽。洋兵水陆并进，南北炮台前后受敌，南炮台先失，北炮台仅存。王谅难支守，适奉密旨退防后路，王遂移兵通州，继而屯朝阳门外。天子巡幸热河，恭亲王留守京师与英法议和。事经两旬，约始定，英法兵始退去。说者谓王于是役也，狃于去岁大沽口之捷，误听人言撤防，又有枢臣密主其事，王遂决计行之。及此番躬亲战事，精锐耗竭，始悔纵敌登岸之非计，而事已不可挽矣。论者又谓此师为换约而来，乘大沽挫敌之后，得一谙洋情者善为迎距，则八年原许之款，或可探其重者抽去一二，彼未必不从。即使仍用前约，其愈于十年所定之款不犹多乎？惜乎当日无其人也。

英法两国之换约

庚申八月，英法两国称兵犯顺，都城戒严。天子亲幸热河，以为集兵控制之计，留恭亲王等与之议抚。逮抚事大定，然后换约而去。窃谓夷兵虽众，而强其意不过借以胁和，并无利我疆土之志也。八月廿九日夷兵入城时，亲见其事者谓彼兵约万人，薄城而上，其氛甚恶。九月十一日，英国换约，自安定门至礼部门外绵亘十余里，步步为营，约万余人，器甲精严，居民皆闭户不出。如有异志，则此二日已可占据都城，惟所欲为矣。换约之时，细窥额尔金等，面容皆怀疑惧，知英人未必不畏我密谋，故严为设备，并非别有意计也。至十日，法国换约，则便觉坦易，礼部门外至安定门并无一兵，惟礼部门内罗列千余人自卫而已。计开城至退兵共十九日，该夷未伤一人，未毁一屋，故此次夷人内扰，我国之虚实固为夷人窥破，而夷人之虚实亦为我国窥破。夫以万余众人入城而仍换约而去，全城无恙，则该夷之专于牟利，并无他图。其所注意者，惟在商务一节而已。且通商一层本与中国两有利益。所虑者，以通商为名，而志在土地人民耳。就今日之情势论之，危至于拥兵入城，尚不足虑，此后岂有再重于此者乎？彼处汉奸虽多，此时为彼设计，亦只在要求图利一边。窃以为夷人不足虑者，此也。

天津教堂之案

按，天主教徒所崇奉者惟耶稣，耶稣立说以和慈为宗。近者禁黑奴有会,禁鸦片有会,彼于虐人之事、害人之物尚欲禁之,岂有残酷至此,挖眼剖心而恬不怪者?此必无之事也。同治九年,天津教案起,哄传教徒拐幼孩,挖眼盈坛,用以制药。人言藉藉,讹以传讹,倏忽间聚众数千,烧毁教堂,殴死教人丰大业,并拆毁仁慈堂处,燎原之势,几不可遏。上命大学士曾国藩查办。比入津境,拦舆递禀者,纷诉此事。询以有无实据,则辞多恍惚;迨严加讯究,而其事益虚。所以专疏特辨此说之诬,只就烧毁倡首者武兰珍、王三数人骈诛结案,而置挖眼事于不问。当时物议沸腾,咸以为国藩能平巨寇,而不能抗御教人,平日威名丧于一旦,几为公论所不容。阅世以后,人咸谅其心之公忠,并知其事之妥协者,盖已保全和局,而原案外并无所让也。夫事必求其公,就案论案足矣。况挖眼制药,万无是事,不得牵扯以入案,然后此案乃可归结。即旧说有烹食小儿之语,见于前儒顾炎武所著《郡国利病书》。此无稽之谈,不可为训,正不得谓昔人曾有是言而遽信之。且闻津案初结之时,总理衙门尝照会各国使臣修改传教章程,俱经该使驳回。由今思之,其中各条有暂难遽行者,如限定各堂华民入教之数,撤去女教士、女塾、恤孤局,及非教民子弟不得入男塾之类是也。有可以办到者,如某教士诋毁儒教,凡有教堂听华官随时查看,堂中所收婴孩悉报明地方官,教民有讼,教士不得徇庇之类是也。与其未必能行而悉为所阻,不如择其可行而先为商办,因势利导。但尽一分心力,必有一分补救,庶于教事有益,则风不起而波自平,薪不添而火自熄矣。

云南马嘉理之案

昔曾袭侯出使,至伦敦大书院舆地会,听教士马嘉谛游历四川、贵州、云南之事,讲罢,奥公因署会中首领,起为颂辞,余亦赞辞数语,言:"地球各国渐联为昆弟之欢,欧洲有人游历中土,以考察利益之事,亦中华之所甚愿。吾尤喜马教士所云,长途六千里,未尝一遇轻慢之士、横逆之人。"不料阅时未久,竟有马嘉理由缅入滇被杀一案。按,马嘉理,英翻译官也,由英驻京大臣以印度派来中国游历,携有中国盖印护照,俾沿途所过都邑不得阻挡,宜无有变生意外者。岂期行至腾越厅属之蛮允地面,猝遭强暴,掠其资装,并戕其生,此光绪元年正月十七日事也。旋遣大臣查办,始悉被戕系因野匪素取过山礼不遂,致被杀害。缉得匪犯而通凹、腊都等十一名归案惩办。不特此也,十八日,又有柏副将被人持械击阻等因。查都司李珍国主谋,业已褫革,待质定谳。案关重大,不比寻常,况马嘉理系我和好之国所派职员,复经发有护照,遭此戕害,其同行之员并被阻格,未免大伤两国睦谊。若不认真办理,恐无以慰死者之魂,并无以平生者之气。业经大臣分别科罪,旋据观审参赞回音,请现在带案候办之人毋致惩办等语,请旨定夺,滇案于是乎结。嗣后遇各国持有护照之人往来内地,于条约应得事宜务必照约相待,妥为保护。若不认真设法,致有侵陵伤害重情,即惟该省官吏是问。并于各府、厅、州、县张贴告示,使之家喻户晓,洞悉中外交际情形,以后衅端自可不作。

福州乌石山之案

按,天主教创自外洋,明万历中,利玛窦东来,徐光启舍家为天主堂,而其教遍行于天下,未为害也。雍正初,立法禁之,西人颇绝迹焉。道光时,用广东巡抚黄恩彤言,开各省天主教之禁,而教士之来自西方者,络绎不绝,其徒遂蔓延于福建。时值厦门开口日也。继遂请添设福州码头,以一隅不足驻足,必得会城而后可以大启其教也。自督抚俯从其请,而乌石山之教堂建焉。俯瞰全城,极其形胜,遇讲经日,远近教民奔赴,惟恐或后。教民与平民遇事龃龉,平民多被教师欺压,诉不得直,遂有烧毁一事。欲办此案,初颇棘手,然能据理力争,亦不虞其逼也。夫教案之迭出,由于教师之无忌惮。教师无忌惮,由于屡次得志。每出一案,既征罪犯,又获赔款。查覆各国,皆无治罪赔款之例。预拟一议,此后中国再遇教案,但治其罪犯,不得再议赔偿,此薛太常之移牍也。又有所谓延请状师者。查中国通商口岸遇有华洋交涉等件,各执一辞,争论不休。各可延请教师,案照西律评断,此丁中丞之别职也。二公皆有卓见,不屑俯仰,随人各行其是,总求于民生有益,于国体无伤。视向之刘、徐唯诺不敢稍拂其意者,有天渊之别矣。

福州乌石山英人得逞之由

道光壬寅,四口通商之议起。四口者何?江南之上海,浙江之宁波,福建之厦门,广东之澳门。只准设一马头,而福建独有添设一马头之请,在英人意,必有所属也。英人所必需者,中国之茶叶。而崇安所产,尤英人所醉心。既得福州,则可以渐达崇安。此间早传有欲买武夷山之说,诚非无因。若果福州已设马头,则延、建一带必至往来无忌,其弊将有不可殚述者。时在籍绅士许有年等联名禀阻,但使当时督抚极力陈奏,必可上邀谕旨,下洽舆情,俾英人知中国之不可以非理妄干,自当帖然心服。乃刘抚军据情入告,不严拒之,反俯顺之,其失策在轻许李领事之请。盖李领事初欲于城外南台起洋楼,南台在城外河下;继欲在城内白塔寺附近地方赁屋居住,为民所阻中止;其后建造房屋,卒得所请。英人遂相挈入城,与大小官吏相通谒,听其所为而曾莫之阻,且占据乌石山名胜,竟起楼阁。按，乌石山积翠寺为会城最高处，实擅形胜，一若金陵之钟山、临安之吴山、岭南之观音山然。直踞会城腹心，俯瞰全城在目，雉堞连云，环拱如画，积翠寺尤极幽雅，英人托足其中，为之建牙旗、鸣鼓角，见闻所及，城民震惊。此事谁为为之？刘公鸿翔兆启于前，徐公泽醇酿成于后，类皆束手惟命，不敢有违。而奏疏讳之，但言给与城外破庙兴造。明明在会城内而曰城外卜筑，明明在积翠寺侧而曰破庙，其善于饰辞，荧惑天听如此，无怪乎阖省士民愤怨。时林则徐家居，尤为闽文吏所忌。后经御史参揭，徐、刘皆去任家居，而楼阁之辉煌至今如故，过者见之，莫不疾首痛心而叹当日督抚轻许之失计也。

英俄议阿富汗北边之界

阿富汗立国既久，道光四年内乱，其族类各据偏隅。而阿富汗一境又分为三，曰喀布尔，曰侯勒特，曰堪达喀尔。喀布尔本阿富汗所治，王强，则两部服之，否则各据地自王。近数十年来，印度之地尽属英吉利，西土耳其斯坦、葱岭西、里海东，各回部也。高加索斯里海西、黑海东之地也。之地尽属俄罗斯、波斯。阿富汗介在两强之间，波斯以俄人之窥其西北也，常事俄；阿富汗以英人之扼其东方也，常事英。于是英、俄交忌，互扰波、阿之边。侯勒特又介在波、阿之间，阿母河以南切要地也，俄人思得之，以逼阿富汗。咸丰六年，俄使波斯袭侯勒特，英人虞其遂取之也，急遣兵船驰入波斯海湾，掠加剌格岛，取布什尔。在法尔斯部，即《瀛环志略》之亚不支尔。闻其地有海口，为通国大埔头，忽被英取，波斯西南震动，俄不安也。两国兵衅遂开。后经法兰西王拿坡仑驰书说英俄弭兵，乃立约，许侯勒特为自立国。至今俄人常有窥侯勒特之意，而英人则常驻兵戍之。同治十二年，英、俄始议阿富汗北边之界，彼此不得相越。至光绪十年，始克成议：东自阿母河源，西至科遮沙里，河南属阿，河北属俄；又自科遮沙里，西至塞拉阶斯，为波斯东北边地。为直界，界南属阿，界北属俄。闻去年又改议，至今尚未定也。

俄人修铁路中国亦宜修铁路

按，俄人南出之路被英人间阻，其计已穷，遂肆其志于东略。自查查东北至谋夫，又东北至查周渡阿母河，又东北至布哈尔，又东北至撒马儿罕，已次第造成铁路；仍将拓修此路，东北经伊黎、塔尔巴哈台之西，又东北绕金山之北，又东逾外兴安岭，又东循黑龙江之北，至白叠罗斯科之东，渡黑龙江，溯乌苏里江南上，达于图们江口。约略计之，所历万余里。考光绪十三年至十四年所成查周至撒马儿罕之路，约八百里，以斯比计，欲成此工，当在十年之后。然俄人于图们江口亦修造铁路，渐次西北，期与西方之路接。东西并举，成工必速。此路若成，吾华之北与西、与东三面，均为俄之铁路环绕，彼则处处可以运兵，处处可以屯饷，即处处可以犯边。窃恐将来防边之亟，甚于防海矣。节节而防之，必有防不胜防之害，不如亦修铁路，以通兵饷。其路当东自牛庄海口，东达奉天，又东北达吉林，依松花江而下，溯嫩江而上，西北达齐齐哈尔，又西逾内兴安岭，达呼伦贝尔，傍克鲁伦河而西达库路，又西达乌里雅苏台，又西达科布多，又西南逾阿尔泰山，达布伦托海，又西达哈嗒尔巴哈台，又西南达伊黎，转而东达乌鲁木齐，又东南逾天山，达土鲁番，转而西南达喀剌沙尔，又西南达喀什噶尔，总计亦万余里。于是置制造军械火药局于牛庄，择各处卡伦要害筑炮台、屯精兵、通电报。一旦有警，不难以沈阳之雄军救乌孙之急，用于阗之宝玉犒辽海之师，又何俄患之足虞哉？且新疆及外蒙古各部所产，或矿石，或毡毛，均可运出海疆，富国之计，胥在乎此。

新简出驻各国使臣领事之案

夫出使绝域，周秦前未有闻也，盖昉于汉武之诏，宜与将相相提并论，其矜重为何如哉！必其识量胆略裕于平素，温文博物足以肆应，沉静宽裕足以有容，而又达人情、通事变，批隙导窾，从容游刃，而悉减异同于始萌，烛利害于机先，然后胜任而愉快也夫。以西国之素重使才，而偻指近百年来，自璧斯玛、大意郎、加且高弗、巴末斯东等寥寥数人外，犹难其选。矧吾中国从古不与外人相闻问，未读其史，未习其语，一旦远涉数万里，而谓于其政教风俗之本末可以周知，必不可得，是在教导于其先也。同、光以来，添设通商各口，彼公使驻于我朝者接踵，我亦宜遣一介往，是以大臣则有全权之命，随行则有参赞之员，次第简放东西二洋，诸国皆有车轮马迹焉。膺是任者，斌椿、宜垕为之倡首，继其后者实繁有徒，如郭嵩焘、薛福成、刘锡鸿、张德彝、孙家谷、陈兰彬、何如璋、李凤苞、黄懋材、邹代钧、宋育仁、崔国因、王之春、马建忠、黎庶昌辈，类皆一时之选，驻扎彼都，递国书、献颂词，皆彬彬有礼，而于彼国之政教、财用、法律、兵实诸大端，亦尝钩考参稽，粗知梗概焉。逮还辕报命，立说著书，即据此以表见于世。求一熟察夷情、不辱君命、能改约如曾纪泽者，曾不多得。纪泽能转圜俄君之廷，益知崇厚轻许失地之罪。一薰一莸，相较不啻天渊。膺是任者当何如？上副朝廷之委任，下慰商佣之企望哉。至领事之设，刻不容缓。中国领事之驻外洋者，因地制宜。在美则有旧金山总领事、有纽约领事，在日则有古巴总领事，在秘鲁则有嘉里约领事，在日本则有长崎、横滨、神户三处领事,有箱馆副领事,多遣参赞诸员分摄其事,但使商佣两相安,即云称职。南洋各岛较之东西洋,尤与中国切近。华民往来居住,或通商,或佣工,或种园,或开矿,不下三百余万人。其中应设领事者颇多,新加坡向设一领事官,今改为总领事。而槟榔屿一埠,副领事亦添设焉。其余荷兰所属之地,应专设领事者三处,英国属地四处,法国所属地一处,或以就近领事兼摄。倘彼有不从,或就其所用华商一人充当甲必丹,为华民素所仰望者,饬其兼充领事,应无不从。总之中国能设领事,实于华民有裨,与出使有同情焉。成案具在,固不难一考而知也。

镇南关之役

光绪十年,法人不靖,于上年十二月,大股自船头来犯,攻谷松,陷谅山。本年正月初九,入镇南,于时玉科战殁,履高重伤,军事亦孔亟矣。所恃者,苏元春所部及陈嘉六营尚完尤幸。先调王孝祺、冯子材二部协剿,先后赶至关。子材素著威名,以所部全扎关外,建议筑长墙东西二岭间,独以广军当中路,以孝祺军屯于后,以为犄角。王德榜军屯油隘,专备抄截。布置已定,谍报法人将由扣波绕出南关以北,且断唐、马两军归路。冯军先扼其要,突出击之,敌败遁。二月初,调苏军还中路助战。法军扬言将以初八、九日犯关,冯定计先发制敌,即于初五夜出关袭敌。自五鼓战至初六日午刻,破其二垒,毙贼甚多。初七日,法率众并力攻广军营垒,以枪队击中路,冯、王守长墙,激励诸军曰:"法若再入关,两军有何颜面见人?誓与俱死,合力拒战,即失去三垒,不敢撤军。"初八日,复大战,贼来益众,炮益繁。子材居中,苏元春助之,王孝祺当右,陈嘉、蒋宗汉当左,诸军合力死斗,短兵火器杂进。相持许久,幸孝祺已将西路贼击败，亲率军由西岭抄敌后，与陈嘉等合击，而德榜抄截之军，亦自关外夹击东岭之背，遂将昨日所失三垒全数夺回。其遂能如此者，由德榜清晨出军甫谷，截援贼为二，奋击大胜，贼余众败走，获其骡马五十余匹，所驮皆枪炮、弹码、面饼、洋银之属，断贼接济故也。法鏖战两日，弹码已尽，而后收队，军火被截，惶惧无措，顷刻间炮声顿息，遂大溃。真法兵、黑兵被我军斩杀殆尽，余匪数百，逐出关十里而还。初十日，子材亲率十营出关，收文渊、收谅山、收屯梅，计克复越南一省一府一州，擒斩法酋六画至一画数十。法提督尼忌理亚重伤，法之精锐尽歼矣。法人自谓入中国以来，未有如此次之受巨创者。是役也，佥言法二次犯关，非得冯、王、苏、陈、蒋诸将帅坚忍耐战，必不能取胜。其得力也，尤在定边军截其后路、断其军火，方能奏此大功。否则，此战若再不利，大局将不可问矣！

卷三 续海国咏事诗

余业将仙根所著《海国咏事诗》刊刻行世,因擢任马腰,事务简约,暇搜览海国诸书,尤富见仙根所未及咏者,爰仿其例,触景生情,或专收一事,或兼取数事,点缀成篇,得诗若干首,寄质仙根,仙根以为可存。余不忍重违其意,遂付手民,以志一时鸿雪云尔。

日　本

按,日本之号,始于唐咸亨,在东海中,东北限大山,其地东高西下,有五畿、七道、三岛,一百七十五州,统八百八十七郡,皆依水屿。其水土、气候,与吴越相似,以故人物秀丽。教尚儒、释,与中国同文字。其先恶天主教,今乃宗西夷法,一变其风气,泱泱乎称大国焉。

缕缕香烟散作云,笠缝殿上御炉薰。早朝元日臣僚贺,丹陛偕来再拜君。笠缝,日本殿名。

球子团绵作女儿,络成五色彩纷披。相抛恰好逢春晚,胜负分朋决一时。女儿团绵为球,络以五彩,每于五月间分朋,以角胜负。

不用坚鱼斫脍鲜,只闻蔬笋喜登筵。冷淘惯吃家常饭,恰似清明节断烟。东人日食冷淘、笋脯、果干,即便下箸,寻常人家间日始一举火。

埋香木母寺旁坟，艳影花光两不分。惆怅春归三月半，名流上冢至如云。木母寺梅花极盛，其旁有一坟，名梅儿。闻梅儿于三月十五日化去，故名流赏花争吊其坟。

豆州老树半参天，长夏浑忘午日圆。诸省郎官多乞假，尽携眷属濯温泉。豆州有温泉，诸省郎吏多避暑于此。

黄菊曾栽帝子家，齐开五六百枝花。赏秋折柬延寮寀，分韵吟诗手竞叉。御苑栽菊数百盆，每盆开花有至五六百枝者。

按期每月拜观音，十八良辰喜一临。检点衣裳香气袭，相邀女伴入丛林。日俗，每月十八日拜观音。

素面无须傅粉香，双眉如画远山长。闺房亦尚蛇盘髻，也学甄妃一样妆。日本妇人尚盘蛇髻。

迎妻造屋赋宜家，鹊预营巢蝶恋花。一笑春浓含豆蔻，又开产舍号生衙。古迎妻必造屋，名曰"妻屋"。生子每别筑产舍，曰"生衙"。

寻访花间到小楼，士夫多作狭邪游。深川自是黄金窟，费尽黄金善散愁。深川为藏娇之窟，士大夫多流恋于此。

扬弓店里住雏莺，待射人来结锦棚。一箭当心郎命中，肩头戏拍笑闻声。妓所居曰"扬弓店"，结绤为棚曰"射所"，客射中其的，戏拍其肩以为笑乐。

灯光照彻野猫家，官妓传觞月未斜。休道酒阑情意倦，新声复事奏琵琶。长崎官妓室，悬琉璃灯，诸妓各赛琵琶，中国所未有。

骏河坊下水迢迢，画舫周游兴更饶。预嘱船娘招阿菊，水明楼上艳名标。东京骏河坊，名流毕萃之地，有妓名阿菊者尤艳绝，筑水明楼于其上，非预嘱船娘以招之，大不易得。

梅泉古墓本刘家，旁植寒梅已著花。酹酒有心来此地，寻香多驻美人车。刘梅泉墓所崇福寺，后植梅数株，花时妓人多来酹酒焉。

飞集园林见海乌,黑身红嘴态偏殊。相逢未必曾相识,人面鱼传市口沽。海乌红嘴黑身。人面鱼产于日本,不多见。

既作龙床又木猫,机能使动善镂雕。画鱼一种尤奇绝,不用丹涂用白描。日人韩志和巧作龙床、木猫诸器。近日画家画鱼用画龙法,以墨作水,以空白作鱼,渲染尤觉生动。

日来洒扫俗尘蠲,铺地花毡分外鲜。展尽屏风张尽幕,安眠知是夜来天。日人居室每日必洒扫数次,至展屏风、张帷幕,则就寝矣。

门庭阒寂若人无,花木缤纷竹石俱。客至有谁供茗碗,但闻拍手代呼奴。日人门设常关,行其庭,阒若无人。客来呼童点茗,但闻拍手之声。

神妙如生入笔端,高悬粉壁诧奇观。分明一幅云中月,正面何如侧面看。平秀吉卓著战功,兼娴绘事,其画云中月,侧面视之尤妙。

脚疾奇方擅远田,别传据腹入香川。年来染毒防官妓,眼觑横陈镜里天。远田善医脚气疾,香川别传腹诊法。近西医预防官妓传毒于人,遣官医用镜窥测,有患疾者,则引而远之。

缠绵悱恻诉哀音,卖曲谋生巧觅金。人似杨花太无赖,曲终残月照衣襟。设肆卖曲者为杨花所奏曲,多男女怨慕之辞。

因山叠叠作梯田,两度收成稻植莲。自是此邦多雨水,不忧荒旱屡丰年。日本濒海多雨,因山为田,梯级云上,不忧荒旱。

手擘轻丝用女工,宵灯相对影摇红。明霞锦本西京出,巧比天孙样不同。日本缫丝皆用女红,明霞锦光耀芬馥,西京所织尤佳。

陈刀凤擅正宗名,一试头颅不作声。改作炮枪非所尚,火光四散大纵横。正宗刀内坚外柔,切铁如泥。自兵法改用枪炮,名刀并废置不用矣。

手携扇子好珍藏,折叠标名制自良。赢得名家书画在,泥金纸上有余香。折叠扇肇自东人,上糊泥金纸,扇面经名人书画者,东人尤宝藏之。

前导先抛满路钱,白衣送葬彩衣旋。他时寒食东风节,折取花枝插墓前。撒钱而行,曰"买路钱"。丧家初用白衣,葬易彩衣。遇扫墓,则折花枝插其墓旁。

迩来绝句孰传名,诗集人多著晚晴。终让作歌传侍宴,青宫皇子播先声。侍宴诗始于大友皇子,近则七绝,擅场者盛传柏木昶《晚晴堂集》。

斯须服色易匆匆,迹断梅花绣裤裈。闻得轮船新后至,选婚不复重菅原。菅原氏为梅花,易服色,绣衣不复见是花矣。又今王聘英王女为后。

劝学频闻入校来,赐衣偏厚出群才。孰知礼教娴仪节,女塾先时小笠开。各出藏金,延师教女子,校中勤慧者得赐衣服。又有小笠原氏礼,世习女礼,开塾设教,最为通行。

五月天中气候新,节逢地久祝长春。一番赐宴丰明殿,三百人多侍从臣。五月地久节是皇后生日,赐宴丰明殿者多至三百余人。

寻常犀齿露天真,笑口开时白似银。今日缘何牙转黑,始知已嫁女儿身。长崎女子已嫁,则薙眉而黑其齿。

天逢九一爱新正,人祝安居叶插盘。笑指儿童解嬉戏,每逢高处放风筝。西历岁首,在我长至后十日,儿童多放风筝。

眩人珍玩器从新,六月牛王胜会辰。秋末采茶歌四起,儿童又迓大明神。六月十三为牛王胜会,九月晦日送迎大明神。

算光重化四门开,西学人夸创局恢。衍得绪余师墨子,西来法本是东来。此邦专以西学教人,其机巧不出《墨子》一书,彼能窃其绪余而得之耳。

重叠花茵置坐隅，地衣惯用饰氍毹。好奇不惜多金买，又事人间未见书。西国进口货多以毡草为大宗，富贵之家必用地衣。又近世文集，朝始上木，夕已渡海。东、西二京文学之士，每得奇书则珍重箧衍，夸耀于人。而赝鼎纷来，麻沙争购，亦所不免。

名园春晓试秋千，三五雏姬半少年。别有走绳竿上女，肉身偏自号飞仙。日本戏法有打秋千、走索诸戏。

琉　球

按，琉球一名流虬，在日本萨峒马岛之南，周环三百六十岛，南北四百余里，东南不足百里，旧分山南、山北、中山三国，故称中山王。王尚姓，居首里。土瘠硗，产米绝少。用中国文字，修职贡甚勤。近为日本所灭，夷为郡县，号曰冲绳，可慨也已。

礼崇天使快郊迎，预搭天桥引入城。云发锦衣来侍宴，行觞若秀锡嘉名。天使册封国王，其国预搭天桥，跨城而入。成礼而后，贵戚子弟宴使臣，行酒谓之若秀，云发锦衣，颇极纤丽云。

髻绾乌云敢惮烦，预除胎发已成婚。见人不使容颜露，秉礼名邦示国门。女生不剃胎发，成婚后将发削去，惟留四余，绾一髻于前。又见人则取幅巾以蔽面，下用细摺长裙覆足。其国门颜曰"秉礼"。

肄业成均学校开，赛官子弟四人来。承恩特赐闽中户，三十六家作楫才。中山遣赛官子弟四人来肄业，帝嘉其修职勤，赐闽中舟工三十六人，以便贡使往来。

人家多半植棕榈，绕屋森森树影疏。一派绿阴浓密处，飞来海鸟作巢居。琉球产棕榈极多，人家处处有之。

趁墟人返自山阿，一路斜阳照眼多。休笑宴宾无酒盏，先时入市买红螺。人家宴宾行酒，以小螺杯为尚。

东风吹绿草离离,路上荒郊作古碑。松桧满山阴匝地,麒麟高冢拜欢斯。郊外有坟园一所,是前朝葬欢斯部落处也。

不知代处只知王,人尽呼为可老羊。三十六间容小住,斗镂树叶护山房。其王始欢斯,不知代数,彼士人呼之为可老羊。王所居舍,其大三十六间,用斗镂树叶覆之。

黑发回环绾髻云,绝无粉黛麝兰薰。只知用墨黥纤手,创作龙蛇鸟兽文。妇人用苎绳束发,从顶后盘绕至额,以墨黥手,创为龙蛇鸟兽之文。

钱谷谁司遏〔闸〕〔阏〕官,厥田沙砾苦荒寒。金银酒海磨刀石,谁谓殊珍上贡难。厥田沙砾,遏〔闸〕〔阏〕官为司钱谷,所贡之物金银、酒海、磨刀石诸器。

圜堞重重望俨然,王宫高建在山巅。水光喷出石龙口,取吸多人号瑞泉。王宫建于山巅,圜堞俨然。池水自石龙口喷出,号"瑞泉"。

尸妇为神素著名,岁寒松柏节长贞。能知前事从王说,敌悼威名即解兵。俗敬神,神以不夫者为尸降,则素著灵异。故国有不良,神辄以告。邻邦谋犯境,辄易水为盐,化米为沙,寻即逸去。

妆成莫笑出门迟,言赴今朝赛会期。一路衣香闻不断,拜神争入女君祠。女君祠祷祀极灵,赛会日妇女毕集。

岛夷学问遍遐荒,瓦屋三间祀素王。无怪王居宫阙壮,瑶函玉笈富缥缃。岛夷向学,皆知尊崇先圣。

耿耿星河月一弯,声闻蜥蜴出窗间。朝来却上楼头望,远送青青马齿山。琉球蜥蜴多盘窗间。马齿山是此邦胜地。

贵家妻偶出城闉,马上高容戴笠身。女仆相从止三四,提壶携榼不多人。名族大姓之妻,出入戴笠,坐马上,女仆三四相从。

习静禅关久未开,吟成七字擅名来。推敲不出天王寺,一个诗僧号瘦梅。天王寺有诗僧，号瘦梅道人，赋七夕诗，擅名于世。

龙虾海物重人间，爨器由闽买得还。市用金钱归日本，也如宋季小鋋环。海错龙虾味如闽越，国中爨器皆由闽越往。地产贝最多，独用日本钱，如宋季鹅眼鋋环，将十折一。

万松院里好徜徉，中有山僧话劫桑。性嗜唐人工格调，白云红叶播诗章。万松院僧不羁，喜吟诗，曾作句云："黄叶落三径，白云归数峰。"人争传之。

爱养人间异色猫，小眠花下喜依蕉。织成素布供人服，凤尾春秋不易凋。琉球树之大者，独有凤尾蕉，四时不凋，可织为布。人不高大，惟爱养异色猫。

安　　南

按，安南，古越裳地，秦汉俱入版图，隋唐以来或弃或取，至明尚然，迄无胜算。东北隔富良江，西交潦濑江，广袤圆方二十九万方里，与中华滇、粤接壤。都顺化，离海十八里。其东京城在河滨，距海三百里，居民比顺化更繁，为贸易之埠，盖其国之精华也。文字与中国同，土田肥腴，谷果丰稔，产五金药料。比为法人所制，法人自同治元年夺据下安南三省，六年又夺得三省，为今西贡等六省。光绪十一年，越南归法国为属国，国君徒拥虚器，迁地图存，良可叹也。

李阮陈黎四姓王，几更世局几兴亡。干戈屡动中朝讨，城郭犹存地未荒。李公蕴、陈日煚、黎维祺、阮福时四姓相代为王。

交易人纷萃市商，日南诸郡产名香。瑞龙脑贡唐天宝，妃子承恩赐上阳。日南有香市，商人交易诸番处。又天宝中交趾上贡瑞龙脑，上惟赐贵妃十枚。

出市相逢天假缘，载归心已醉婵娟。试场首选乘龙婿，得国都缘美少年。安南国王陈日照原本姓谢，为闽人，杀人走邕。邕与交趾邻近，境有弃地，每开市，则其国贵人皆出为市。国相为国之婿，有女亦从而来，见谢美少年，悦之，固请以归，令试举人，谢居首选，因纳为婿。其王无子，以国事属相，相又衰老，遂以属婿，以此得国焉。

凿开横石便行船，交广于今路坦然。人谓风雷假天力，高骈原本好神仙。安南高骈凿开本州海路，以水中有横石梗舟行，啖人以利，竟削其石，交广人至今称之，或言骈以术，假雷电以开之。

仙艾盈山著雨浓，春深花落水溶溶。群鱼吞得过江去，一上龙门便化龙。艾山在蒙县，山上相传有仙艾，每春开花，雨后坠水，群鱼吞之，便过龙门江化为龙。

蠢立天琴出海隅，夜闻陈主笑相呼。合同安子飞升处，海岳名山第四图。天琴山在东海边，相传陈氏主游山，夜闻天籁声，故名。又安子山为汉安期生得道处，宋《海岳名山图》以此为第四福地。

结队为球五色施，戏抛两两号飞驰。作歌男女来相会，将老春光上巳时。上巳日男女集会，结彩为球，歌而抛之，谓之"飞驰"。

银圈饰颈发蓬蓬，女子相逢道路中。喜食槟榔不离口，绝无羞涩露唇红。女子头上饰以银圈，喜食槟榔，故唇红。

樵径稀踪路顿迷，烂柯山顶与云齐。深岩绝壑无人到，但听猩猩狒狒啼。交州有烂柯山，兽产狒狒、猩猩。

酒楼聚饮合仙邀，饮毕游园见象调。屈足乞钱由鼻拾，喜从槛侧购香蕉。西贡码头有酒楼，曰"合仙"。又花园中有象一头，见游园者屈足乞钱，以鼻拾取，就槛侧购香蕉食之，亦一奇也。

围城百里裹霜华，禾稼经秋尽吐芽。陇亩巡行看不尽，四人舁网号翁茶。谅山城一名围城，百里内有霜，土人于其时耕种，谓之霜耕。又呼官为翁茶,出入四人舁网而行。

道途罩足半藤萝,草木滋生蔽地多。此去畏天关上路,册封使者怕经过。鬼门关一名畏天关,草木蔽天,几不得路。

重译人旋鸟道通,食供薏苡味无穷。沿堤共识皇华使,驼纽新颁玉印重。薏苡仁可避瘴气,使人多食之。

上下思文各一乡,气嘘蛟蜃路迷茫。山空叶落稀行迹,卓午人才见太阳。上文、下文、上思、下思皆州地名,其地多雾,寅时即迷漫四野,土人谓系蛟蜃气,午前不见日。

西向黎城对二山,左鞍右伞势回环。民间兵食供常惯,搜粟时看校尉还。黎城左鞍子山,右伞子山。又安南兵食,概取诸民。

六尺金多买地基,银苗旺处利无赀。宋星厂地人滋事,牒解回家问始知。宋星厂银矿极旺,有州人黄姓在厂滋事,安南王牒解广州,(会)〔余〕讯以所得几何而远走徼外,渠对曰:"利实不赀。"矿旺处,画山仅六尺,先索儽值六百金,始听采。

亲戚相随笑语喧,各张一伞蔽晴暄。新人不著鸦头袜,跣足偕行入婿门。娶妇之家延亲戚一路相随,各张一伞,咸跣足偕行。

暑行日午正当天,遮蔽骄阳戴笠圆。赤脚女人多上市,手携豆蔻换青钱。市中女人戴圆笠。

耳闻顺化治兵轮,议事邀王出国门。难得识高阮宗室,集兵一战冀图存。法驶四大兵轮泊顺化口,要王出议事,宗室阮说阻王不行,集兵突击之,战一昼夜,杀伤相当。

国门宵遁去匆匆,甘露边隅暂寓公。回首故王妃尚在,止归潜把一书通。兵败,阮说奉王夜遁于广治府之甘露地,时故王阮福时大妃在宫召后妃作书胁王归,太妃潜函止之。

远避兵氛三猛山,勤王有众济时艰。焕棠敕授宣光职,三百枚金犒赏还。说奉王远避三猛山,闻焕棠拥众据保乐州。说檄之来,授以宣光布政使,并给三百枚金犒赏还。

艳说刘锜得士心,纸桥一捷报佳音。统兵大帅行间戮,愿赎头颅二万金。渊亭纸桥一捷,五画授首,法人愿出二万金赎之。

重赏能颁十万帑,持归原檄误家奴。伤心失律人长戍,城北空闻献地图。北宁之役,徐晓师遣家丁韩赍文檄渊亭战,赏银十万金,仆将原檄缴还,兵是以败。又晓帅献安南地图。

赤盘罗列夜焚香,手挈铜环貌若狂。患病人家延治鬼,魍婆高唱韵琅琅。魍婆善唱曲,越俗好鬼,延以治病,席地列米盘,焚香起舞,摇铜环琤琤有声。

劝人且进掌中杯,曲妹当筵侍饮卮。酒后歌喉才一啭,红牙按拍唱新词。歌者娱客曰"曲妹",仿古官妓,所唱多古乐府。

不少诗人笔若仙,闺媛秀出句尤妍。梅庵公主真风雅,诗集曾闻著妙莲。妙莲,为国王女弟,曰"梅庵公主",著有诗集。

子山石刻仿唐初,石上留题问孰如。记作平宁灵济塔,兼传人说汉超书。广安安子山有诗刻石,书是唐初人。又谅山灵济塔记为张汉超书。

满壁镌诗绕绿萝,三青古洞枕岩阿。不徒铜柱擎天立,汉代犹存马伏波。谅山有三青洞,镌诗满壁。又铜柱,相传新息曾立于此。

轻裘缓带自风流,驸马翩翩号粉侯。姬妾满前僮八百,豪情坐镇北圻秋。黄驸马佐炎督军北圻,姬妾数十,家僮八百,极一时之盛。

水流屯鹤黑兼红,汇入三歧港口中。此地维舟千百只,榷关收税喜流通。泸江绿水、洮江红水、沱江黑水,三水汇于屯鹤,是谓三歧,为商贾往来之所,设关收税。

峰峦耸拔五行山,时见猿猴出树间。足驻上台探石窟,洞天福地署仙寰。五行山极高峻,时有猿猴往来树杪。山中有上台寺,有石窟,题曰"洞天福地"。

一线羊肠路渺茫,深箐幽暗日无光。噬人飞蛭纷无数,不独山前有马蝗。入天笃路,一线羊肠,少见日光,沿途飞蛭噬人,马蝗尤多。

敢献金人一代身,登庸伏罪感皇仁。罢兵不入阿南国,策用唐黄二荩臣。莫登庸侵夺四峒,朝议使人谕之,登庸服罪,愿献代身金人,遂罢兵。

谁栽老桂大山巅,此品无多颇值钱。列入医方除膈症,但餐少许可延年。石地山有大山,为通国之镇,其巅有老桂,其值五百易一,土人云:"得真者以医膈膜,立见功效。"

竹籐当寺掩重重,时有山僧对面逢。煮茗呼童供过客,不知可是密云龙。竹籐交互中有一寺,住中国僧,极风雅,煮茗倾谈,列品茶小杯如半卵。

寝室留香自足夸,昔传百粒助情花。此邦亦有红飞鼠,合药偏宜富贵家。红飞鼠茸毛、肉翼,雌雄伏花间,得其一,则其一不去。妇人采之,以为媚药。

独殊好尚女人家,白齿朱唇莫漫夸。最爱黑云堆积墨,合将颜色比寒鸦。俗贵女贱男,以黑色为美。

九真交趾地征祥,鹿雉曾闻贡上方。复有羚羊能碎石,至坚休论侈金刚。宋元嘉末,交趾献白鹿。汉光武时日南、九真贡白雉。又高石山出羚羊角,而中实极坚,能碎金刚石。

子处皆雌号野婆,道逢男子背为驼。腰间一印常珍护,剖视文原异蚪蝌。邕有兽,名野婆,其群皆雌,无匹偶。每遇男子,必负去求合。尝以手护腰间不置,剖之得印方寸,莹若苍玉,字类符篆,不可识。

盐醢多收蚁子忙,虔留贵客出家藏。炎天不乏波罗蜜,生食香甜味最长。古载交州溪洞酋长多收蚁卵,盐为酱,非宦客亲族不得食。又波罗蜜大如木瓜,五六月熟,味最香甜。

暹 罗

按,暹罗与安南、缅甸幅员相接,北与云南、西藏、广西交界,以海为界,东西约三千里,南北相距共有九十万方里。都于曼谷,土沃产丰,风俗强悍,习水战,仿泰西兵法,思步日本后尘。彼实见缅、越为英法所据,唇亡齿寒,行将自及,不得已竭力图存,除此亦无善策也已。

晓日临窗影上纱,王僚肃立静无哗。卷帘忽见宫中女,治事君王始坐衙。王坐衙治事,先见二宫女卷帘,臣僚皆合掌叩头。

出巡街市耀光明,画烛千条侍女擎。拥后标枪成一队,绛绡仙子内家兵。王出巡,宫女子执巨烛,自成一队,虽白日,亦用烛然。又有宫兵执标枪,以为内兵。

织金五色彩衣轻,足著花鞋手绣成。不信闺中柔弱质,亦能跨象道中行。暹罗在广东南,妇人妆饰,略如中土,衣服五彩织金,花幔曳地,皮乌红黑分明。又其主女主柳叶王,行乘象,妇人亦能乘象。

香油香水气流馨,盥洗先供馈小瓶。紫赤白黄分四色,堆盘饼饺实充庭。王先遣人送香油、香水,以供盥洗。入宴日,并设草果盘一,上列紫赤白黄四色之饼。

布衣杂色服云霞,金锁王珍不浪加。每值嫁期先五日,女家作乐异男家。男女通以朝霞、朝云杂色布为衣,惟金锁非王赐不得服,每婚嫁择吉日,女家先期五日作乐饮。

喜用嵌冠在上头,异常宝石有谁俦。一丸尤重红鸦忽,照眼还如五月榴。红鸦忽宝石,明莹如石榴子。

群僧迎送入门中,一片欢声笑语通。拾取怀中春一点,贴郎额上认猩红。暹罗婚娶,群僧迎送新婿至女家,僧取女红,贴男儿额上,曰利市。

愿慰私心遂所求,惑人心志马来由。闺中少妇痴情甚,不惜多金买降头。暹人善作降头,妇女尤笃信其术。

绝无忌惮任人嬉,风俗何时得转移。《列女传》还颁百册,始知闺范不忘规。妇人私华人,恬不为怪。又贡使回时,赐《列女传》百册。

秦晋欢聊两国婚,人非吾耦不须论。未谐姻事羞成怒,忽报邻师入国门。邻国东蛮牛求婿不许,即发兵破其酋。

色分白黑贡猿熊,小国倾诚使尽通。王姊亦输金叶表,兼将方物贡中宫。王贡白猿、黑熊及方物,王姊亦遣使进金叶表、方物于中宫。

日出渔船系小湄,生鱼竞买贯杨枝。就中拣取神灵物,喜得支床六足龟。其国有六足龟,气能吸蚊。

不愧真修炼行尼,情根割断女萝丝。皈依我佛人皆慕,半分家赀作布施。人尽居寺,持斋受戒,富贵家尤敬佛,万金之产,即以其半布施。

持斋素食不加餐,谁似山僧耐苦寒。通国善营三宝寺,至今传说祀中官。其国崇信佛教。又有三宝庙,祀中官郑和。

居然鹅鹳习成行,水战原来至擅场。大将裹身周圣铁,坚刚刀矢不能伤。暹罗习水战,大将用圣铁裹身,刀箭不能入。圣铁者,人脑骨也。

生存华屋葬山丘,手植青松马鬣秋。最苦贫人无死所,群鸦啄后付中流。富贵者死有葬地,贫者移置海滨,任群鸦飞啄,顷刻尽,谓之"鸟葬"。

作成逆旅好姻缘,夫婿明知意坦然。啧啧反夸吾妇艳,丰神如许动人怜。妇私华人,则夫举觞共饮,反夸口于人,曰:"我妇美,为华人所悦也。"

鲜花折取助娇妆,有约同时礼梵王。携得降真安息品,佛前长爇一炉香。降真香、安息香,皆暹产。

铜钱滴滴尽归公,倾泻成模样不同。铁印印文留在上,举行一国尽流通。所用银以铁印印文其上,无印文者,以私银论罪。

紫瓜甘蔗并椰浆,作酒人家味自香。宴客鲤鱼多上席,蟹膏独不见含黄。以甘蔗、紫瓜、椰浆造酒,味亦香。每宴客黑鲤鱼最多,独不见蟹。

人好楼居近水边,岂真鸡犬亦皆仙？黄琉璃簟绿藤席,偷得余闲自在眠。民多楼居,以绿藤席、竹簟聚处其中。

城门相去只三重,图画飞仙著色浓。王出随行先妇女,金花手捧步雍容。城门有三重,相去各百步许。每门图画飞仙菩萨之状,前随妇女数十人,手捧金花而行。

迩来海客到山隅,匙箸惊看入画图。拾到百余双返国,不知原是木花须。满山悉是黑漆匙箸,其处多大木,仰窥匙箸大木之花与须也,因拾百余双还之,肥不能染。

翡翠潜居树上枝,求鱼类不出山池。藩人持网身藏隐,每伺来时诱一雌。翡翠自林中飞出,求鱼于池,藩人持网以树叶蔽身,笼一雌以诱之,伺其来则罩。

缅　　甸

按,缅甸、暹罗、安南三国,皆在南洋。与印度交界,都城在阿瓦,有部落四十八,户口四百万,风气与暹、越略同。今为英人所据,南藩尽失。噫！可虑哉！

王居壮丽露崇垣,偶击金钟静里喧。歌曲昔传名十二,乐工皆用老昆仑。王宫设金钟一,寇至则焚香击之,以占吉凶。又其曲名十有二,乐工皆用老昆仑奏之。

祝发僧居尚幼年，婆罗笼段服殊鲜。民间涉讼谁分剖，但使焚香跪象前。民七岁祝发上寺，衣用婆罗笼段。有一巨象高百尺，讼者焚香跪象前，自思是非而退。

嗜好天生胜酒浆，饭余常爱嚼槟榔。绯红一笑喷如雨，咳唾随风气亦香。缅甸男逸女勤，每饭恒嚼槟榔。

髻戴金珠眉扫蛾，身穿裙子号青婆。女人装束殊方异，青甓城中觌面多。顶作高髻，饰金珠琲，衣青婆裙，披罗段。又其国以青甓为城，周一百六十里。

提兵七百救阿禾，与敌相逢隔一河。象八百头骑万匹，寇兵无数不惊么。阿禾告急，忽都等率兵与缅遇一河边，缅象八百、马万匹，忽都仅以七百人击之，获胜。

遣官纳款大公城，荣锡王封报缅平。银印虎符相继给，来朝人谢赐衣行。纳款后封为缅王，赐银印，并锡世子虎符，来朝入谢帝，加赐衣以壮行色。

缅人情愿属中华，诣阙来朝遣洛霞。从此源源贡方物，牌符冠带赐频加。缅甸头目那罗塔愿臣属中国，特遣洛霞等贡方物，帝以金符、信符、冠带赐之。

首恶生俘解至天，加恩赐宴敞华筵。论功喜献思机发，分地酬庸予麓川。马哈速遣路猛献思机发，帝赐宴，并以麓川地给之。

少倚娘家一少康，洞吾突起拓封疆。自收岳凤为心腹，半壁山川霸一方。莽纪岁被木邦孟养所灭，其子瑞体奔匿洞吾母家，及长，有其地，兼并诸蛮，复得岳凤为助，专霸一方。

天波出走主同行，一纸书先入缅城。驻足预营河上屋，献来新麦免呼庚。明亡，沐天波偕永明入缅，缅人迎之，预营河上屋以居，并献新麦。

开花炮子满城飞,心怯兵威不敢违。始借通商终灭国,谁怜酅子已无归？英人攻缅,缅降,禁其王,不得有为。

一望平畴垦仰光,米粮出口税无量。此间新建宁阳馆,萃聚多人是粤商。仰光为英人新开地,客商多新宁人,近建宁阳会馆一所。

南洋各岛

新嘉坡

按,新嘉坡,古柔佛国,即满剌加,本暹罗属地。明天启、崇祯时,为荷兰所夺。至国朝道光年间,英吉利以万古累岛易之,戍以重兵,生聚教训,遂为南洋大都会,迄今出西洋为必由之路。地气和暖,闽广人居此为多。西夷轮船荟萃于此,购易煤米,诚出洋之要区也。

护政司官置一员,毕奚继轨众称贤。出洋妇女穷无告,保护生还返里天。星洲华民政务司,凡中国穷檐妇女,被奸民诱拐出洋,俱归保护,送其归乡。任是职者,前有毕祺麐,后有奚尔智为尤者。

小隐星洲数十春,未闻枉驾见要津。从游弟子多高足,出使诸邦记稷臣。曾君锦文,人品高尚,卜居星洲,任兵舰巡洋过埠,未尝与会。从之游者如罗君稷臣,拜出使大臣之命,其尤著也。

锦绣成堆信手拈,等身著作逐时添。又开新报天南馆,执笔人闻是孝廉。澄海邱君菽园,孝廉,工诗,又著书三种行世,近复开天南新报馆于星洲,流行海内,人艳称之。

槟榔屿

按,槟榔屿,前本荒岛,自英人到此地方,称为新埠;并作胡椒、丁香园,种园者多闽粤人,英人设监督,收其出入税;并拨叙跛兵二千,驻防其地,与新嘉坡相犄角,称雄海岛焉,正不止山水清秀已也。

往署华民护政司,奇书喜阅未尝离。少游岭海能谙语,通事无烦再费词。英员辛达士少游粤东,尝读中国书,见客能操粤语,无事通事也。本任新嘉坡巡理府,未几,槟城华民政务遗缺,英廷调君往署。

桊几湘帘净扫除,枇杷门巷访仙居。著名角妓欣相见,黑腯丰肌笑媚猪。槟屿妓室,桊几湘帘,布置闲雅,游其中者,见妓肌肤如淡墨色,类皆款留殷勤,手捧银盘以槟榔进。

山泉飞出响潺潺,浴室新开数十间。浴罢顿惊寒气袭,振衣起趁好风还。槟屿一曰庀能闻,是闽人语。其山顶有泉可浴,人在其中营浴室数间,方池开广,可容数十人。凡过客泊舟者,多在此试浴,寒气袭人,翛然脱去尘垢几许。

地辟名园任意观,小猿异鸟足盘桓。许君风雅人皆识,宦迹曾推甲必丹。许君拥赀巨万,构名园,所蓄异鸟、小猿极多,人极风雅,少壮曾为甲必丹。

出没波涛狎若鸥,翻身落水不知愁。水中扪得高擎手,无怪银钱客子投。屿中小儿俱善汩浮,出入波浪中,狎如鸥鹜,遇洋客投以洋银,群儿于水中扪得之,高擎其手,举出以示客。

广购田园土克安,岁时仍用汉衣冠。身穿补服来相谒,缱绻情输出使官。王君文庆居此已三世,置田庐,长子孙,而岁时祭祀俱用汉衣冠。闻前星使过此,顶帽补服曾来谒见,足见其心念本朝,爱戴不忘矣。

吕　宋

按,吕宋,居南海中,为干丝腊属国。干丝腊,即西班牙。计其地有三千里有奇,南北东西相去二千余里,与海相距亦数千里。内、中、外三湖,各广三百余里。土番户口,不下数万。与中华闽广相近,向由法、普两国立君。同治年间,彼此争立,酿成巨乱,普卒破法。所属之岛一原名蛮里剌岛,明季改为小吕宋。

预收兵器设谋奇,事起曾无寸铁持。簿录姓名人入院,聚藏一网打无遗。酋言发兵侵旁国,厚价市铁器,华人贪利,尽出而鬻之,于是家无寸铁。下令录华人姓名,合三百人为一院,入即歼之。

机易山头矿本稀,树生金豆妄言非。物原有主人难占,越境官来反见讥。时和等入吕宋,酋问:"天朝欲遣人开山,山各有主,安得开?且言树生金豆,是何树所生?"时和不能对,酋大笑。

虐役华人大肆威,鞭箠士卒伏危机。刺酋竟有潘和五,驾得轻舟载宝归。其酋征美洛居,待华人操舟者至酷,时有哨官潘和五起,刺杀其酋,尽挟其金宝甲仗,驾舟以归。

凤闻海上立奇功,相助官军定伏戎。况复入朝贡方物,纱罗彩段赐加隆。官军追海寇林道乾至国,国人助讨有功,复朝贡,帝以助讨逆贼,正赏外有加赐。

有鸟同群性最灵,能知大义海冬青。得禽睛待鹰王取,余肉均分带血腥。其地产鹰,鹰王飞,则众鹰从之;或得禽,俟鹰王先取其睛,然后群鹰方啖其肉。

望衡对宇两家居,配偶先时订定初。直待成婚好时节,双双同诣讲经庐。汉人娶番女,必入其教,礼天主堂。

婆罗洲

按,婆罗洲岛,于古无考。宋明时始通中国,入贡封王。其地长二千七百里,阔二千五百里,统计之方约一百万里,户口二百万。荷兰初到此洲,欲据之,土番以毒草渍水上流,荷兰受毒去,后卒于海滨立埠头四,诸部皆听命焉。

东西分领二王居,遣使来朝进国书。方物极多夸海岛,珍珠玛瑙及车磲。婆罗国东王、西王,各遣使朝贡,其贡物不出珍珠、玳瑁、玛瑙、车磲。

男女同行各佩刀,睚眦见杀即潜逃。但期一月无消息,依旧逍遥会尔曹。其国男女皆佩刀而行,与人不睦即刺杀之,奔走他所,一月之内得获,论抵;一月之外出者,不论。

花蕉作布不停挥,女子先时备嫁衣。祭用牺牛原见惯,记曾背上屡骑归。女子解织花蕉布,其地有礼拜寺,每祭用牺。

徒行从不用肩舆,侍者相随二百余。一握绣巾头上裹,任民瞻仰莫生疏。王出入,徒步从者二百余人,头上常裹一绣花巾。

敌人来击震兵威,出走山林弃国畿。药放上流从下注,雄兵毒杀喜重归。佛郎机举兵来击,王奉国人出走入山。

圆目黄睛状似猱,黑人充贡入皇州。生平最怯厨中火,一着烟熏泪欲流。婆罗国以黑小厮充贡,其人圆目黄睛,厌状如猿猱,一着烟,眼泪长流。

吃斋但解饭雕胡,永禁花猪入口无。饲尔长生香积寺,一生从不受人屠。其人崇释教,恶杀喜施,禁食豕肉,犯者罪死。

食器人多叶用蕉,情移青色汝州窑。最珍磁器添图画,喜作龙纹水墨描。初用蕉叶为食器,后与华人市,渐用磁器,尤好磁瓮画龙。

巨象王乘出市衢,执盘绣女作前驱。临流更自饶风致,坐视轻桡拨水珠。酋蓄绣女数百人,出乘象,绣女执槟榔盘以从,或泛舟,则用桡以刺水,更饶风致。

遥闻铜鼓击声喧,买物人来坐地繁。当意置金持货去,市中交易不交言。商人持货入村,击小铜鼓为号,置货地上,相去丈许。其人熟视,当意者置金于旁,主者遥语,欲售则持货去,否则怀金以归,不交言也。

夫妇情关两姓联,行同携手坐同肩。纷纷左右捧盘盒,翠绕珠围簇满前。华人自相婚配,甲必丹夫妇携手而行,并肩而坐,绝无拘束,左右执盘、捧盒者满前,风俗使然也。

一曲春风夜度娘,温柔乡里喜寻香。闲花寄语休轻采,酖毒贻人恐中伤。瓜哇女人有毒,中国人接之,非病即死。

一袭衣裳六幅裙,樽前对舞两相欣。天然配偶从中定,一结同心系不分。男女则两相欣悦,则对舞以定匹偶。

笑将茉莉喜相遗,但嗅花香不敢私。堪笑女人沽水洗,生憎发短冀长时。女悦华人,持茉莉相遗,惮法严不敢私,有私者辄削其发。女若发短,问华人何以致长,绐之曰:"用华水洗之则长。"竞买船中水洗之。

恩信孚人悯远游,不令外出扰商舟。如何忽变浇漓习,秉性都由买哇柔。酋待商人以恩信,有子不令外出,恐扰商船。其妻乃买哇柔酋长之妹,生子袭位,听其母族之言,乃多为欺诈。

树心酿酒号加蒙,美酿非徒稻秫工。客子宴阑酣醉后,倩人扶掖过桥东。加蒙树心可造酒,又善酿秫为酒。爱敬中国人,见中国人醉者,则扶之以归。

置酒王宫喜结缡,举觞珠串坐中窥。副王索取婆罗拒,返国来攻出六师。柔佛副王子送子到彭亨就婚,其妹婿在坐,手中有珠,副王索取不与。副王归国,起兵来攻,彭亨不战自溃。

区分食器判高卑,王用金银众用磁。携手牵羊婚事重,两家匹敌耀门楣。王用金银为食器,群下则用磁器,无匕箸。婚姻亦重门阀。

宣勤大库吉宁仁,王室抒忠竟杀身。一样彭生同报复,家家崇祀目为神。吉宁仁,为柔佛大库,忠于王,见杀王弟,后王弟出门坠马死,人以为杀吉宁仁报,自是家家祀之。

尽载赀装作贾资,回乡遣使告家知。若教先事无人接,依旧扬帆出海湄。巫来由出海贸易,必尽载赀装,而行船回则使人先告其家,必使其亲迎接,妻妾亲到然后回,否则以为妻妾所弃,即便扬帆而去。

　　钟鼓楼中日月新,求婚大国善交邻。代持门户男依女,不重男人重女人。酋所居旁列钟鼓楼,地与柔佛邻,自与结婚姻,无侵陵之患。婚者男往女家,持其门户,故生女胜男。

　　税重无如卖酒家,细民嗜饮尽揄揶。浇愁把盏愁难断,空说前村有杏花。酒禁甚严,有常税。然大家不饮,惟细民无藉者饮之,其曹偶咸非笑。

　　护行勇壮各持枪,民见王来合掌忙。争讼有人持烛入,言王今日坐朝堂。王出,有勇壮数十拥护而行,各持标枪,见者咸蹲身合掌。王坐朝堂决事,争讼者咸持画烛一对而退。

苏 门 答 腊

　　按,苏门答腊,长约二千余里,中有大山绵亘,曰万古屡,迤东洼下,林莽秽杂,道路难通。部落之大者,曰亚齐,西人称曰亚珍,东曰锡里,再东曰溜里,与锡力隔海相望。大亚齐西尽海,转西至海岛之南面,曰小亚齐,迤东曰苏苏,再东曰叭当,再东曰芒古鲁,东尽海,转西北入峡口,峡之两岸曰旧国,即三佛齐,国中别一岛,曰冈甲。诸部皆巫来由族,英、荷分据各海口。道光中,英人以此易麻剌甲,遂全归荷辖矣。

　　三分鼎峙夙称神,空气皇天后土新。下等原来殊上等,四山各占一金身。巴丁族中人多愚昧,谓世上有上等大神,一皇天、一后土、一空气;其下等四神各占一山,人间祸福皆此四神主之。

　　迢迢海角塔三层,闪闪红摇不灭灯。司夜有人添夜火,风来常怯冷于冰。海角有塔灯一所,闻司其役者,常怯海风砭骨。

　　坐贾持筹握利权,阛阓交易日中天。地摊亦有华人摆,莫笑区区少本钱。摆地摊者,名曰"巴扯"。

野马奔驰万木丛,自生自长此山中。高枝喜见猕猴挂,口嚼山桃一颗红。此地有马山,野马成群,未易攫取。

花边今日涨荷兰,国课终须借此完。加水平分两相匹,一元竟作两元看。荷兰花边极少,一元可换英银两元。

两边茂树列千株,中道平平白石铺。来往估人多似鲫,马车终日任驰驱。入沙弯口,两边树木特茂。

锡块成团掘一山,泥涂取出敢偷闲。陡闻价似春潮长,一本几同十倍还。锡价近今极贵,缴工人自此起家者极众。

会馆宏开土木华,梁姚李郑四名家。诸公好善捐银饼,洋米连航运海涯。罅律五属会馆近今始建。

楼高四丈壮王家,木板周围四面遮。独有降真香一树,远闻香气胜莲花。土产降真香,甚妙,名曰"莲花"。

海舶西来那没黎,帽山平顶路无迷。丛山浅水珊瑚树,琢取枝柯等璧珪。浮里国帽山下浅水处生珊瑚,高三尺许。

五　印　度

按,印度,为天竺转音,古称佛国,地大物博,繁庶与中华等。东印度,川滇接壤,尚宗佛教;中、西、北,为英人所据,改从天主教;惟西印度,宗回教。昔夸佛国,今亦凌夷,兴言及此,可胜慨哉。

爱植仙花小院东,采花揉汁唤家僮。私心欲博檀郎喜,染尽春葱透甲红。少女好种凤仙花,用以染指甲,作赤色。

沿途卖技说衙衙,口度番歌抑复扬。汉曲兼能粗解唱,异乡人听更悲伤。有女称衙衙者,妆饰倩丽,口唱番曲,又复善舞,宴饮侑觞,亦有能唱汉曲者。

项环璎珞耳垂珰,短短春衫淡淡妆。薰遍沉檀衣着体,经过街市气犹香。印度女人短衫,项绕璎珞,耳垂宝珰,焚沉香以薰衣,所过街市,经时香气不散。

碧桃和露种瑶宫,人面花容比较同。惆怅花颜易凋谢,落花如雨怨东风。白面国其女仪容雅媚,美艳易凋。

画眉只许在窗东,出外堤防更觉工。遮蔽全身人莫见,宛同新妇闭车中。白面国其男将女严禁闺中,若出过市,则浑身盖蔽。

一水恒河护圣城,朝朝赴浴日初生。楼台庙宇今荒废,仅剩浮屠半级横。恒河水相传可消罪孽,故每晨男女来浴者,可数千人。河上有古庙遗址,瓦砾堆积里许,仅存浮屠半级。

嬖姬梦妲返清虚,回庙新营缥缈居。所费不赀财力竭,国传一再遂为墟。印度王有嬖姬,曰梦妲,有殊色,早夭。王哀之,筑墓宫侧,上建回庙,庙制奇丽,玉壁金阶,所费不下万万,历二十二年乃成,然已财殚力竭,一再传王社遂墟。

塔顶平台白石铺,累累荒冢没春芜。环冈庐舍椰林杂,一幅丹青著色图。敷嗽巴岛环冈庐舍万家,中杂椰林,浓翠纷披,如著色图。冈阴有一圆塔,塔顶平台包社,人死后陈尸之所。

奈儿河畔水茫茫,筑坝谁为捍一方。贞女殉身人仰慕,咸携香楮拜娘娘。埃及有河曰"奈儿",尝罹水患,有贞女愿筑坝御此水灾,将合拢,入水以殉。众塑贞女之像,建设坝上,名曰"奈儿娘娘"。

地分孟买作妆奁,岁纳金银敢谓贪。烟税更教加巨万,提封休怪锡诸男。葡王以女妻加禄第二世,遂以孟买为奁资。加禄与印度公司约,(遂)〔岁〕纳税银十金磅。又富人沙逊进鸦片,税数百巨万,其后借赈济为名,锡以男爵。

相传世业本同科,互结婚姻附茑萝。配合尊荣无与匹,贵家门第重婆罗。土商农工,各分品类,世守本业,始得互相婚姻,一出其类,即谓忘本。门第以婆罗门为重。

地号开来江面遐,船桥作费敛商家。行人一度一罗比,税重无如是马车。此江名"开来",上作浮桥,以船联成之,名曰"船桥"。每一马车过浮桥,英人收税洋银一角。

千株椰树绿阴稠,种植何人利倍收。不让森森千亩竹,提封共羡渭川侯。是地多椰子树,每岁每树税洋银八圆,有椰树千株之家即为殷富。

此间地僻获赀艰,市肆寥寥只数间。鞋店独开三十载,主人郑姓籍香山。梅辧商务获赀艰难,多一家即便闭歇,惟一皮鞋店,来此三十余年矣。店主人郑姓,籍香山。

一水程途隔海通,棉花洋药利无穷。连艨运出科郎埠,出口惟兹是大宗。锡兰与南印度只隔一海峡,南印度棉花、洋药各项,初由多得林出口,运至科郎埠,然后转运中华。

欲得从禽纵猎场,圈围数十大村庄。驱人出走空家室,子弟迁居老是乡。沁得省土王暴虐,其子弟欲得猎场,往往烧毁民间数十村庄,而圈为禁地。

多喇王兵四散归,归降胆破格雷飞。全舆户口三千万,令出惟行不敢违。本加利省为多喇王所辖,有海口曰"卞"。英人于海口设一商务公司,忽被占据,英遣将军格雷飞一战破之。

将军三战定烹齐,劲旅咸称异等侪。西气死人真勇悍,咸来租界作巡街。烹齐有一种人,曰"西气死人",殊勇悍。英兵三战而后服,今中国上海等处充巡捕者,多是人也。

石破天惊事有无,全家并嫁出僧徒。纪年五十偕三岁,老少同欢配幼雏。印度孟俄地方有某僧,竟以全家女子嫁与一现年不过十龄之小孩,计所娶者共十八人,年齿老幼不齐,其最老者已五十岁,而最幼者则仅三岁。

俄 罗 斯

按,俄罗斯,乃古乌孙族部旧国,本在祁连燉煌间,故俄罗人自称为老羌,即何秋涛《朔方备乘》所载也。至《海国图志》云,即古时额利西,意大利之东北边。有在亚细亚洲者,有在欧罗巴洲者,有在墨利加洲者,东抵海,北抵冰海,西界欧罗巴洲内部落,南界中国蒙古索伦,幅员五十万方里,户口有三万八千三百五十六口。原都建于大俄莫斯多,后改建于东俄之彼得罗,精华所萃,尽在欧罗巴洲境内。其东都与中国相首尾,延袤二万余里,议边防者,尤宜加意于斯焉。

中华延接部居东,高据三洲地势雄。铁炮台成尼瓦口,法王攻取卒无功。俄据亚、墨、欧三洲之境,都城在尼瓦河口,有铁炮台最坚,法国合诸国攻之,卒无功而还。

胜境天开又一方,桃红柳绿映池塘。下流巨浸归诸海,泛泛商船载大黄。过苦夯山即俄界,不乏桃红柳绿,掩映池塘,闻颇似中华光景。有湖名曰"白海尔",有商船载大黄、茶叶,售诸其地。

渐染华风嗜好移,哈屯每自侈娇姿。生平喜戴通花草,换出貂皮与獭皮。俄妇人每喜通花萼,易以皮毳,殊珍重。哈屯,蒙古谓夫人也。

童男童女两相关,私约桑中密往还。苟合未容终作合,假将江水洗羞颜。俄之律令,幼童与女子奸,重责之,配为夫妇。

游园有约备行厨,路出城西莽耳铺。妇女搴裳桥上过,鸦头不著露双趺。城西莽耳铺花园,双桥长十余丈。

宛然穷裤作昭阳,扣子钉皮护女郎。直待嫁时亲手解,此身珍重付檀郎。俄之第五部,有高斯索山最高,女多妍丽,防闲最密,以皮束下体,加钉银扣,俟嫁时夫亲解之。

冰鞋踏踏足难停,生怯循梯下小亭。成块作宫标异式,嵌空四面更珑玲。冰鞋以铁为之,看冰者登一亭,循梯而下,寒气逼人。又女帝安那宜万常造冰宫于湖旁,点火其中,光辉灿烂。

大开戏院是皇家,进点先闻菊部哗。今日《鸿池》演故事,倾情雁女貌如花。皇家大戏院演戏,戏名《鸿池》。

谁为迁居徙海湾,美人恩重本如山。却因病剧寻灵药,亲上蓬莱采得还。公主因遘疾,医云水土不服,乃迁海湾居之。

回廊曲折槛横斜,谁筑园居半富家。地近海滨涵水气,白莲开遍百枝花。阿尔喀的亚花园,地近海涯,亭榭横斜,回廊曲折,四围缭以花木,盖皆富豪筑,以遁暑者也。

游园信步踏苍苔,雌狈相逢了不猜。生小有儿藏腹袋,时时伸首觑人来。万生园有雌狈一,生小狈藏于腹袋,见人来,时伸首出觑之。

院中鼷鼠大于牛,闻出冰洋骨尚留。马主自来多奉祀,人家屋脊塑骅骝。俄俗,凡屋脊,多塑马。佛书云"北方为马主",其殆谓此与?

饰人脏腑入眸青,并具阴阳体二形。蜡馆更增女兵队,兜鍪铜甲立亭亭。蜡人馆饰人脏腑,亦有人具阴阳之体者。廊下更塑女兵队,兜鍪铜甲,栩栩如生。

毫挥一幅洒云烟,谁擅丹青点缀妍。闻道内庭供奉惯,翰林承旨是挨田。俄翰林承旨,挨田善图画。

运河深濬达舢舻,装载储粮入国都。一事至今传盛德,佃田艰苦释余夫。俄浚深运河,赍粮始免起驳之苦。又能省释余夫,民尤称盛德。

日日操兵出教场,军中毛瑟放弹枪。红心七次俱能中,喝采人皆万口扬。俄兵日演教场,立放毛瑟诸枪,红心如卵大,能击中其心七次者为最。

　　崇楼高峙在园中，洞壑阴阴石剔空。蓄得鱼虾一方水，唼花逐队戏西东。阿克洼黎穆园有楼，周围嵌石作洞壑，其用玻璃蓄水，养诸鱼虾。

　　人重金闺价不低，十年待字尚深闺。孰如额勒河西女，价作中宫异小妻。额勒河西地生女最美，其价甚贵，出嫁于人，往往为国后。

　　鱼子鹅肝嚼齿牙，朱门延客兴偏赊。酒阑跳舞还寻乐，父女相依本一家。俄俗，延客茶会极其周挚，茶后，妇女往往相继跳舞为乐。

　　女军二十自风流，战鼓冬冬击未休。争上戏台演马戏，不忘武备在阿洲。皇家戏院有演马戏戏法，女子二十人，黑人步队亦数十人，相与争战事。

　　彼得城中赛马场，方池间隔在中央。连镳跃过嘶风马，三尺余高数木墙。赛马场中为方池，内置木墙五六堵，高三尺，使乘马盘旋一周，连跃而过，如履平地。

　　赤青气色辨分明，七月生殊八月生。自养无方须共养，出赀堂上育孩婴。论生育，七月生者可活，八月生者不可活，于色气赤青者辨之。俄都有富贵家，自养无术，赖人共养，出赀育婴堂以襄善举。

　　树胶如斗复如拳，制造咸传器物坚。一作雨衣尤得力，霏霏大雪御寒天。树胶大者如斗，细者如拳，可以作诸器物。其尤得力者，作兵士雨衣，且能御寒。

　　建成会馆在俄都，联合诸邦客不孤。聚首堂中时作乐，戏抛球子赌挦掯。会馆为英商所建，凡各国之旅居俄都者，皆可出赀入会，以资联属。聚会之日，堂中设有击球、斗叶诸事。

　　免罪翻嗤教士身，力言天主不能遵。此公识见真高卓，不愧西洋教习人。俄教习瓦习礼，论事极有见解，谓西洋各事，中国无不可行，惟天主教断乎不宜。较教士来劝入堂免罪者，识见迥别。

屯兵边界夜吹笳，久成征人已及瓜。风雪砭人寒彻骨，未知何日始还家。德奥界上，凡头等炮台五，皆屯重兵。

蜡丁文古宝瑶琼，书库珍藏数十楹。只许内观无外出，晨昏不断是吟声。楼有石碑四五，甚古，问之，皆蜡丁文字，只许就近取观，不得携之外出。

瑞　典

按，瑞典，即瑞丁，又作苏以天国。东至俄罗斯，西连那罗尔亚国，南枕地中海，北界诺鲁咸亚国，暨冰海。长约二千七百里，宽约一千里，户口二兆八亿，分为二十四部，建都于斯德哥尔摩，奉天主教，风俗与英同。

纷纷茶馆设通衢，钩致游踪半女途。咸道佳人似佳茗，不徒酒国重当垆。《航海述奇》云："瑞都中茶馆，其伙计率多女人。"

地少崇安半阜原，松青桦白种滋繁。闲过搭子头边路，芳草青天近水村。瑞典地多产白桦、青松，洼地多草墩，俗名"搭子头"。

主君设席大臣陪，敬酒擎杯复覆杯。始识两君修好礼，不图亲见异邦来。君后主席，大臣陪席，执杯献酒，三爵毕而仍覆之者，即古礼"为两君之好，有反坫"也。

从禽一矢喜相加，出猎郊原渴思奢。便具酪浆给军士，定多络秀在民家。瑞君好游猎，闻其君民一体，随便可入，民家具酪浆给军士。

延宾亲手问平安，礼数从优笑眼看。也有知诗贵公主，推原世族出荷兰。瑞君后接见天使，慰劳甚切。后为荷兰公主，素知诗。

弃同敝屣旧河山，罗马来游不复还。酷好斯文无别物，异书饱读出娜嬛。《地理备考》云："基利斯的那女王癖好文学，逊位于外戚加尔禄斯，而远之罗马游学，寻不复还位。"

宫名王母隔河洲，小大轮舟载往游。愿效微劳赀不索，荡舟竟去不回头。都城外有王母宫，雇小火轮渡往游，回时舟子云："愿效微劳。"不索值收渡赀，荡舟旋去。

凿山开道上千盘，南郡新开铁路难。枪子铜筒标各种，局开制造任人看。南郡新开铁路，凿山开道，为工甚巨。又制造局造枪子、铜筒各种。

云阴连日晚雷喧，骤雨翻盆浸短垣。大似黑龙江上景，水生新涨没沙痕。四月间多雨，墙垣ता水浸，大似黑龙江风景。

平原莽莽练兵场，距远腾高法最良。生力工夫娴击刺，宝刀出匣锐难当。瑞有练兵场所，练腾高距远之法最良，刀剑击刺，其技尤精。

普 鲁 士

按，普鲁士，一作陂鲁斯，一作破路斯。南连俄罗斯、奥地理亚、日耳曼、佛郎西等国，北及巴得冰海，东至波兰、俄罗斯国，西连绥林、领墨等国。幅员三十二万方里，居民一千三百万丁。同治九年，联合日耳曼诸邦以破法，人才奋兴，遂为欧洲霸国。

酒造皮儿制夙工，殷殷国使问王公。历年久远周花甲，出瓮依然色尚红。近日，日本拟造皮儿酒，遣其国使取法于德。德酒凡十余色，其红酒有陈至五六十年者。

水陆交冲入廓伦，迢迢河上度来因。长桥一路平如砥，印遍霜华辙迹新。来因河有长桥，为水陆交冲之地。

瘦削肌肤已十分，杀虫谁为奏奇勋。起生莫谓无人识，第一驰名是寇君。柏林医生寇赫善治痨症，以药浆杀虫，奏效如神。

香水闻名产寇伦，妇人膏沐助妆新。造成琥珀钗无价，生自波罗的海滨。寇伦为德国巨镇，地产香水，甲于欧洲。又波罗的海生琥珀。

新婚有事怯从军，恋恋恩情手待分。难得素封年少子，挈然舍去策功勋。《普法战纪》云："有富罗连者，素封子也，将婚，闻征兵之令下，慨然从军，合卺礼毕即去。"

古事何曾问仲舒，夫人识解本非虚。纪年空自传前代，伪撰居然论竹书。德都书楼正监督里白休士之夫人论《竹书纪年》伪撰。

名称女子福来林，也解行觞也解音。酒馆歌楼随处有，相逢邂逅便谈心。普国称女子曰"福来林"，有听乐饮酒之所。

挥锤技试屋加民，表质能完巧绝伦。颁赏无言人代取，厚酬乌克一千银。屋加民工巧绝伦，在制造厂，德皇往游该处，见一大铁锤为屋加民管理，试其技，以一表置诸其下，屋加民运动机器，距表仅一分许不过。德皇喜以表赏之，屋加民呆立，克君代取其表，厚酬以乌克一千银。

不忘武备厕兵曹，膂力刚强意气豪。轰击有声人咋舌，引拳立见碎胡桃。德国官兵素称有力，人人负投石超距之能，闲中作戏，不忘训练。放一胡桃于棹上，引拳击之，立碎，见之者咸为咋舌。

官衔名片两平分，世爵相连益一芬。总统夫人娴笔墨，著书垂暮艳名闻。称男人必称官衔，称女人之有爵者曰"某爵夫人"，有官者曰"某官夫人"。凡男女大半加一"芬"字，则世爵相连之字，犹法国之"特"也。德之世爵，嫡派、支派世袭罔替，故几人不爵，即无人不"芬"矣。又德国故总统格兰脱之夫人以著书名。

口喷烟气散空濛，斗大如杯二尺筒。只有宴时渐休歇，只应同坐近颜红。德人嗜烟，将相皆衔二尺长之大烟袋，斗大如杯。惟宴会时男女同席，禁不得吃也。

抟人用土擅雏童，道遇王妃召入宫。刻石后来称妙手，雕成遗像九年中。王妃游市中，见幼童以土抟人，命入宫教养。及长，为刻石妙手。后妃病，觅石雕妃像，九年乃成。

高挂青帘卖酒楼，倏来工匠大蓬头。华妆挟得妻和女，皮酒团圜饮一瓯。普国有酒所,每有工匠蓬头垢面挟其妻女华妆而来,皮酒一大瓯,男女合饮之。

时遇偏灾乐助将,王妃国后首为倡。闺房也解捐衣物,市价高抬也不妨。国有偏灾,命妇闺房相约成会,或出针线首饰,或出衣服杂物,函招相识来会,抬价劝售,笑语诙谐,勉效市井亦所不惜。国后、王后亦乐倡首。

主君嗜画善临摹,出照天津属邑图。持此赠行嫌物薄,兼赍磁器出宫厨。使人赴茶约,国君出所照中国天津等处画赠之。又于佳节日,遣人赠茶器。

犒兵王后跨骊黄,激厉青宫用铁枪。直使蔚蓝天一色,军中争看号衣忙。王后路撒跨马,走伯灵街衢以犒兵士。又世子用铁枪与法人战,所着号衣皆蓝,人号为蔚蓝天。

希　腊

按,希腊,昔为都鲁机所据,今乃自为一国。闻俄柏林定约之后,俄人勒令土人割膏腴之地两省,以畀希腊。希腊虽自主,然小国也,已得两省地,其疆围乃稍广云。

双目无珠号瞽仙,诗心如水濯愈鲜。生平著作娴歌咏,今尚流贻廿四篇。国初时希腊有一瞽者,名曰和美,最长于诗。

香帕遮身盖薄绵,梳成鬈发貌如仙。女郎低按红牙板,度出珠喉一串圆。《万国地理全图录》云:"女梳其发为巧髻,身盖薄绵帕,男女悦歌喜乐。"

日　耳　曼

按,日耳曼,即那马尼,共为三十余国,在欧洲之中,比佛兰西广大而蕃庶，宗耶稣教，能读中国书。昔为列邦，自普破法后，尊普为帝，遂为一统之国。

争说郊天即位仪，七侯商酌不嫌迟。预先置玺黄金匣，定议方教取出时。定选立皇帝之法，议决七侯，先置玺于黄金匣中，议定方取出与众人看。

诞同生日遇良辰，女子称呼彼此均。一样艳名标茉莉，不妨花卉比佳人。日国生子女，凡遇同年生者，通国皆同名。试看日署，看馆人之女名茉莉，律师之女亦名茉莉，其余可知矣。

妇人亦解矢公忠，身赴疆场励战功。马上跨鞍颜似玉，诗歌板屋赋秦风。《外国史略》云："有危难不避死亡，妇女亦勇于赴敌。"

本自无心作帝王，天生贵族凤钟祥。法英二祖传中替，远迓为君出故乡。日耳曼，西人称为贵族，法英二祖皆出是邦。

怯寒就暖炕工家，一罐倾头水泼花。却取铁锹数枚赠，绝无修怨把恩加。帝微服入炕面工家，就炉取暖，工人妻逐之，把罐水倾帝头上。帝还营，遣侍臣赠铁锹数枚，曰："今朝泼水，聊以相赠。"

镜光能造巧从心，妙诀无传秘自深。善造钗钿无弃物，握来成块掌中金。日人善作镜，英公使欲得其法，秘不肯泄。又其地多产金，掘井常得金块。

金丝擘后又银丝，组织成文制服宜。裁作宫袍好模样，浅蓝色恰映玻璃。曼人以金银丝织锦。又善制蓝玻璃。

瑞　　士

按，瑞士，即绥沙兰，东北俱界奥地理亚，西界佛兰西。幅员万五千方里，户二百万三千口，部落二十有二，各设头目，不相统属。高峰插天，终年有雪，山水雄奇。远游之士，多往探焉。

诸峰罗列似儿孙,上峙高山特立尊。五百年来兵革息,始知海外有桃源。诸峰高插霄汉,万山拱卫,风俗俭朴。数百年不见兵革,称为西土乐郊。

土 耳 其

按,土耳其,跨欧亚两洲为国。其都城建于欧洲之罗美里,曰君士但丁。素宗回教。地南接希腊,北连俄罗斯,东及黑海,西抵亚细亚,海隅广袤,方圆三十万方里,居民八百万丁,为印度屏蔽。比年屡与俄人构兵,英人遣兵调将,阴为庇护,不可谓无深意存其间也。诚恐土国一破,实逼处此,英亦不得安枕矣。

新人几辈作新妆,黾勉同心事玉郎。身世只容依短榻,夜来未上合欢床。土人多娶妻卧凭短榻,未闻有床。

生来从未识花香,为在军中气不扬。练得步兵摧劲敌,气真一鼓作谁当。苏尔旦练步兵一队,优其廪给,不许娶妻。

阒若庖厨久断炊,计年匝月有斋期。捐除异味饶蔬笋,只合禅参玉版师。每年必有一月斋期。

问孰征兰入梦新,妃生元子掌长春。纷纷粉黛如云盛,侍妾徒充数百人。王之妻妾数百人,初生者为王后。

孤雏居处本无郎,岁遣多男配合忙。到底须眉胜巾帼,一朝蚕食失封疆。《新唐书》:拂林西济海,有西女国。拂林君长岁遣男子往配焉。今亦为他国所并,其地为土耳其所属。

香通鼻观气霏微,人嗜洋烟信不违。欲遣烦襟无别物,又持杯盏饮咖啡。土人嗜烟如命。又阿斯曼好饮咖啡。

女儿妲地产娇姿,沦落风尘质自卑。贩卖朱门作奴婢,一生辛苦有谁知。女儿妲地所产女子,饶有风致,多贩卖与人作婢妾。

遗闻口述到英官,北国佳人色可餐。姣好孰如犹大女,娶妻当作丽华看。汉官李大廓云:"犹大女人姣好,娶妇得犹大女则以为戚施在室也。"向之为犹大旧部者,今则归并于土耳其矣。

记曾侍寝沐君恩,君去徒令梦想存。零落宫花少梳洗,玉颜无不老长门。土王姬妾尝数百人,遇王逝,嗣王即将前王妻妾统禁宫中。

国书递进下通情,近事兼闻说女英。倾听土王心慰甚,连称不负使人旌。土王善待俄使,以俄使善为修词,并及女英近事故也。

洞壑幽深阿腊山,舟随水涨到岩间。人家住在翠微上,鸡犬皆仙隔世寰。阿腊山洞壑幽深,水涨则巨舟泊于峰顶。其地未尝被兵,户口独盛。

民情猛悍住山巅,一语睚眦即控弦。惟有远方佳客至,独持杯酒与周旋。黑坐义民情悍猛,睚眦必报,远客来则待之厚。

意 大 利

按,意大利,即古之大秦,乃欧罗巴腹地精华。其地周万五千里,三面环地中海,一面临高山,土地肥饶,州郡繁多。尚天主教,有教皇掌理列邦教事。昔为一大统,今亦式微,然声名文物,犹为泰西望国。

须髯活现跃龙虾,百炼精铜铸一家。终让镜光临水面,敌舟烧尽戟沉沙。博物院有铜铸龙虾诸物。又几墨得铸一巨镜,映日注射敌艘,光照火发,数百艘一时俱烬。

三百山程数洞天,火车过处把灯燃。逼人寒风山头雪,五月披裘信果然。入意境,三百里之山,中间轰凿之洞数十里,火车过处燃灯火。山顶尤多积雪,寒气逼人,五月披裘,信矣。

旧部都兰复米兰,储君分治四民安。称雄国主收全境,一统规模土地宽。意君奋发有为,攻取兼并,遂得意大利全境。

沿途引水见高墙,片瓦毗连仰合张。耸立通衢尤表异,绝无渗漏历年长。罗马地沿途皆引水高墙,墙顶以仰瓦、合瓦砌成水筒,层层递引,取水尝在三百里外山上。墙在通衢尤耸立,从无渗漏,亦一异也。

库中宝器久搜罗,瓦砚铜瓶什袭多。掘出始知崩背物,纪年三百信无讹。古器库所存,皆崩背掘出之物,巨细不一,铜与瓦器居多。

宜人果品让娄兰,堆满朱樱赤玉盘。入口一枚耐咀嚼,几同啖得蔗浆寒。夫娄兰司之樱桃如李实,一枚入口即耐咀嚼。

嵌石曾闻作技奇,磨砻经见白如脂。喜将名画堆嵌上,花卉如生带媚姿。嵌石作为意国绝技,择鲜艳各色美石,磋以鏞锡,磨以砂石,摹名画之稿而堆嵌之,可以象生,尤以花卉为乐。

晓风残月唱诗歌,杨柳纤腰一搦多。谁似女郎年二八,媚人一转是秋波。其人民纤腰,好诗歌。其女郎眼光尤妖冶。

男多赚配罔艰难,观技如荼赴保安。越境果然成匹偶,才人无数嫁邯郸。《万国史记》云:"罗马王罗慕路设保安场,以男多女少,撒伯尹国女多。王设一计,遣使请观杂技,撒伯尹不寤,挈美姬赴之。少年数百人齐起,尽夺美女而去。"

遣聘无须下镜台,妆奁本自岳家来。钱遗亲戚增声价,咸道东床有异才。罗马娶妻,金帛出自岳家,必使妆奁充足,增其声价。

开窗目注碧霞师,隐约离宫远可窥。但见楼台最高处,风中摇曳有旌旗。碧霞师居飞替嵌宫中,开窗遥视,见意王宫中一国旗风中摇曳。

荷　兰

按,荷兰,欧洲小国也。然荷虽藐然小国,能首梗非理之教,缘是坐大。至于南洋瓜哇、婆罗洲岛一带,俱归管辖,其辟土不可谓不广矣。

连棚影戏说花英,火焰光中面目呈。声到夜阑犹未歇,浑忘漏尽已天明。纸影戏,一曰"花英"。

海牙城外枕长河,两岸堤高映绿莎。傍晚估船争泊处,帆樯入画望中多。海牙,亦荷兰城名。

夜色皑皑月照空,登楼四望目无穷。千船灯火从中认,遥见光腾海口红。登楼四望,海阔天空。海口红灯于入夜见之。

五金炼气色芒寒,魏得初闻作炼弹。战后议和操胜算,斯人真不忝登坛。魏得初作炼弹,是当时善于用兵者。

胎骨成形月不同,苞含豆蔻坼春风。怀中试问君知否,晕得羞颜两颊红。生灵院内有小儿胎骨一具,自一月至弥月各有标识。

楼居镇日净无尘,过访频来客子身。奉得烟丝兼火酒,主宾款款话前因。荷人性喜洁,房屋时时扫涤。客至,则奉以丝烟,饷以火酒。

心关爱女异常施,尼特兰城作嫁赀。得配上公阿尔伯,门楣生色喜轩眉。腓立第二以长女嫁上公亚尔,以尼特兰作赀装。

比 利 时

按,比利时,欧洲小国也。初与荷兰合一,已而分立为自主之国。考之地球中,比利时仅一蕞土,而其民则最为稠密。其近年国势骤兴,且与中国立局通商,盖其人长于制造,于炮台工程尤为著名。愿中国设领事于其国,即未设领事,或设招商局于其国,以轮船往来运货。而其国商会亦设公司于上海,承办军械,价较各国稍为便宜云。

铁轨修成万里遐,比人夙昔擅名家。一朝延聘来中国,指日安排走火车。中国近议修造铁路,特请比人主持其事。

云路高腾上九霄,此邦多产碧天娇。寄书来往如期至,不怕程途万里遥。碧天娇,鸽名,比利时所产尤佳,皆能带信,往还如期而至。

法 兰 西

按,法兰西,古曰"俄尔比",与英吉利对峙,仅隔一港,并近荷兰。东界那马尼国、意大利国,南抵海并比利里山,西抵大洋,四围非山即海,形势崎岖。土产五金、羽毛、纱呢、钟表,制造精巧。俗尚武勇,为欧洲强国焉。领部落八十一,小部落五百三十,俱奉加特教。昔为君主,今改民主议,凡七年一易君,与美国同。

皇皇新教尽逃逋,捕获中途付守厨。炊火生涯充苦役,往来舟舰作人奴。路易弃新教,见新教人出奔,捕得送诸军厨房为奴。

福兰巨费建梨园,部曲纷纭鼓吹喧。罔取戏资任民视,曲终不复有烦言。建戏园之赀,用三百万福兰。部曲众且千余,鼓吹者约百二十人许。民共观,不取戏资。

树色湖光入画图,此方胜景古来无。画船箫鼓游人聚,鬓影钗声半丽姝。万生院树色湖光殊胜,美人游园者多在此。

白英一种产三山,颜色光明重世寰。闲向纪功坊里过,石人石像峙中间。白英石产自三山,纪功坊人石像咸取资焉。

店开罗茀货蕃滋,通国公司萃在斯。股份任人随便入,按时取息不愆期。巴黎罗茀大店,是通国公司集赀所设者,无论何人皆可入股份,按时取息。

广厦人来尽教徒,纷纷开局赌摴蒲。金钱浪掷输千万,豪兴依然一寄奴。教徒作广厦,任人日夜聚赌。

避雷有法制良精,一任喧豗大作声。倚柱任教人小倚,读书作字了无惊。法人制避雷柱。

勃兰提酒夙驰名,开瓮香闻气味清。沽饮酒人三五辈,十千市价喜评衡。勃兰提,法国酒名。

地爱亚金水有源,泉流如沸气常温。振衣差喜逢新浴,吹面凉风一阵喧。亚金地有温泉,法王常于此行浴。

浪用多财素不羁,家储从此想中亏。未能节省犹挥霍,无怪波旁控法司。法国波旁支裔,以其妻不节于用,挥金如土,将家财储蓄日见亏损,控之法制司,禁其后来挥霍,庶不至流于饥馁也。

照彻灯光入境光,一双交颈戏鸳鸯。无烦人力机能转,行乐闻皆是铁床。妓院有一室,上下四方六面皆悬巨镜,镜中灯影愈明。并有机器铁床一具,用时无须人力,其机自能鼓动,当日逍遥车制瞠乎后矣。

石塘对岸水如油,掷一长绳系两头。背负木棉从此过,行如平地俯长流。法人都比工缘绳技,尝于石塘对岸系一长绳,离水约二十丈,缘绳而过,兼负木棉一捆于背而行。既抵彼岸,复携小车一乘而回。观者靡不啧啧称奇,以为得未曾有。

戏园绕出待骖騑,招与同车共载归。主坐在前宾在后,顿忘让位礼终非。法京有大名爵某,由戏园回家,值富银行家兄弟二人同归,见某车未至,则请同坐己车,然二人已先进车,坐于向前之位,而留向后之坐以坐爵老。某初忽其事,不以为失礼,旋转念及之,则牵车绳,令马夫停驰而出,兄弟诧问其故,答曰:"背马坐人耳,觉其郁郁欲病。"

品评名画出厨中,人物楼台刻划工。苑本几人宗北宋,临摹多半付颜红。法画工人物、楼台,刻划精细,多宗北宋苑本,入画院临摹者,女子居多。

小妹娇姿号璚玲,芳巾笑掩两眸青。戏拈同治聊相问,省识铜钱见未经。朗克斯有妹璚玲,姿容妖冶,举止娉婷,能以巾裹其目,令人以物授台下观者，而知其处。台下人手握铜钱一枚，举以示之，能知铸钱之年岁，并其轻重大小，屡试不差。余戏拈同治钱握掌中，试之，则曰："此钱铜质而新铸，字未能识，恐非我西国物也。"其术亦殊灵矣哉。

对舞蹁跹尽绮年，半身悉袒露香肩。双双更有童男女，手执花枝态益妍。跳舞丽姝悉袒半肩，执花蹁跹而集，进退疾徐，极有法度。更有童男女，双双对舞，流目对盼，媚态横生，亦殊可观。

马达兰街结伴游，茶寮到处喜勾留。宵来灯火非常盛，聚饮人登鲁武楼。马达兰街有茶寮，专食加非。格里街有酒楼，曰鲁武，以烹饪名于时，夜来聚饮者每至达旦。

石铺马路在中央，桐荫杨阴覆两旁。铜管凫储自来水，街尘净涤午时忙。街道正中走马车，两旁所植之树，或桐或杨。每数十武有自来水铜管，值辰午间取之，以涤街道尘。

女儿巢树捕归来，驯养依人末座陪。笑取青蛙头数十，手中剥食了无猜。女孩向树巢中居住，诱捕以归，为之梳洗，给以衣裳，闭一室中驯其野性。养豢已久，始令侍坐客隅，赏以珍错，皆摇首不欲食，忽离坐奔赴门首池塘中，捕青蛙数十头，向客剥食甚适。

野燐攫取小瓶留，一滴兼资橄榄油。新造自来灯耐久，远经六月焰犹浮。法都新造自来火灯，取野燐如豆大置精洁玻璃瓶中，滴橄榄油少许，光芒迸射，可经六月之久。

放枪火焰向空流，刻木为人得自由。驰马走绳诸样戏，市中更有狗兼猴。法都有木人点火放枪，及狗驰马、猴走绳诸戏。

万山丛里矿煤俱，巨厂宏开科鲁苏。特有法民司内德，造成机器拓前模。法国煤铁之厂，最名者曰科鲁苏，在万山中。司内德设厂于此，造成各种机器。

难解围城乞外援，系书鸽足代人言。沿途设站知无数，借报军情不惮烦。法被普所围，乞援之书皆由鸽为之传递。又于沿途设鸽站。

旧王城轨迹徒遗，街市繁华异昔时。到处地中留十亩，问名争道拍来思。法京早无城，仅存城门旧址，凡街市皆中留园地数亩或十数亩，名"拍来思"。

幼妇盈门烂若云，白边衫服绿边裙。瞧人一射黄眸子，秋水盈盈对夕曛。《航海述奇》云："法国幼妇，家有喜庆，皆绿裙、白衣、黄眸子。"

义泰廉兼马达兰，二街茶馆好盘桓。多佣幼女雏年齿，一任游人仔细看。马达兰、义泰廉，两街前后一带皆设茶寮，售茶者多佣幼女，男女群集，往来如蚁。

十八雉台次第登，地无雉堞问谁凭。廛居列肆如蜂密，屋上高楼七八层。李圭《环游地球说》云："巴黎城无雉堞，城外炮台十八座，列肆密如蜂房。"

华服长裙炫艳妆，陪宾争赴杜家堂。两旬酒宴兼茶宴，咸目中朝使者光。斌椿使巴黎，为杜大臣招饮，见夫人、各官夫人赴宴，无不长裙华服，饮茶酒两旬回寓。

铁函排列石阑东，内贮图书信不空。就购有人来此地，士夫络绎值途中。沿途石阑长亘数里，其上皆置铁函，中置图书，充牣其中，士女就购者络绎不绝。

大清公所建京畿，赠与他家不复归。闲煞画梁双燕子，旧巢犹是主人非。大清公所，昔年赛奇会时，中国所筑以赛会者，近已赠于法人。

育蚕有会创郎都，黑点先觇受病无。全恃显微镜一具，洞窥症结注清矑。法人郎都近创育蚕会，则用显微镜测视蚕身，凡蚕身之有黑点者，即先去之。

赛马场开大道横，桃花叱拨一鞭轻。试从壁上遥观望，腰裹亲将月旦评。赛马场极宏敞，开赛日，士女如云，争登台作壁上观。

独善持筹费齿牙，玉容坐柜掌生涯。但求货物消售易，软语商量唤大爷。法都店伙皆袅娜妇人，宾主连称"模四约"，译言即"大爷"也。如无女子，即经年不销一物。

女郎乘马疾如鸢，马背连跳数十圈。观者满前咸叫绝，昵人正是破瓜年。法国戏马馆径数十丈，有美女郎，年可十五六，衣鲛鮹，立马背，驰骤连跳数十圈，仍卓立马背，观者咸拍手叫绝。

绿裙掩映白衣裳，瘦怯身材作巧装。喜庆筵开欣赴宴，酪浆膻肉满华堂。法国幼妇家有喜庆，皆绿裙、白衣。

葡　萄　牙

按，葡萄牙，欧洲小国也。初迁至北非洲，开市贸易，旋立为国，继求新地于东方，遂乃先占印度地，波及于澳门及日本沿海地。今葡日就衰弱，从前所有之属地不归于英，即归于荷兰，其仅存者，如中国之澳门，及相近印度之地，及瓜哇等处，统合计之，仅中国一府地而已。

宫院三年始告成，里长三百六方程。深居笑语王非力，娶法何如始赘英。京城内建大宫院，长三百六十里，三年方竣工。王非力始赘于英，及是再娶法王女。

注池山顶有清泉，水管通流势接连。宴会定期先放管，争奇献巧在堂前。山园内所造水法尤妙，自山顶由高而下，每于宴会之期，放水管通流，争奇献巧于斯堂之前。

主宾交坐面山堂，暑气潜收夜气凉。堂上气灯千百出，令人银海眩生光。国主夜宴面山堂，放出气灯，千百照耀，如同白日。

旅居沦没痛天涯，厚待商人礼有加。行李一肩官点过，代询亲戚寄还家。商舶至，或有死而无主者，收其行李，访其亲戚还之。

来往情先彼此关，预将心事告慈颜。闺房见面无相避，眉样私描月一弯。男求淑女,先询其父兄结好,往来素熟,然后告知父母,初无聘定之礼。

青州门外露崇垣,濠镜依然作外藩。昔日繁华今困瘁,仅收屋税藉图存。濠镜之请自葡人始。初来广筑楼台,极为饶裕。今则生计日益贫困,仅以屋税为养命之原。

英 吉 利

按,英吉利,一名谙厄利,一名英吉黎,自古不通中国,明天启时始有闻。国在欧罗巴之西,其王所居曰伦敦,好勤远略,举凡舟车所至,皆立有市埠,窥伺人国。此有心人所为,深思长虑也。

地有高台势莫攀,盈城形势眼中还。铁桥亦复成班阁,望见狮奴墩上山。新坡儿士有高台,可尽见伦敦形势。班阁又有铁桥,长五十丈,可望见狮奴墩山,闻是山为英伦敦最高之山。

五层高竖稻孙楼,积谷招商四季售。载满轮船贩中国,周年三十有余舟。商栈积谷楼五层,皆白石为之,岁遭轮船贩运中国,凡三十余舟。

房开饽饽大街旁,镇日薰蒸饼饵香。计用三千人数众,匣封贴字抑何忙。伦敦饽饽房为生意一大宗,其和面印饼,皆用机器,只封匣贴字每倩人工。

广延绅士集多赀,阛阓场中坐美姬。购取一端价三倍,布施半为美人贻。贵绅妇女陈杂货,邀国主与其事,选其美者当肆坐货,皆百倍其价,往游者必购取数端,而后可出,以其所入惠养病民。

路阻长河漾碧漪,巨桥谁建达迷斯。冲波一队惊如雪,白羽皑皑耀水湄。路经达迷斯河,河上有桥,甚长。河中白鹅无数,一望如银。

翘瞻鱼馆辟玲珑,位置天然度地工。一角山凹三面水,游行虾蟹紫兼红。亚魁廉鱼馆，鱼数不一，各就山凹为池，注水蓄之，有红虾紫蟹游行其中。

艾皮珊地马如飞，男女来观兴倦归。一听筒声吹彻后，线球在手不停挥。英都春秋佳日至艾皮珊跑马，游人如蚁。归途皆买吹筒，男女对吹，众女子于车内掷金钱、纸球，左右相退掷为乐。

何事银丝髻上盘，明明黑发未凋残。独奇苏格兰人妇，绮岁翻同寿母观。英都妇人少艾而白发者，十有二三，询系苏格兰人，发本黑，染成以为美观。

刺绣工诗色色全，金镮约指想夫怜。轻绸作服新花样，妆束随时变万千。英女能刺绣，工诗。成婚日，婿以戒指插新妇之指，即为夫妇。所用衣服或轻绸，或洋布，随风依时，百变千换。

籍住青楼半丽姬，长衣带束小腰支。贵家更自成妆束，舞袖蹁跹唱柘枝。国多娼妓，衣长曳地，上窄下宽，腰间以带紧束之，欲其纤也。有盛宴则令少年美女盛服歌舞，富贵女人亦幼而习之。

眼光一瞥瞷行人，回视朱门独立身。挑拔春心两相照，更加亲爱接香唇。女子在门首，过路男子嬉笑无忌，皆以口啜自己首背，如其意则接吻。

园囿经营富贵家，孰如海舶大清嘉。过桥见塔瞻君像，小憩游踪驻马车。伦敦富贵家皆有园囿，不及海舶之宽，内建一塔，极奇丽，为塑今君主赘婿遗像。

桅顶排班习礼仪，海云士厂视雏儿。诵经声与琴声答，高踞中央听教师。海云士船厂看幼童立桅顶，排班以迎，后各就位诵耶稣教经；教师高踞中央，抚琴节之。

漆布为衣手任披，书能耐久用羊皮。绣花一谱传中国，纂辑成篇重女师。英国书多用羊皮，其书衣以漆布为之，故经久不坏。至中华闺阁之绣谱，彼国得之，且纂辑以成一篇，其他可知矣。

拣选诸员议院开，不图公举到闺才。一犹未字一出阁，道蕴依然出世来。英京来客有言下议院此次公举之期，有一妇人业经出阁，有一女子犹未字人，皆为民间所公举。

哥拉斯谷一名区，叠阁层楼入画图。奇绝妇人真硕大，重权五百一肥躯。哥拉斯谷，苏尔士最著名地也。闻一妇人硕大，巨腹彭亨，权之得五百余斤。

结缡礼拜事多端，一幅丹青炫大观。妆点神情皆酷肖，主君俯视倚栏杆。英吉利有画一大幅，绘其太子娶俄公主结缡礼拜故事。左首高阁，英君主在焉。

热茶待冷遽倾盘，男女同时笑作团。乡客失仪王代掩，效尤偏易不留难。英主请乡人饮茶，乡人将热茶倾盘，待冷而饮，在坐男女无不哂笑。英王见其然，则将己茶倾盘饮之，以遮乡客面目，致旁人不得哂笑。

不少金闺议事才，院门今日喜初开。两行肃立排仙仗，亲见君王点首来。新岁，君主亲临议院，名曰"开会堂"。百官先至，环坐，见君主至，皆起，君主环向点首坐。

挈榼提壶卖酪浆，清晨入市唤声忙。一枝横担双肩荷，半是贫家女子装。每日清晨街衢唤卖乳酪，挈榼提壶，类皆女子，率用横担垂于两肩负之，殊不费力。

行雷桥下响清泉，喷雪跳珠颗颗圆。试与寻源从石出，飞流陡落万峰巅。英拉杜有圃曰伦伯灵，名胜所也，译以华语为"行雷桥"，谓桥下泉声之喧，有若雷耳。其泉发源甚远，长计十余里，闻从石窍中怒喷而出，遥望之，作白练一匹，汇归一潭以承水，潭底石齿巉露，须下践潭石，面壁立观，乃尽其妙。盖此山之奇，盖以飞练著名也。

咏物言情伊底罗，自成韵语牧童歌。无人村落诸篇什，把酒临风试一哦。英国伊底罗善咏物言情，如牧童歌、四季诗，及礼拜六晚农夫归家之状,生民流落苦寂无人之村诸篇什,今传于世。

条条铁带势从宽,两岸分钉系一端。当作浮桥渡军士,长虹亘处画中看。英军渡水之具用铁带根根相接,分为两条,一端钉于北岸,令善泅者拽一端钉于彼岸,若长虹然。

腿肉全吞食量洪,五瓶酸果霎时空。诸宾定避君三舍,健饭廉颇拜下风。英国领事官一日宴土酋会食,酋名惹惹,将腿肉全具俱食尽,并其骨亦且舐遍,旋取酸果,连罄五瓶,极赞其味之佳,食量之洪,得未曾有。

庚邮无阻往来便,信局通行海外天。五十年来期适届,庆成茶会设琼筵。伦敦设信局适届五十年之期,特设一茶会以庆成。

内府搜罗万卷储,播犁尔士有藏书。别饶堆架新闻纸,创报人征肇事初。播犁尔士藏中国书甚富。又都兰部多蓄新闻纸,不忘创造起事之人。

白雷登口好邀游,避暑人升海上楼。三面纱窗四围水,迎凉换气到清秋。白雷登海口,富绅避暑在此,名曰"换气"。

鲜花供养墓门前,林立丰碑姓氏传。谁似诗人白思士,扶犁遗像尚依然。白思士,英国诗人,石刻其扶犁遗像于墓前。

生辰咸祝老年华,中外倾心合一家。寿享长春人不老,合将名字比名花。维多利亚享国长久,生辰日中外敬祝不忘。又花名维多利亚,国人以女主名名焉,不以为嫌。

绝无一个打鱼舟,不向中流结网求。泰晤士江桥上望,游鳞常见数千头。英国每年自二月至八月禁渔人取鱼,泰晤士江边无一打渔船。

戏馆如云到处逢,负牌招客客留踪。征歌菊部争相赴,入夜开场九点钟。伦敦戏馆三十余间,负牌招客往看,每夜九点钟开唱,坐客常盈万人。

别有华茶种海天,淡红深白间黄烟。年来缅甸归全地,又辟财源象作田。印度出口货以茶叶、黄烟为大宗。缅全境归英在光绪十年。

家赀计定两情通,密约成婚野店中。一样衣裳别民妇,原来女伎不从同。男女婚配,两情投合,偕走客居成婚。又始定女伎衣饰别于民妇。

亚墨利加米利坚合众国

按,米利坚,即阿墨利加,洲分南北,中有一峡相连,南曰南亚墨利加,北曰北亚墨利加。方圆七十万里,南及大南洋,北至冰海,东及大西洋,西及大东洋,与中国相对足底。自古无闻,前明泰西有精于格物者,曰阁龙,始寻得之。西洋各国往开新地,彼此纷争,英人尤酷虐部民。华盛顿崛起,联合各部驱逐英人,始创立为国。其君由民举,四年一易,其都城曰"华士盛顿",示不忘也。

为他梗教缚阿陶,执付囹圄定理曹。欲脱幽囚思赎罪,积金特许等身高。比撒罗起兵入秘罗扰阿陶,因阿陶梗教,缚置一牢,阿陶请积金高等己身以赎罪。

举国人皆拜日精,君称印客久知名。此邦昔号黄金国,问价还同与土平。秘鲁号"黄金国",称其名曰"印客"。

远来中国购茶秧,发给山家种植忙。十二万株芽怒放,雨前时节拣旗枪。美人购中国茶秧十二万株植之,收成特富。

亲朋送葬白衣冠,三尺孤坟土未干。生恐牛羊来践踏,团团围住石栏杆。坟前围石栏杆,以防牛羊践踏。

冬夏青青不改颜,高撑杉木势难攀。有人筑屋来林下,上覆浓阴是绿山。山多杉木,冬夏常青,故名其地曰"洼满",译言"绿山"也。

摆树经秋子可收,疗饥作饼味殊优。土人生业渔为事,长狃风涛一木舟。掇树,其脂如糖,秋收其子作饼,甚美。土蛮非渔即猎,凿木为舟,可载四五十人。

运皮河口日中沽,换得蓝珠与白珠。贸易场中多女子,任人调笑较锱铢。运皮至其地行沽,易白珠、蓝珠等物。其俗交易多以女,任人调谑不为意。

核桃橡木郁成林,种植千家费苦心。更有桦皮堪作瓦,盖庐风雨不能侵。木多栽核桃、橡木,觅利孔多,更有桦皮,可代瓦盖屋。

石炭生饶米利坚,资人利用火同燃。舟行水国车行陆,袅袅浓飞道上烟。米利坚所出石炭极佳,米人行火轮船、火轮车尝用尤多。

同一昂藏七尺躯,投荒万里作人奴。团焦为屋居贫甚,岁岁长栽淡把菰。古巴岛,粤人在此种烟叶,烟叶一名"淡把菰"。

观象台中测渺茫,何如镜里认阳光。红黄紫绿成殊色,都在乌丝界里彰。观象台上用显微镜以窥日,则见日色红、黄、紫、绿,较然可分,各色中又各有乌丝界。

遗墓临江对水涯,外围铁槛内多花。官民到此咸瞻拜,冢上旗悬十丈斜。美国格总统之墓,对面临江,外有铁槛,内多花,皆每年人所送者。上有竿,悬美国旗。往来官民到此玩视一月多不忍去,其遗爱深矣。

开迷解郁散烦襟,消遣多端体会深。药饵无方借丝竹,咏陶偏易变初心。养疯院其法深于体会。患颠狂不出开迷、解郁二端,有时药饵所不及,为之设丝竹,以娱乐之有久而渐忘其旧而化解者。

七级高楼建水旁,楼仓取米自船仓。不须搬运资人力,片刻能收万六粮。波苇楼楼仓,仓建河干,高七级。于五级楼上设吸米方筒,自楼垂于米船之仓,取之而上,一时可收万六千石。

瀑布悬空滚雪飘,流随巨练过飞桥。木兜人坐凌高顶,几讶随身入九霄。瀑布悬流,所过处作巨练以通飞桥。人坐木兜而上,几疑身到云霄,可望而不可即。

天气温和热似烘,园林果实大滋丰。芭蕉橘柚波罗蜜,风味依稀似粤东。木西格国地气极热,土产果实,若芭蕉、橘柚、波罗蜜等物,颇似粤东。

金山海口大潮来,有客凭阑眼界开。数十水狮声势壮,遥知出没浪花堆。金山海岸观潮,水势壮阔,有海狮数十出没其间。

会馆频开六处同,粤商贸易在其中。多年作客萍踪聚,桑梓天涯语本通。金山为各国贸易总汇之区,粤人居此者不下数万,遂立会馆六处,外国呼之为"唐人街"。

独营精舍费多赀,铁架藏书敢自私。略似宁波天一阁,不容人借只容窥。富人古博尔独力建大书院,藏书之室,镕铁为架,有人专司,只许观、不许假,略同宁波天一阁之例。

一织洋毡一铸钱,气炉有事各无偏。水机造纸尤精妙,渣滓蠲除色倍鲜。织毡、铸钱,各用气炉。及水机造纸,去其滓而取其精,故纸色光润。

蕉黄橘绿品堪夸,椰子含浆沁齿牙。犹有里人勤种植,木盆戴首卖新瓜。此地产黄蕉、绿橘,椰子青时其中有浆,味酢如酒,凿孔吸之,亦能醉人。有一种黑奴,望之不似人,首戴木盆,向过客卖瓜。

城西拍格大林园,楼阁连云树木繁。结伴女郎游未倦,归途直待日黄昏。费地里城西北有园林,午后马车络绎不绝,游者女多男少。拍格,译言即"园林"也。

捕房演戏女儿身,丽服华妆亦可人。何事楚囚相对泣,伤心玉体竟横陈。纽约捕房有一处羁妇女七八人,貌美衣亦丽,共处一方,作楚囚对泣。为赤身演戏,故在拿办之例。

女优袅袅习声歌,人在灯前艳影多。服作轻绡裙曳地,百人解舞学天魔。纽约戏园燃煤气灯不下千盏,女人七八十人服轻绡跳舞。

教训娇娃仅十龄,女师廿五示仪型。身居书塾庄严甚,鼓瑟声中拱立听。纽约书馆,女师二十五人,所训之徒皆十龄左右。女师鼓瑟,各徒献诗,排班进退,悉循规矩。

恰是临盆十月期,接生先事召男医。独知经络工调护,谨视周详产后儿。美国接生用男医,恐女妇无知,伤其经络也。

晓日沉沉未出天,人忘老至汲清泉。洗来百遍容光发,恍似翩翩美少年。有一岛,其泉甚异,日未出取水洗百遍,老容可复加少。

身穿花布足沾泥,背负雏儿任笑啼。时向车中人对笑,车夫休怨阻轮蹄。美国细呢地方,女子穿花布衣,赤足奔跳,或遇过路轮车,对人嬉笑,管车者亦无如何。

含尾翩翩取水蛇,河边吸饮灌田家。有时救火心尤急,又向高楼拨水花。按,此蛇产于美国,有一农夫养二千尾,教之工作,用口一吹,其蛇齐至河边,中推一条为首,自沉于水,其尾搭岸上,第二条即含其尾。由是次第接含,长三百尺,取水灌田,又能救火。

悉心筹画变章程,国计民生核算精。出使又娴交涉事,行旌久驻日人城。美国使臣科司达,年已六十。前二十年前,曾出使日国,盖于交涉之事三折肱矣。

追忆恩情泪眼枯,王妃筑造报前夫。只余莹墓身同殉,石柱高擎廿六株。茅索禄王莹墓,系王妃追念其夫而建造者,以白石砌成,石柱高擎二十六株。工将毕,妃旋殂。

疏通海界费多财,山脊崎岖塞竟开。省却程途三万里,落成还待米人来。巴拿马界东西二洋之间,此地若凿通,路程至中国近三万里。此事闻法人经始,米人落成。

万里长征苦未还,红颜流落旧金山。琵琶一曲含哀怨,谁赎蛾眉返汉关？美国近有教士数人，上书于旧议院长，谓"中国流娼在西金山者，计三千余，系奸民牟利专卖到此，当严禁"云云。

驻年有术想丹成，寿算绵绵庆此生。独怪妇人妆饰异，凿唇作孔纳猫睛。《职方外纪》云："伯西部人年寿绵长，妇人妆饰尤异，以发蔽前后颐，及下唇作孔，以猫睛宝石嵌入为美。"

皮肉干枯具体形，胸前尚挂小铜铃。游仙人去三千载，坐像今犹列在庭。秘鲁赴美国大会，有大柜一，内贮枯骸数具，毛发未落，坐像如生，胸前挂一小铜铃，云是三千年之遗尸，由内地挖得出之。

居官权势握诸男，巾帼如何不得参？选举大非公道事，上书议院逞雄谈。按，美国女子安妥尼创议，后为刑司所劾，议薄罚。闻英国亦有妇女进议院同参国事，语颇创闻。

图书在版编目(CIP)数据

海国公余辑录：附杂著／(清)张煜南辑；王晶晶整理．—上海：上海古籍出版社，2020.7
（近代中外交涉史料丛刊）
ISBN 978-7-5325-9605-8

Ⅰ.①海… Ⅱ.①张… ②王… Ⅲ.①中外关系—国际关系史—史料—印度尼西亚—清后期 Ⅳ.①D829.342

中国版本图书馆 CIP 数据核字(2020)第 066638 号

近代中外交涉史料丛刊

海国公余辑录（附杂著）

（全二册）

张煜南　辑
王晶晶　整理

上海古籍出版社出版发行

（上海瑞金二路 272 号　邮政编码 200020）
（1）网址：www.guji.com.cn
（2）E-mail：guji1@guji.com.cn
（3）易文网网址：www.ewen.co

启东市人民印刷有限公司印刷

开本 890×1240　1/32　印张 18.625　插页 5　字数 415,000
2020 年 7 月第 1 版　2020 年 7 月第 1 次印刷
ISBN 978-7-5325-9605-8
K·2833　定价：98.00 元
如有质量问题，请与承印公司联系

近代中外交涉史料丛刊

海國公餘輯錄

（附雜著）上

張煜南 輯
王晶晶 整理

近代中外交涉史料丛刊
第一辑

复旦大学中外现代化进程研究中心 主编

编委会成员（以姓氏拼音排序）

戴海斌	皇甫峥峥	吉　辰	乐　敏	李峻杰
李文杰	陆德富	裘陈江	孙　青	王晶晶
王鑫磊	章　可	张晓川	张　治	赵中亚

本辑执行主编：张晓川

张煜南像

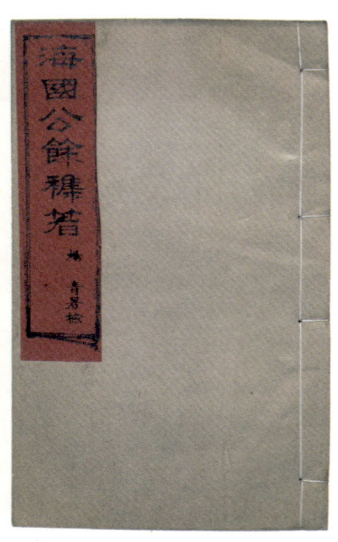

《海国公余辑录》　　　　　　《海国公余杂著》

总　序

　　梁启超在 20 世纪初年撰《中国史叙论》,将乾隆末年至其所处之时划为近世史,以别于上世史和中世史。此文虽以"中国史叙论"为题,但当日国人对于"史"的理解本来就具有一定的"经世"意味,故不能单纯以现代学科分类下的史学涵盖之。况且,既然时代下延到该文写作当下,则对近世史的描述恐怕也兼具"史论"和"时论"双重意义。任公笔下的近世史,虽然前后不过百来年时间,但却因内外变动甚剧,而不得不专门区分为一个时代。在梁启超看来近世之中国成为了"世界之中国",而不仅仅局限于中国、亚洲的范围,其原因乃在于这一时代是"中国民族连同全亚洲民族,与西方人交涉竞争之时代"。不过,就当日的情形而论,中国尚处于需要"保国"的困境之中,遑论与列强相争;而面对一盘散沙、逐渐沦胥的亚洲诸国,联合亦无从说起,所谓"连同"与"竞争"大抵只能算作"将来史"的一种愿景而已。由此不难看出,中国之进入近世,重中之重实为"交涉"二字。

　　"交涉"一词,古已有之,主要为两造之间产生关系之用语,用以表示牵涉、相关、联系等,继而渐有交往协商的意思。清代以前的文献记载中,鲜有以"交涉"表述两个群体之间的关系者。有清一代,形成多民族一统的大帝国,对境内不同族群、宗教和地域的治理模式更加多元。当不同治理模式下的族群产生纠纷乃至案件,或者有需要沟通处理之事宜时,公文中便会使用"交涉"字眼。比如"旗民交涉"乃是沟通满人与汉人,"蒙民交涉"或"蒙古民人交涉"乃是沟通蒙古八旗与汉人,甚至在不同省份或衙门之间协调办理相关事务时,也使用了这一词汇。乾隆中叶以降,"交涉"一词已经开始出现新的涵义,即国与国之间的协商。这样的旧瓶新酒,或许是清廷"理藩"思维的推衍与惯性使然,不过若抛开朝贡宗藩的理念,其实质与今日国际关系范畴中的外交谈判并无二致。当日与中国产生"交涉"的主要是陆上的邻国,包括此后被认为属于"西方"的沙俄,封贡而在治外的朝鲜与服叛不定的缅甸等国。从时间上来看,"交涉"涵义的外交化与《中国史叙论》中的"乾隆末年"基本相合——只是梁启超定"近世史"开端时,心中所念想必是马嘎尔尼使华事件,不过两者默契或可引人深思。

  道光年间的鸦片战争,深深改变了中外格局,战后出现的通商口岸和条约体制,致使华洋杂处、中外相联之势不可逆转。故而道咸之际,与"外夷"及"夷人"的交涉开始增多。尤其在沿海的广东一地,因涉及入城问题等,"民夷交涉"蔚然成为一类事件,须由皇帝亲自过问,要求地方官根据勿失民心的原则办理。在《天津条约》规定不准使用"夷"字称呼外人之前一年,上谕中也已出现"中国与外国交涉事件"之谓,则近百年间,"交涉"之对象,由"外藩"而"外夷",再到"外国",其中变化自不难体悟。当然,时人的感触与后见之明毕竟不同,若说"道光洋艘征抚"带来的不过是"万年和约"心态,导致京城沦陷的"庚申之变"则带来更大的震慑与变化。列强获得直接在北京驻使的权力,负责与之对接的总理衙门成立,中外国家外交与地方洋务交涉进入常态化阶段。这是当日朝廷和官员施政新增的重要内容。因为不仅数量上"中外交涉事件甚多""各国交涉事件甚繁",而且一旦处置不当,将造成"枝节丛生,不可收拾"的局面,所以不得不"倍加慎重",且因"办理中外交涉事件,关系重大",不能"稍有漏泄",消息传递须"格外严密"。如此种种,可见从同治年间开始,"中外交涉"之称逐渐流行且常见,"中外交涉"之事亦成为清廷为政之一大重心。

在传统中国,政、学之间联系紧密,既新增"交涉"之政,则必有"交涉"之学兴。早在同治元年,冯桂芬即在为李鸿章草拟的疏奏中称,上海、广州两口岸"中外交涉事件"尤其繁多,故而可仿同文馆之例建立学堂,往后再遇交涉则可得此人才之力,于是便有广方言馆的建立。自办学堂之外,还需出国留学,马建忠在光绪初年前往法国学习,所学者却非船炮制造,而是"政治交涉之学"。他曾专门写信回国,概述其学业,即"交涉之道",以便转寄总理衙门备考。其书信所述主要内容,以今天的学科划分来看大概属于简明的国际关系史,则不能不旁涉世界历史、各国政治以及万国公法。故而西来的"交涉之学"一入中文世界,则与史学、政教及公法学牵连缠绕,不可区分。同时,马建忠表示"办交涉者"已经不是往昔与一二重臣打交道即可,而必须洞察政治气候、国民喜好、流行风尚以及矿产地利、发明创造与工商业状况,如此则交涉一道似无所不包,涵纳了当日语境下西学西情几乎所有内容。

甲午一战后,朝野由挫败带来的反思,汇成一场轰轰烈烈的变法运动,西学西政潮水般涌入读书人的视野。其中所包含的交涉之学也从总署星使、疆臣关道处的职责攸关,下移为普通士子们学习议论的内容。马关条约次年,署理两江的张之洞即提出在南京设立储才学堂,学堂专业分为交涉、农政、工艺、商务四大类,其中交涉类下又有律例、赋税、舆图、翻书(译书)之课程。在张之洞的设计之中,交涉之学专为一大类,其所涵之广远远超过单纯的外交领域。戊戌年,甚至有人提议,在各省通商口岸无论城乡各处,应一律建立专门的"交涉学堂"。入学后,学生所习之书为公法、约章和各国法律,接受交涉学的基础教育,学成后再进入省会学堂进修,以期能在相关领域有所展布。

甲午、戊戌之间,内地省份湖南成为维新变法运动的一个中心,实因官员与士绅的协力。盐法道黄遵宪曾经两次随使出洋,他主持制定了《改定课吏馆章程》,为这一负责教育候补官员和监督实缺署理官员自学的机构,设置了六门课程:学校、农工、工程、刑名、缉捕、交涉。交涉一类包括通商、游历、传教一切保护之法。虽然黄遵宪自己表示"明交涉"的主要用意在防止引发地方外交争端,避免巨额赔款,但从课程的设置上来看包含了商务等端,实际上也说明即便是内陆,交涉也被认为是地方急务。新设立的时务学堂由梁启超等人制定章程,课程中有公法一门,此处显然有立《春秋》为万世公法之意。公法门下包括交涉一类,所列书目不仅有《各国交涉公法论》,还有《左氏春秋》等,欲将中西交涉学、术汇通的意图甚为明显。与康梁的经学理念略有不同,唐才常认为没必要因尊《公羊》而以《左传》为刘歆伪作,可将两书分别视为交涉门类中的"公法家言"和"条例约章",形同纲目。他专门撰写了《交涉甄微》一文,一则"以公法通《春秋》",此与康梁的汇通努力一致;另外则是大力鼓吹交涉为当今必须深谙之道,否则国、民利权将丧失殆尽。在唐才常等人创办的《湘学报》上,共分六个栏目,"交涉之学"即其一,乃为"述陈一切律例、公法、条约、章程,与夫使臣应付之道若何,间附译学,以明交涉之要"。

中国传统学问依托于书籍,近代以来西学的传入亦延续了这一方式,西学书目往往又是新学门径之书。在以新学或东西学为名的书目中,都有"交涉"的一席之地。比如《增版东西学书录》和《译书经眼录》,都设"交涉"门类。两书相似之处在于将"交涉"分为了广义和狭义两个概念,广义者为此一门类总名,其下皆以"首公法、次交涉、次案牍"的顺序展开,由总体而个例,首先是国际法相关内容,其次即狭义交涉,则为两国交往的一些规则惯例,再次是一些具体个案。

除"中外交涉"事宜和"交涉之学"外,还有一个表述值得注意,即关于时间的"中外交涉以来"。这一表述从字面意思上看相对较为模糊,究竟是哪个时间点以来,无人有非常明确的定义。曾国藩曾在处理天津教案时上奏称"中外交涉以来二十余年",这是以道光末年计。中法战争时,龙湛霖也提及"中外交涉以来二十余年",又大概是指自总理衙门成立始。薛福成曾以叶名琛被掳为"中外交涉以来一大案",时间上便早于第二次鸦片战争。世纪之交的1899年,《申报》上曾有文章开篇即言"中外交涉以来五十余年",则又与曾国藩所述比较接近。以上还是有一定年份指示的,其他但言"中外交涉以来"者更不计其数。不过尽管字面上比较模糊,但这恰恰可能说明"中外交涉以来"作为一个巨变或者引出议论的时间点,大约是时人共同的认识。即道咸年间,两次鸦片战争及其后的条约框架,使得中国进入了一个不得不面对"中外交涉"的时代。

"交涉"既然作为一个时代的特征,且历史上"中外交涉"事务和"交涉"学又如上所述涵纳甚广,则可以想见其留下的相关资料亦并不在少数。对相关资料进行编撰和整理的工作,其实自同治年间即以"筹办夷务"的名义开始。当然《筹办夷务始末》的主要编撰意图在于整理陈案,对下一步外交活动有所借鉴。进入民国后,王彦威父子所编的《清季外交史料》则以"史料"为题名,不再完全立足于"经世"。此外,出使游记、外交案牍等内容,虽未必独立名目,也在各种丛书类书中出现。近数十年来,以《清代外务部中外关系档案史料丛编》《民国时期外交史料汇编》《走向世界丛书》(正续编)以及台湾近史所编《教务教案档》《四国新档》等大量相关主题影印或整理的丛书面世,极大丰富了人们对近代中外交涉历史的了解。不过,需要认识到的是,限于体裁、内容等因,往往有遗珠之憾,很多重要的稿钞、刻印本,仍深藏于各地档案馆、图书馆乃至民间,且有不少大部头影印丛书又让人无处寻觅或望而生畏,继续推进近代中外交涉相关资料的整理、研究工作实在是有必要的,这也是《近代中外交涉史料丛刊》的意义所在。

这套《丛刊》的动议,是在六七年前,由我们一些相关领域的年轻学者发起的,经过对资料的爬梳,拟定了一份大体计划和目录。复旦大学中外现代化进程研究中心的章清教授非常支持和鼓励此事,并决定由中心牵头、出资,来完成这一计划。以此为契机,2016年在复旦大学召开了"近代中国的旅行写作、空间生产与知识转型"学术研讨会,2017年在四川师范大学举办了"绝域軺轩:近代中外交涉与交流"学术研讨会,进一步讨论了相关问题。上海古籍出版社将《丛刊》纳入出版计划,吕瑞锋先生和乔颖丛女士等为此做了大量的工作。由于发起参与的整理者大多是研究者,所以大家都认为应该本着整理一本,深入研究一本的态度,这一态度也可以在每一种资料的研究性前言中得以体现。《丛刊》计划以十种左右为一辑,陆续推出,我们相信这将是一个长期而有意义的历程。

张晓川

整理凡例

一、本《丛刊》将稿、钞、刻、印各本整理为简体横排印本，以方便阅读。

二、将繁体字改为规范汉字，除人名或其他需要保留之专有名词外，异体、避讳等字径改为通行字。

三、原则上保持文字原貌，尽量不作更改，对明显讹误加以修改，以〔　〕表示增字，以（　）表示改字，以□表示阙字及不能辨认之字。

四、本《丛刊》整理按照国家标准标点符号用法，进行标点。

五、本《丛刊》收书类型丰富，种类差异较大，如有特殊情况，由该书整理者在前言中加以说明。

目 录

总序 …………………………………………………… 1

整理凡例 ……………………………………………… 1

前言 …………………………………………………… 1

序 ……………………………………………………… 1

自序 …………………………………………………… 9

凡例 …………………………………………………… 11

题词 …………………………………………………… 12

海国公余辑录 ………………………………………… 17

    卷一　槟屿纪事本末 ………………………… 19

    卷二　辨正《瀛环志略》……………………… 53

    卷三　名臣筹海文钞 ………………………… 86

    卷四　槎使游历诗歌 ………………………… 212

卷五　海国轶事 …………………………………… 255

卷六　海国咏事诗 ………………………………… 300

海国公余杂著 ……………………………………… 357

卷一　推广《瀛环志略》 ………………………… 359

卷二　增益瀛环近事 ……………………………… 422

卷三　续海国咏事诗 ……………………………… 481

前　言

一、张煜南及其《海国公余辑录》

　　张煜南(1851—1911),号榕轩,广东梅县淞口人。其弟张鸿南(1861—1921),号耀轩。张氏兄弟"幼时极其寒苦",待至青年,张煜南随父经营小买卖,但经营不善,屡遭亏损,生活艰难,不得不远走南洋,来到印尼的巴达维亚(Batavia,今雅加达)谋生。初时"投入园林作苦工",不得温饱,继而到华人商号当店员。由于勤奋踏实、吃苦耐劳,深获巨商张振勋的信任和赏识,被擢拔为高级职员。在张振勋的一再提携之下,张煜南得以自立门户、发家致富。张振勋(1841—1916),字弼士,号肇燮(兆燮),广东大埔县人,晚清著名南洋华侨富商和侨领,曾任中国驻英属槟榔屿副领事、驻英属新加坡领事。1878 年,张煜南和张振勋合资开办笠旺垦殖公司,垦荒种植咖啡和茶叶。后来二人又合资创办一家日惹银行。张煜南为了开拓商机,把目光投向了苏门答腊岛东北部日里平原上的棉兰,那里当时还是一块榛莽瘴疠之地,遍布沼泽、人烟稀少,但张煜南看到了这里的商机。他雇佣从家乡来的乡亲和当地民众,开垦种植烟草、橡胶、甘蔗等经济作物,不久胞弟鸿南也被召来协助。兄弟二人开辟了七八座橡胶园以及茶叶、油、糖等加工场,占地面积达100多平方公里,职工人数多达数千,最多时达一万多人①。招工辟土,开拓利源,张煜南兄弟的辛勤努力带来了种植业的发展和市场的繁荣,吸引世界各国种植园主前来棉兰投资。1898年,张煜南兄弟又与张振勋合股创办了广福号、裕昌号两家轮船公司,往来于棉兰、槟榔屿、新加坡、香港、上海各埠,逐渐形成了一个资本雄厚的商业帝国。因张煜南为富商中之翘楚,在南洋商业中具有举足轻重的地位,且开埠有功,被荷印政府任命为"甲必丹"(Kapitein音译),管辖日里,一时"财土大辟,商贾辐辏"。晚清张之洞最早奏请在南洋各岛设立领事,保护华民、振兴商务,薛福成则建议"槟榔屿、马六甲应作一起办法。该埠各有华商一人充当甲必丹,既为华民素所仰望,如饬兼充领事,或可允从"。清政府在新加坡设一总领事;统辖南洋诸岛,在槟榔屿则设副领事。1893年3月,张振勋被清政府任命为槟榔屿第一任副领事,1894年,在新加坡总领事黄遵宪被召回国后接替之。张振勋调任新加坡任总领事后,张煜南则接替了张振勋槟榔屿副领事的职务(1894—1896年任职)。由是,张煜南被称为"服官中外、恩洽华夷、卓著政声、口碑载道"②。

张煜南一生中另一个重要贡献是建筑潮汕铁路。在《海国公余辑录》中,不难看出张煜南对"修建铁路以致富强"的格外关注。在近代中国,张煜南不仅是最早认识到铁路重要性的有识之士之一,而且是最早投资铁路建设的华侨资本家。甚至有论者认为,"在清朝末年,如果不是张煜南率先行动,可能不会出现华侨对中

---

① 黄贤强、白月:《从〈张榕轩侍郎荣哀录〉看张煜南的跨域人际网络》,《华侨华人文献学刊》(第一辑),2015年,第62页。
② 《海国公余辑录》梁迪修序。

国铁路建设的大规模投资。1904年到1905间建设的潮州铁路为华侨投资者树立了榜样"①。甲午战争(1894—1895)中国战败后,一方面清政府认识到铁路的国防、军事价值;另一方面,更刺激了列强争相夺取中国的铁路建设权——获得铁路权,也就获得了势力和利益的扩张。1896年签订的《中俄密约》主要内容即关于俄国在中国东北修筑铁路的特权:俄国要求中国允许其在黑龙江、吉林"接造铁路以达海参崴",而且无论战时和时,俄国均可用此铁路"运兵、运粮、运军械"。同年,法国迫使中国签订协议,允许其从中越边境的谅山修铁路通广西龙川……抵制列强势力深入,中国就必须建设自己的铁路网。张煜南很敏锐地看到了这一点。他说,中国一直以来防范的都是来自东南沿海的敌人,可因为有铁路,运兵神速,国家更应加大边境的防卫,而防卫办法,就是同样也修筑铁路("窃恐将来防边之亟,甚防海矣。节节而防之,必有防不胜防之害,不如亦修铁路,以通兵饷"②)。1897—1900年中国展开了围绕收回铁路和矿山权的斗争,然而清政府修建铁路的计划和努力,却缺乏建设资金的支持。张煜南正是在这一背景下投资潮汕铁路建设的。潮汕铁路共花费300余万银元,张煜南、鸿南兄弟各认股100万银元,实际后来又加上林丽生退股的加价30万银元③。

张煜南投资潮汕铁路的动机很可能混合了民族主义情感、桑

---

① 颜清湟:《张煜南与潮汕铁路(1904—1908年):华侨在中国现代企业投资实例研究》,美国《现代亚洲研究》第18卷,1984年2月,第135页。
② 《俄人修铁路中国亦宜修铁路》,《海国公余杂著》卷二《增益瀛环近事》。
③ 宓汝成:《中国近代铁路史资料(1863—1911)》第2册,中华书局,1963年,第938—942页。转引自马陵合:《潮汕铁路案中的地方应对》,《社会科学辑刊》2017年第4期,第123页。

梓之念、张振勋的影响以及得到功名、声望的抱负。他身处南洋，目睹越南、泰国、缅甸、老挝等国逐渐为英法列强所掌控，对中国的形势有更加清醒的思考，同时愿意为中国经济的现代化作出努力。这应该是他投资潮汕铁路最根本的动机，所谓"无非欲返中国于富强"①。而他自己是个非常成功的商人，在爪哇和苏门答腊积累了巨大的财富，又认识到铁路对于一国军事和经济的重要意义，他曾比较同样富产五谷的美国和越南、泰国之间的差别：美国重视商业，"本国用之不尽，必能出口行销"；而越南、泰国不讲商务，交通不便，"故运载出口之利全归他国，而谷之价又为他国所垄断，宜其贫也"②。作为一名实业家，张煜南真切体会到发展交通、建设铁路对于振兴国家的意义。这一认识在当时是超前的，因此1904—1906年间他率先建设潮汕铁路便不足为奇了。他的桑梓之情也促使他投资建造这条铁路。他一向关心家乡广东梅县的发展，屡次资助当地文化教育事业，曾出资出版宋明至清末嘉应地区历代名人诗选《梅水诗传》十卷、《续梅水诗传》三卷③，还大力资助编修光绪《嘉应州志》。有研究表明，东南亚的华侨对中国北方的铁路建设往往并不十分热心，他们感兴趣的是南方，特别是祖籍地广东和福建两省的铁路建设④。张煜南也不例外。他的家乡梅县的大米和其他食物依靠从通商口岸汕头沿韩江运进来，而这条水路常常淤塞，使运输险阻重重，从汕头到潮州建一条铁路，问题就会迎

---

① 《海国公余辑录》关广槐序。
② 《记美国之能整顿农务》，《海国公余杂著》卷一《推广〈瀛环志略〉》。
③ 张煜南、张鸿南辑《梅水诗传》十卷，1901年出版；张煜南、张鸿南辑《续梅水诗传》三卷，1911年出版。
④ 颜清湟：《张煜南与潮汕铁路（1904—1908年）：华侨在中国现代企业投资实例研究》，第135页。

刃而解。

张煜南修筑铁路的计划又受到张振勋的影响。张煜南和张振勋分别是粤东梅县和大埔人，两地相距不远，今同属广东省梅州市。张振勋是东南亚最富有的华侨资本家和侨领，因同乡同姓，且同是客家人，张煜南早期受其提携，后多年合作，甚至帮助代理其产业。在政治上，张振勋槟榔屿副领事的职位也推荐张煜南接任。当清政府面临铁路建设资金的问题，指望得到华侨资本家资助时，张振勋首先成为清政府委派到南洋华侨中筹募资金的代表，1899年张振勋被委任为粤汉铁路总办。他对投资兴建铁路的热心号召奔走，影响了一向以之为榜样的张煜南，兴建潮汕铁路也可能直接源于张振勋的建议或举荐。其后1908年左右，张振勋计划兴建从广东到厦门的穗厦铁路，潮汕铁路也准备向内地延伸与之衔接，但最终张振勋的计划没有成功。

比起张振勋的影响，张煜南内心所服膺的儒家价值观似乎对他投资潮汕铁路建设有更大的驱动力。"槟埠生意尤盛"，张之洞上书奏请在槟榔屿添设副领事一员，很快得到清政府同意。清政府同时接受建议，任命当地华商甲必丹兼充领事。这实在是个事半功倍之举。甲必丹本是华民中最具声望者，清政府几乎不用另出经费，就可以收到"保护华民、振兴商务"的效果；华商向国内捐献的可观赈款，大量华佣携寄回华的白银，为衰敝的晚清帝国输入了血液。对清政府而言，保护华民实在利益攸关。1894年张煜南被任命为槟榔屿副领事，比起作为荷印政府任命的值守棉兰的甲必丹，张煜南对奉命中朝、服官槟屿有着更多的身份认同。尽管槟榔屿副领事是个很小的地方官，不但职位不高，而且没有薪俸，手下仅有一名翻译官和一名书记员（也没有薪水），但这毕竟是得到中朝认可、步入仕途的开始。此后他通过不断地在中国捐款、投资,获得官衔、荣誉和声望。除了多次捐献赈款,张煜南还捐巨款资助清政府扩充海军。1902年他资助家乡广东的教育事业,捐献8万两银子,得到四品京堂候补的官衔,人称"张京堂"。1903年他受到慈禧太后两次接见,这是清廷赐予有贡献的出色人才和有前途的新任官员的殊荣。1903年9月,张煜南等联名呈请清政府商部批准潮汕铁路立案,10月底获批。1904年3月潮汕铁路动工,1906年10月竣工,11月正式通车。铁路建成后,清政府于1907年授张煜南为三品京堂候补,后又委任他为考察南洋商务大臣①。

张煜南虽然没有机会通过科举进入清朝的官僚机构,通过"正途"博取功名,但显然认同儒家"立德、立功、立言"三不朽的人生追求。他赈灾、捐建医院、架桥铺路、资助文化教育事业,博施济众,可谓"立德";担任槟榔屿副领事,投资修建潮汕铁路,把帮助国家富强的认识付诸实践,从而获得朝廷的嘉奖,得到功名与荣誉,光宗耀祖,是谓"立功";公余著书,完成《海国公余辑录》,则是"立言"追求的体现。晚清官员出使、访问,大多记录见闻,带回中国,往往同时还著有纪行诗集。如最早斌椿的《乘槎笔记》和诗集《海国胜游草》《天外归帆草》,后有黄遵宪的《日本国志》和诗集《日本杂事诗》等;笔记、日记、杂录,记时事议论,诗集或赋诗言志,或采异域风谣,以备观风问俗。这其实是出访者、使臣工作中的重要部分。总理衙门曾饬令出使大臣,"将交涉事件、各国风土人情详细记载,随时咨报"②。张煜南编著《海国公余辑录》六卷、

---

① 薛福成于光绪十五年(1889)同样以三品京堂候补的身份任出使英法义比四国大臣。
② 钟叔河:《从东方到西方——走向世界丛书叙论集》,岳麓书社,2002年,第437页。

《杂著》三卷,其中筹海论说、琐屑丛谈、游历诗歌等无所不备,显然是援仿使臣之例。这充分体现了张煜南虽久居海外,但对士大夫官员的身份、对儒家传统的价值观却有着深刻的认同。

潮汕铁路是近代中国第一条建成通车的以侨资为主的民营铁路,南起汕头,北迄潮安,全长39公里,后加筑潮州至意溪码头支线,共计42公里。在风雨飘摇的清末、军阀割据的民初,历尽波折建成的潮汕铁路尽管营业额甚为可观,运营状况良好,依然时常亏损,而且因为它是一条较短距离的支路,没能接入更重要的干线,所起的作用和商业价值始终是有限的。尽管如此,潮汕铁路仍然带给国人精神和政治上的巨大价值,它证明了中国人用自己的资金和技术可以建成现代化的铁路,管理现代化的公司。它所带来的民族自信心不可估量,此后国人在中华大地上纷纷筹资、开建的铁路就是最好的明证。潮汕铁路建成通车33年后,1939年6月,在日军侵略的炮火中,被国民政府拆毁。而早在1911年9月11日,国内保路运动风起云涌之际,张煜南病逝于棉兰。

张煜南这样一位努力向中国士大夫阶层靠拢的华侨实业家,他对国际形势的理解和观察,对现代经济的思考,对中国现代化的关心,他的价值追求与情感认同等都反映在他所辑著的《海国公余辑录》以及《杂著》中。

《海国公余辑录》有两个版本。一为光绪二十四年(1898)本,共六卷;一为光绪二十七年(1901)本,共九卷。除了内容上的增删补改,九卷本比六卷本多了张煜南亲著的《海国公余杂著》三卷。因此,九卷本《海国公余辑录》实际上分为两部分:《海国公余辑录》六卷和《海国公余杂著》三卷。本次点校整理依据清光绪二十七年刻本(九卷本)进行。

各卷内容如下:《海国公余辑录》卷一《槟屿纪事本末》,记槟榔屿事,各书中举凡关于槟榔屿地理、人文、风俗习惯者,分门别类,加以辑录。卷二《辨正瀛环志略》,对《瀛环志略》一书中的错漏舛误,参考近人的著作,加以纠正补充。卷三《名臣筹海文钞》,分上下两集,主要辑录晚清驻外使臣的关于洋务的论述文章。卷四《槎使游历诗歌》,记晚清使臣的海外游历诗。卷五《海国轶事》,记海外各国的奇闻异事,类似于"述奇""幽怪"。卷六名为《海国咏事诗》,收张煜南好友张芝田(字仙根)诗歌545首。《海国公余杂著》三卷,为张煜南自著。卷一、卷二分别为《推广瀛环志略》和《增益瀛环近事》。《瀛环志略》成书于道光末年,其中多是五十年前的情况,张煜南补充增益了近五十年南洋、西洋各国的政事。卷三为《续海国咏事诗》,取张芝田"所未及咏者",可看作对卷六张芝田《海国咏事诗》的续补,主要吟咏南洋、欧美各国风俗人情。

六卷《海国公余辑录》和三卷《海国公余杂著》是继《瀛环志略》(1848年)之后,介绍世界地理、国际形势、各国风土人情的重要著作。作者辑录了晚清改革派大臣如曾国藩、张之洞、薛福成等人的重要文章,包括疏、议、论、说、序、跋、赋,集中体现了19世纪后半期中国士大夫阶层对国际形势的认识和关于中国现代化的思考。以中国大陆为中心,南洋向来是边缘地带,比起持节欧美的国朝大员,海国一隅就地任职的张煜南也处于边缘地位。而实际上,本书所记述的五十年,恰是"宇宙之奇变,古今之创局"[①]的五十年:从前南洋是海外杂国,居东南际天地万里之外,是中朝教化、影响逐渐波及的蛮夷之地,而在此古今之大变局中,边缘的海外之地反而成为先

---

① 薛福成:《强邻环伺疏》,《海国公余辑录》卷三《名臣筹海文抄》。

锋,中土不过是其延续,难免重蹈南洋覆辙。张煜南立足南洋的观察和书写,正呼应了这一变局中边缘对中心的反向作用。

二、第一本关于南洋的专书——《槟屿纪事本末》

《海国公余辑录》卷一为《槟屿纪事本末》,介绍槟榔屿的历史地理、山川风俗、物产法纪种种,可说是一部记录槟榔屿以及南洋各岛的专书。

梁国瑞在一则"序言"中说:"南洋诸岛,吾中土侨寓于是者,不下数百万人,而风土人情,向无专书以记之,则以其地非使者所驻节,耳目不及,记载多略故也。"梁国瑞所言是事实。南洋各岛本是边缘无足轻重的荒岛,尽管西人南来后,疆理恢辟,变荒岛为巨埠,但仍迟迟未引起中朝注意,各岛有数十万华民而不设领事。中国直至光绪二年(1876)才向外国遣使,第一批为郭嵩焘、刘锡鸿使英,陈兰彬、容闳使美。南洋成为出使欧西的必经之路,才见诸使臣的记载。而出使海外的使臣路经南洋,最多停船装载煤炭,故一般对南洋岛屿的记述非常简略。

槟榔屿更是其中的小岛,且并非必经之地。张煜南在一则按语中详细介绍了去往欧洲、经过南洋的路径:"槟屿非往大西洋正路,凡星使坐轮船者,不尽过此埠。惟雇英轮者以此埠是其所属地,便于搭客,必饶赴槟屿。故既至槟屿,仍须折而南,取道于苏门答腊。否则坐他船者,出新嘉坡西口,即遥见苏门答腊。本可由此经西以达锡兰也。"①如郭嵩焘、刘锡鸿使英法时乘英轮,过槟榔

---

① 《槟榔屿星使停轮》,《海国公余辑录》卷一《槟屿纪事本末》。

屿,而曾纪泽出使时坐法国船,则途经新加坡,未绕道槟榔屿。使臣的记述中,郭嵩焘《使西纪程》、刘锡鸿《英轺日记》①、薛福成《出使四国日记》只记载行程、距离,薛福成比较新加坡和槟榔屿,认为"槟榔屿之繁华,足与新加坡相埒"②;斌椿《乘槎笔记》③、张德彝《四述奇》记载较为详细具体,前者记述了槟榔屿的风景名胜,后者写了上岸寄信与人交谈的经历,但都属于第一眼印象,没有深入系统的记载。一方面由于停留短暂,另一方面也因为比起欧美大邦,南洋诸岛与中土近似,所居又十之七八为华人,以"述奇"的眼光来看,不能引起充分的关注与重视。因此在名臣星使的书籍中多是一鳞半爪地提及,而不可能有专书记载。

张煜南有意详人所略,弥补这一空白。同时,张煜南对于槟榔屿副领事这一身份的认同,使他以中朝使臣的身份要求自己,纪所闻见,上之总署,以达陈诗观风之义。他自言书中"斯地风俗之繁华、历史货税之增减,一一备载无遗。故言槟事特详,不失在官言官之义"④。从1866年斌椿父子率领同文馆学生一行五人赴欧游历,到1876年晚清第一位驻外使节郭嵩焘出使英国,再到1898年《海国公余辑录》出版的三十余年,张煜南《槟屿纪事本末》是晚清关于南洋的第一本专书。书中以他任职的槟榔屿为中心,折射出整个南洋的世界,因此,可说是一本完备的描述南洋广阔世界的开山之作。

《槟屿纪事本末》中,关于槟榔屿的辑录、考证、议论、诗歌诸体皆备。这和《海国公余辑录》其他各卷很不一样。可以推测,很

---

① 应作《英轺私记》。
② 《槟榔屿食货》,《海国公余辑录》卷一《槟屿纪事本末》。
③ 文中误作"《乘槎日记》"。《槟榔屿名胜》,《海国公余辑录》卷一《槟屿纪事本末》。
④ 《海国公余辑录》凡例。

有可能张煜南最初的计划是写《槟屿纪事本末》一书,而在搜罗考据材料的过程中,他参考《瀛环志略》等,发现书中舛误,又综合近五十年中的华夷纷争、环球争战补徐书之阙,于是有了卷二《辨正瀛环志略》及《杂著》中的续作《推广〈瀛环志略〉》《增益瀛环近事》二卷。同理,《辑录》卷三、卷五、卷六、《杂著》卷三又是"槟榔屿添设领事""槟榔屿流寓诗歌"诸章节的扩大。

《槟屿纪事本末》对槟榔屿的历史舆地、物产现状等作了全面的梳理和介绍。既有细致考据,又作了很多宝贵的记录。作者先从四时讲起,对于一个旅居者来说,最切肤的莫过于气候的温肃,张煜南总结道:"南洋天气,四时皆是夏,一雨便成秋。"该卷开篇记述槟榔屿四时物候格外细致,因为"煜居南洋多年,故能知之,悉而言之"。

因记载较少,张煜南对有关槟榔屿历史、地舆史料的爬梳并非易事:"南洋各岛皆有故实可考,吉德本小国,槟榔屿又吉德属岛,故载籍少见。"[1]因而他的搜罗考证是可贵的;而在此过程中,张煜南常有前人所未发的发现。例如《槟榔屿地舆》一节中,他考诸《岛夷志略》《明史》以及英国旧史,得出槟榔屿就是英史中所记载的"母呵老王子岛",也就是中国典籍中的"勾栏山""交栏山"的结论。

张煜南的辑录还为我们今日认识华人在南洋、在槟榔屿的生活保留了重要的史料。例如读《槟榔屿税饷》一节我们就能清楚地看到,槟榔屿作为英国属地,英人是如何以西方的制度治理该地的。这里事无巨细,都要依照法律执行,皆有法可依。比如当地的

---

[1] 《槟榔屿地舆》,《海国公余辑录》卷一《槟屿纪事本末》。

税饷包括自来水饷、房屋业地饷、马车饷、犬饷、鸦片烟饷、酒饷等等，"易于兆祸生理及货物有气味者"，如煤厂、洗涤牲畜肠腹及煮熟血之店，需额外纳税。法律条款规定得非常细致，如马车饷，两轮马车每年收饷多少元、四轮马车、驾牛马之货车、以人驾之货车、大小马匹及骡每只每年收饷银多少元，各不相同；如置车牛马，须用英文据实报知，如过三十天不报，查出罚银二十五元；不照期纳饷的，还要为催缴费单付银一元……西方法治的精神就这样深入到了华人居十之七八的海外社会。"水饷用者所不免，地饷居者所不免"，这一点和中国传统社会中的情形截然不同。所谓"水饷"即自来水费，张煜南在按语中介绍"自来水"，认为其洁净方便，而中国的江湖河井水，"欲不致疾也难矣"。原先的榛莽之地，经英人之手，不过数年间发展成井井有条的较现代的社会，张煜南对于这一点是颇为认同的。尽管如此，这一节还写到鸦片烟饷、酒饷是当地政府收入的大宗，每年达到八十四万元，烟税较酒尤重，作者以此推之，每个吸烟者十年差不多要花一千余元在鸦片上，富人尤可，而贫者却落得流落他乡，归家无计，"为鸦片累者比比也"。晚清关于海外华工的奏议中常提及烟赌导致羁留不能回乡的，张煜南的宝贵记录可作一明证。

张煜南所参考的除历史典籍、近人著述外，还包括当地报纸。"税饷"一节中，张煜南引当地报纸上关于税收的报道，说明英属新加坡、马六甲、槟榔屿三埠，此前税收年年增加，最近三年（1889—1901），则逐年递减，因此得出"财源之匮，不独中国然也"的结论。吴曾英论及南洋各岛形势，认为"中西关键，全在南洋"，因此要设官其地，与当局立约，保护商民，如不奉约，要以《万国公法》与之理论。他认为领事可起到如下作用："如商民中有雄杰出众者,授以领事等职,俾审其山川之向背,图其幅员之广狭,测量其海道之浅深,并侦探西夷动静以闻。"①以此四点衡量张煜南和他的《槟屿纪事本末》,可以说都一一做到了。

《槟榔屿添设领事》一节,收录了薛福成、张之洞、黄楙才三人奏请南洋添设领事的上疏,旨在说明在槟榔屿等南洋岛屿设立领事的必要。张煜南在按语中评价道,"非素具公忠体国念者,必不能作此救时之论也",显然认同南洋的关键作用及设领事的重要。而所摘录薛福成《出使四国日记》的片段,尤其提到一笔经济账,值得关注:"新嘉坡设立领事已三十年,支领事经费未满十万金,即使略有添派,岁费当不过十万金。然各省赈捐、海防捐所收之款,实已倍之。而商佣十四五万人,其前后携寄回华者,当亦不下两千万。"②南洋华侨输入的资金已成为晚清经济的重要命脉,由此一斑可见;而设立领事、保护华民可谓刻不容缓了。

《槟榔屿纪事本末》末一节《槟榔屿流寓诗歌》搜集历年侨居槟屿的华人诗歌作品,包括各节令诗歌、杂事诗、竹枝词、题赠等。在考据、文章之后加上诗歌,一方面诗文具备,足称风雅;另一方面,在中国传统中,赋诗言志,诗歌为采风者所关注。

"流寓诗歌"首先收录关于不同时令、节日的诗作。英国人按公历纪年,过西方节日,而槟榔屿上的华人仍习惯使用农历,到了中国传统节日,尤多感慨,发诸吟咏,颇多佳作。张煜南作为"采风者",所搜集的"流寓诗歌"无不表达了华侨"身处重洋,心怀君国"的情感。试举数例:谢昌年《八月十五夜旅怀诗》:"醉余翻觉此生浮,远水遥天不尽愁。隔岸疏灯千里目,高楼短笛一声秋。书回故

---

① 吴曾英:《南洋各岛国论》,《海国公余辑录》卷三《名臣筹海文钞》。
② 《薛福成出使四国日记(摘录四则)》,《海国公余辑录》卷一《槟屿纪事本末》。

国无黄耳,客滞他乡易白头,十二阑干频徙倚,无端兴发悔南游。"魏望曾《中秋诗》后四句:"名士无聊同画饼,海天何处好乘槎。思亲最怕逢佳节,忍听夷歌杂暮笳。"杨毓寅《重阳诗》前四句:"异地重阳自不同,登高望远意无穷。思亲泪洒沾衣雨,舒啸声回落帽风。"张黻廷《冬至诗》:"南荒冬日已春风,簇簇蛮花照眼红。"皆写景如在目前,思乡缱绻之情真切动人。张煜南在按语中强调:"兹录中国流寓诸君所作诗,分系时令,见我朝天下一家,正朔犹行于海外也。"节令是时间之流上的刻度,是文化的重要方面,"正朔"在这里可看作中国文化的象征。在"天下一家",尚没有国家民族观念的晚清,张煜南辑录的"槟榔屿流寓诗歌",体现了南洋华侨对中国的文化认同。

与"心怀君国"的"流寓诗歌"相比,《槟榔屿杂事诗》以诗歌再次描述之前各小节所写槟榔屿之地理气候、物产名胜,生动展现了槟榔屿风物,其中不乏现代文明的新事物,如打球、赛马,自来水、电灯、电话、报纸、咖啡、花露水等。流寓诗歌中传统的思乡怀国之情和杂事诗里的西洋风物形成了饶有趣味的对照。

三、对《瀛环志略》的辨正与增益

徐继畬的《瀛环志略》对张煜南的影响很大,《海国公余辑录》卷二《辨正瀛环志略》考辨纠正《瀛环志略》中的舛误之处;《海国公余杂著》中《推广瀛环志略》《增益瀛环近事》二卷,皆可看作《瀛环志略》的续作。在《海国公余杂著》卷一之始,张煜南自道:"余宦游海外,购得是书,再三批阅,窃谓作之者经始于前,尚待继之者推广于后,更觉赅恰。"这句话正交代了《杂著》中两卷"续作"的缘由。

张煜南称赞《瀛环志略》为"谈瀛所自祖"①,"言舆地者莫如《志略》一书"②。《瀛环志略》成书于道光二十八年(1848),在19世纪的后五十年,特别是19世纪60年代"洋务运动"兴起之后,被人们奉为认识世界的必读书,对一个时代知识界观念的变化,产生了长久的影响。而到了张煜南刊行《海国公余辑录》的1898年及1901年,五十多年过去,时事变迁,人们对域外的认识亦有进益,遂出现几种修订、续补的作品。最早是咸丰年间何秋涛的《瀛环志略辨正》,后有光绪年间丁日昌、薛福成各自的《续瀛环志略》,但后二者并为刊行,张煜南说"惜先后俎谢未及梓行,为宇宙间留一憾事"③,张煜南的续作有完成二者未竟之志之意。《海国公余辑录》整部书的体例皆受《瀛环志略》影响,与以往的修订、续书相比有两个特点,一是辨正与补续具备,既"采取群说以辨原书之非",又"自成一说以补原书之阙"④。二是于南洋诸岛,特别是槟榔屿的情况叙写考证得特别详细。洪钧曾致信薛福成说:"中土于舆地一门,长于考古而短于知今,详于中原而略于边外"⑤,张煜南的辑录和著作,考古之外又赓续近事,给予边外格外关注,可以说在"知今"和"详于边外"两方面都取得了成就。

徐继畬被称为近代中国"开眼看世界的第一人",他的《瀛环志略》系统介绍了世界各国的疆域、形势、历史沿革、物产、与中国的交往、时事等等。考订严谨,对亲履其地写成的舆地著作独为信

---

① 《海国公余辑录》自序。
② 《海国公余辑录》凡例。
③ 《海国公余杂著》卷二《增益瀛环近事》卷首语。
④ 《海国公余辑录》凡例。
⑤ 薛福成:《出使英法义比四国日记》,岳麓书社,1985年,第237页。

赖,引用时常附带介绍作者的身世经历;"图非履览不悉","坚决不信揣摩之说"①,比如介绍南洋诸岛时,他曾向厦门一个姓陈的老舵师专门请教。同时还非常注意吸收当时最新的关于海外的知识。但尽管如此,因资料首先源自外国官员、传教士、商人口述,而辅之以外国的地图集、西方人所著汉文书籍、中国文献等,难免有误。张煜南则"随取近人所作诸书互相参考,加以辨正"②。

试举《辨正瀛环志略》中"暹罗(二则)"为例。"辨古赤土非暹罗之国"一则,《瀛寰志略》引顾炎武《天下郡国利病书》中的说法,认为"暹罗"就是古代的赤土国。张煜南不同意此说,他考邹代钩《西征纪程》中的说法:"《隋书》赤土国,扶南别种,在南海中,北距大海……"邹代均是同光年间在测绘理论方面成就最大、影响最深远的人物,他曾随刘瑞芬出使欧洲,用科学的方法算出法国一米为中国的三尺,并创立了系统的测绘理论,他的说法更新更可靠。张煜南以邹说为旁证,据此推断:"赤土实为岛国,非暹罗明甚。"认为赤土不是暹罗(今泰国),而是今天的婆罗洲。又证之杜佑《通典》"崖州直南水行风便,十余日到赤土",正是婆罗洲的位置。《辨正瀛环志略》一卷中不乏这样有力的辨正与考据。

另一则"暹罗借大国之牵制而存"则补原书之阙,介绍暹罗的时局与近况。《瀛环志略》谈到暹罗"北近海滨,内港深通,驶行甚便",必为西人所觊觎;张煜南补充了他对时事的分析:法国加兵暹罗,以为志在必得,不料屡败不得,疑是英国私助暹罗。原来英、法两国都不愿坐视对方独取暹罗,暹罗在二者牵制下得以不亡。

---

① 徐继畬:《徐继畬集》(第1册),白清才、刘贯文主编,山西高校联合出版社,1995年,第316页。
② 《海国公余辑录》卷二《辨正瀛环志略》编后记。

张煜南进一步总结：

地球小国，本有借大国牵制而存者，如檀香山，则英与美相牵制；比利时，则德与法相牵制；摩洛哥，则英、法、意、日四国相牵制；波斯、阿富汗，则英与俄相牵制；土耳其，则欧洲各大国合而与俄相牵制。

可见，如果说徐继畬领先于时代地认识到中国正面临"古今一大变局"[①]，认识到"自泰西据南洋群岛，……中土之多事，亦遂萌芽于此"，开始获得全球性的视野，明确提出"变局"思想；那么到了张煜南，则对国际形势有了更明晰的、战略性的认识。

无论《推广〈瀛环志略〉》，还是《增益瀛环近事》中，张煜南对距南洋万里之遥的俄国都显示了格外的关注，俄国的军备、物产、疆域、居民、铁路、矿藏、时事，罔不述及。他一方面认为"俄，虎狼之国也。……一见利有可图，即不知义为何物"[②]，另一方面观诸俄吞并黑龙江、伊犁等事，认为俄国是最息息相关、值得中国戒备的国家。虽然近代以来，林则徐、严复等有识之士已看到俄国终成为中国的大患[③]，但毕竟直到1896年，清政府还力主"联俄"，派李鸿章作为祝贺尼古拉二世加冕的特使，赴俄签订中俄密约。

张煜南在《增益瀛环近事》中关于俄国的看法，显示了他作为"旁观者"，对国际形势洞若观火的眼光。在这一卷中，张煜南以最长的篇幅详述了"俄土之战"，又叙"俄人争黑海""俄人跨黑龙

[①] "南洋诸岛国，苇航闽粤，五印度近连两藏。汉以后明以前皆弱小番邦，朝贡时通。今则胥变为欧罗巴诸国埔头，此古今一大变局"，《瀛环志略》凡例。
[②] 《俄人背英法日之盟》，《海国公余杂著》卷二《增益瀛环近事》。
[③] 钟叔河：《从东方到西方——走向世界丛书叙论集》，第521—522页。

江""俄人占伊犁"等,敏锐地看到,俄国人争黑海而不得,"既不得志于西封,行将转从事于东方矣"①;又趁第二次鸦片战争(1860年),威逼利诱,"允以大炮相易",换得中国乌苏里江以东大片土地,同时俄又趁回人之乱,窃据伊犁。可见,难能可贵的是,张煜南不是简单地以被侵略—侵略来看待晚清中俄关系,而能够放诸复杂的国际关系、整个时势背景中去衡量。《推广瀛环志略》"论西伯利亚之铁路""珲春之让俄人屯师"两节,张煜南极具洞察力和前瞻性地比较了俄英对待中国的不同:"香港、珲春两地,中国视之不甚爱惜,一以与英,一以分俄。英人以香港为重镇,俄人以珲春为重镇。英人以之通商,俄人以之兼并,则俄之为患尤甚于英……"②占据了珲春,俄国遂把西伯利亚铁路从彼得堡修到了珲春,张煜南极富前瞻地预见到,围绕东三省必然发生战争,他颇有把握地说"兴言及此,势所必至,不待战而始知也"③——果然,俄国不断侵入东三省,在《海国公余杂著》付梓的三年后,日俄战争爆发。

张煜南对于修建铁路的关注,在整部书中贯穿始终、比比皆是,体现了他对中国经济现代化和实现国家富强的思考。张煜南认为近代以来,铁路作为军事之关键和关系商业之盛衰的重要作用是不言而喻的:"夫铁路之造,所以便用兵,亦所以兴商务。"④他特别注意到俄国人重视修筑铁路,不管在人口繁阜之地还是人烟荒渺之处皆修铁路,有很明显的侵略动机和军事目的,因此中国不

---

① 《俄人争黑海之举》,《海国公余杂著》卷二《增益瀛环近事》。
② 《珲春之让俄人屯师》,《海国公余杂著》卷一《推广〈瀛环志略〉》。
③ 同上。
④ 《论西伯利亚之铁路》,《海国公余杂著》卷一《推广〈瀛环志略〉》。

如"亦修铁路,以通兵饷"①,铁路还可以把新疆及外蒙古的物产运出,以达到富国的目的。而在南亚,法国人深知铁路关系国计民生而在越南首先造铁路:"谓有铁路则运道通而运费省,无铁路则运道塞而运费昂。一通一塞之间,商业之盛衰系焉。"②作者不止一次提到这个比较:美国有铁路故麦粉行销于世,获利尤富;南亚诸国米粟虽多而未兴铁路,利权遂操于人③。至于如何集资修筑铁路,在"论美国煤之所值为最巨"一节中,介绍美国产煤并行销全球,而中国煤炭蕴藏亦富,可以仿美国而开采之:"先集巨股,一归商办,以官辅之,示以大公,持以大信,而后利源可辟,逮利源尽辟,复何患财用之不足也哉。"数年后,张煜南组织修筑中国第一条侨办铁路潮汕铁路时,正采用了这一集资的办法。

比起徐继畬的《瀛环志略》,张煜南的辨正与续作不但对"近事"与"边地"有了更详细的介绍,对国际形势与各国关系也有了更深入且深刻的认知。而且,时隔五十年,张煜南对世界地理的研究和介绍,也更科学准确。这得益于更多的人走向世界、亲履西土以及西方地理学知识的系统传入。比如《瀛环志略》中虽提到经线、纬线,以及二者的实际长度,但对经纬线的运用并不重视,在制图、叙述时均将之略去,而《海国公余辑录》在《槟榔屿天时》等节中,已注重以经纬度定某地在地球上的准确地点。

在对待欧美各国及洋人的态度上,张煜南能够做到取长补短,却非一味迷信,始终以理性平等的目光对待之,宽容自信通达的态度尤为难能可贵。这和他长期身居海外,知己知彼,且在实业上取

---

① 《俄人修铁路中国亦宜修铁路》,《海国公余杂著》卷二《增益瀛环近事》。
② 《法人据越南先造铁路以示利》,《海国公余杂著》卷一《推广〈瀛环志略〉》。
③ 《美国麦面一物出口尤多》,《海国公余杂著》卷一《推广〈瀛环志略〉》。

得巨大的成功,其成就比洋人有过之而无不及有关。《推广〈瀛环志略〉》中论及美国,对美国的现代文明,如铁路、麦面出口、盐湖之利、棉花之行销全球,语多赞美,但当谈到中美两国对水灾的治理时,却又力破"先进"的迷魅:光绪十年,某御史以中国黄河屡决,奏请仿美国治米西西比河之法。张煜南认为治河这一件事并不需要一味模仿美国:

中美相隔四万里,传闻失实,以为美国必有善法以治河,可以一劳永逸,而不知河患之至今未息,与中国同,而其费用之巨尚过于中国也。夫交涉之事、机器之用,中国向鄙夷而不屑讲求,故才智之人不用聪明于其中,遂觉逊于外国。若治河之法,中国所历代讲求者,岂有所不及哉?①

这诚然是知己知彼、富有理性而又有见地的观点。然而,和《瀛环志略》一样,张煜南深受儒家学说、观念影响,如"义利观""忠义说"(如屡次谈及"不忘故国",语多褒扬),并以此来衡量外洋的历史和时事,今天看来,不免稍有刻舟求剑之讥。

四、筹海文抄与海国轶事

《海国公余辑录》卷三《名臣筹海文钞》为张煜南所辑录晚清名臣士人有关洋务的疏议、论说、序跋、赋等。卷五《海国轶事》辑海外各国风土人情、奇闻异事,体例是每辑录一段,加一按语;很少

---

① 《论米西西比河筑堤之费》,《海国公余杂著》卷一《推广〈瀛环志略〉》。

数情况下，编者自述一段，末尾加以概括评点。小标题为编者自加。所记多是欧美大邦，也有南洋、日本、印度、土耳其等地见闻。张煜南并没有亲临其地，他所记载的皆"采自群书，述由诸客"①。张煜南在《凡例》中即解释了辑录这两部分的缘由："迩来洋务最重，事关中外。莅斯土者，尤须讲习，是以名臣疏议、使者日记，不惮兼收博采，以广闻见。""名臣疏议""使者日记"，一为中朝文章、一为海外述奇，张煜南兼收并取，使二者互相发现。

《名臣筹海文钞》里所收录的十一疏、四议、十一论、十八说、十二序、二跋、二赋，大致包括以下几个主题：（一）有关南洋事宜，如华民现状、增设领事、华人教育、禁烟禁奴、兵船保护等。（二）关于国际形势的分析。（三）介绍西方先进的科技和知识。

可以看出，张煜南选择辑录的标准，或与自身相关，或为受之影响较大的作品，涵盖了众多当时洋务派、维新派的重要文章。如郭嵩焘的《论俄罗斯条约疏》，曾国藩的《拟选聪颖子弟出洋习艺疏》，张之洞、吴大澂的《粤省创设水陆师学堂以储群材疏》，曾纪泽的《〈西学述略〉序》，薛福成的《〈日本国志〉序》等等。这些文章对西方先进的科学技术、地理知识、宗教文化、政治历史及西方各国致富致强的原因做出了大致的叙述，名臣奏疏中针对国家富强，办理洋务的办法更是纤毫备述，我们从中既能看到晚清中国士大夫阶层中的有识之士对西洋事务的探究求索，对国家前途命运的忧思和孜孜努力，亦可窥见当时中国对西方最高、最先进的认识水平。

以十一篇上疏为例，稍作概述，如黄楙才《兼取洋学以罗人才

---

① 《海国公余辑录》卷五《海国轶事》编后记。

疏》认为办理洋务急需人才，与其派遣幼童往各国学习，为数有限且所费不赀，不如在南洋各岛兴立书院，取其既晓畅洋文又熟悉土语，且经费由商民自筹。给予登进之路，还可以起到维系人心、鼓舞人才的目的。

张之洞是最早奏设槟榔屿副领事的晚清大臣，他在《派员查明南洋商务情形拟设领事疏》中指出海外华工遭受虐害，招工时有作奸欺瞒的情形，因此应设总领事及副领事保护。他明确提出："麻六甲，槟榔屿，与新嘉坡相连，而槟埠生意尤盛，宜添设副领事一员。"而且令商人兼办，无须发给薪费。在张之洞笔下，南洋是个更为广阔的世界，包括"新金山"，即澳大利亚。南洋各埠多依赖华工开辟榛莽，而新金山物产丰富、多五金矿产，华人前来的很多，英人不愿华人分利，遂征人头税。

郭嵩焘《论俄罗斯条约疏》分为六条详细分析了俄国占伊犁事，以及中国此事外交上的得失，并参了崇厚一本。

曾国藩《拟选聪颖子弟出洋习艺疏》是关于洋务的著名疏议，他提出应选聪颖幼童，赴欧美各国学习军政、造船、步算、测海、制器等实学。值得注意的是，在这篇奏牍里，他提到欧美国家，如美国和英国对此持欢迎欣许的态度。美国新立合约第一条就写"嗣后中国人欲入美国大小官学学习各等文艺，须照相待最优国人民一体优待。又美国可以在中国指准外国人居住的地方设立学堂，中国人亦可在美国一体照办"，英国公使很快也主动向中国提供了如上待遇。可见英美列强在侵略压迫之外的另一面。张煜南对这一问题有更深入的思考，如上文提到的，他辨析俄占珲春与英占香港的不同，认为俄国乃虎狼之国，意在兼并，始终是中国的心腹大患，而英国的目的在通商。

薛福成的《强邻环伺疏》是本集中的重要篇章。文章指出当时英、俄、法三国已蚕食侵吞中国周边地区，"其自东北以迄西南，则三强国之境绕之"；而南洋诸岛，曾经是万里之外向中国进贡的海外杂国，"今已为英与荷兰、西班牙三国之外府，竟无一岛能自存者。此殆宇宙之奇变，古今之创局也。"列强方兴未艾，强邻环伺，薛福成提出"国必自强然后可恃"，而"夫制敌而不制于敌者，莫如铁路"。又提出励人才、整武备、浚利源、重使臣四条富强之策。他认为泰西各国藏富于民，然后自治自强，而"生财大端，在振兴商务，以畅销土货为要诀。欲运土货，以创筑铁路为始基"——这些方面一定都激起了张煜南深深的共鸣。

殷兆镛《密陈夷务疏》认为坚船利炮背后的制度才是西人败少胜多的根本："兵将法律之精且严者，其本也；轮船火炮之利且速者，其末也。"但他认为此西洋强盛的根本和中国天理所存，并无二致，而且正是和中国的"大道"一二暗和之处才使其强大："今人但知西人处处恃强，处处恃势，而不知平时优恤其民，信使其军，仍不能逃出中土圣贤之大道至理。"殷兆镛也看到中西文化的不同，如西方"王子贵人，一经入伍，与齐民等，凡劳苦蠢笨事皆习为之"，这是切中肯綮的观察，但他把中西文化的差异归化为中国圣贤的大道至理，则体现了晚清士大夫认识西方的局限。

薛福成《请豁除旧禁招徕华民疏（附陈派兵船护商民片）》是对海外华侨影响巨大的一封奏牍。顺治、康熙年间，因郑成功父子占据台湾，两朝实施异常严厉的海禁，偷渡私回者，一经拿获，即行正法；雍正年间，规定出洋不归者，不准回籍。乾隆年间，还对在噶罗巴充当甲必丹、回国贸易的陈怡志严加惩治。道光二十二年（1842），与西洋各国立约通商，海禁渐弛。待 1891 年薛福成奏派黄遵宪任新加坡总领事后,据黄报告,"南洋各岛华民不下百万余人",并且"正朔服色仍守华风,婚丧宾祭亦沿旧俗。近年各省筹赈筹防,多捐巨款,竞邀封衔翎顶以志荣幸"。此说前半句与张煜南的记载相同,而后半句张煜南本人就是最好的例证。但辛苦在海外积聚了财富,华人却不敢携资回国,因为回来后地方官追究、恶吏侵扰、宗党恶邻讹索,苦不堪言。而且归国华侨还要被污蔑为"汉奸""海盗",恶人在此名义下瓜分其财物,拆毁其房屋,或伪造积年借契讹诈他们,使华侨视归国为畏途。薛福成于1892年11月函请总理衙门奏请朝廷豁除旧禁,总理衙门不愿承担"妄议祖宗旧制"的风险,半年后回信要他自己"恭疏具陈"①。薛福成于是起草了这封《请豁除旧禁招徕华民疏》并"附陈派兵船护商民片",于1893年5月由伦敦使馆咨送回国。附片奏请派兵船保护商民,使华侨"增气自壮",而船费可由华民集资。张煜南特别在辑录之外加上了这封奏折的后事下文,可见其对他本人以及南洋华人的重要意义:亲政的光绪皇帝接受了薛福成的奏请,8月下令刑部修改旧例,由沿海督抚出示晓谕:"凡良善商民,无论在洋久暂,婚娶生息,一概准由出使大臣或领事馆给与护照,任其回国治生置业,与内地人民一律看待。毋得仍前借端讹索,违者按律惩治。"②此谕一出,海外华民额手称庆。"薛福成由是而成了侨民和侨乡感激不尽的'恩官','闽粤人尸祝之'。"③

张之洞、吴大澂《粤省创设水陆师学堂以储群材疏》是张之洞

---

① 钟叔河:《从东方到西方——走向世界丛书叙论集》,第513页。
② 薛福成《请豁除旧禁招徕华民疏(附陈派兵船护商民片)》,《海国公余辑录》卷五《名臣筹海文钞》。
③ 夏晓虹:《薛福成传》,转引自钟叔河:《从东方到西方——走向世界丛书叙论集》,第513页。

在两广总督任内,奏请广东开设水师、陆师学堂的上疏,他认为"广东南洋首冲,边要兼筹,应储水陆师器使之材,较他省为尤急"。1877年前两广总督刘坤一捐银十五万两,用于培养洋务人才;1880年前两广总督张树声建造洋务学馆,考选学生,教习洋文、算术。1884年张之洞督粤,把学馆扩大为水陆师学堂,拟定学习、留学的章程计划,并在此上疏中详加汇报,申请建造学舍、兴筑场厂的经费六万余两白银,以及每月华洋教习薪水、学生赡费银等五千两。1887年广东水陆师学堂初步建成。

"疏"一部分中另有两篇总理衙门的奏折,署名"总署王大臣",一为《奏覆御史王鹏运奏请讲求商务疏》,另一篇是《议覆谢祖源奏请练习洋务人才疏》,谢祖源疏的核心部分附为末篇,未加署名。

《名臣筹海文钞》一卷56篇文章中,以薛福成的独多,共计10篇[①],可见薛福成对张煜南的影响之大,或者说,张煜南对薛福成的认同之多。因此,集中考察这十篇文章,分析二人之间的影响和认同到底何在,对了解张煜南的思想是有帮助的。

薛福成(1838—1894),字叔耘,号庸庵,江苏无锡人。薛福成的父亲薛湘,字晓帆,擅长八股,可垂老才得中进士,当上县令。薛福成自幼苦读,写得一手好文章,但二十一岁(1858年)也才考上秀才,此后更是蹭蹬科场,累试不第,直到三十岁(1867年)始在江南乡试场上考中一个"副贡"。薛福成于1864年写下《选举论》痛斥科举制的弊端,说它使聪明才杰之士"迍邅场屋,槁项黧馘,以老

---

① 包括《强邻环伺疏》《请豁除旧禁招徕华民疏》《使才与将相并重说》《南洋诸岛致富强说》《阅〈瀛环志略图〉说》《振百工说》《不勤远略之误说》《赠西士傅兰雅纂〈格致汇编〉序》《〈日本国志〉序》《〈出使英法意比四国〉跋》。

死牖下",既是自身沉痛的经验,也是对时代敏锐的思考。他的时代内忧外患,1853年太平军占领南京,1856年第二次鸦片战争爆发,英法联军在沿海各地侵扰,战火遍地,处处动荡离乱。这时社会上兴起一股经世实用之学,曾国藩正是其领袖,以"提倡实学,拯济时艰"自命,薛福成遂以曾氏为榜样。1865年薛福成带着自己研究经世之学和海防夷务的洋洋万言于江苏宝应面谒曾国藩,随后成为其幕僚。1872年曾氏去世后,薛福成在苏州书局盘桓两年,1874年应诏陈言得到朝廷注意,随即被李鸿章延入幕中。1884年,在曾、李幕下近二十年,已经四十七岁的薛福成终于得到出任实职的机会,任浙江宁绍台道,管辖宁波、绍兴、台州三府。这里是浙东海防要区,尤其宁波城东的镇海海口,是浙江的门户。薛福成在宁绍台道上最大的功绩是取得浙东抗法战役的胜利。当时中法在越南谅山发生冲突,法国派海军中将孤拔率领舰队沿中国海岸北上挑衅,1884年8月孤拔侵袭福建马尾海港大获全胜,1885年进攻镇海,被准备充分的薛福成打败,孤拔负重伤而死。这位《筹洋刍议》的作者,证明了他实干的才能。薛福成得到朝廷嘉奖,这年他整理出版了《筹洋刍议》这一著作。1889年,出使英法义比大臣刘瑞芬满任回国,薛福成继任,于1890年1月离沪,至1894年7月回国,出使欧洲四年。回到上海后,因一路颠沛,又染时疾,不到一个月就去世了。

没有证据表明薛福成和张煜南见过面,但薛福成对张煜南的经历显然产生了直接的影响。正是在薛福成的交涉和努力之下,中国取得了在英属各地设置领事的对等权利。薛福成听随员、前任旧金山领事黄遵宪言,旧金山华侨平均每年汇现款约一千二百万圆回广东,而南洋各地商佣输回中国的银两"数倍于是"。侨汇收入，抵全国贸易逆差，已经有赢无绌。这使薛福成认为"保护华民"是迫在眉睫的事。经过交涉，最终"英廷愿给文凭与中国所派之领事官，如给与外洋各友邦之领事官同样办理"①。薛福成推荐黄遵宪任新加坡总领事，黄于光绪十七年"十月初抵新加坡"（1891年11月）②，1894年黄解任回国，新加坡总领事由张振勋继任，而张振勋所任槟榔屿副领事之职，又由张煜南继任。

可以说，张煜南任槟屿副领事的经历与薛福成息息相关。而张煜南对薛福成的认同则更多是思想观念上的，至少包括以下三点："以工商为先"、反对"贱工贵士"、反对"不勤远略"。薛福成的思想中始终有"重商"的一面，在赴欧途中，他看到香港的繁华，认为这是英人重商、精通商务的结果③；而出使四国后，他意识到向西方学习的必要，在探索西洋富强之本原之后，他更加坚信"其治国以经商为本"④，"大抵古今谋国之经，强由于富，富生于庶"⑤，而"振兴商务，以畅销土货为要诀。欲运土货，以创筑铁路为始基"⑥。薛福成对于商业的思考，对西方富强的理解，必定得到只身来到南洋、以实业发家、最后在荷兰人土地上取得商业巨大成功的张煜南的深深认同。薛福成对于"以经商为本"的思考是很深入的，他注意到制度和观念两个方面。他认为在这个问题上，南洋是很好的样本。南洋"亘古荒秽，广漠无垠，人迹不到"，而自从西

---

① 《薛福成出使四国日记（摘录四则）》，《海国公余辑录》卷一《槟屿纪事本末》。
② 见《黄遵宪年谱》，钱仲联：《人境庐诗草笺注》，上海古籍出版社，1981年，第1205页。
③ 薛福成提出："居今日地球万国相通之世，虽圣人复生，岂能不以讲求商务为汲汲哉！"见《出使英法义比四国日记》，第20页。
④ 薛福成：《出使英法义比四国跋》，《海国公余辑录》卷三《名臣筹海文钞》。
⑤ 薛福成：《西洋诸岛致富强说》，《海国公余辑录》卷三《名臣筹海文钞》。
⑥ 薛福成：《强邻环伺疏》，《海国公余辑录》卷三《名臣筹海文钞》。

人南来占据诸岛,不过一二百年则"疆理恢辟,民物蕃昌,无不有蒸蒸日上之势"。这主要并不是靠西人,他们去国万里毕竟来的很少;开辟者多为华人。中国人精敏、吃苦耐劳,"稍以西法部勒之,而成效自著矣"可见,薛福成认为,西人的法制,乃富强的精髓。他说"西人所留意经营者,惟聚之之法而已矣",正因为有了这样的制度保障,从香港、新加坡到澳大利亚,西人"能骤变荒岛为巨埠"①。而薛福成更以开放的眼光看到,华人占贸易十之六七的南洋,正是中国人的"富强之机","若使中国仿西人之法,早为设官保护,则南洋诸岛之利权未尝不隐分之"②。由此薛福成提出要"重使才"。薛福成所描绘的南洋诸岛的富强史,正是张煜南所见证、亲历的;对于薛的看法,张想必完全赞同,换句话说,张以辑录的方式,借薛文表达了自身的观点。从观念上来说,薛福成亲履西土后发现,西方国家"以工商立国",而中国"轻农工商而专重士"。因宋明以来科举是唯一的进身之途,故士人专攻时文帖括,对实学不屑一顾,工匠皆被斥为粗贱之流。薛福成认为中国欲发奋自强,就要破除科举的迷障,改变"贱工贵士"的观念,这样才能人才日出。张煜南以他的人生经历证明,薛福成所呼唤的新风气正是符合时代之变的。虽然张煜南对"士"这一身份颇为认同和追求,但他同样反对"轻农工商而专重士"的观念。薛福成认为另一个贻害甚大的观念是"不勤远略",张煜南显然也十分赞同他的观点。《春秋左氏传》讥齐侯"不务德而勤远略",后世不善读书者,便断章取义地理解为"不勤远略,即系务德之证明",而"不勤远略"遂成为庸愦避事者畏难自恕的托辞。因为不勤远略,故周边被蚕食

---

① 这样的制度保障,张煜南在第一卷《槟榔屿纪事》中的记载可见一斑。
② 薛福成:《西洋诸岛致富强说》,《海国公余辑录》卷三《名臣筹海文钞》。

吞并；香港、槟榔屿、噶罗巴等处，有数十万华民而不能设一领事；澳大利亚等地华人自辟利源而无端失之，受人驱逐；商船兵船无一越新加坡而西，小吕宋而南；出使大臣憬然于条约利病、封疆大臣惘然于边防得失……①此观念之误，而误国家、误苍生。如果说薛福成对于"贱工贵士"的积习，还只是呼吁改变，那对于"不勤远略"的谬见，已是痛心疾首。

仅举《名臣筹海文钞》中收集最多的薛福成为例，不难看出，《文钞》中的疏议论说，乃选取当时思想最新锐的文章。这些文章广泛关注经济、外交、科技、文化观念等方面的变革，具有开放进取的眼光、务实的精神以及与各国竞利争雄的气魄。选文充分体现了张煜南本人的思考，这些思考又和他有别于传统士大夫的经历密不可分。他在西方人的殖民地上开辟榛莽，取得工商实业的成功，后任中朝驻英属槟榔屿副领事。他未能走上科举的正途，却意外成为时代的弄潮儿。这使得他的思想和那些走出国门的名臣、熟悉洋务的大吏有异曲同工之妙。而在张煜南出版《海国公余辑录》的1901年，也即在郭嵩焘使英、出版《使西纪程》②的整整25年后，庚子年间搜杀"二毛子"（汉奸），还有京官上疏："请戮郭嵩焘、丁日昌之尸以谢天下。"③可见《海国公余辑录》中的思想在当

---

① 薛福成：《不勤远略之误说》，《海国公余辑录》卷三，《名臣筹海文钞》。
② 1876年，郭嵩焘作为晚清第一位使臣出使英国（后兼使法国），曾计划每月完成一本日记，呈达总署。不想当他把从上海出使到伦敦五十天、两万余字的日记钞寄总理衙门，以《使西纪程》为名出版后，却因里面谈到的英国见闻，如法度严明、仁义兼至、富强未艾等，激起满朝公愤。京官们切齿痛恨，唾骂其"汉奸"，最终闹到奉旨毁版才了事。其后一年（1878年），郭嵩焘即从公使任上被撤回，再未起用。从1879年回国乞休归里到1891年去世，郭嵩焘始终被众多京官、本地士绅视为沟通洋人的汉奸。
③ 《清鉴纲目》卷十五，光绪二十六年五月，郎中左绍佐奏。转引自钟叔河：《从东方到西方——走向世界丛书叙论集》，第231页。

时的新锐,甚至许多至今深具启发、仍不过时。

《海国公余辑录》卷五《海国轶事》比起卷三《名臣筹海文钞》,读来轻松许多。收集记载海外各国的风土人情、奇闻异事,不但"采自群书",而且"述由诸客",得自他人的讲述,风格游戏诙谐。尽管如此,编著者张煜南声明,这些述奇之作和名臣奏议同出机杼、异曲同工:"庶务不遗,亦兼采取。出机杼于一心,得游戏之三昧。"①即同样表达了"开眼看世界"的关注和向西方学习的主题。

薛福成在他光绪十六年三月十三日日记中写道:"昔郭筠仙侍郎,每叹羡西洋国政民风之美,至为清议之士所牴排,余亦稍讶其言之过当。……此次来游欧洲,由巴黎至伦敦,始信侍郎之说,当于议院、学堂、监狱、医院、街道征之。"②这是很有见地的看法。一种文化往往体现于饮食日用,而一国的国政民风,往往从议院、学校、监狱、医院、街道等细节中看得最为清楚。《海国轶事》所记载的奇闻异事、风土人情,不少正是西方国家民主的细节。

其中记述,既有奇技珍宝,如"奇技遥传"中的自鸣钟,"玻璃巨室"中的"水晶宫"(游乐园),"道出柏林游蜡像院"里会书写问答的蜡人,"金刚钻石"里拿破仑用来装饰佩剑的钻石,又有寻常日用,如"土耳其浴室",海外华人的"胡氏园""洪家花园",当时人有我无的"蓄物园"(动物园)。既关注经济军事,如写三个美国商人如何致富(《美国三富人》),德国人如何练兵(《德国兵官》),军事演习(《弭兵会》),新式兵器(《行军制器愈出愈奇》),也详细介绍泰西文学艺术,如《海外诗人》介绍欧美、日本诸诗人③,《慕赛九

---

① 《海国公余辑录》卷五《海国轶事》编后记。
② 薛福成:《出使英法义比四国日记》,第53页。
③ 这一节张煜南没有标明出处,实出自钱颐仙选辑的《万国分类时务大全》(卷二十"文学类上"第二节"各国文字"),光绪二十三年(1897)申江袖海山房石印本。

女》介绍希腊神话,"鬻画院"介绍巴黎的名画拍卖……既有奇闻异事,如《抽水救火蛇》《斯德零观驯兽》《缘绳之技》《女儿巢树》《屋加民挥锤》,又注重介绍礼仪风俗,如《礼失之野》《印度陋俗》《德国风俗》《泰西婚嫁之礼》《泰西各善堂》《日都风俗纪略》等等。

《海国轶事》并不止于猎奇,惊叹西方机器生产的神速、兵器的先进,还关注到西方社会制度以及文化差异。如《多行善举》一节就写到英国社会对弱势群体的支持和保护。"伦敦好善,老幼孤穷、废疾、异方难民,皆建大院居之,优给衣食。"不但使老幼孤穷、废疾者以及难民皆有所养,而且还能注重其尊严或使之自食其力,使其体验到价值感。养老院在中国常常是孤寡老人的去处,老人往往以去养老院为耻,这一节中提到伦敦的养老院,饮食丰洁,能照顾到特殊需求,衣物则无异充裕之家。住处宽舒,可以各处游憩。老人不但生活得很有尊严,而且身心愉悦。至于经费,则出自绅商或慈善。文中特别提到,和中国文化中的"内外有别"不一样,英国人还将善举施诸中国:

伦敦然,推之中国亦然。光绪三四年间,山左右两省大饥,英之助赈者三万余金;前年黄河郑口一决,沿河一带饥民尤为可惨,英人助赈,三月间费银三十四万两,巨款乐输,毫无吝色,真可谓好行义举者矣!

张煜南本人也热衷慈善公益,他评价道:"善举不难,难在布置如此得宜耳。此则西法之可师者矣。"西法之所以布置得宜,乃是因为在政府和民众之间有负责解决类似问题的"社区"

（community）存在，这体现了张煜南对西方社会制度的思考。

而在《泰西婚嫁之礼》中，张煜南显然发现了西方个人主义和中国家庭本位之间的文化差异："泰西男女二十一岁，父母不能约束，给以资财，令图自立，所谓人人有自主之权也，婚姻亦皆自择"。在详加介绍男女如何约会、以戒指订婚、在教堂举办婚礼，以及结婚蛋糕、婚纱、蜜月之后，张煜南认为西方的新文化颇好，"此则不用媒妁，出自两人情愿，胜于媒妁多矣"。

《海国轶事》一编以薛福成的一段游记终结。这段游记十分生动形象地记载了身处所谓"黄色文明"的中国人面对诞生"蓝色文明"的海洋时的感慨与想象。从这篇描写中，一方面我们可以一窥薛福成的襟抱胸次，"震耳荡胸，涤我尘虑……想像亚墨利加大洲，如在云烟杳霭中，未尝不觉宇宙之奇宽也"；另一方面，不免再次感受到晚清走出国门看世界者对中国走向富强与现代的渴望："见有驶电气车者，夷然登之。风驰云迈，一瞬千步。制造之巧，愈于火轮。数百年后，其将行之我中国乎？"对世界阔大的感受和对中国富强的期待，既是薛福成的，又何尝不是辑录者张煜南的呢？

五、槎使诗歌与海外咏事诗

（一）《槎使游历诗歌》

晚清使臣以日记、游记的形式记录所见所闻，着重于介绍西方国家政治、经济、社会、风俗等方方面面，随时咨送总理衙门审阅，是其工作的重要一部分。在这些记录中，他们因力求将考察所得上报朝廷，多是客观记述。至于奇情异景的描写、自我内心真实情感的流露，则往往留待诗歌来表达。本来，在中国的文字传统中，疏议、记游、诗歌等文体就分别有它们特定的表达对象和方式。

《海国公余辑录》卷四《槎使游历诗歌》搜集了晚清使臣及少数其他士人的海外游历诗歌共176首。从最初探访西方的斌椿，到后来的郭嵩焘、曾纪泽、王之春、何如璋等众多使臣的诗歌，罔不毕集。张煜南的选诗标准或许包括以下几个方面：（一）个人的阅读趣味和审美偏好。在176首诗歌中，王之春的占31首，曾纪泽诗则有25首，体现了编者的偏爱。（二）南洋是使臣去往欧西各国甚至俄罗斯彼得堡的必经之途，星使名士，停轮晤面之后，从而对其诗歌关注有加。正如张煜南所说，"余忝膺槟屿领事，诸使往还，匆匆一面，即展轮去。今读其诗，不啻如见其人，恍置身九洲三岛间，亲见其吮毫拈笔时也"①。卷中所收录吴广霈诗歌当属此例，有35首之多②。（三）和南洋相关的诗歌。如宋育仁的长诗《浮海至巴黎纪程百韵》详细记载了出上海吴淞口，一路南下，经浙江、汕头、香港、海南岛、越南、苏门答腊、锡兰、过红海、苏彝士运河，到达法国马赛、巴黎的历程。王恩翔的《槟城杂诗八首》《坝罗杂诗八首》显然也因此入选。

从《槎使游历诗歌》中，诗人们不但铺陈了第一眼看到真正西方时的所见所感，而且对于文化差异、先进的制度，甚至国际关系，都作出了描述和思考。试以王之春和何如璋的诗歌为例。

王之春（1842—1906），字爵棠，号椒生，湖南清泉人。曾作为钦差大臣出访日、俄、德、法，他于1895年远赴俄国吊唁俄皇亚力山大三世逝世以及庆贺尼古拉二世登位。1895年1月从上海启程，抵马赛，乘火车经巴黎、柏林至彼得堡。后又于彼得堡返巴黎，

---

① 张煜南：《海国公余辑录》卷四《槎使游历诗歌》跋。
② 包括《锡兰杂咏六绝句》六首，卷中未注明作者。

引俄、法国出面干涉，迫使日本放弃对辽东半岛的侵占。卷四中王之春诗歌正是对这一行程的详细描写，《泊西贡》《过地中海》《过苏彝士新开河》等诗纪程，《巴黎行》《夜游马赛各市赋此》《夜入柏林》描写异国风情，《驻俄旬日都门内外纵所游历随时纪之亦足以资考证新见闻也共得五章》《俄京杂咏》写俄国风物。《巴黎行》描写巴黎"城开不夜"的繁华，而"果能虎视持牛耳，何用蚕食吞越裳"等句又认为法国穷兵黩武、以力服人不可长久，不会真正称雄。《夜入柏林》中"樽前佥说俾司马，羡杀他邦柱石臣"明写德相，意在伤中朝；俾司马，即俾斯麦，在其任普鲁士王国首相期间，先后发动普丹、普奥、普法战争，于同治十年（1871）初，完成国家统一，建立了德意志帝国。写俄国风物的13首，不但注意到俄国的鹅肝鱼子酱、大毛风领小皮鞋、王宫教堂等，还注意到俄国的王宫"尽人可瞻仰，附近民居环"，博物馆中陈列油画、裳衣、鼎镬、珠宝等珍藏，普通人尽可观览。较之中土，俄国更具平等精神。而写到俄国的图书馆，即"书局"，王之春却终究未摆脱传统儒家知识分子的眼光，认为"崇文国乃兴""高文在典册，毕竟推中土"。

何如璋（1838—1891），字子峨，广东大埔人。光绪七年成进士，入翰林院，以庶吉士授编修。光绪三年（1877年）以正使身份出使日本，所率从官中有参赞黄遵宪、随员吴广霈。何如璋著《使东述略》约一万四千字，附《使东杂咏》六十七首，记行程踪迹及日本的风土政俗。张煜南辑录《使东杂咏》20首，不仅涉及所历经日本各地，如长崎、下关、神户、大阪、西京（今京都）、横滨、东京等处的地理、风土、历史、民俗，尤其注意日本明治维新（1868年）后，不到十年时间内的巨大变化。如写解除闭关锁国之后，长崎口岸的热闹繁华："东头吕宋来番舶，西面波斯辟市场。中有南京生善贾，左堆棉雪右糖霜。"描写神户民居:"街衢平广民居隘,半是欧西半土风。"注云:"东人所居,皆仄隘。通市以来,气象始为之一变。"咏明治以后学习西方出现的新事物,如邮局:"家书运寄凭邮便,一纸何嫌值万金。"注云:"东人公私文报设局经理,名曰邮便。""邮便",为日文汉字。《使东述略》中介绍日本维新后效法西方:"近趋欧俗,上至官府,下及学校,凡制度、器物、语言、文字,靡然以泰西为式。"《使东杂咏》中咏赴王宫呈递国书,写明治天皇"聘问仪修三鞠躬,免冠揖客甚雍容",言易服色、改仪制后王室也"其礼甚简"。而日宫宴客亦改用西式,只是筵乐仍从其旧:"宾筵酒馔翻新式,乐部笙歌倚旧声。"何如璋诗歌中的记述为我们保留了日本明治维新后,整个社会从上至下效法西方的情形和细节。他的笔调看上去是客观的,实则暗含对革故鼎新的赞同,其时国内保守派不但激烈反对办洋务和讲求西学,认为动摇国本,同时也对日本明治维新大加挞伐。因此《使东杂咏》提供了一幅全新的眼光,对于中朝尤具借鉴意义。而"已见倭山一点苍""负郭芝山郁万松,漫天风雪舞群龙""时听寒涛ስ晚钟"等句,则颇有境界。

如果说王之春、何如璋的诗歌还主要是歌咏见闻,那所选曾纪泽诗25首,几乎可看作一代使臣的心史。除《维多利亚花二首》咏新事物,其余各首皆酬唱应答之作,其中不但充分表达了作者曲折幽微的情感,而且几乎是晚清几任使臣缩略的交往史。

曾纪泽(1839—1890),湖南湘乡人,曾国藩次子(长子桢弟夭折),国藩死后袭封"一等勇毅侯",补授太常寺少卿,光绪四年(1878)奉使英法,1880年兼使俄国。1886年任满回国。1878年5月,驻英公使郭嵩焘因朝臣何金寿奏参,又被副使刘锡鸿密劾,不得已自己奏请销差。清廷准奏,于8月诏派曾纪泽继任驻英法公使。郭嵩焘于1879年1月离伦敦回国,距离他1877年1月抵英正好两年。他写了一首诗赠继任曾纪泽:"十洲天外一帆驰,踪迹同君两崛奇。万国梯航成创局,数篇云海赋新诗。罪原在我功何补,壮不如人老更悲。要识国家根本计,殷勤付托怅临歧。"①诗中既有惺惺相惜之意,又有对曾纪泽的殷切希望和勉励,以及几多无奈与感慨。直到郭、曾出使的年代,驻扎"十洲天外"和洋人相斡旋,仍被视为畏途,只是少数士大夫的选择,此谓"踪迹同君两崛奇";"万国梯航成创局"既说身处"泰西之轮楫旁午于中华,五千年来未有之创局"②,又指二人打开出使欧西的创局,而赋得云海之外的新篇章。

曾纪泽的复诗是普通应酬之语,本卷未收录。但从所收录的其他几首诗不难看出他出使英法时的意气风发,尤其是这两句气象阔大:"九万扶摇吹海水,三千世界启天关。从知混沌犹馀窍,始信昆仑别有山。"③写于使欧途中,泊船红海登高楼之际,完全是大鹏展翅,欲到广阔世界有所作为的豪情和眼前天地一新时的内心澎湃。光绪四年腊月到达法国,递交国书,法君颂及先人(其父曾国藩),曾纪泽退而为诗,有"旗绣青龙照蜃楼""阊苑风随仙露重,敕书香带御烟浮。从来忠信行蛮貊,莫讶戎王问故侯"句,难掩对两代人建功立业的自信自豪,全诗辞气流丽而有昂扬风发之态。

光绪六年(1880)正月清廷派曾纪泽出使俄国,重订崇厚和俄国所签的丧权辱国的里瓦几亚条约。按照崇厚前约,俄国人归伊

---

① 郭嵩焘:《赠曾劼刚出使英法》,《海国公余辑录》卷四《槎使游历诗歌》。
② 曾纪泽:《〈文法举隅〉序》,《曾纪泽遗集》,喻岳衡点校,岳麓书社,1983年,第135页。
③ 曾纪泽:《十一月晦日,泊红海尽处,登航楼乘凉,见舟人所蓄白鸥,口占一律,己卯元日补录之》,《海国公余辑录》卷四《槎使游历诗歌》。

犁孤城而割新疆腹地,曾纪泽此行无异于"探虎口而索已投之食"。此时曾纪泽的诗歌依然清劲有豪气:是年中秋,居彼得堡,濒北海,月明云散,梵钟四起,他写道:"冰轮何事摇沧海,去作长天万顷涛。"气象广大、一句境界全出。张煜南在卷四"跋"中说,诸星使"乘一叶舟,行万里路,奇情异景,历历在心……发为诗歌,不同凡响","有疏宕气"①。此语用来形容曾纪泽再合适不过。他出使后的诗歌里不止增加了新事物、新思想,而真正具有了风云之气,境界高远,是去国之前的酬赠诗歌所无法比拟的。经过曾纪泽一年的斗争,1881年2月终于签订《中俄改订条约》,争回了一部分领土主权。三月曾纪泽奏派原署理出使俄国大臣邵友濂回京赍送改定的俄约、章程等,有诗云:"朝雨轻尘洒节旄,离觞劝尽紫蒲桃。大鹏运海回三岛,翔鹤凌风上九皋。""仓卒珠盘玉敦间,待凭口舌巩河山。"诗中是胜利后满饮红葡萄酒的轻松喜悦和折冲樽俎的信心。但1881年赠黎庶昌奉使日本和送左秉隆任新加坡领事两首,诗中已有意兴阑珊之感,不复当年的意气风发。"廿载交亲结笠簦,桑田成海谷为陵。长林选胜朝携酒,旅馆论文夜对灯。东去瀛洲云好色,北朝天阙日初开。亲朋问我支离态,齿豁眸昏百不能。"②黎庶昌曾是曾国藩幕僚,"曾门四弟子"之一,又随曾纪泽任参赞,故称"廿载交亲";左秉隆是曾纪泽出使时的英文翻译,因此有"顾我自嗟还自笑,喜君能咏又能歌。三年欢会驹过隙,不尽深杯奈别何"③之句。而1884年当清廷整饬曾纪泽并免去他驻法公使的职务,他依然为中法交涉中的进退失据、无谓牺牲感到"一腔

---

① 张煜南:《海国公余辑录》卷四《槎使游历诗歌》跋。
② 曾纪泽:《黎莼斋观察奉使日本入都》,《海国公余辑录》卷四《槎使游历诗歌》。
③ 曾纪泽:《送左子兴之官新嘉坡领事二首》,《海国公余辑录》卷四《槎使游历诗歌》。

愤血,寝馈难安"①;当他的正确主张得不到采纳,反被诬为"一意主战,以国家为孤注",当光绪十年(1884)四月《中法简明条约》最终签订,曾纪泽眼看着这个因为惧战而一味主和的条约不久将招来战争,内心充满深深的失望与无奈,他离开巴黎到伦敦,在给继任刘瑞芬、许景澄等人②的诗歌中,写出了他的愤懑和孤独。写给刘瑞芬:"英荡朝辞候雁来,年年不与雁俱回。云雷有象随著变,鬓发无情借镜催。自愧多言常越职,姑求寡过敢矜才。节旄方落羝羊乳,更喜同岑匪异苔。""昔别明公东海隅,相逢西海各羁孤。八年何异驹过隙,百事惭非马识途。"③写给许景澄:"志趣徒宗范庆州,佐时无可纪勋谋。奇书懒复狸头译,豪气消成绕指柔。""鬓发相怜瘴雾侵,客中酬劝酒杯深。云霞郁郁暮天话,风雨凄凄秋夜吟。"④写给许景澄随员王咏霓:"谬佩铜符骋传车,颊中存舌粲生花。吾人纵解雕龙辩,敌意方同硕鼠貐。英荡有期随反节,包茅无贡附归槎。艰难历尽成功小,雨泣孤臣海一涯。""无翼云鹏掠海飞,乘之东去换征衣。八年风雪身将老,五夜波涛梦已归。"⑤他的这些诗里,有失望无助,有豪气消尽的自嘲,有无人理解的孤寂,有引为同路的自我宽慰,八年前扶摇运海的大鹏,如今已成无翼之鸟,只能掠海而飞,冲天之志化为泡影,空有才能而无法发挥。曾纪泽在这时的诗歌中达到了情感表达的复杂与纵深。

张煜南在卷四《槎使游历诗歌》中辑录曾纪泽诗歌多达25首,

---

① 曾纪泽:《伦敦禀九叔父》,《曾纪泽遗集》,第206页。
② 清廷于光绪十年(1884)四月初四下谕:改派许景澄为出使法国、德国并义、和、奥三国大臣,未到任前,使法大臣由使德大臣李凤苞兼署。光绪十一年(1885)六月,改派刘瑞芬为出使英国、俄国大臣。曾纪泽一八八六年八月离英,年底回到北京。
③ 曾纪泽:《留别刘芝田太常二首》,《海国公余辑录》卷四《槎使游历诗歌》。
④ 曾纪泽:《次韵答许竹筠四首》,《海国公余辑录》卷四《槎使游历诗歌》。
⑤ 曾纪泽:《次韵答王子裳咏霓四首》,《海国公余辑录》卷四《槎使游历诗歌》。

而且选取其出使英、法、俄前后的重要诗歌,完整地反映了一代使臣的心路历程。卷中曾纪泽诗歌编排得很是集中,其后附上前任郭嵩焘黯然离任时的赠诗《赠曾劼刚出使英法》,这实在是个颇有意味的安排。曾纪泽在出使之初,似乎并不能领会郭诗中的深意,而到了"八年风雪身将老,五夜波涛梦已归"时,郭诗却成为他八年出使生涯的真实写照。张煜南附上郭嵩焘诗,似乎还想告诉我们,对于郭嵩焘、曾纪泽这两代清末最早的使臣来说,他们崛奇的才识,为国家民族根本计的热心,几乎使他们必然成为悲剧。在郭诗之后,张煜南还录有一首王咏霓的即席赋诗,其时王看到的只是"又见名都景物新""暂时萍聚倍相亲"的眼前情景,如何能理解曾纪泽"答王子裳咏霓四首"中复杂的情感呢?

(二)《海国咏事诗》与《续海国咏事诗》

《海国公余辑录》卷六《海国咏事诗》为张芝田所作。张芝田,字仙根,广东梅县人,著有《梅县杂事诗》《梅州竹枝词》《嘉应乡土志》等。张芝田为张煜南同乡,张煜南、鸿南兄弟资助出版的《梅水诗传》就是由其编订的,于光绪二十七年(1901年)由黄遵宪、张煜南分别作序刊刻,收古梅州(嘉应州)宋明至清末635位诗人的诗作3 000多首。

张芝田于1899年为《海国公余辑录》作序云:"余僻处乡曲,远隔海外,不获一睹为快。今冬蒙君邮寄示余,且索余序,余读之,喜其精心钩考、论断不诬,遂不辞谫陋而为之序。"

而张煜南在《海国咏事诗》"跋"中说:"先生替余校录毕,出所著示余,余读之,爱不忍释。见其无奇不搜,有闻必采,如行山阴道,茂林修竹,令人目不给赏;如入波斯国,五光十色,令人宝莫能名。兴到笔随,并臻佳妙。"两相对照,可见张芝田居于梅县,在张煜南资助家乡的文教事业时,二人有很密切的合作。张芝田不仅如他自己所说,是《海国公余辑录》的作序者之一,他更是该书的实际校录者。可以说,他所作的一卷《海国咏事诗》正是其校录《海国公余辑录》、阅览《瀛环志略》和《海国》其他各卷的副产品。用他自己的话说:

昔尤西堂先生著外国竹枝词百首,脍炙人口。然仅跼蹐一隅,未尝合五洲万国以为言也。兹篇选材不出《瀛环》全卷,间参《海国》诸书,披览所及,歌咏随之。虽故实征求不无增益,然挂一漏万,有识为讥,吾犹不惮为之者,亦以乘槎万里,托兴诸篇,聊吐奇气于胸中,非徒骋游观于海外也。

"尤西堂先生著外国竹枝词百首",是指明末清初尤侗所著的《外国竹枝词》。尤侗因参与编修《明史》,编纂"外国传"十卷,在此基础上,谱竹枝词百首并附土谣十首。但尤侗所谓的"外国",视域只及亚洲,包括东亚如朝鲜、日本、琉球,南亚如安南、缅甸、真腊、天竺,南洋诸岛如交栏山、吕宋、苏门答腊、丁机宜、苏禄,西亚如哈密、吐鲁番、于阗等。尤侗的《外国竹枝词》确实给予了张芝田启发。从体例上来说,因为异邦风物常常令人费解,故尤著采用每首诗后加一小注的形式说明,张芝田沿袭了尤侗《外国竹枝词》的这一体例。且六卷本卷六原名《海国竹枝词》,显然模仿《外国竹枝词》书名,录诗609首;九卷本卷六始改名为《海国咏事诗》,录诗545首,删除了六卷本中诗64首。

张芝田并未到过西方,《海国咏事诗》完全按照《瀛环志略》中各国的介绍循章敷衍而成,因此从北欧小国至南美诸邦,均有诗述及。也就是说,张芝田以竹枝词的方式重述了《瀛环志略》中各国的地理、风俗、历史,并加上自己的想象和理解,使各地的风土人情读来更为醒豁有趣。试以丹麦一国为例。丹麦旧称"嗹国""嗹马""大尼""黄旗"等。《海国咏事诗》中,在"嗹马"一条下,共有诗五首附注,其中二首云:

如山海水接天遥,屡筑堤防捍早潮。沙土未坚容易散,好栽桦木万千条。海水屡次涨溢,筑塘捍防,多栽桦树以坚固其沙土。

飓风害稼大掀天,种树沿堤护陌阡。取得海鲸作油饮,家家争放捕鱼船。每风害田稼,则种树以护之,居民捕海鲸鱼而取其油饮之。

这两首诗源自《瀛环志略》中介绍嗹国地理风土的一段,写的其实是丹麦日德兰半岛西海岸和今天的冰岛:"嗹国分五部,西四部与日耳曼相连,为波罗的海之门户,横亘如帐。西面沿海洼下,筑长堤以捍海潮。大风起则飞沙覆田,垧亩全没,故多种桦以坚其沙。……西北大海中有大岛曰义斯兰地亚(一作西哀尔兰),嗹所属也,地在英吉利三岛北数千里,气候寒冽,同于瑞典之北境,有火山曰挨哥辣,时进流火浆,庐舍地震,最烈往往山陵陷为坎窑。其民善捕长鲸,取其油;猎海犬,剥其皮以为衣。"[1]"嗹马"五首诗全部根据《瀛环志略》中的描述,加以想象发挥而成,有时并不准确。"好栽桦木万千条""家家争放捕鱼船"是晚清竹枝词中常见的句式与腔调。

---

[1] 徐继畬辑著:《瀛环志略》(上册),朝华出版社,2018 年,第 377—379 页。

张芝田的诗一方面"不出《瀛环志略》中",另一方面参考《海国》诸卷加以补充,同时,按照他"阅尽南洋各埠头,欲征故实费搜求"的自述,似乎亲自到过南洋等地,南洋各埠的介绍尤其细致入微。除了名胜出产、异邦风物外,还特别书写当地华人社会的情况,如"噶罗巴"一条中介绍华人"甲必丹":

两造齐来执一端,是非颠倒质华官。片言决断情无遁,都道公平甲必丹。甲必丹,和兰推举官也,专理华民之事。
出素熬波煮海天,平田万顷植红莲。大宗盐米归专掌,谁似斯官扼利权。三宝垄甲必丹独擅利权,盐米归其掌握,无不富逾百万。

这些细节增加了正史之外人们对"甲必丹"的了解。又如"婆罗洲"一条中介绍了华人所办兰芳公司的地理位置以及创始人罗芳伯(嘉应州梅县人)当年的影响和成就:

地辟罗江百里长,公司昔日立兰芳。廿年客长人争敬,碑记今犹竖墓旁。昆甸有兰芳公司,粤人罗芳伯善技击,颇得众心,华人敬畏,尊为客长。

张煜南曾在张振勋的委派下担任婆罗洲兰芳公司(后又称兰芳共和国)代理商,后娶该公司第十一任领导人女儿为妻。张煜南的商业发展得到了兰芳公司的大力支持[1]。而"苏门答腊"一条中则以诗称颂"二张"——张煜南、鸿南兄弟开辟日里,垦土招工,开拓利

---

[1] 黄贤强、白月:《从〈张榕轩侍郎荣哀录〉看张煜南的跨域人际网络》,第60页。

源,被荷人任命为"甲必丹"的事迹,并把张煜南比作东汉时"劝民耕种,以致殷富"的太守张堪:

不事干戈地辟夷,剪除荆棘拓园篱。公司十二人如海,争道张堪善抚绥。日里在亚齐之东,荷人新辟地,粤人官斯土者,措置之善盛推二张。

垦土为栽吕宋烟,招工先办买山钱。收成利市真三倍,赢得洋银十万圆。土产烟叶,招工开园,利市数倍。

这些《瀛环志略》《海国公余辑录》之外的记录,为我们保存了关于这段历史的另一种叙述。

然而纸上得来,难免出错。咏"欧罗巴各国"之"瑞士"诗中有这样一首:

最上高楼住大坤,飞尘不到息嚣喧。两行苍翠松兼柏,镇日阴阴护禁门。西国称后为坤,后住高楼,楼前多栽翠柏苍松。

这首诗所述之事并不在《瀛环志略》"瑞士国"一节内,倒极有可能来自卷四《槎使游历诗歌》所录斌椿的一首诗《到瑞国谒大坤命入御园游览敬题一绝为大坤寿》:

西池王母在瀛洲,十二珠宫诏许游。怪底红尘飞不到,碧波青嶂护琼楼。

斌椿诗中的"瑞国"是瑞典,而非瑞士。同治五年(1866)五月,斌椿一行访问斯大克阿剌们（斯德哥尔摩），受瑞典"大坤"（太后）接见，斌椿赋诗一首赠"大坤"，把瑞典太后比作中国的王母娘娘。张芝田据原诗加以想象，然而张冠李戴，混淆了"瑞国"和"瑞士国"。

《海国公余杂著》卷三是张煜南的诗集《续海国咏事诗》。张煜南在卷首的小序中交代他作此卷诗歌的缘由：

> 余业将仙根所著《海国咏事诗》刊刻行世，因擢任马腰，事务简约，暇搜览海国诸书，尤富见仙根所未及咏者，爰仿其例，触景生情，或专收一事，或兼取数事，点缀成篇，得诗若干首……

《续海国咏事诗》即仿照张芝田的《海国咏事诗》进行创作，补充域外各国张芝田所不知道的内容。《续海国咏事诗》共写到25个国家地区，诗403首。

和张芝田《海国咏事诗》相比，张煜南的续作有以下几个特点。

一、按照国别在诗作之前加一按语，概括介绍该国历史、现状、地理、风俗等。按语多警辟，点明一国前世今生，尤其从国际关系的角度剖析其境况，颇为醒豁。如日本，张煜南点出"今乃宗西夷。法一变，其风气泱泱乎，称大国焉"；暹罗"仿泰西兵法，思步日本后尘，彼实见缅、越为英法所据，唇亡齿寒，行将自及，不得已竭力图存，除此亦无善策也已"。这些按语实际上为理解诗句及小注提供了不可或缺亦不可多得的背景介绍。

二、张煜南并没有像张芝田《海国咏事诗》那样，按照《瀛环志略》中介绍各国的顺序循章歌咏，而只咏自己较为了解的国家或一件数件特出之事。续作略人已详,只写自己的经历见闻或辑录过程中感触颇深之处,因此读来更觉亲切。

三、除了南洋各埠(新嘉坡、槟榔屿、吕宋、婆罗洲、苏门答腊)多咏亲历见闻,其他国家咏事诗之材源不少即来自其辑录的《槎使游历诗歌》《海国轶事》等各卷。也就是说,张煜南以诗歌的形式重述了他在阅读中对于"海国"的想象。

而反过来说,恰恰是在一些咏事诗的小注中,我们得以了解张煜南在卷四《槎使游历诗歌》、卷五《海国轶事》中辑录那些使臣诗歌、海国轶事的真正缘由。比如,"俄罗斯"一条不少咏事诗材源来自《槎使游历诗歌》中的王之春诗歌,也就说明了《槎使游历诗歌》之所以选王之春诗歌多达 31 首,和张煜南对俄国的关注有关。又如"英吉利"咏事诗中,有咏英国维多利亚女王的:

生辰咸祝老年华,中外倾心合一家。寿享长春人不老,合将名字比名花。维多利亚享国长久,生辰日中外敬祝不忘。又花名维多利亚,国人以女主名名焉,不以为嫌。

而这一首诗的材源显然来自《槎使游历诗歌》中曾纪泽的《维多利亚花二首》。曾纪泽赋诗,只是因为花卉的奇异:"花大如车轮,叶周十丈许","博大清妍,特异凡卉"①。卷四中所选其他曾纪泽诗歌皆以言志为主,只有这二首是述奇、应酬之作,读者并不容易明白为何张煜南会选辑这两首风格完全不一样的咏物事。《续海国咏事诗》中的小注解密了这一点:很可能是因为张煜南对于

---

① 曾纪泽:《〈维多利亚花〉并引》,《曾纪泽遗集》,第 286 页。卷四《槎使游历诗歌》摘录此诗时未附诗前小引。

"国人以女主名名焉,不以为嫌"的感叹。以女王的名字命名一种花,这和中国的尊卑传统、避讳文化截然不同。正如王之春诗中写到俄国"王宫尽人可瞻仰,附近环民居"的平等给作者带来惊异一样。

  此外,张煜南在咏事诗中还关注最新的医学、文学成就,如对普鲁士医生寇赫善治痨病①、法国人郎都用显微镜发现蚕病菌②的介绍;《海国轶事》中所辑录钱颐仙《时务大成》中关于各国诗人的介绍,张煜南也吟咏成诗。张煜南咏事诗中不但描述各国风土人情的不同,还特别注意到泰西各国和中国社会最深层的文化差异:西方社会具平等精神。他屡次描写泰西王妃国后、贵绅妇女办慈善拍卖会以助赈济病③、英国育婴堂、养老院无不精洁,"国君时一临观,以昭郑重",瑞典的"君民一体,随便可入"等,说明了张煜南对深层的中西文化差异的思考。总之,张煜南《续海国咏事诗》的价值,一在于对外国事物、风土人情、科学、文学等的介绍,二着重在于所表达的作者的思想——关于南洋各国命运,西方平等精神、民主政体的观察和思考。从文学角度来说,作者写物摹景,如在目前,颇有意境,往往很有表现力,如"樵径稀踪路顿迷,烂柯山顶与云齐。深岩绝壑无人到,但听猩猩狒狒啼"之句(安南);又时以诗述世事变迁,能写出古今之感,如"一水恒河护圣城,朝朝赴浴日初生。楼台庙宇今荒废,仅剩浮屠半级横"(五印度)等。

---

① 寇赫(Robert Koch, 1843—1910),今译为科赫,德国医学家,诺贝尔医学和生理学奖获得者,1882年发现引起肺结核的病原菌结核杆菌。
② "郎都"应指法国微生物学家路易斯·巴斯德(Louis Pasteur, 1822—1895),1865年巴斯德用显微镜发现蚕身上的致病微生物,拯救了法国养蚕业。
③ 《续海国咏事诗》"普鲁士""英吉利"。

六、结语

在晚清众多使臣日记、游记中,《海国公余辑录》有其特殊的价值。看上去,《海国公余辑录》九卷本是张煜南在担任槟榔屿副领事后,在官言官,公余著书,"以博取功名声闻"的产物。细读之下,便会发现它至少具有以下两点文化思想史上独特的价值:

第一,晚清使臣大多走科举仕途,而外放星使,不管是郭嵩焘,还是曾纪泽、薛福成,莫不如此。而张煜南早年下南洋谋生,但却因此参与了英荷属地开辟的过程,亲历了那些筹海名臣所眼见的"由荒岛而骤变巨埠"。作为实业家,张煜南认为香港、新加坡、澳大利亚等岛屿民物蕃昌、蒸蒸日上的关键在于通商,通商国家才能致富强,而通商的基础乃修建铁路。这一思想和一些使臣(如薛福成)的观点不谋而合,这些使臣往往到了香港、欧洲,亲眼所见西方"国政民风之美"后,思想上才发生较大的变化。纵观卷三《名臣筹海文钞》,所辑录各类文章无非论述兴商务、重使职、励人才的重要。可以说,《海国公余辑录》荟萃了当时关于强国的最先进的思想。而这些思想并非空言,体现了张煜南真切的思考。

第二,南洋诸岛曾经被看作海国一隅,而到了晚清却是中西交通的枢纽。"凡出使泰西诸臣道出于此"(关广槐序)。这一"枢纽"同样具有象征意义,它们最早成为西方列强的海外属地,形成东西交融的社会,开始了"现代化"的进程,而中土多事,又皆肇端于此。张煜南对此抱有复杂的态度,一方面感慨南洋诸岛被西人蚕食殆尽,另一方面肯定西人经营布置①,他认为中国应当奋发图强,积极争利。如果说徐继畬《瀛环志略》代表了19世纪上半期中国士大夫对西方和世界最先进最全面的认识,那么张煜南《海国公余杂著》中的两卷续作则体现了19世纪末20世纪初的中国人对世界各国和国际关系最新的认识和眼光。《推广〈瀛环志略〉》和《增益瀛环近事》两种著作,并非只是《瀛环志略》的修订和增续,而是体现了当时对世界形势、东西文化最新的认识和思考。

此外,晚清世人竞言西学,而多有讹传误解,张煜南的《海国公余辑录》无论取自典籍,还是搜集时文,都采用注明他说,加一按语的形式,体现了实事求是的精神,如他在"自序"中所言:"不敢臆说,必确有所据,始足徵信于人,是取诸人以为善也。"张煜南在"自序"中还告诉我们,他所做的一切不但为了尽力尽到一个"使臣"的使命,还为了"化通海外",使流寓海外的华人找到文化和身份上的归属感;也就是说,《辑录》和《杂著》的潜在读者不但在中朝,还在海外,这套书也是编著给海外华人看的。这是《海国公余辑录》有别于晚清其他使臣日记的又一个地方,同时也启发了我们的又一阅读视角。

最后,感谢张晓川君和陆德富君邀请我参加到这项有意义的工作中来。在处理浩繁卷帙的过程中,得到了江苏省高校哲社创新团队建设项目"比较文学与跨文化研究"、国家社科基金项目"胡适英文著述中的中国文化形象研究"的支持,于昊泽、梁丽雯、

---

① 全书"法人据越南先造铁路以示利""述缅甸地产之饶""槟榔屿税饷"等节均表现这一思想。如《推广〈瀛环志略〉》中"述缅甸地产之饶",张煜南谈到缅甸物产繁多,尤富产石油、大铁木,认为"英人得此地后,经营布置,设法运售,拟免税以恤商,欲货之,不弃于地也。夫物生自天,待人而辟,若无人以调剂之,势将委弃于山谷间,与草木同腐,英人此举可谓先得要领矣"。

张昊玥等同学早期协助我做了很多录入的工作。上海古籍出版社编辑以他们的专业和敬业为此书付出无数辛劳,并予我许多指正,深表谢忱。

王晶晶

序

序一

庚子秋，余奉天子命署理苏抚，世兄张仙根以书通贺，并邮寄其所校家榕轩书数种，乞序于余。余惟迩来时势多艰，谈瀛诸书难更仆数，类皆哃喝之词、俶诡之论，无裨于时，徒乱人意耳。榕轩夙官槟屿副领事时独能留心时务，取《瀛环志略》而讲求之，谓是书成于道光季年，所记皆前五十余年事；其后五十年中华夷之交涉、环球之争战，尚属缺如。乃采摭近事而综贯之，洵可以补徐书之阙；至徐书之间有疏舛者，又复荟萃诸说而衷诸一是。噫，何其勤也夫！一行作吏，此事遂废，官中土者比比皆是。榕轩服官海外，乃能殚精著述。迹其所著《续海国咏事诗》及所采筹海之论说、游历之诗歌、琐屑之丛谈，无不缕析条分，足以囊括一切。虽未见其人，足以知其胸次矣。余亦襄办洋务起家，忝居斯位，每思得一同调以资臂助，今阅榕轩书，不禁怦然心动也。序成归之，谅榕轩不以余言为阿所好也夫。

光绪二十六年孟冬月，楚南聂缉椝序于江苏抚署。

序二

粤自海禁大开，万国通商，为千古所特创之局。虽前圣复起，亦不能不因时变易。世之人汲汲然竞言西学矣，然亦不过粗解其语言文字，辄诩然自命为通材，至叩以西人立国其间所以为富、为强、为得、为失之故，咸茫然而莫悉。又岂能综其本末、核其异同、详其利弊，条分缕析，著之简篇，令阅者豁然于心目哉？丁酉夏，余忝牧梅州，接见都人士，久之，有言张君榕轩，少倜傥有奇志，尚气节；远游异域，尝应和兰王聘，治日里地，招工辟土，开拓利源；星使闻其才，奏摄槟屿副领事。余闻之，犹意其通达洋务，遭际之隆耳，未知其学识兼优，富于著述也。今夏，榕轩归自海邦，过从于余。听其言论丰采，知其抱负不凡，非粗通书史、浮慕西学者比。既而出示《海国公余》一书，余披览之，见其前六种材取诸人，后三种言出自己，而后知其才之大也。君官槟屿副领事，凡出使泰西诸臣道出于此。君留心商务，举屿中物产货饷，必详告焉。暇即取《志略》一书而详绎之，徐公所已言者参之，所未言者补之。书中所言，战事居多，君之怀抱已可概见。夫舒文敷治，固为政者所必先也；而赋诗言志，亦采风者所有事也。君举其大，不遗其细,各国风俗搜剔无遗。原始要终,作为诗什,积久已多,裒然成集,视前此所咏者,尤觉曲尽。身处重洋,心怀君国,观诗感事,胸臆自抒,视《辑录》更换一番局面。推原君意,无非欲返中国于盛强。於戏!此非学识兼优,其能有此著述哉!方今时局多艰,亟求补救,榕轩具干济才,殚心时务,他日身膺重寄,必能思深谋远,安内攘外,树立宏远,声施烂然,固非徒托一编空言而已。此又余所跂慕焉,而拭目俟之也夫。爰不揣谫陋而为之序。

光绪戊戌嘉平上浣,苍梧关广槐序于梅州官廨。

序三

史学乃经济之轨躅也,而舆地实为史学之门径。况海滨厄塞,又为知时之俊所必究者乎!榕轩观察于槟屿摄副领事时,成《海国公余辑录》一书。书分上下篇,上一篇专辑槟屿时事,捃摭维备。昔萧何得秦国书以知天下厄塞户口之数,今得观察书,观槟屿如指掌矣。兼采及诗,其古之輶轩与下五篇兼及海邦闻见,辑录备忘,以便观览,亦足见其学之勤矣。然观察意犹未足也,增近事,赓新吟,于《辑录》外加以杂著三种,更觉详人所略,彬彬然文质具备,非汲于古者深,断不能臻此进境。持此服官,吾知著作日富,以一官为一集,王筠导其先,观察步其后,流行及远,何多让焉。《槟屿纪事》特其肇端耳,何足尽其底蕴哉!

光绪二十五年长至日,乡愚弟杨沅拜撰。

序四

《海国公余辑录》六卷,《杂著》三卷,榕轩观察所编也。观察具经济才,常以辅世长民为己任。虽怀才不遇,未能以科第显,间尝读陶朱致富之书、贾谊治安之策,不禁三复揣摩焉。于是效班超之投笔、学博望之乘槎,始为棉兰甲必丹,继作槟榔屿领事。服官中外,恩洽华夷,卓著政声,口碑载道。退食之暇,手不释卷,所藏之书甚富,经史子集、诸子百家,靡不朝夕披览。尝谓记诵之学不如辑录之便,可备遗忘也。以故举通商奏议之辞、时务海防之论、舆地之沿革、风俗之异同,以及天文时令、时赋新闻,博采兼收,罔不备举。凡此者皆取诸人也,余谓取诸人何若本诸已?太守别摅怀抱,复能将近五十余年事,择其大而一一笔之于书,又能以其续余兼采异国风谣,发为歌咏,亦观风问俗者所取资也。是书一出,不独为徐公所心许,抑亦士林所喜观。以视陈资斋《海国闻见录》、丘长春《西游记》,有过之无不及也。其俾益于天下后世岂浅鲜哉!

光绪二十四年季夏月,姻家愚弟梁迪修谨序。

序五

槟榔屿,南洋一大埠也,山水秀丽,甲于各岛。光绪十七年,中朝始设领事官。其南曰日里,为和兰属地,家榕轩观察抱璞游海,应和兰王聘,管辖斯土,财土大辟,商贾辐辏。天使闻其才,奏摄副领事,移旌驻焉。上报朝廷,下理庶务,华夷辑睦,措置裕如。士君子具槃槃大才,不甘人下,往往遨游海国,如汉之张骞、吴之士燮,凿空修文,以博取功名声闻。古人行之,榕轩祖之,其志一也。然榕轩仕不废学,时于公余著书。第事务丛杂,未及广辑,继得弟耀轩分治,始有余闲。荟萃成帙,分为六种,其首一种以槟屿为缘起,胪列十七则,确据志乘,参以己意,固已朗若列眉。余则中朝奏牍、各国新闻、星使游历、骚人诗赋,凡事关南洋、东西洋者,罔不悉心搜讨,采入书中,俾阅者睹指知归,了然在目。其中竹枝数什,烟饷一条,言之慨然,别抒怀抱,犹足令人兴感不已。推是心也,他日服官中土,其经济治功可以是录卜之。昔吾梅杨秋衡①先生述谢清高言,作《海

---

① 杨秋衡即杨炳南,字秋衡,亦作秋衡,广州梅县人,道光十九年(1839)举人。谢清高口述,杨炳南笔录,作《海录》一书,是我国近世介绍海外各国概况的最早著述。

录》，为徐公继畬《瀛环志略》所采辑，一时名重艺林，风行海内。今榕轩更能取瀛环近事，大而战争诸役，小而风俗异趋，独抒心得，一一补续于后。其所著高出清高数倍，正不止以辑录见长也。以故輶轩使臣、士大夫自海外归者，恒啧啧称道不置。是书一出，吾知鸡林贾人必且争先市之，其功名声闻当不减汉张骞、吴士燮也。区区槟榔屿，岂足尽君大才哉！余僻处乡曲，远隔海外，不获一睹为快。今冬蒙君邮寄示余，且索余序，余读之，喜其精心钩考、论断不诬，遂不辞谫陋而为之序。

光绪二十五年孟春之月，芝田拜撰。

序六

自中外开关互市，缔盟修好，聘问不绝。天子遣使臣分驻海外诸大邦，星轺所莅，纪所闻见，上之译署，以附太史。陈诗观风之义，盖有年矣。南洋诸岛，吾中土侨寓于是者，不下数百万人，而风土人情，向无专书以记之，则以其地非使者所驻节，耳目不及，记载多略故也。榕轩观察任槟榔屿领事有年，公余之暇，裒集闻见，并其游迹所及，都为一编，从海外邮书，问序于余。余往读黄勉之《西洋朝贡典录》，历叙郑和怀柔之功。和旧名三保，即今南洋各埠盛称灵异，以俗语流为丹青者也。是书分记诸国山川、道里、风俗、物产、衣饰,语言甚详,谈瀛者每征引之。然译自舌人,语多疏舛,以视此编实事求是者,相去为何如耶!

光绪二十有七年辛丑夏六月,梁国瑞序。

自 序

盖闻圣化由近以及远，修儒博古亦通今。故忠信笃敬，蛮貊能施；问俗采风，軯轩策命。予不敏，窃尝存此志，而缱绻不置。因思我朝德被寰中、化通海外，若棉兰、槟屿诸大埠，华商云集，洋务日增，苟有人为之谈瀛海、讲文物，此邦人士当必有回首内向、喁喁悦服者。盖异域也，不啻中国焉。忆予自服官南洋以来，始则承办洋务，职守棉兰，继而奉命中朝，篆权槟屿，公事孔亟，暇日无多，卷帙虽富，难时披览。幸迩来有弟耀轩得以分任棉兰事，予遂从槟署退食，检点丛篇，搜集旧闻，详稽时务，并与当世士大夫往来赠答，博访周谘，几阅星霜，辑成《海国公余辑录》六种。首纪槟屿事，详人所略，言不忘宦游地也。余五种荟萃诸说，以《志略》一书为扼要，其书为谈瀛所自祖，凡夫筹海之文、槎客之诗、瀛洲之事，罔不毕具。不敢臆说，必确有所据，始足征信于人，是取诸人以为善也。夫九洲大矣，慨自五口通商以后，诸邦乘轮舶骈集海口，由此而江而河，兵事屡兴，世变益棘，近五十余年事皆徐公目所未见。余始取诸家说，以参其异，终成一家言，以补其阙。约举大端，疏漏虽多，有所不较。又于丹铅之暇，博取观风问俗之书，朝夕批阅，作为诗歌，以补前时之所未逮。此三种附录于后，不过借以排遣，何敢炫以示人耶？不意今冬适有客来，见而异之，谓是书也，搜罗富、考据精、抉择严、彰瘅确、吟咏备，大有益于学问治功也者，力劝公诸同好。予乃不辞固陋，遂付剞劂，俾同志者考中外、稽时势，得豁然于心目间也，亦未尝无小补云。

光绪二十四年孟冬月，嘉应张煜南序于南洋别墅。

凡　例

一，是书分为六种，前一种专集槟屿时事，后五种兼及海邦闻见，随手掇拾，缕析条分。末附杂著三种，以示区别，明各从其类也。

一，是书辑于槟屿。槟屿仅一隅，所传故实月异而岁不同，昔贤志乘本属寥寥，兹篇所辑，不过举其大略而已。

一，是书辑在领事日，经久始成，通商惠工，先务为急，斯地风俗之繁华、历年货税之增减，一一备载无遗。故言槟事特详，不失在官言官之义。

一，是书名为辑录，凡有文诗轶事，例应著作者姓名出处，是录间有遗忘，无从追访，识者谅之。

一，是书专为谈瀛起见。言舆地者莫如《志略》一书，今昔不同，尚待参考，或采取群说以辨原书之非，或自成一说以补原书之阙。至游历所经，兼采风俗，行程远近，一系于诗，庶信而有征，不至迷津莫返也。

一，迩来洋务最重，事关中外，莅斯土者，尤须讲习，是以名臣疏议、使者日记，不惮兼收博采，以广闻见。

一，赋诗中者层见叠出，是书所辑所著，无非征求故实，得之非子虚也。

一，是书虽经再三考订，仍不免鲁鱼亥豕之讹。钞胥已定，亦姑听之。

题　词

　　檐鹊喜噪灯花红，阿咸海外来鳞鸿。中附公余海国集，金筌玉笈眩双瞳。壮哉阿咸负奇志，少年卓荦观书史。文章满庋吐谷床，诗卷长留鸡林肆。郁郁桑梓思颉颃，乘风破浪游重洋。大才槃槃袖奕奕，丰采惊动和兰王。聘请绾符辖日里，广开园口辟土地。招徕不下廿万人，种蔗耕烟兴大利。声名施及我国家，槟榔一屿开官衙。天使命摄副领事，花迎旌节移星槎。犹是棉兰化懋迁，好山好水占海天。广敷声教绥各国，言语不徒通呼延。远联三埠近吉德，工商辐凑货财殖。惠通尤形中国民，醉饱无心各食力。百废俱兴百事举，旧治喜有惠连助。政绩不减大小冯，治功共懋告归署。园开恒心庭尤幽，文人墨客时醉留。栽花商作长春记，不记西游记宦游。玉轴瑶函满邺架，著书镇日消公暇。研朱滴露校舆图，古乘新闻摭大雅。槟城风土与人情，天文气候详分明。始事时务疏奏议，一一荟萃作品评。时有利弊积日久，据事论断包万有。耗财半为莺粟花，言寓箴规意良厚。采诗兼采竹枝词，为政风流今在兹。士燮文教开绝徼，刘郁西使编同奇。囊括九州各海国，金壶不惜浓醮墨。集纫工缀百家衣，云锦巧夺天孙织。君不见，《瀛环志略》著自徐，岣嵝委宛成异书。荒远确据杨谢录，有事根柢非子虚。又不见，《蓬窗随录》著自沈，经世文章悉题品。编排杂事次以诗，绣错绮交烂如锦。君辑海国兼中朝，二公大著可联镳。珊瑚枝柯交玉树，翡翠鲜新同兰苕。偷闲更喜标著作，事益今朝更胜昨。旧吟端不若新吟，放眼五洲境愈拓。卓哉为文复赋诗，子昇子美名同驰。一洗从前积重气，别开生面争标奇。赏心时复启东阁，折柬先期欣有约。招邀宾客满华筵，手出新篇共斟酌。惜我远隔交栏山，未得相商校订删。何期邮寄嘱加邃，云水洗眼光生颜。见书不啻见君面，浣薇细读卷频展。信君眼底有千秋，萧楼文作昭明选。尤喜君家有惠连，玉窗午夜研丹铅。东坡子由同一榻，挥毫满楮生云烟。珠零玉碎绘作宝，啧啧劝梓公同好。纵横上下囊古今，世人都让君怀抱。何况好客兼好施，春风时雨被四夷。我亦叨君棨萼荫，万里远寄草堂赀。草堂敢企杜子美，梅花满窗玉一纸。近又接君玉照一纸。手拈湘管题芜词，愿附卷中作骥尾。

莘田拜稿

羡君事诗书，待展风云志。乘时游海邦，出作槟兰吏。槟屿近棉兰，繁华萃市肆。领事设中朝，移居辖其地。安辑遍华夷，大兴商贾利。槃槃具大才，措理归一致。槟地好山水，士夫足所寄。暇辄与从游，随辑宦游记。广搜海岛书，兼采名臣议。不惮勤搜求，珍重藏箧笥。五车壮行囊，政成返旧治。有弟代宣劳，长材收指臂。随材器使人，分任罔求备。君得退食闲，流光不自弃。安砚封溪山，骋怀摛雅制。心织锦成章，手绾珠成字。校成付钞胥，两行执笔侍。怀抱君别撼，感慨存深意。推广拓前模，补益近来事。新吟续旧吟，见闻前未逮。具此卓荦才，凤储远大器。他日宰豫章，报国心无贰。根柢具槃深，是书真渊懿。近今著书人，沈徐喜连辔。《瀛环志》盛传，《蓬窗录》足志。一搜海外奇，一采中朝类。

君书想兼收,时事情尤系。珊瑚交枝柯,流传定不坠。君虽隔天涯,君书我先识。惜未见君颜,问书刊成未。不图萍水逢,订交在旅次。罢第归故乡,岑寂无人诉。君惠一函书,展卷心尤醉。一读一沉吟,持断无所忌。华国大文章,不愧皇华使。想校是书时,同心有予季。风雨事联床,商确定再四。刊出洛阳笺,售卜鸡林贵。白诗与温文,行远知无异。我自愧冷官,苜蓿穷诗味。索句题简端,不以菲材置。拈笔喜直书,窃愿名附骥。

愚弟廖岳云拜题

海客谈瀛未足奇,闲披宝笈却神移。事非凿空张骞语,采协观风大史诗。食货有编同志乘,山川无限混华夷。蛮烟瘴雨皆新谱,说与巫家知不知。

谢家《海录》久推名,喜有鸿篇继夏声。十万寓公成土著,百千水道计更程。汉通西域惟凭使,明下南洋更耀兵。昔日遥天今咫尺,一官中外有同情。

乡愚弟罗献修拜稿

大展经纶志,同官赋二难。功名开异域,文字冠骚坛。点笔研朱露,澄心洗碧澜。屿中有瀑布,洋人呼曰"碧澜"。著书千载事,经久耐人看。

文宴开东阁,商量出一篇。丛书披各种,轶事采群贤。问俗探舆地,征诗在海天。风尘欣把臂,星使话联年。

卷帙经年定,名驰翰墨场。岛中新部落,海外大文章。寓日饶图籍,关心在庙堂。堪嗤王谢录,客况味徒尝。

执笔人争侍,云烟满纸挥。会昌一品集,山谷百家衣。扫叶情同校,生花兴并飞。书成无别物,重载满船归。

付梓公同好,今时异昔时。使君工著录,我辈喜摘词。下笔希风雅,怀人赋别离。绮交兼绣错,昆季羡连枝。

愚侄　文元拜稿

渺渺乘槎涉海天,功名万里效张骞。服官岛屿华夷辑,人在槟兰已十年。

槟榔一埠极繁华,日里旋移旌节花。暇辑南洋宦游记,长春以后又专家。

案牍无留靖市阓,自公退食有余闲。搜求中外书多种,手拾丛残喜自删。

鱼鱼雅雅想偕编,更喜同心有惠连。志略订余增近事,敢言过眼即云烟。

轶事搜罗手自披,五洲风物数恢奇。多君续咏尤风雅,海国兼收杂事诗。

勾留游迹话沧桑,著录曾传谢与王。到底让君谈政绩,居然吏部大文章。

是邦夙昔我曾游,文字因缘结侣俦。此日故乡重晤面,惠贻数册已雕锼。

索我留题兴独长,浣蔷细读口犹香。是书一出人争买,笺纸还教贵洛阳。

愚弟侯家骥拜题

海国公余辑录

张煜南 辑　张鸿南 校

卷一　槟屿纪事本末

槟榔屿天时

《槟榔屿纪略》：屿在赤道北五度二十四分十五秒，午线东一百度零二十一分。以经纬言之，屿在赤道北纬线五度上十六分至三十分，经线由英京起算，偏东百度九分至二十五分，界我经线偏四十七度。

按，地球以经纬定里数，自明崇祯五年英人那和得始，迄今盖二百年矣。然《纪略》言五度二十四分十五秒，就屿地之适中者言也；言十六分至三十分，统屿地之首尾言也；言偏东百度九分至二十五分，则（遍）〔偏〕之遍者；言二十一分，则偏之中者也。

《槟榔屿纪略》：天气温和，地气和暖，寒暑针自七十六度至九十度不等。

《槟榔屿考》：岛中气候酷热，寒暑针常至八十九度。幸有海风时吹，始见清爽。每月皆有雨，惟正、二两月则否。

按，日晷在赤道上，每日昼夜平分，故无四时也。此岛在五度上，夏冬日晷所差不过一刻耳。

《海岛逸志》：南洋之地，天气不寒，频年如夏，百花畅茂，四季俱开。冬夏之际，夜雨朝晴，此时景之艳阳可爱也。正月，诸处园林、芙蓉、菊花、蜀葵、茉莉、凤仙、珠兰,草木诸花并开。

按,南洋天气,所谓"四时皆是夏,一雨便成秋",此特大概言之耳。由新嘉坡至屿,八、九月多风雨,谓之做春。由屿至仰光,九、十月多风雨,亦谓之做春。各岛皆有做春之语,大约南洋自八月至十一月为春,自十二月至三月为夏,自四月至七月为秋;春多温,夏多热,秋多燥,惟无冬令耳。煜居南洋多年,故能知之悉而言之详。以屿与新嘉坡较之,则屿较温于新嘉坡;以屿与仰光较之,则屿较凉于仰光。

槟榔屿地舆

《岛夷志略》:勾栏山岭高而林密,田瘠谷少,气候酷热,俗以射猎为事。至元初,军士征阇婆,遭风于山,辄损舟。一舟幸免,见此山多木,故于其地造舟十余只,飘然长往。有病卒百余人不能去,遂留山中,今唐番杂居。

《明史》:麻叶瓮在西南海中。永乐三年,遣使赍玺书赐物,招谕其国,其酋长迄不朝贡。自占城、灵山放舟,顺风十昼夜,至交栏山,其西南即麻叶瓮。山峻地平,田膏腴,收获倍他国。交栏山甚高广,饶竹林。元史弼、高兴伐瓜哇,遭风至此山下,舟多坏,乃登山伐木重造,遂破瓜哇。其病卒百余,留养不归,后益蕃衍,故其地多华人。

按,交栏山即元勾栏山,为往大瓜哇、婆罗洲必由之路。又山高壤沃,似即新埠之地,是因此地多产槟榔,故名槟榔屿。

《槟榔屿考》:据英国旧史,槟榔屿又名"母呵老王子岛"。"母呵老",黑人也,本巫来由种,元末入英,拜英王行母利第三为谊父,英人始知有南洋各岛。以其名名此岛,盖不忘母呵老之功也。

　　按，南洋各岛皆有故实可考，吉德本小国，槟榔屿又吉德属岛，故载籍少见。若英国史所载母呵老事，虽荒远无可稽，然以地势揆之，即《岛夷志略》所谓勾栏山、《明史》所谓交栏山也，故首录之。

槟榔屿始事

《贸易通志》：英吉利本国止产锡铜煤炭，然其国人好利争胜，精技艺、治船械，不惮险远，最大之埠头如新埠等处。英吉利因本国人稠地狭，开新埠，大兴贸易。

《英夷说》：英吉利者，昔以其国在西北数万里外，距粤海极远，似非中国切肤之患，今则骎骎移兵而南。凡南洋濒海各国，远若明呀剌曼、达剌萨、孟买等国，近若吉兰丹、丁加罗、柔佛、乌土国，以及三佛齐、葛留巴、婆罗诸岛，皆为其所胁服而供其赋税。其势日盛，其心日侈，岂有厌足之日哉？近粤洋海岛有名新埠者，英夷以强力据之。

《英吉利记》：国俗急功尚利，以海贾为生，凡海口埠头有利之地，咸欲争之，以是精修船炮，所向加兵。南海中岛屿向为西洋各国所据者，英夷皆以兵争之而分其地。乾隆末已雄海外，嘉庆中益强大。凡所夺之地曰新埠，此海中岛屿也。

《海录》：新埠一名布路槟榔，英吉利于乾隆年间开辟者，大海中一山独峙，周围约百余里，土番甚稀，本巫来由种类。英吉利招集商贾，逐渐富庶，衣食房屋俱极华丽，出入悉用马车。

《英夷说》：近粤洋海岛有名新埠者，距大屿山仅十日程，沃土三百里。闽粤人在彼种植以尽地利者，不啻数万。阡陌田园，一岁再熟,即粤人所谓洋米是也。英夷据而有之,拨叙跛兵二千驻防其地,与新嘉坡相犄角,居然又一大镇矣。

《瀛环志略》曰:"麻剌甲西北海中有岛,曰槟榔屿,英人称为新埠,内有高峰,山水清胜,居民五万四千,闽广人居五分之一,种园者多,亦归英吉利管辖。英有大酋驻息力总理三埠贸易之事。"

《每月统纪传》曰:"槟榔屿英国所管,附大山。乾隆年间,英国人开此地方,并作胡椒、丁香园,故槟榔之屋不胜光耀。"

《夷情记略》:英吉利国,前明始大,乾隆四十年间创立公司。公司者,国中富人合本银设公局,遇有可乘隙,即用大炮兵船占据海口,设夷目为监督,以收出入税,先得有麻剌甲、新埠、新嘉坡等处。

按《四裔年表》,乾隆四十年,美人推华盛顿为大将以拒英,英不得逞志于美,遂图南洋。使南洋有如华盛顿其人者,不知英更何如也。

《外国史略》:槟榔屿前本荒岛,乾隆五十年,英国公班牙买为船厂,乾隆五十一年丙午七月十七日为屿开埠之期,对面沿海地方又归英国辖。

《吉德纪略》:乾隆五十一年,吉德即以槟榔屿让英,后十四年,复以威省割归英国。前后两次,皆未奏闻暹罗王。王怒,于道光元年兴师问罪,夺其疆土,吉酋惧,逃往槟屿。

按,暹罗一小国耳,犹能兴问罪之师,惜无为之援者。考《四裔年表》,嘉庆二十五年,英主根的丢克义德瓦卒。道光元年,若尔日第四嗣立,国人轻之。暹罗盖亦观衅而动耳。不然,吉德以槟榔屿让英已三十五年矣,以威省归英已二十一年矣,迟之又久,兴师问罪岂无故哉?

《槟榔屿考》：英人失米利坚而得东印度，遂注意而东。乾隆丙午，有船主赖特者，为吉德王女婿，言以六千员赁槟榔屿对岸海湾隙地为埠头。嘉庆戊午，有毋拉查者，知此岛可辟为利薮，遂夺而有之。

《吉德纪略》：槟榔屿旧属吉德，乾隆五十年，英国甲必丹赖特代东印度公司与王立约，以一万元赁其地八年；后改每年六千元，永归英国管辖。乾隆五十六年辛亥，又升作每年一万元，自后如数完纳无异。嗣因海面有贼船来往，扰乱地方，复于屿之对岸买其片地，自母大港起，至克里安港止，计长二十五迈，即今威烈斯省地也。每年加二千元，而一屿一省之地，均英有之矣。

按，甲必丹、船主、公班牙、夷目，其名异而实同。

《满剌甲纪略》：当葡人得麻剌加时，西人番船以甲为东道主，是以贸易之盛冠南洋焉。继而帆樯四布，愈推愈远，甲遂稍衰。然巫来由部暨苏门答腊各埠，犹以甲为总汇也。迄乾隆五十一年，槟榔屿兴，于是巫来由部暨苏门答腊各埠以屿为总汇，而甲愈衰。新嘉坡兴，于是南洋各埠以坡为总汇，而屿亦衰。三埠之递为兴衰有如此者。

按，英人有事亚洲自槟榔屿始，由是而满剌甲、新嘉坡，举巫来由部之地，大而柔佛、吉德、彭亨归其保护，小而芙蓉、硕兰莪、大小白腊归其管辖。屦霜坚冰，由来渐也，所以辑《南洋岛志》，托始于槟榔屿。

槟榔屿疆里

《槟榔屿纪略》：槟榔屿长自十三迈至十四迈不等，阔自五迈至十迈不等，方一百零七迈。屿东约二迈，省曰威烈，长四十五迈，阔自四迈至十一迈不等，方二百七十迈。

《槟榔屿纪略》：槟榔屿共方六百迈。光绪十二年丙戌，始将岛及对岸地改属息力，而槟榔屿仅方四百迈。

《海录》：槟榔屿周围约百余里。

《地理备考》：长六十里，宽三十里。

《外国史略》：广袤方围五百里。

《槟榔屿考》：岛长三迷当半，阔五迷当至十迷当不等，共得一百零迷当。

按，一英里为一迷当，迷当合声为迈，迈约中国三里。《纪略》一百零七迈，与《屿考》一百零六迷当，皆就方数算。《纪略》又云得方四百迈，就开方数算。《史略》言五百里，《海录》言百余里，则皆悬揣耳。长之数，整方十三迈半，实四十里零；阔之数，整方七迈半，实二十二里半。《备考》虽据中国里数，言亦未确。

槟榔屿水程

《外国纪要》：外国水程论更数驶船，每更约一时辰之久。福建、厦门行舟外海番国，顺风至槟榔屿二百二十更；广东、琼州海口，顺风至槟榔屿十余日夜。

按，外国水程向无定说。帆船夹板虽有更数，皆约略言之。自轮船以沙漏定水程，水程始确。

《东行日记》：光绪二年十一月十一日巳正二刻，锡兰开船东行，连日逆风，行甚缓。十五日清晨，舟折向东南，左右有山，或远或近，或隐或现，络绎不绝，询知左为麻六甲，右为苏门答腊，中间海道由西北而东南，宽处三四百里，狭处近三四十里，入口偏左，有岛,名槟榔屿,俗称新埠,亦属英。

《出使四国日记》:新嘉坡至麻六甲轮船,十二点钟海程;又至槟榔屿轮船,三十六点钟海程。

《满剌甲纪略》:甲埠槟榔屿约二百四十迈。

《海录》:槟榔屿由红毛浅顺东南风约三日可到,西南风亦可行。

《英吉利记》:新埠、新嘉坡与麻六甲相连,海道顺风,至广东之老万山六七日程,或十余日云。

《英吉利地图说》:英吉利自金山而南为急卜碌,即《海国闻见录》所谓呷也,盖海中大地西南一角之尽处。由弥侈剌至急卜碌,舟行五十日夜,皆自西而南;自此以后,则舟行转向东北,自急卜碌至望迈,舟行五十日夜。更自望迈而南为士郎,又东北为袜剌沙,北为孟呀剌,即孟加剌。又东南为磨面,又南为槟榔屿,一名新埠。

按《四裔年表》,嘉庆二十三年,色凡那轮船始至英,为轮船航海之始。道光二年,英轮船始至法,五年始置轮船公司,十年始至印度,十五年始至广州。《外海纪要》作于道光八年,故言更数日记以下诸记,惟《满剌甲纪略》言水程,余皆约举日期也。兹以中国至屿水程为先,群岛次之,英又次之。

槟榔屿形势

《外国史略》:亚西亚地嘴西出苏门、马六加二地,中间为海峡,各岛散布如星棋。最大者槟榔屿,在西边,距对面贵他大山不远。

《白腊纪略》:夸拉康萨,一小村也。在白腊河上流,英正总管驻扎于此,盖取其地适中,且与槟榔屿相近。英副总管驻扎拉鲁,且其地与槟城近，仅隔六十里。由拉鲁而至克里安河右，大路相连，而至槟榔屿有电线。

《使西纪程》：槟榔屿，洋人名曰"碧澜"，距麻六甲九百三十三里，有副总督驻此。

《瀛环志略》：大亚齐在锡里西北疆，域稍大，由红毛浅外海西北行，日余即到，山尽处与新埠斜对。槟榔屿右为亚齐，属荷兰。

《海录》：吉德国在新埠西，由新埠顺东南风日余可到。

《吉德纪略》：吉德国北界琳琅，南界白腊，东界大年，西临海峡，与槟榔屿相望。屿与新嘉坡相犄角。

《英吉利小记》：英吉利在荷兰、佛郎机两国西界，若南海之新嘉坡、新埠，皆其分岛也。

《海岛逸志》：英圭黎，华人呼为红毛，近有新垦之地，在麻六甲之西、吉德之南，与大年相临，地名槟榔屿。

《每月统纪》：麻剌甲地方，嘉庆年间英人以万古累易之，广东与福建人居此耕种，与实力、槟榔屿贸易。

《台湾进呈英夷图说疏》：自西北而西南，更转东北而至广东，海中所属岛二十六处，皆其埠头，多他国地，据为贸易聚集之所。二十一曰槟榔屿，二十三曰新嘉坡，皆英吉利埠头，设官主之。海中相去或一二千里、数千里不等，遥相联络。诸岛左右复有别岛，或自为国，或有荷兰别国埠头。

《槟榔屿考》：西人东来，由锡兰出东印度洋，入苏门答腊海峡，船若东偏，可以望见岛上山色青苍可爱，盖为东来门户耳。

《星报》：槟榔屿，南洋群岛中之小岛也。大小白腊、吉隆、芙蓉及办坑、大泥、金山、铜霞、吉打，内而高渊、古林诸处，近而百十里，远而千百里，实则有路相通。从前如吉隆、小白腊等处，虽造铁路，为程无几。迩闻英人有意大兴车路。

按，槟榔屿，海中孤岛耳，无所谓形势也。然中国至屿，屿在西北，则东南风便；英吉利至屿，屿在东南，则西北风便。屿旧属吉德，吉德与屿，不啻辅车之相依，盖有存亡与共之理者焉。乃一再让地于英，英于是近取诸岛，远联三埠，海门全境已扼其要，况由锡兰而来，则俨然东道主也。倘群岛铁路一通，如常山之蛇，首尾相应，屿居中而策之，岂西卑利亚之万里长沙所可同日语哉？备述之，以质诸知兵者。

槟榔屿生聚

吴广霈《南行日记》云：本埠地方周围约百余华里，华人侨寓者，巨富极多，皆莫知其所由来。考之《海国图志》，元征瓜哇，大风坏舟，军士登斯山，伐木修整，尚留百余病卒未还，后娶土妇生育繁盛，今益蕃衍。华人之多，未必不由于此。又闻多红巾余党遁逃至此，或非尽谬。土人甚贫苦，悉仰食于华人。衣装风俗，半类西贡、新嘉坡，语音啾啁亦近之。男女皆以金银饰耳鼻及手足，用为美观，而肤色如炭，适增恶劣而已。小童赤身不缕，以缕银牌遮其前后，诚怪俗也。

马建忠《适可斋记行》云：埠中督理玛克奈谓本埠殷商尽系华民，华民中颜、邱、胡、辜诸姓，类皆生长于斯者也。其祖若父率自琼州来，东北信风至暹罗，越岭而来，无逾一旬。亦闻有至新嘉坡，纡道至此者。因问伊等何无首丘之情？答以彼之祖父偷越至此，本干中国海禁，今则海禁虽弛，而彼等已半入英籍矣。

张〔德〕彝《四述奇》云：余抵屿，驾小舟上岸，闻人言迩来各处华商公立一党，名曰"奚格那搜赛伊的"，译言号党也。彼此保护,与外邦福立美逊党同。然愚顽性成,多未归化,有离华二三十年未归者、有生于外邦而未到中国者,有归英属而不改装者。此辈若来中土,无事则为华人,遇事则称英属,诚一隐患也。如有领事驻扎,能令归英者改装,则华英判然矣。

《日记》云:槟榔屿居民六万一千七百七十七名,而华产居其七八。华产者,亦自称英人,若不知为中国人者,盖生聚于斯久矣。

按,槟榔屿昔不过一片荒土,绝少居民,今则生齿益繁,有加无已。究其所以生聚者,亦非无因。或曰病卒娶土妇所传之裔,蕃衍益盛;或曰红巾余党遁逃至此,户口顿增;或曰由琼州偷越而来,居处已久,半入英籍,几忘其为中国人者。理非尽谬,不然,何熙熙攘攘者竟如斯之多也?

槟榔屿仕宦

《赘谈》云:槟城华民政务司遗缺,英廷调辛达士往署。是君本任星架坡巡理府,犹我国之太守者焉,故华人竞以太守呼之。为人谨饬廉干,饶有政声。正不独见客能操粤语,无事舌人俗呼为通事。也。

郭筠仙《使西纪程》云:初一日至槟榔屿,洋人名之"碧澜"。距麻剌甲九百三十三里,在赤道北六度。有副总督安生驻此,凡埠中之商务俱归管束,不使他人得揽其权。

《适可斋记行》云:味尔德,槟城之抚军也。别业在山之巅,余偕抚卫司嘉尔往谒,抚军出见,知余为鸦片加税而来,入座款谈,情意殷洽。明日,遣价持新加坡、槟榔屿二埠《鸦片出入章程》至,阅之甚喜,徐当译出备考焉。

《日记》云:槟榔屿副领事之设,由新嘉坡总领事鞭长不及,故兼派一员为之。经其始者，系张君振勋大守。太守升总领事，代其任者接踵理事，至今相沿不改。

按，设官分职，原以治民，亦以护商。英之官斯土者，小而抚卫司，大而抚军，威令所行，皆足慑服斯民。至用华官以治华民，以曾为甲必丹者充之，俾资熟手，亦不忘护恤商民之意也。

槟榔屿商贾

王韬《漫游随录》①云：余抵庇能，"庇能"，闽人音，一名"碧澜"，亦曰"槟榔屿"。山水明秀，风景清美，洋房栉比，气象乔皇。埠中贸易者约数万人，闽人多而粤人少。闻有许君其人者，颇风雅，曾为甲必丹，拥赀巨万，惜未往谒也。

《适可斋记行》云：余至槟榔屿，停泊二日，登岸借住颜金水栈中。颜在埠巨富，又为闽商之冠，其住室仿泰西制，高阁连云，氍毹布地，陈设洋钟乐器，乔皇过于西人。惟门首盆花扎成八仙，颇类戏具，未能免俗。其埠内华商皆购别室，翚飞鸟革，皆足为吾国生色。不图海外竟别开生面如此。

张〔德〕彝《四述奇》云：余抵槟，觅万振丰铺，以便寄信。上洋到铺，见华商王君，年近六旬，福建人也，因言语不通，以笔谈代之。笔谈间适有云南大理府回民江麟钟者，自言来此二十五载，以贩卖金刚石为主。又有云南澄江府马为麒字玉书者来，自言在马如龙麾下带勇，授都司，上年相随入都升见，后以仕途不易，弃官为商，迩来一载，家道小康。足见内地图利之难，不若外洋之易也。

---

① 漫游随录：底本原作"淞隐漫录"。经查，本段引文出自王韬《漫游随录》卷一《庇能试浴》，据以改正。又，本书凡曰引自《淞隐漫录》者，实皆出自《漫游随录》，皆随文改正，不再一一出校。——编者注

《适可斋记行》又云：本埠殷商尽华民。华民来承揽煮烟公司者邱天德，偕代理招商局务同知衔胡泰兴，并巨富。辜上达、邱忠坡等来谒，言语不通，以英语为问讯。

郭筠仙《使西纪程》云：闽人王文庆经商此地，兼招商局事，遣人问之，则同其乡人谢允协、柯汝梅、林汝舟、王澜德、李边坪、万全堂、王文德六七辈来见，皆短衣番语，闻居此已数世矣。

《新报》云：华民好行义举，踊跃输将。本年间，印度告饥，急于望活，经大会堂合议后，中国领事馆谢荣光、华商谢增煌、颜五美、林宁绰、林华钻、梁乐卿、纪德贵等，各认捐金若干以助赈，襄成美事，此其一端也。又捐建病房，业已筹有巨款，现闻买定蒲罗地骨罗马书院之地，以便兴建，议由工部局核准。似此勇于为善，次第递举，良足嘉也。

按，此埠为商贾辐凑之区，市廛栉比，厦屋云连，如万振丰铺之王君文庆、金水栈之颜君承美，皆本埠巨富也。其余成家立业，尤更仆难数。曾不多时，半归中落，今则继起有人，局面一变，郑李数家，足称劲敌。所望守财者，持盈保泰，方能经久，否则后之视今，亦犹今之视昔也。

槟榔屿物产

《南行日记》云：槟榔屿土产以胡椒为大宗，丁香、豆蔻次之。居人开园招工，栽种得宜，俟其成熟后运往各国发售，得利无算。其余若槟榔、椰子，沿途皆是。槟榔树高五六丈，直干，无旁枝，叶附干生，大如扇，其实作房，从心中出，一房数百，实如鸡子，有壳，肉满，壳中色正白。椰树高数丈，亦无枝，叶在其末，如束蒲，实大如瓠，系树巅如挂物也。土人或用口吃，或取浆食，咀嚼不厌，取味无穷。至稻一岁再熟，供本埠人食已觉有余。此皆有益于人者也。若夫无益于人、有损于人之物，间或有之。此地蝎虫极多，承尘上，缘满殆遍，若不得一柳圈带之，《文龙馆记》云：上赐侍臣柳圈，各云带之，免蝎毒。难免其螫。夜来就寝，苦蚊蚋太多，不能成寐，若不得一荷须烧之，储泳《祛疑说》云：有人能驱蚊，但取其箧中香末试烧，蚊悉远去，但不知其何药，然正作荷花香，想荷花之类耳。胡能远去？闻此二物中华处处有之，惜未易致也。

按，槟榔屿土产种类纷纭，药材若胡椒、丁香、豆蔻足以调人胃气，日食若槟榔、椰子足以供人口腹，其较著也。米为养生之源，平田万顷，一岁再熟，出之数尤为生意大宗，此皆有益于人者也。若物产无益有损，蝎虫之肆，毒蚊蚋之扰人，此则南方卑湿地在所不免，然亦有法以治之，不患其滋长也。

槟榔屿食货

《海录》：新埠一名槟榔士，闽粤两省人到此种胡椒者约万余人。每岁酿酒、贩鸦片及开赌场者，榷税银约十余万两。

《槟榔屿考》：英人据有此埠，每年入口之货值一百六十万元，而出口之货可值二百万元，一隅之地为利若是，可谓厚矣。

《出使四国日记》：新嘉坡铺户、房屋、田园，足称饶富。通埠华众麇宇，公产之外，华人实业八成，洋人不过二成。闽省漳泉帮贸易甚大，粤省潮帮次之，广帮又次之，而槟榔屿之繁华，足与新嘉坡相埒。麻六甲生意不多，不过商宅田园而已。盖槟榔屿商务极盛，入口之货，吉垅、𫚈律二埠锡矿居多，而尤以仰光之米为大宗，其余就近各小埠物产亦皆汇集于此。此即坡埠市面，亦听埠号商信息也。

又云：南洋诸岛各埠林立，商务、工务均赖华人，为骨干所在。华民或经商，或佣工，或种植园囿，或开采锡矿，统计约有三百余万人，而尤以新嘉坡、槟榔屿为要冲。

《贸易通志》：东南洋贸易之盛者，莫如暹罗及新嘉坡。故凡红毛船自澳门归与自西洋至者，均以此为总汇。外此麻六甲、槟榔屿等处亦英吉利公司所据，而贸易有限，不及新嘉坡三分之一。

《外国史略》：暹罗国产银、铅、锡、象牙、犀角、乌木、苏木、冰石、沉香、翠毛、牛角、鹿筋、豆蔻、燕窝、海参、海菜等货，其土产之丰，与旁葛拉相等。但暹罗米谷价更贱，高地亦能种麦。其木最坚美，宜于造船，且料多而价贱，较中国造船费惟值半价。又多红木，或运出新埠。又多种白糖、胡椒，胡椒每年六万余石，白糖十万余石。唐人之船，亦载米糖，卖与南海各岛，最多在新埠各海港。

《星报》：光绪十五年己丑，槟榔屿入口货值银四十三兆一十八万一千三百九十七元，出口货值银四十一兆八十三万三千四百八十八元。光绪十六年庚寅，槟榔屿入口货值银四十三兆七十八万八千四百元，出口货值银四十一兆八十三万三千四百八十八元。[①]

按，槟榔屿以庚寅较己丑入口货多六亿余，计出口货则同减。槟屿之商务出不逮入，亦大略可睹矣。

槟榔屿税饷

《工部局告白》：引自来水入住屋，每墩饷银一角，计一墩作二百五（千）〔十〕宜令申算。如纳饷四角，则可得水一千宜令。或引

[①] 底本原文如此。光绪十五、十六年槟榔屿出口货值银皆作"四十一兆八十三万三千四百八十八元"，当有一误。——编者注

到码头及各水船，或船澳公司者，每一千宜令纳饷八角。或引入制造处者，每一千宜令收饷银五角。至于箍合喉管之物料，皆由局置备。要用者照还价费，惟曲形之水喉塞及水管之转湾处所需物料概免贴费。

　　按，西人取水法，先择最洁者，以铁管置地下，随其高下旋折，旁引曲达，吸聚诸池。池必高居，自池达各家户外，各家以铁管引入，皆机器为之。视居人萃集多寡为机器大小，必相称。取之无禁，用之不竭。中国之水赖江湖河井，或澄浊水而饮之，欲不致疾也难矣。故西人居中国者，多往山中取泉以供饮。濯夫刳竹透水，中国山居恒有之，然亦未能高下旋折自如也。

　　《工部局告白》：凡有房屋业地在工部局辖内者，视其税价之多寡酌征饷收，每年缴纳两次。首期由西正月起至六月三十号止，次期由西七月起至十二月三十一号止，届期并不发字通知，各宜自行缴纳，或代理有人亦可。其接手收银人给有收单为据。或有逾期不纳，工部局定必按律出字通知，其通知字费银五角。如于十五天以内仍不交纳，定必出票查封，票费银一元，即将其家器生畜变卖抵还，数或未敷，再将屋业除国家什物不计外，概行拍卖抵偿。倘有不愿受其查封备抵者，议将逐月税项兑交工部收抵亦可，至于有向之税赁者，则可至本局查明物主曾否照章完饷，以免拖累。或典借亦然，或屋，或地，每年必由局员会议一次，估定价数，记明部内，期由局员择定，预登宪报及各日报，俾有产业者知期赴报，而局员于聚议之日均在座听断，酌定何处地方可以起税。倘有不愿依从者，听其到臬署理论。其有局员不为估价之业，概照旧收纳。

　　《工部局告白》：凡属易于兆祸生理及货物有气味者，在局辖之内，须到局报明，给领牌照，照章纳饷，方准开设。兹将各项生理酌抽税饷列左，凡各牌照，无论何时到领，均在西每年十二月满限。土油大宗生理，准领牌十二个月。亚答干草生理三元，峇劳煎十二元，煤厂十二元，染布房六元，火炮店二十四元，制盐鱼十二元，煤气火十二元，灰窑六元，自来火柴二十四元，洗涤牲畜肠腹及煮热血之店九元，熬油九元，大间土油栈二十四元，小间土油店二元，缸瓦窑二元，硕峨廊十八元，煮盐六元，屠户十八元，制雪文九元，制糖六元，煮蜡油九元，矾牛皮二十四元，柴炭块店六元，豢养牛马猪羊之圈栏概免征饷，鸡鸭只许养至三十只以内。

《工部局告白》：马车饷每年缴纳两次，西正月起至六月三十号上期，七月至腊月三十一号为下期。凡四轮马车之有弹弓页者，每年收饷银十二元，两轮者九元；四轮货车，无论人畜驾御，均收银八元；驾牛马之货车六元，以人驾之货车四元；至于大小马匹及骡，每只每年收饷银二元，或由物主，或看管人，照章完纳，饷期定到期之第一日即要交缴。凡有置车牛马，须以西字据实报知，如过三十天不报，查出罚银二十五元。每年西正月及七月颁有局印之格式纸，令其自行写明车式及牛马若干，于一礼拜内交回局内备查，违者罚银二十五元或五十元。不照期纳饷者，出通知字费银一元。若有别费，亦归物主支给。越一礼拜仍不交完，定必出票，将其家器可以移动之物变卖作抵。

《工部局告白》：犬饷每年每只一元五角，凡在工部局管辖内者，须报明备查。其颈宜系一皮圈，由局钉列号数。每年报期由六月一号起至五月三十一号止。每犬一只届期纳银一元五角，工部局员凡有经收犬饷，宜颁发局印收单及注明该狗形状之牌照，并铜制号数各一。畜犬之主人须与以皮圈或铜圈亲自带到局中报明，或将形状毛色书明英字到局者亦可。各狗若无圈号，均可击毙。

局中大小人员有权，可以稽查其犯例者，无论在山园道路，捉击自由。

《叻报》：屿地烟酒公司拟请下届烟饷由光绪十九年起至光绪二十一年止，每月愿增饷银三千元。查旧饷月纳六万七千元，今增三千元，则一月七万元矣。

按，水饷用者所不免，地饷居者所不免，牌饷虽为弭祸起见，而作贸易者亦所不免。马车所以代步，狗所以守夜，二者有饷，则为富人设也。惟鸦片一项，统贫富而皆受其害。统计槟城男女老幼二十二万余人，年输鸦片、酒饷至八十四万元，是每人应匀七元矣。然酒饷无多，吸鸦片者不过五之一，是有引之人，每〔年〕约输饷三十五元，十年约输饷三百五十元，饷不过鸦片价三之一，合而记之约千元。富者耗此千元尚不足惜，然以之创善举，济贫人，亦种福之道，况贫者流落他乡，归计不果，为鸦片累者比比也。

《星报》：光绪十五年，槟城收厘印银十二万八千元，十六年收十三万三千元。

按，光绪十五年，坡收厘印银二十一万四千四百七十元，十六年收十九万三千七百元，减少二万余元。麻六甲十五年收厘印银一万七千元，十六年收一万二千元，减少五千元。惟槟城增五千元。

《叻报》：光绪十六年庚寅，实得力三府所收税共四百二十六万九千一百二十五元，较十五年已减十四万零八百零二元，缘领取人纸费及槟城烟饷减也。自新例颁行，每年约减收税十万元。

按，实得力三埠，惟槟城饷款有增，余则日形支绌。实得力因英京加饷会议时，言光绪十五年己丑所存款尚十六万元，次年庚寅所入已少四万九千元,至辛卯年更少一十五万元。向来三埠入款年增,至己丑年入款四百四十一万,自后递逊,合而计之,三年内少入五十八万九千元。当戊子年实得力寄存英京款一百万,寄存印度款三十万,今则尽数以应军费,已无可筹之款,况又少去税项五十八万余元。观此情形,则财源之匮,不独中国然也。

槟榔屿名胜

《乘槎日记》云:浴池在瓦打复尔山巅,地通山泉,雪花滚滚,扑面飞来,凉气沁人欲绝,停舟者掬水洗烦,每于此驻足焉。

又云:观音亭建于海滨,上祀观音。杨枝一滴,遍洒甘霖,于以捐瘴疠、弭眚灾自如也。故每值良辰美日,红男绿女焚香者履舃交错于道,自朝至暮,踵相接也。

又云:清芳阁华丽耀目,雕栏画栋,结构天成,是为闽人演戏地,与粤人郑贵戏院相伯仲。有时二班合演,管弦杂沓,声韵悠扬,坐而听者不下数千人,亦一巨观也。

又云:极乐庵,屿中胜境也。闻是庵本埠富商敛赀为之,倚山作壁,引水入厨,位置玲珑,备臻佳妙。向无僧居,特聘名僧小颠卓锡于此。僧极风雅,夙以诗名,与屿中士大夫往来赠答无虚日。留题满壁,笔走龙蛇,鸿爪雪泥,播为海山佳话。虽曰地实有灵,亦借人以传已。故游其地者,从树林阴翳中结伴而入,与寺僧茶话后,僧即从旁指点海天之胜,林泉之佳,俗虑顿蠲,恍然于尘世中得一清凉世界也。

又云:抚军别墅筑于山顶,登高一望,风帆海鸟,历历在目,实踞一方之胜。欲至其地者,雇坐笋舆盘旋折上,上瞰高壁,下临深渊。渊中古树参天，高蠹入云表，有至三四十丈者。甫至山腰，四围岛屿拱列，凉风袭衣，胸襟顿爽。又上则路愈峻削，肩舆者汗流浃背，如水泼漆几上，喘气若牛，盖已高陟二百九十丈矣。

《日记》云：打球场为西人休息之所，海珠寺为华人游览之区，二地皆筑近海旁，于烟雨空濛中望之，道途平坦，楼阁玲珑，后先相望，不啻天然一幅图画也。石洗泉亦是埠胜地，游山人倦，汲取烹茶，渴思顿解。人言英属埠头，息力第一，槟城第二，信不诬也。

按，此邦名胜，不一而足。居是邦者，寻幽选胜，触景留踪。有山有水，便登眺也；有庭有台，悦心目也；有燕闲别墅，宾主酬酢地也；有山麓别业，抚军休沐所也。推之打球场、海珠寺，筑近水旁，俯临海面，为是埠别开一生面。其最幽邃者，云木千章，飞泉一派环绕左右，为阿意淡之极乐庵。是庵，余偕埠中诸商敛赀为之，于庵旁作一静室，扁曰"小隐山房"，每于公余之暇，辄往信宿，与寺僧小颠诗酒流连，作蔬笋饭，乐此不厌。既回棉兰，忽忽相近十年，每一念及，辄缱绻不忘也。

槟榔屿添设领事

薛福成奏请南洋各岛添设领事疏

窃臣查光绪十（五）〔二〕年，两广督臣张之洞派遣委员副将王荣和、知府余瑓，访查南洋各岛华民商务，奏称该委员等周历二十余埠，约计英、荷、日三国属岛应设领事者二处，正副领事者各数处，经总理衙门议覆在案。臣于光绪十六年七月准总理衙门咨称：据海军提督丁汝昌文，称此次巡洋，如附近新嘉坡、槟榔屿各岛，皆未设领事。拟请各设副领事一员，即随地公正殷商摄之，统辖于新嘉坡领事。应先与该外部商定，核给凭照。如能办到，实于华民有裨等因。到臣当经办文照会英国外部，援照公法及各国常例，声明中国可派领事分驻英国属境。俟商有端倪，再咨明总理衙门详筹妥办。

臣窃思领事一官，关系紧要。南洋各岛华民繁庶，若不统论全局，则一事之利弊无以明；若不兼筹各国，则一隅之情势无由显。臣谨综其始终本末，为圣主敬陈之。大抵外洋各国，莫不以商务为富强之本。凡在他国通商之口，必设领事以保护商人，遇有苛刻，随时驳阻。所以旅居乐业，商务日旺；即游历之员、工艺之人亦皆所至如归。而西洋领事之在中国，权力尤大，良由立约之初，中国未谙洋情，允令管辖本国寓华商民，与地方官无异。洋人每有人命债讼等案，均由领事官自理，往往掣我地方官之肘。前后中国各口之枝节横生，亦实由于此。然即在他国不理政务之领事，仅以保护商务为名者，各国亦视之甚重，稍有交涉，即筹建设。盖枝叶繁则本根固，耳目广则声息灵，民气乐则国势张，自然之理也。中国领事之驻外洋者，在英则有新嘉坡领事，在美则有旧金山总领事，有纽约领事，在日则有古巴总领事，有马丹萨领事，在秘鲁则有嘉里约领事，在日本则有长崎、横滨、神户三处领事，有箱馆副领事。盖南北美洲与日本各口，迭经总理衙门与出使大臣筹画经营，建置较密。惟南洋各岛星罗棋布，形势尤为切近，华民往来居住，或通商，或佣工，或开矿，不下三百余万人。臣窃据平日所见闻，参以张之洞原奏，计华民萃居之地，荷、日两国所属，应专设领事者约五处。此外各埠如槟榔屿等处，已可相机设法，或以就近领事兼摄，或选殷商为绅董，畀以副领事之名，略给经费，而以就近领事辖之，酌盈益虚，随宜措注，要亦所费无多。就南洋各岛而论，只须设领事十数员,大势已觉周妥。伏乞皇上圣鉴。谨奏。

薛福成奏调充南洋领事疏

臣薛福成跪奏为濒海要区添设领事,拣员调充,恭折仰祈圣鉴事。窃臣承准总理衙门文,开准北洋大臣李鸿章咨称海军提督丁汝昌巡历南洋,目击华民人数巨万,生齿殷盛,既设领事之处尚称安谧,其余颇受欺凌,无不环诉哀求请设领事,咨令酌度情形,试与英国外部商议,如能办到,实于华民有裨等因。臣窃谓酌设领事,所费无多而收效甚速,曾于去年十月统筹全局,缕陈圣鉴在案。查南洋流寓华民颇有买田宅长子孙者,而拳拳不忘中土,叠次防务赈务,捐数甚巨。既据同声呼吁,不可无以慰商民望泽之诚,示国家保护之意。惟设立领事,条约本无明文,各国知此事于我有益,往往靳而不许。即英国前议亦谓中国只能照约而行,不能援引公法。臣初与外部商议,先破其成见,谓中英方睦,岂容与泰西分别异同?再四磋磨,外部始允照各友邦一律办理,仍谓审量情形,刻下或有难尽照办之处,臣亦以经费有常,必须择要兴办,碍难处处遍设。

查香港一岛为中国咽喉,交涉渊薮,前使臣屡商未就。臣拟于香港设一领事官,其新嘉坡原设领事改为总领事,兼辖槟榔屿、麻六甲及附近英属诸小国小岛。若虑鞭长莫及,或就近选派殷商充副领事,以资联络。由总领事察度,禀臣核办。臣既亟商总理衙门,复明告外部,尚以中国官吏未谙西例为虑。臣告以新嘉坡领事左秉隆在位十年,彼此往来,素称和睦。臣署参赞官黄遵宪前充美国旧金山总领事四年,稳练明慎,中外悦服。拟以此二员充补外部,乃无异词。仰恳天恩,俯念员缺紧要,准将驻英二等参赞官二品衔先用道黄遵宪调充新嘉坡总领事,花翎盐运使衔先用知府左秉隆调充香港领事官，于交涉事务、流寓商民，必有裨益。除另将酌拟经费，增派随员详细办法，咨呈总理衙门外，所有添设领事、采员调补缘由，理合恭折具陈，伏乞皇上圣鉴。谨奏。

薛福成出使四国日记摘录四则

南洋各岛，星罗棋布，较之东西洋各邦形胜，尤与中国切近。新嘉坡设立领事已三十年，支领事经费未满十万金，即使略有添派，岁费当不过十万金。然各省赈捐、海防捐所收之款，实已倍之。而商佣十四五万人，其前后携寄回华者，当亦不下两千万。然则保护华民之事顾可缓乎？

各国领事皆兼三埠，中国则专司新嘉坡事。缘设领事之初，忘叙及两埠。然麻六甲、槟榔屿华人有事，亦有来告领事者，但与英官辩论较多曲折耳。此事当俟机会更正之。

新嘉坡领事左秉隆禀称，南洋英属各地除香港、仰光、萨拉瓦、北慕娘、纳闽、文莱暨〔澳〕大利亚各埠暂置不论外，其归新嘉坡巡抚统辖者，若槟榔屿、麻六甲，皆全属英者也，其距新嘉坡道里，马六甲约一百十迈，槟榔屿三百八十迈。其民人，槟榔屿及其附近属地共约十万，麻六甲约三万。如欲设官统辖，宜先与英外部议请，以新嘉坡领事为新嘉坡、槟榔屿、麻六甲总领事，并准其酌派领事或副领事等官。大约槟榔屿、马六甲应作一起办法。该埠各有华商一人充当甲必丹，既为华民素所仰望，如饬兼充领事，或可允从。

接英国外部尚书侯爵沙力斯伯里照会云："为照会事，照得本爵部堂接准贵大臣西九月二十三日来文内开，中朝欲派领事驻扎英地，等（埠）因。此事已经英廷细心审量，今本爵部堂极喜告知贵大臣，英廷愿给文凭与中国所派之领事官，如给与外洋各友邦之领事官同样办理。"余乃照复外部，称其办事之公道，且告以："中国应派之领事首在香港及新嘉坡附近之地，今已选得二员，候总理衙门核定。此二员者，历练有识，持己谨严，接物和平，允堪胜任。驻香港者，拟调新嘉坡领事左秉隆任之。驻新嘉坡者，拟派使署二等参赞黄遵宪任之，非仅为新嘉坡一处之领事官，并为槟榔屿、麻六甲及附近各处之总领事官。其槟榔屿各处有应选派副领事者，俟审定后再当奉闻。"越数日，外部照会称已领悉，并无异言。此事大局已定矣。

黄楘才南洋形势说

方今东西洋各国既分遣使臣，设立领事，梯航重译，修好睦邻，而咫尺南洋，岂可视为缓图？查欧洲诸国，华人寥寥无几，惟南洋群岛，所在皆有，综而计之，不下数百万众。泰西之商皆纠合股分，萃为公司，赀本富厚，多财善贾。华人则只身空拳，不数年而致巨富者有之，经营贸易之事独为擅场，至于开垦耕种，能耐勤劳，尤非番人所能及。华人愈多，市埠愈盛。故诸国始而招致，继而妒忌。既无官长保护，难免虐政侵渔。宜将户口详细稽核，凡满万户以上，设立领事一员。不及此数者，或数埠共一领事。领事之下，分设官长，令商民公举。夫英人占据各处码头，多系公司众商之谋，今可仿其意为之。官长之中有才能，素著为众所服者，即给以顶戴，畀以职事。上下一体，中外一气，将见生齿日繁，商贾渐兴，南洋数十岛之利权，一旦尽于中华矣。

张之洞奏槟屿宜添领事疏

槟榔屿一埠人才聪敏，为诸埠之冠，宜添设副领事一员，与驻坡领事相助为理，益可以收后效。其设领事之处，就其余款酌拨若干，量设书院一所，并购置经书，发给存储，令各该领事绅董选择流寓儒士以为之师，随时为华人子弟讲授，使其习闻圣人之教、中国礼仪彝伦之正,则聪明志气之用得以扩充而愈开,木本水源之思益将深固而不解。凡有血气,未必无观感之思。

　　按,薛、黄、张三君疏请添设领事,不惟保护华民,兼可振兴商务,非素具公忠体国念者,必不能作此救时之论也。

槟榔屿过客游踪

　　《漫游随录》云:从新嘉坡抵槟榔屿,舟至此,例停四时许,以便装载煤炭。余与二西人登岸,同乘四轮高车游行各处,医士备德谓山顶有泉可浴,盍往一观?车行由渐而上,初不觉其高,至则同舟人大半皆在,室甚轩敞。坐甫定,即进酒醴,供饼饵,意甚敬恭。须臾,馆人请浴,曰:"汤已具矣。"导入浴房,则每人各据一室。余推扉而进,拾级而上,则方池开广,可容十余人。试之,冷水一泓,深不可测,不敢纵身入内,只坐石上洗濯,然已寒意袭两腋间,殊不可耐矣。

　　又云:余偕船主坚吴同游一地,见四围周以栏槛,入其内,湘帘棐几,甗瓴贴地,洁无纤尘。出而迓客者,皆女子也,肌肤如淡墨色,视其眉目,颇觉娟好,殆媚猪之俦也。见客殷勤款待,手捧银盘,以槟榔进。余出,笑问坚吴曰:"此何地也?"坚吴曰:"此妓室也。"坚吴盖好作狭邪游者,令车夫为先导,车夫探怀中册以示,则皆纪妓之著名者。

　　又云:屿中小儿成群,齿白唇红,其肉黑,几如漆,向客嬉笑乞钱。所驾小舟,剡木为之。首尾两桨,掉之如飞。偶以两足踏船,翻身落水中,船亦随覆,出没波浪中,狎之如鸥鹭。洋客竞投以银钱,群儿于水中扪得之,高擎其手,举以示众。象罔求珠,无此灵捷也。

吴广霈《南行日记》云：余舟抵槟榔屿入口，下碇停舟，须三四日，舱中热甚，遂偕眉叔登岸，谋避暑之所。行经英国兵房，浅草平场正操练枪队，试凭轼观之。初作排列双龙，继则齐如一字。少焉，一字平分，变而为两仪，两仪互旋，再变而为二小圆阵。会日晚，不能卒观，遂去。迹其所布阵法，不能出《虎钤经》、戚南塘范围，去八门、五花之精意犹远。第拾我唾余，变其外貌，中华人士遂至震而惊之，以为此千古未有之奇。噫，异矣！

《槎客笔记》云：丙申夏五月，余往南洋，抵槟城，时家善初幕于槟城领事署。余过访之，遂邀同韩实根及友琴弟偕游丹客山水。小憩极乐寺，山巅有小隐山房，为榕轩观察别业。适天雨弥漫，山僧殷勤留宿。僧本工吟咏，与之谈诗，娓娓不倦，是深得诗中三昧者。昔陶渊明与远公结白莲社，作《三笑图》纪其事。实根善绘事，倩其拈笔作画添置，余与善初留题新什于其上，拟将摩崖山中，以志一时雪泥鸿爪云。

按，此地为海国要区，凡分往南洋、大西洋者，多于此处装载煤炭。客子停舟，上岸邀游，欲洗尘垢，咸至山顶方池一浴。或偶入妓室，择妓之著名者，征歌侑酒。或往海滨投银钱于水中，令群小儿向水扣得之，以为笑乐。或凭轼观英兵操练，阵法整齐，具五花、八门之妙，叹以为得未曾有。或至寺中与僧谈诗，令善画者纪其事，勒石寺壁，以留佳话。凡此者，皆足以游目骋怀，引人入胜者也。

槟榔屿星使停轮

郭筠仙《使西纪程》云：光绪二年十一月初一日巳刻至槟榔屿。闻此处闽商王文庆最著名，遣人问之，则挈其乡人数辈来见。

以停船片时即开行，未暇一登岸，询知居民十四万，闽广人十万有奇，余皆番人。其地山水明秀，迤南皆高山，树木丛杂，闻有瀑布高十余丈，惜未一往观也。

刘云生《英轺日记》云：云鸿随星使使英，停泊海口，未久，夜间仍船折而南，经苏门答腊，乃西上。凡行三千六百三十九里，于初六日夜至锡兰。

马眉叔《记行》云：余至槟榔屿，停泊二日乃开，遂登岸借寓颜承美栈中，聊避暑氛。此间华商侨寓者，约八万人。闽商为首，广帮次之，非如新嘉坡之富户尽属广人也。

吴广霈《南行日记》云：余由印度回槟榔屿，自锡兰至槟榔屿三千六百里。登岸小眺，暴雨忽至。寻至闽商颜金水店。金水不在，晤其季弟，少谈，别去。颜弟坚留午饭，余以船将展轮谢之，遂归舟。披书听雨，意亦不恶。午后展轮，直指新嘉坡。

又云：余住槟屿，无事，推窗一眺，则海波绕槛，当面青峦突起，为新嘉坡相连界地，译名曰"袜脱斯谛"，旧名格大国。有一岛突起，名"居大"，树木丛杂，峦烟四起。如此深林穷岛中，竟为彼族所占，殊难得也。

《纪程》云：此埠北岸为威诺斯里。其地袤长而狭，沿海约九百余里。有兵官段熙奕由威诺斯里附船归国，华民制"忠勤正直"四字旗以颂功德，鼓乐送之登舟，是必有惠爱留贻于人者。凡洋官离任，民商有所馈献，则什袭之以传子孙，好名之心较中国为胜矣。

按，槟屿非往大西洋正路，凡星使坐轮舟者，不尽过此埠。惟雇英轮者，以此埠是其所属地，便于搭客，必绕赴槟屿。故既至槟屿，仍须折而南，取道于苏门答腊。否则坐他船者，出新嘉坡西口，即遥见苏门答腊，本可由此经西以达锡兰也。

槟榔屿流寓诗歌

童念祖《槟城元日诗》

爆竹声喧竞贺春,番人注目看唐人。碹星戒指金腰袋,洞葛巢幒簇簇新。原注:洞葛,藤木短仗名。巢幒,竹笠名。

元　宵　诗

拾将石子暗投江,嫁好尪来万事降。水幔沙郎朱木屐,元宵踏月唱蛮腔。原注:好尪,俗谓夫为尪。

林诒甘《元宵话旧诗》

知己天涯有几人,相逢何况正新春。灯前月下花如海,相对无言各怆神。

林振琦《清明诗》

凄风苦雨哭声纷,儿女提壶祭扫勤。剔尽蓬蒿寻短碣,荒山无处觅遗坟。

张黻廷《端午诗》

中原竞渡鼓旗纷,地僻风殊寂不闻。我且纵谈卢肇事,人谁作吊屈原文?多麋国帑开船局,定有舟师壮海军。群岛瓜分如战国,彼苍应产孟尝君。

李香云《七夕诗》

只为囊空误此身,一年一会总伤神。聘钱十万终需补,天债难偿乞巧人。

梁芷芳《七夕律诗》

瓜棚笑语正酣嬉,七孔穿针乞巧儿。天上何曾开色界,人间多事种情痴。抛梭不管机声断,伴月犹怜鬓影欹。恨煞村鸡闻四起,无多欢会又将离。

谢昌年《八月十五夜旅怀诗》

醉余翻觉此生浮,远水遥天不尽愁。隔岸疏灯千里目,高楼短笛一声秋。书回故国无黄耳,客滞他乡易白头。十二阑干频徙倚,无端兴发悔南游。

魏望曾《中秋诗》

女伴如云待月华,车声才歇屐声哗。西来门户开三岛,南服屏藩萃万家。名士无聊同画饼,海天何处好乘槎。思亲最怕逢佳节,忍听夷歌杂暮笳。

梁芷芳《登高诗》

天风吹我出尘埃,海外登高眼界开。诘屈蛇盘峰屡转,纵横羊卧石成堆。举头红日临群岛,绕足青云拥古台。万里家山杳无际,弟兄应醉菊花杯。

杨毓寅《重阳诗》

异地重阳自不同,登高望远意无穷。思亲泪洒沾衣雨,舒啸声回落帽风。旅梦有时迷睡蝶,家书何处寄归鸿?西来机事多奇巧,安得公输削木工。

张黻廷《冬至诗》

南荒冬日已春风,簇簇蛮花照眼红。喜见异乡时祭礼,家祠燕笑叙同宗。

林振琦《除夕诗》

光阴弹指去匆匆,爆竹惊人沸地红。万里愁牵帆影外,一年事尽漏声中。祭先不废他乡日,守岁犹存故国风。相约明朝团拜去,儿童笑语画堂东。

按,英人不置闰月,二十八九日至三十一二日无定,正月朔在冬至后。兹录中国流寓诸君所作诗,分系时令,见我朝天下一家，正朔犹行于海外也。

槟榔屿杂事诗

交栏犹是一山深，海上今冬客子临。旧是黑人王子岛，槟榔匝地尚成林。地有交栏山，多产槟榔，因以名屿。又名"母呵老王子岛"，母呵老，黑人也。

征人病未返中原，氏族繁多长子孙。碧眼老夷谈旧事，始知海外有乡村。元军士征瓜哇，因风坏舟，见此山多木，遂于其地造舟十余只，飘然长往。有病卒百余留养不归，后益蕃衍，故其地多华人。

定期开埠吉先蠲，七夕佳辰后十天。对岸海湾兼管辖，六千先付买山钱。七月十七日为屿开埠之期，对面沿海地方又归英国，是船主赖特以六千员向吉德国赁之者，后英人见此岛可辟为利薮，遂夺而有之。

山飞楼阁水飞霞，白屋连云萃万家。先后两酋同缔造，大开风气纪乾嘉。乾隆间赖特、嘉庆间母拉查，先后两渠酋同驻此地，极力开辟。

船由坡埠始开行，航海曾来使者旌。报道钟鸣卅六点，纪程恰好泊槟城。新嘉坡至槟屿轮船三十六点钟海程。

诚心虔祷异方临，托庇慈云宇下阴。人尽焚香踵相接，观音亭上拜观音。观音亭是屿中香火最盛处。

欹山择地筑亭台，极乐名庵此度开。佛法无边僧极雅，住持闻道自南来。极乐庵在阿意淡，殿宇宏丽，延闽僧锡杖于此。

邀朋几辈上峰巅，倚杖闲看石上泉。瀑布高悬十余丈，一条界破半山烟。屿中有瀑布高十余丈。

南邻吉德右阿齐，电线通时路不迷。此地埠原居廿一，进呈图说尚堪稽。英人属岛二十六处，二十一曰槟榔屿。

竟言香稻种红莲，再熟欣逢大有年。欲启椒园宽待众，人人先给润家钱。稻一岁再熟，粤人谓为洋米，多载往汕埠发售。又此地多开胡椒园。

管领工头力作忙,花栽豆蔻与丁香。十年多养多收子,捆载成箱市远方。英人开辟此地,并作豆蔻丁香园。

年来入口货蕃滋,白腊芙蓉萃在斯。锡块更多输罅律,一人承办郑公司。吉垅、罅律等埠,物产皆汇集于此。罅律之锡尤多,系粤商郑贵一人承办。

轮船小泊海天隈,搬运人多往复回。压重肩头挑不尽,咸言米自仰光来。仰光是英人属埠。货运至槟屿发售者,以米为大宗。

兼司局事任招商,贸易闽人姓纪王。富有田园居数世,久安乐土未还乡。闽人王文庆经商槟屿,兼司招商局事,居此已数世。

大小车轮驾马同,内安坐褥悉毡绒。镶金涂漆分高下,声彻街衢十里中。屿俗尚华靡,出入俱驾马车。

黄昏人戏打球场,抛去抛来接手忙。乳燕雏莺齐喝彩,好风吹散气犹香。球场辟于广地,观者如堵。

赛马场开道路宽,辉煌五色绣金鞍。一鞭驰去同风疾,翘首游人夹道观。西人于天气晴明时喜作赛马之戏。

椰子浓阴似幄连,浑忘卓午日轮圆。行人穿过重林去,世界居然是绿天。此埠多椰子树,满地皆阴,行人过此,目为绿天。

做春不必定逢春,九月凉催雨意新。最苦潇潇窗外响,惊回一觉梦中身。八九月多风雨,谓之做春。

兰菊宜人艳蕊舒,凤仙开后又芙蕖。园林处处花如海,满眼春光验不虚。正月诸处园林群卉俱开。

铜管长途造作工,石泉递引入厨中。迩来电气灯尤巧,入夜光然满市红。取水用铁管,置各家户外,以机器为之,用之不竭。电器灯照耀市廛,如同白日。

新街深处好藏娇，大贾时来意气骄。楼内笙歌楼外月，令人那得不魂消。新街为流妓萃居之地。

消渴人来茶馆多，茶香风味问如何。居奇别具加非种，巧觅金钱日本婆。加非似扁豆，洋人用以代茶。

入市游行手未分，道逢亲戚叙殷勤。花衣紧束腰身外，曳地常拖数尺裙。妇人裙皆曳地，复有拖裳在后，长数尺余。

醹醿花气十分香，捣汁多烦斗斛量。制就万瓶花露水，润颜恰好助娇妆。此地产醹醿，极佳，可做花露水。

戏园开处演诸伶，春色谁邀眼特青。偏是异乡乐忉怛，令人不忍这番听。戏园为郑君作，华丽特甚。

电信全凭一线中，各般货价报匆匆。重洋消息无嫌远，万里家书隔日通。电信传信一法，虽地隔数万里，而迩若户庭。近更以电传声为德律风者，而传信均若号码，以审厥字，尤为明显而画一。

酌抽税饷报频登，工部通知字可凭。除却圈栏豢牛马，各宗生意一齐征。税饷，《工部局告白》：各货税多寡不同，惟豢牛马圈栏免税。

无钱沽酒置金钟，性癖烟霞兴转浓。阴耗多财浑不觉，误人最是阿芙蓉。烟税较酒尤重，吸食者财为之耗。

教册平铺指示忙，学堂开后细参商。笔端俱用鹅毛管，蘸墨横书尽左行。习红毛字者曰教册，用鹅毛管剡其端，蘸墨横书，行皆尚左。

新闻络绎缀成篇，石印分明玉版笺。中外流行无间阻，看须一日一回钱。新闻纸流行中外，屿中阅视者多人。

渺绵一戏仿秋千，番女游嬉半少年。裙屦翩翩风蹴起，碧霄数队下神仙。番女有渺绵氏之戏，大略即所谓秋千也。

寓居各自觅生涯，亦有词人怅别离。好水好山看不尽，登楼王綮定多时。槟地山水清美,骚人墨客多寓居于此。

销魂一阕唱骊歌,祖道情深唤奈何。好似阳关三叠曲,诗人应让此邦多。力永福游槟反国,送者多赠以诗歌。

经书购置备多赀,流寓儒生择作师。子弟聪明征后效,奏章无不诵南皮。设书院购置经书,择儒士以为师长,皆张公奏疏中语。

堂堂领事设衙门,航海遥来待抚存。寄语工人须节俭,好留银饼寄家园。奏设副领事起于南皮张公。

读诸诗于槟城风物描写尽致,故录之。

槟榔屿竹枝词

十二金钗列屋居,操鏝再过忽为墟。多因误画齐知押,尽室黎即付子虚。原注:齐知番放债,必数人作保。不还,即取偿保人,卖其家物,以一番人摇(铪)〔铃〕招买,名曰黎郎。

头家焰尽报穷来,竟日优游避债台。货殖转归孤老籍,布衣徒步不胜哀。原注:商家折阅到官,报穷入孤老籍,人不得索,例不在本地经商,故俗以报穷为耻。

读此二诗,令人思节财用。

邪教流传环岛周,暹人术擅马来由。无端勾引痴儿女,浪掷黄金买降头。原注:马来由暹人巧擅降头,能蛊人,妇女尤喜求其术。

读此诗,令人思倡正学。

义兴建德党人魁,乡曲横行种祸胎。偶过当年征战地,黄沙白草掩枯骸。原注:义兴、建德二会聚众万人,近为英人禁绝。

读此诗,令人思兴文教。

地无寒暑异唐山,濯水餐风若等闲。新客昼眠侵瘴湿,肚皮胀满足蹒跚。

读此诗,令人思通医术。

少年走遍狭邪场,花样翻新兴更狂。最好车儿行缓缓,令人妥稳睡鸳鸯。

读此诗,令人思讲女训。

东洋儿女遍南洋,夷语蛮妆易断肠。既打茶围还选舞,春风扶醉过平康。

大家爱学马郊语,结伴齐来老举寮。一望新街弦管沸,开厅陪饮坐通宵。原注:妓曰"老举寮",聚新街,多作马郊语。俗以狎妓为"学马郊"。宴客曰"开厅",侍酒曰"陪饮"。

读此二诗,令人思谨色戒。

按,以上八首有关风化,故录之。

陈寿彭《题槟城送别图》

轩举海上快游乎,示我槟城送别图。槟榔一岛小如粟,我且为作槟榔曲。海氛奔荡从西来,海山蜃气嘘楼台。牛皮吕宋隐兵革,万丹琐尾贪货财。瓯驼人生马来泣,十洲三岛皆荆棘。英夷自失米利坚,努力东南事开辟。岛脉下连新嘉坡,东来门户相经过。蛇莓高山应自笑,百年兴废殊曰科。炎风吹动栟榈树,孤帆渡江迷烟雾。无如轩举归兴浓,豆蔻丁香留不住。丈夫得志行万里,辎轩采问风俗美。不然橐笔勤著书,千秋志乘待纲纪。愧我十年逼饥渴,扶桑风月曾披抹。红叶馆中歌舞喧,琵琶湖外烟波阔。八骏西行亦陈迹,余粤街西芳草碧。惆怅巴黎五百人,苍茫铁塔一千尺。奔走可怜半天下,但收图籍无图画。今日倦游卧北窗,惊涛空向梦中泻。轩举游踪却独奇,王子洲边日影迟。令我披图想欲别,海波犹是销魂时。轩举告我拟再渡,药里一屑指征路。谁将画笔大如椽,来图南浦送君去。

此诗慷慨苍凉,音节入古,且于槟城最有关系,故录之。

林屏周《送别》

翘首天衢命世雄，十篇文字惬宸衷。艺林风月添新草，海国云烟转断篷。衰鬓怕侵潮水绿，醉眸喜对夕阳红。他年倘上征西策，欧亚封疆指顾中。

不减元龙意气豪，苍茫烟水泛轻舠。新交缘证三生石，阔别心惊万里涛。海外风光储古锦，天涯秋思入吟毫。知君无限忧时意，归向空山读《六韬》。

蛮云轻拥马蹄飞，半壁山川任指挥。读史拟增端木传，登堂重著老莱衣。海滨争盼文星朗，别后应知旧雨稀。世事升沉能彻悟，不妨随处学忘机。

谢兆珊《送别》

群从海上盼传经，天汉垂槎指客星。胜略南荒双眼扩，情深西顾一舟停。移风隐抱鞭长撼，画地详谙米聚形。中外机宜关大计，几人解建屋高瓴。

沧浪走铁滚飞轮，瀚镜莹莹净不尘。李杜诗歌谙国事，韩苏岭峤寄吟身。新茶南燕秋余韵，香稻高梧咏入神。何日王师雄破虏，淋漓大笔颂来宾。

按，力永福游槟城归，以诗送者十数人。兹录其雅健沉雄，以树一帜，亦足见槟城之多才也。

卷二　辨正《瀛环志略》

地球七则

辨黑海张王两记之失虚

《志略》云："黑海①，泰西名'喀尔士必安'，则与大海绝不相通，不过一大泽耳。"今考在初《随笔》引张说《梁四公记》，内载："黑谷北有黑海，毛羽染之皆黑。查今时地图，在欧罗巴德、丹、瑞、俄四国之间，曰黑海，因其深暗，故名曰黑。其水流出色与他海同，既非黑水，安得染物？"又引王子年《拾遗记》，内载："李夫人死，武帝思，梦见之。李少君言能致其神，启帝曰：'黑海北对都之野出潜英石，其色青，轻如毛羽。寒盛则石温，夏盛则石冷。刻为人像，神悟不异真人。乃求得之，命以刻作夫人形，置幕中，宛若生时。帝欲近之，少君曰：'此石毒，可望不可迫也。'夫黑海之北地，即今俄之芬兰、瑞之诺兰。彝诧是石奇异，如果有之，诚至宝也。前丙寅夏到瑞典时，云无是物。此次抵俄，见俄瑞人深明地理者问之，佥云自古无此至宝。吾侪所著《行程日记》《格物类考》及《南朔地理旁搜》各书皆所不载。"按，张、王两记多属子虚，彼所谓黑海者，究

---

① 黑海：《瀛环志略》卷一《地球》作"里海"（裹海），本书误作"黑海"。

属何处,尚望考求地理者察之。

验地球周天之度数

《志略》云:"地形如球,以周天度数分经、纬线,纵横画之,每一周行三百六十度。"按周天之度,赤道温带皆环日而行。测天者经线有尽处而纬线无尽处。经线尽于南北极,如轮之轴有两端,以一端为南,一端为北是也。纬线如轮之匡,循之无端,如中国所谓大东洋,美国以为大西洋也;美国所谓大东洋,欧洲以为大西洋也。中国赴美,由大东洋指东可到,由地中海指西亦可至也。中国之午刻,即美国之子刻。中与美互为昼夜,则中国之日出,即美国之日入。合地球而论之,无处非日出日入之地,日出之地即日入之地,日入之地即日出之地。盖以地球每日旋转一周,其初向日之地即为日出,其初背日之地即为日入。日本不动,安有所谓出入者哉?

南墨洲在赤道南

《志略》云:"南亚墨利加洲,其地自剖判以来未通别土,欧罗巴人于前明中叶始探得之。"考惠人《日记》,谓墨洲之地与中国相为底面,盖人之立于地者,足与足相抵也。南墨洲又在赤道之南,中国明以前之谈天文者,均云南望赤道近日极热,至此则无人矣。而不知赤道之南,其气候与北同,且极南尚有南冰洋也。然则天地之大也,前此只测得一半耳。

辨红海为大秦之非

《志略》云:"红海名勒尔西水,由印度海分注。"今考在初《随笔》引《四海总说》,谓海水大抵绿色,惟红海色淡红,或云海底珊瑚所映。然此海水色忽蓝忽黑,海底亦少珊瑚。有谓两岸山皆赭色,故以红海为名。未知孰是。又《外国传》谓大秦西南涨海中可八百里到珊瑚洲,洲有盘石,珊瑚生其上,人以铁网取之,想即红海也。然红海在大秦东南数千里,与此之红海阔五百里、南界阿斐里加者较之,方向又不合,其不能强之使同,可不辨而知其非矣。

辨红海无山与图中所绘两山之异

《志略》云:"亚细亚有红海。"夫红海何以得名,征诸古史,摩西拯民出埃及,渡海若履平地,法老率众往追渡海,海合,众俱陷没,后人因呼为红海云。按,红海流注印度海,面甚宽,两岸茫无山屿,与图中所绘两山如峡者差异。

辨红海秋冬天气之寒燠

红海约五百里,时见岛屿,而不著之图经。《志略》仅著马苏阿一岛,而未详及天时寒燠。考《西征纪程》,谓红海所以多热者,以南界阿非利加,皆沙漠,无人居,日炙沙石燥烈,为南风所煽,薰蒸之气逼入红海。秋冬北风,其热自减。或以红海酷热、深冬不解为言,似稍失考矣。

述今之波罗的海即昔勃鞮海

《志略》云:"波罗的海俗名黄海,其水由大〔西〕洋海分注者也。"按《后汉书》"窦宪伐匈奴,至渤鞮海",谅即今之波罗的海,足见中华于一千六百年前有人征俄罗斯入欧罗巴。惜当时无人讲求地理,不知路程之里数及经纬之度数耳。

日本三则

辨徐福之墓在新宫山下

《志略》云：(引)陈资斋游日本，"言其风土甚悉。日本人皆复姓，单姓者，徐福配合之童男也。徐福所居之地名徐家村，其冢在熊指山下"。第所谓熊指山，不知在日本何地。虚而拟之，不如实而征之，在新宫山下之为确也。今考《拙尊园丛稿》，谓新宫今属和歌山县牟娄郡。闻黎君莼斋出使时，曾由神户趁海舶抵其地，登岸入山，行十余里，新宫人士导而前，复逾一山，得平田八九顷，禾苗盈望，福墓在其中央。循田棱数百武至墓，面山负海，仅余荒土一丘未垦耳。纵横可四五丈，无所谓冢，有古树二株为记，墓前一碑题"秦福墓"，传为朝鲜人书，元文元年新宫藩王水野氏所立。又数百步为神仓山山麓，有飞鸟祠，福祠在其旁，久圮，故址犹可辨识。问福之子孙，或言多姓秦，今皆分散各处，维新后悉易他姓。或言藤泽驿福冈平一郎为福之后人，尝有赠物寄新宫神社。或言有徐某在和歌山县充医士。皆疑莫能明也。此皆载在莼斋记中语也，余是以不惮覆述焉。

补述日本历代藏书之富

《志略》云：日本"文字同中国"。问文字何以通？谅系君房教之。按君房所赍之书，盖不可考，即日本史称有典坟，亦因中人误传而附会者，殆为当时焚书，故不得赍欤？应神十六年，征王仁于百济，始有《论语》。继体七年，百济遣五经博士段扬尔。十年，又遣汉安茂来，始有《五经》。自是以后，搜辑日富，未闻有《逸书》也。然

《逸书》固无存,惟皇侃《论语义疏》,日本尚有流传。乾隆中,开四库馆,既得之市舶,献于天禄矣。《宋史》称曾觌然献郑注《孝经》,陈振〔孙〕《书录解题》之后不复著录。日本天明七年,冈田挺之得之,《群书治要》中二书源流俱在,决非赝鼎可知。继其后者,伊藤维桢《论语解》《四书古义》、新井君美《论语广义》、山崎嘉著《孝经刊误附考》、大宰纯刻《古文孝经》,皆足重也。保元以降,区宇云扰,士大夫皆从事金革,惟浮屠氏始习文,斯文不坠于地,赖儒僧力也。林氏父子为德川常宪所拔用,许种发叙官为大学头,世始知有儒。又常宪建学宫于东京,亲书"大成殿"字于其上,崇儒尚道,为一世冠。讵料年来西学大行,各藩文庙或改为官署,废弃者半。一二汉学之士,潦倒不得志于时,犹硁硁抱遗编、守祭器,可慨也已。

日本对马岛水道之深

《志略》云:日本对马岛"与高丽南境相直,一夜可达"。按此岛旧隶高丽,今属日本。自北、东北,至南、西南,长三十七里,分高丽水道为西二支,距岸稍远即无隐险,惟西南之马没角并北面之他约角各有露石,行排列入海,相距一里半即可畅行。此外,如竹敷浦之南西南,克里西溪及淡水池间,轮船驶行甚便,停泊亦便。驶行时从岛外观之,不能见桅末,由水道深故也。

安南二则

详辨富良江入海之口

《志略》云:"越南都顺化,在富良江之南。"考《西征纪程》,谓富良江上游即云南之元江。入海之口，支港以数十。其大而著者在北，曰涂山海口，入广安、海防之路也；曰大平海口，入海东之路也。在南为咸子关口，即富良江正流。西名为生开江者，则入南定达兴安、达河内之路也。汉马援讨徵侧，缘海防而进。唐高骈复安南，亦自海道而前。明嘉靖中，仇鸾讨莫登庸，钦州知州林希元言："莫氏所恃者，惟都斋耳。其地濒海，淤泥十余里，舟不得泊。计以为王城不支，即守都斋；都斋不支，即奔海上耳。若以东莞、琼海之师助占城击其南，贼不得奔矣；以福建之师航海出枝封河，湖广之师出钦州与合，都斋无巢穴矣。"当时置不问。考都斋即今之海防，枝封河在海东之东，亦富良江支港之一。则自古谋安南者，莫不以海道为要者，此也。

安南以分水岭为界

《志略》云："安南本中国地，其入贡由广西之太平府入关，不由海道。"顾其地分南北圻，横亘数千里。南干循富良江上游，蜿蜒于兴化、山西、寿伯、宁平之间，直达中圻；北干亦循富良江上游，盘绕于宣光、太原、北宁、广安之间，至广东钦州而止。两干之分脉在山西兴化之境。红江、沱江诸水属南干，太平江、洮江诸水属北干，两干同宗，三面环抱，为中越天然界限。北干之外，山岭之阴，若援分水岭为界限之例，则二省当属中国，不应划归北圻也。

暹罗二则

辨古赤土非暹罗之国

《志略》引《天下郡国利病书》云："暹罗，古赤土国也。"考邹代钧《西征纪程》,谓《隋书》赤土国,扶南别种,在南海中。又云北距大海。凡南徼之地,北距大海,非海岛不可。是赤土实为岛国,非暹罗明甚。观常骏、王君政所经地,望准之赤土当在南洋群岛中,殆即今之婆罗州。杜佑《通典》:"崖州直南,水行风便,十余日到赤土。"今婆罗州正直崖州之南,命为赤土,或当不谬。

暹罗借大国之牵制而存

《志略》云:"暹罗(北)〔南〕近海滨,内港深通,驶行甚便。"必谓西人概从唾弃,非情也。近闻法国加兵于暹罗,肆其蚕食。初意以为不血刃而可得地,先声所至,暹罗自然降服。不料屡次接仗,法人不敌暹罗而屡败,遂疑英国私助暹罗。前此法驻英使开缺回法以后,至今尚未闻派使。按,越南、缅甸、暹罗三国毗连,而缅甸、暹罗又外与印度毗连,自英取缅甸,而暹罗岌岌,惟暹罗尚结好于英,故英迟迟未忍灭之。法亦以暹罗亲英之故,而未敢遽灭之。查地球小国,本有借大国牵制而存者,如檀香山,则英与美相牵制;比利时,则德与法相牵制;摩洛哥,则英、法、意、日四国相牵制;波斯、阿富汗,则英与俄相牵制;土耳其,则欧洲各大国合而与俄相牵制。其不亡者,以此也。今法人垂涎暹罗内江之地,英恐其全折入于法,必蹈缅甸之故,即不灭亡,暹罗断难自主矣。

缅甸二则

辨缅甸两江实一江之误

《志略》云:"缅甸一名阿瓦,蛮部大国也。"依山负海,疆土辽阔，兼并孟密诸土司。今考叔耘《日记》，谓孟密为缅北路，地在大金沙江之东，蛮暮、新街皆其所辖。乾隆时，明瑞将军征缅，兵出虎踞关，由孟密至新街，水路进攻老官屯，以达阿瓦之路。又闻腾跃之银江下通新街，南甸之槟榔江流注蛮暮，皆在万山中行，石碛层布，舟楫不可施也。按，银江殆即大盈江，亦即槟榔江之下游，而蛮暮、新街本属一地，然则两江实一江也。

辨缅甸怒江即潞江之误

《志略》云："缅甸旧都阿瓦，水曰怒江，一名潞江，又称大金沙江。发源前藏，历云南入缅界，阔五里，缅人恃以为险。"考叔耘《出使日记》，谓阿瓦城在大金沙江西岸。大金沙江者，《中国图志》谓其上源即雅鲁藏布江，曲折经行西藏数千里，流入番境，又流入缅甸境为大金沙江，南行数千里入于南海。而洋图谓之厄勒瓦谛江，又谓即怒江之别名。然按中国旧图，则以怒江为潞江之上源。夫潞江在大金沙江之东，洋图所谓萨尔温江者也。今考缅境最大之江萨尔温与厄勒瓦谛并流南下，东西相望。然则谓潞江即怒江，或谓大金沙江即怒江者，必有一误。余意怒江源流不在中国境内，从前图志或考之未审，若洋人之图则皆躬亲涉历，或精心测量，不仅恃传闻影响之谈。则潞江似与怒江绝不相涉，而谓大金沙江即雅鲁藏布江之下流者，又未必尽然。且考洋图，雅鲁藏布江自有入海之口，或其枝派流入番境，变其名曰怒江，再流入缅境，谓之大金沙江，固未可知耳。

南洋群岛 六则

订正岛国译音之歧

按，南洋各岛译音互歧，几于言人人殊，而其实则一也。今按，凡望加锡，即《志略》之摩鹿加要亚，即《志略》之噶罗巴，良由译音递转，本无正字也。又《志略》之婆罗洲，今称般岛。今南属荷，北属英。西里百，今作西里疵。今全属荷。巴布亚，今作巴布阿。南属英，北属荷，东北属德。吕宋，又名斐力比群岛。今属西班牙，即日斯巴尼亚。凡此诸岛，皆已为欧洲之外府也，何得以其音殊而或疑之？

准锡里即德里之地

《志略》云："苏门答腊部落之大者，曰大亚齐。大亚齐之东，曰锡里。"邹代钧《西征纪程》谓锡里即德里。闻德里河出苏门答剌岛中大山，东北流至德里城德里，近人或译为日里。之西北入海，海口有巴拉温岛，分河为二。西支水独深，轮船便于停泊，其地为荷兰所辖，寄寓多华民，故德里商务极盛。德里东北对威尔得，威尔得亦卑力名埠。卑力本自主部落，山产锡及金刚石。光绪初，华人往采锡矿，役属于英，英人为之置官治理，得利极厚，视日里种烟之利，无分轩轾矣。

辨丁加罗之异

"柔佛酋好构兵，邻国丁机宜、彭亨屡被其患"，是丁机宜实与彭亨、柔佛近。今丁加罗与二国相接，其即丁机宜无疑，翻译声转稍异耳。《志略》则以丁机宜为苏门答剌岛东南之班加岛。然班加岛与彭亨、柔佛悬绝,不得谓为邻国,似不如以丁加罗之为允。

论息力本柔佛国之地

《志略》云:"彭亨之南,当地尽处谽谺,成内港,有地曰息力。"按,是地本柔佛国地,嘉庆二十三年,英以兵船据之,遂成一大埠。街衢绵亘,自东北至西南约七八里。隔岛为柔佛王所居,曰老港,对面相去不远。王兼有能名,通英法语言文字,善于酬应,常游欧洲,广交英国名公巨卿及各国领事,所以英不废之,认为自主之国。然与他国交涉,仍须听英之命,禁制不得有为矣。

核满剌加奥非亚山即九州山

《志略》云:"麻剌甲本暹罗属国,昔时葡萄牙人据之,旋为荷兰所夺。嘉庆年间,地归英吉利。"盖以邦古连、门多克二埠向荷人易之者也。按,满剌加之东北有山,名奥非亚,译言物产极多。《续文献通考》言九州山与满剌加邻,产沉香。明永乐中,郑和奉使谕诸番,遣官兵入山采香,得径八九尺、长六七丈者六株。今奥非亚山与满剌加近,产香木亦多,殆即九州山也。闻其地原有君长,惜溺于佛、回之教,虽据可富可强之土地,而无聪明奇杰之士为之振兴,终归灭亡而已。

记沙剌我失国之由

沙剌我之南沙,即《志略》之"红毛浅"也。地属吉陇,夙闻产锡。十年前,华人之寓满剌加等处者,利其矿,聚众开采,沙剌我国王阻之,华众与之战,胜。英吉利乘华人之胜,遂置官驻吉陇,以法部勒华人。华人安之,而矿业亦盛。又西北行过北沙之西。北沙为近东岸浅沙,盖对南沙而称也。北沙东岸为沙剌我河入海之口,沙剌我王所居之城在河口之南。沙剌我本自主部落,光绪元年,以吉陇之役,沙剌我亦属英吉利矣。

五印度十则

辨恒河之水出一支与印度河不同

《志略》云:"恒河者,即今之安额河,印度人称为灵水者是也。"考吴广霈《南行日记》,谓此水发源西藏,经希马拉山,由北印度贯中印度,斜泻东印度,自加尔各塔出口。别一支发源西藏,为怒江。缅甸回流,折入东印度,汇恒河而注于海,合流处亦名恒河。然以其合流而名,非统上流言之也。其五印度河又名新头河,则亦发源西藏,分五支流入印度,经北境而贯西印度入海,与恒河两不相涉,亦无支流达于中部。或以分流数千里、各不相涉之水强令一名,且谓两水之分必在中印度以下,是臆断两水为一水,故强合二名为一名,又力辨其在印度以下以牵合之,谬矣。乃叹仅据陈编、不亲履勘者,多不易得其实际如此。

辨锡兰佛生此地之非

《志略》云:"锡兰在南印度之东南,海中大岛也。居民皆崇佛教,谓佛生于此地。"奉佛教者,名刹有三,一曰开来南庙,一曰考脱海拿庙,一曰梅辩开恩殿。初,庙前有巨塔一座,庙中有菩提树一株,有贝叶经数部,住僧约十余人。入其庙,见如来卧像一尊,长二丈，僧云百五十年所塑。又侍者坐佛二尊，其一云系二千四百年前所塑，拜佛者皆脱帽献花为礼。此地当即古之狮子国，为释迦如来佛成道之所，或系涅槃之所，而非释氏所生长之地也。释迦自生东印度，今安额河东南流孟加拉，即佛书所谓恒河也，如来生长固当在东印度。锡兰崇信佛教，自是佛门弟子，文殊、普贤或生此地亦未可知。近世英人据有此地，垦筑招徕，已换一番世界。向之尚佛教者，今转而尚天方、耶稣、天主各教，而佛教微矣。

辨俱蓝当在南印度

《志略》云："努北阿即《元史》之俱蓝。"不知何据。今考《西征纪程》，谓《元史》世祖至元十六年遣广东招讨使杨廷璧招俱蓝，至其国，国主书回回字降表，附庭璧以进。明年，庭璧再往招谕，自泉州入海，行三月抵僧伽那山，阻风乏粮，舟人劝往马八尔国，或可假陆路以达俱蓝，从之。僧伽那山即今锡兰岛，距阿非利加洋面殆万里，岂阻风乏粮者所能达？以埃及、阿比西里亚为马八尔者，不辨而知其难信。今印度麻打拉萨所隶有马拉巴尔部，南至锡兰，仅隔海港，又与马八尔声近，则当日阻风乏粮，彼此假道，似为近之。由此推之，则俱蓝当在南印度。

订正阿比西里亚即马八尔之误

《志略》云："亚德尔河流交贯，陇亩肥饶，宜黍稷。气候炎燥，乏阴雨，居民皆土番，奉回教。其地本属阿比西里亚国。"按《西征日记》，谓阿比西里亚即《职方外纪》之亚毗心域，闻其王一姓相传，聚居高山，不与国人交接，以防异谋。徐中丞以阿比西里亚即《元史》之马八尔当之，谬甚。

核可陈今昔之异名

南印度之哥陈,即《志略》之可陈、《明史》之柯枝国也,今属麻打拉萨之马拉巴尔。马拉巴尔又即《元史》之马八尔国,为印度极南临海之地,长约五百三十里。按,印度古地以唐释辩机《大唐西域》所纪为确,其国地至今多可考者。英吉利士人恭宁宦游印度十余年,博考古迹,著为成书,于玄奘游踪为特详。其所过之地,恭御陀即今之根遮木城,那碣迦即今之公士尔城,珠刊耶即今之克奴尔城,达罗毗荼即今之琛加尔普特城,枳秼罗即今之马都剌城,而要之均为南印度地,复何疑可陈今昔之异哉?

辨亚尔谟斯之非小岛

(阿)〔亚〕尔谟斯本小岛名,一作呼尔谟斯,《志略》谓之恶末屿。属波斯之拉里斯丹部。《明史》言忽鲁谟斯国,西海之极,盖即呼尔谟斯。然则《明史》称为大西洋国,必非小岛所能当。

辨马塞之长颈鹿非麟

马塞为法之不世德罗内部首城,即《志略》之马耳塞里亚也。闻城中有生物园,园在马塞澳南之山巅,所畜虎、豹、狮、象、犀、兕、熊罴、麋鹿、狐、狼皆备。有兽马首、鹿身、牛尾、长颈,前足高于后足三分之一,有二短角,西人名为吉拉夫,《瀛环志略》谓之长颈鹿,阿非利加洲及亚细亚西域皆有之。足高颈长,仅能食树上之叶,饮水必入其前足。性驯然,不畏猛兽,仰首则眼光四射,能见四方。猛兽来,辄踶以拒之。按《汉书》,乌弋山离有桃拔、狮子,孟康曰:"桃拔,一名曰符拔,似鹿,长尾。一角者,或为天鹿;两角者,或为辟邪。"《后汉书》：章和元年，遣使献狮子、符拔，符拔形似麟而无角。《明史》：永乐十九年，中国周姓者往阿丹国，市得麒麟、狮子以归。麒麟前足高九尺，后六尺，颈长丈六尺，有二短角，牛尾鹿身。又弘治三年，撒马儿罕贡狮子及哈剌虎。合诸书观之，则两《汉书》之符拔，《明史》所谓麒麟、哈剌虎，即今之吉拉夫。孟康言长尾当作长颈，范书言无角，盖角甚短，藏于毛里，初视之似无角。《明史》言麒麟之状与吉拉夫尤合，哈剌虎盖即吉拉夫之转音。吉之一等音为格，译西文者，格、哈往往不分。但《明史》直指为麒麟，按之《尔雅》《说文》《诗疏》所言，麟实一角，此二角又不载肉，谓之为麟，不亦诬乎？按，孟康所谓一角为天鹿者，当是麟；二角所谓辟邪者，当是吉拉夫。

孟买民数之日增

《志略》云："孟买在印度西界。"港为葡萄牙所开，民数无多，今则为英人一大埠头也。溯自葡萄牙王以女妻英主加禄第二世，遂以孟买为奁赀。加禄与印度公司约岁税银十万磅，时孟买居民无逾十万。公司于是浚海口，减税额，广招徕。期年之间，户口六倍于昔。至同治十年，增至六十四万五千。越至今，将几三十年，其倍蓰又将何如也？

辨亚丁与阿剌伯误为一岛之非

按，亚丁与阿剌伯地势相连，《志略》误作一岛。不知由亚丁西行约九十海里，转而西北行，入红海口门，广约五十里，东为阿剌伯也门部，西为阿非利加亚发部。口门曰巴白曼德峡，东近也门部，有小岛，曰丕林，属英吉利。置塔岛上，为夜行入口之识。明分两岛,《志略》误为一岛者,非也。

辨佛生为东印度非南印度

《志略》云:"印度为佛教所从出,晋法显、北魏惠生、唐玄奘皆遍历其地,访求戒律。大乘要典纪载特详,其所谓恒河者,即今之安额河。"考吴瀚涛《南行日记》,谓恒河之水相传可消罪孽,故每晨男女就浴者约以数千。五印度酋长皆建别墅于此,以为忏悔之所。西人谓此佛祖诞生之地也。是地明明为东印度,或以锡兰、南印度当之,误矣。

意国一则

辨意大利亚为大秦国之非

《志略》云:"意大利亚,欧罗巴古一统之国,即《汉书》所谓大秦国。"其实非也。按《使俄日记》,谓大秦乃今义大利,非复旧日封疆。其族凌夷衰微,刘宋时为北狄峨特所灭,立国三百年,法人取之,以罗马都城奉教王,以兵戍之。嘉庆十年,分其国为九大国,四曰罗马,其地多为奥所侵。道光年间,撒丁王伊曼奴核弟二战败,奥国稍复故地。咸丰十一年,始自称义大利。同治九年,普法之战,法人调其护教王之兵回国,义遂乘机入罗马,据为国都,今仍之,势亦稍稍复振云。《后汉书·西南夷传》云"掸国西通大秦",掸人在今云南徼外,古时罗马系大国,其东境几于中国之川滇相接。义安得有辽阔之土哉?非大秦而称大秦,其误可知矣。

日耳曼一则

记日耳曼来因河水源之长

《志略》云："日耳曼境内江河最长者为来因河。"考《道西斋日记》，谓此水源出瑞士国之阿尔魄士山，道经德境，水浊多泥沙。德人每岁挖以机器，然下流在和兰境者，不甚浚治，故时有水患。来因河入和界歧分为二：北为里克河，至安欣又分流为衣昔士河，入于随达海。和之海湾。南为瓦尔河，西行二百五十里，麦士河入焉。又名苗士河。水出法兰西国之乌什山北，流经比利时国，又经和兰之梵希喀吞，与瓦尔河合，又西合里克河，入于北海。来因河其源不可谓不长矣。其他多恼河、易北河，亦日界，水不及此也。

土耳其二则

辨图理雅即普鲁士之非

按，《志略》以控葛尔为土耳其国都城之名，说与魏氏异。当以徐为是，盖徐主国名、魏主汗名也。然仍以图理雅为普鲁士则非也。图理雅即土耳其，译语稍异耳。

土耳其疆土犹是而称名不同

《志略》云："土耳其地分西、中、东三土，本鞑靼种，奉回回教。昔为回部大国，唐宋间已式微。"自阿斯曼崛起元朝，是为今土耳其，建国于白鲁萨城，《志略》作补撒，今在土耳其何达温格部，称苏尔旦。旋侵东罗马,取加利波城,《志略》作加利城,今在土耳其埃德内部。复取亚得里那浦《志略》作亚得安,今在土耳其埃德内部。都之,犹是旧疆。时移名易,今昔不同如此。

法国三则

法人寓兵于渔之法

《志略》云:"北亚墨利加一岛,自米利坚以北,皆佛郎西所垦辟。"英吉利以兵力争而有之,只存数小岛,法民于此捕渔者,船数百艘。法政府为寓兵于渔之法,无事则任其捕鱼为生,有事则用以当兵效力,为养育人才之计,故每年派兵舰三四艘随渔船往,以资保护。且于其所获之鱼按百磅津贴银一圆,又加征他国运鱼入口之税,使本国之鱼易于出售云。考惠人《日记》,谓法人此举有三善焉:为贫民裕生计一也,为水师储人才二也,为国家塞漏卮三也。区区布置,亦富强之一着高棋焉。且其地之为英所踞者,未尝不思夺回,惜英之水师方强,未敢轻举耳。兵舰渔舟耽伺其侧,沙线既熟,浪飓亦谙,一朝有衅,则唾手收回所失之地无难矣。

论法人治河之得法

《志略》云:"佛人水利最精,其国以此为专门之学,境内河道纵横著名者二十有二。"考惠人《日记》,谓其河最长者曰罗尼,发源于都伯,无他河之水流入其间。或云其长流五千里,渐趋低淤,伏流地中,而后逆流而上,自北而南,至不世德罗内,径入地中海。曰罗亚尔,发源有二道,一由音德勒,一由罗亚尔、舍耳分流,至音德勒、罗亚尔边境始汇为一，然后径注至非尼斯、德拉西隅入海。曰加伦，发源于德尔尼，流至日伦大，忽出旁支，东注罗郡，旋折而达于亚列日南隅入海。以上诸河，皆由东至西而总于比斯加湾入大西洋。海国中既多水道，而法人讲求水利素稔，因是各竭其才智工利，开浚支河为运道。计国中以人工凿成诸河，或达内地，或注洋海，或接大江，随在流通，如罗尼、莱亚、时英、来尼诸江河，无不可往来连属。所开港道八十三所，绵长约七千零五十三里，至其生成河道，无不疏瀹宣导，岁加修治，故水深流远，无阻塞泛滥之虞。每于河海湾岔处，作澳造船，备极稳固，以冀招徕商旅。其工程之远大，经费之浩繁，可谓至矣。至江河新通之路，各有专主，有归国家者，有归公司者，均设人员为之管摄。开河之法，有浚之使深者，有辟之使广者，有改纡曲为径直者。所用经费，视工之繁简为多寡焉。又河流迟速不一，水势大小不定，皆视河底斜正为准。如罗尼河底渐斜四百五十丈，莱尼河底渐斜七百六十丈，惟边底有所拦止，则可平急湍而为缓流。能明其故，则治河思过半矣。

法国新造水底潜行之艘

《志略》云："法国人心思精敏，工于制器。火轮之船，大半为其所创。"近又新造一艘能于水底潜行而人不见，其或隐或见，操于行船之人。法国尝试验，当以兵舰排列海口，作为战势，各兵舰严戒以待。该船入水，由兵舰之底驶过，出海口七里之遥，乃见于水面，复潜行水底，以回海口之内。当其过兵舰底时，有一兵舰知之，而其行甚速，亦无法可破之。其船名吉弥欧。按，泰西各国均讲求海军，而又讲求所以破海军之法。水雷、鱼雷而外，有造气球飞行空中以破之者，有造泅船潜行水底以破之者，其法日新，其用不竭，无非销金之锅耳。然觇国者均以此测各国之用心，不如是，不足以杜敌人之觊觎，而交涉一切，必致棘手，于是不能惜费而专求强焉。阿非利加一洲，自古至今混沌未凿，不于各国较力争权，不于本国讲求制造，不遣使通情好，不经商权有无，机心泯、争端绝矣。

英国三则

铁船之造不始于英

《志略》云："英吉利火轮船之制，四五十年前始创为之；逮至咸丰二年始造铁船，即遇飓风，可免迸裂沉溺之虞，可谓精能之至矣。"今考在初《随笔》，谓铁船之造，古亦有之。古书内载王元年登莲花峰见铁舟，又安定县有越王铜船，是以铜铁造船非创始于英也。

英人喜获居伯罗岛之险

《志略》云："英吉利本国境土止三大岛，其余所属小岛不可胜数，皆在数千万里之外，地中海居伯罗岛其一也。"按，居伯罗岛东距阿腊斯河四百八十里，距苏彝士河九百里，最得海道形便，固英之所欲得而不敢请者。今土人愿以此岛归于英，英土自立一约，从此患难相恤，英既可以自固东方，而联络之势更属近便。英之始意，本欲得西里亚与埃及，既恐招法人之忌，舍彼取此，固其所愿，此则英人之利便也。居伯罗当罗马一统时，本隶版图，厥后衰乱，土耳其据而有之。一旦为英所得，意国坐视渔人收鹬蚌之利，未免有情，谁能遣此？教王多方开导意人，矜平躁释，可谓度德量力焉。

论英人开辟阿非利加

《志略》云:"阿非利加一土在亚细亚之西,本以罗经视之,正当坤中之位。其地极广,约得亚细亚三分之一。"其人黑而蒙,诸国多买为奴。自英人开辟阿非利加新土,建筑铁路,由梦白栅地方起,一路插标,以为日后即由此始创地步,以免再劳云。按,惠人《日记》谓今之立言者,曰浑沌未凿,曰为天地不尽之藏,其言至大,纯粹精也。然巢窟易而为宫室矣,羽皮易而为衣裳矣,饮血茹毛易而为粱肉矣。迄于今,欧洲之风气全开,所未开者,亚洲之琉球、越南,犹有古风。阿非利加一洲全系黑人,乃本洲之人为天地留之,而他洲之人为开辟之。读《诗》至《山枢》三章,未尝不憯然有感也,盖断章取义乎?

德国二则

普国女子收知书之效

《志略》云:"普鲁士之东都,都城曰百尔灵,城内有文学院。"俗无贵贱,凡男女自九岁至十六岁,无不入馆读书,故女子亦多通经者。今考《使德日记》,谓德都书楼正监督里白休士之夫人论《竹书纪年》伪撰者,又谓叶韵希腊古诗多有之,亦与三百篇同云云。此等妙论,中国裙钗中不可多见,不图于异域得之,知其寝馈于书者深矣。

辨来因河水所出之误

赖忒诺境之厄白耳河水,出什里司恩之利生嘎比阿嘎山,译言伟人山也。西北流行一千六百五十里至汉卜克,入于北海西耳,谓之鸦脱海,徐氏《瀛环志略》以此为来因河。按,来因河水出瑞士国之阿尔魄士山,山高二万零六十五英尺,每一英尺合工部营造尺九寸五分。为欧洲诸山之冠。河水出其阴,与伟人山所出迥然不同,误矣。

西班牙一则

订正依撒伯尔同一命名之误

《志略》云:"西班牙为拿破仑所诱,幽其父子而立其弟。后其弟为国人所逐,复立故王世子,日就衰乱。王殁无子,立幼女依撒伯尔。"考《万国史记》,谓依撒伯尔,前明女主曾有是名,其人绝世聪明,能修国政。遣其臣哥伦探得亚墨利加之可仑比亚,徙国人实其地。其地产银矿,实旺西土,称为金穴。又遣其臣米牙兰航海至亚细亚东南洋之吕宋,据海口,设埠头,由此百货流通,愈益富饶。今女主亦同一名,疑必有误也。否则君后之称,前后无殊,不应轻亵若是。

葡萄牙一则

辨葡萄牙自称为大西洋

《志略》云:"葡萄牙壤地褊小,外临大西洋海。"其初来中国,不详其部落之名。彼谓从大西洋来,则称为大西洋,而不知葡萄牙之在大西洋不过滕薛之类也。考惠人《日记》,谓葡萄牙自称为大西洋国,其方舆不及中国二百分之一,其民数不及中国百分之一;其商轮船不及二十号;其岁入银仅三百余万磅,除交国债之息,仅余银一百余万磅;其陆军仅三万余人,其水师轮船仅二十余号。不知其所谓大者,何所取义也？或亚洲未遣使以前,不能深悉其国之实在情形,彼自以为大者,人亦以为大欤？或一百年以前,英俄两国壤地尚未极广,民数尚未甚多,故不致相形见小欤？尝详考其国债,皆贷自近百年之中。然则一百年前,该国虽不为大,而尚不为贫,今则贫弱交迫,借贷无门,至于鬻地。日本深知其国势,故不受其牵制而与龃龉,亦所谓识时务者也,料葡萄牙之无能为也。

瑞典二则

瑞典为知礼之国

《志略》云:"瑞典本国气候极寒,背负水海。"即半年一昼夜处也。然于古时礼制,尚兢兢然守之不失。今考志刚《初使泰西日记》,谓瑞典君主约往别馆筵宴,君后主席,大臣陪席,执杯献酒三爵毕而仍覆之者,即古礼"为两君之好,有反坫"也。安得以荒裔之侯少之？

论瑞典博士探路得俄人开东海之捷径

《志略》云:"瑞典气候极寒,迤北沙碛低洼。"向少人游历远都。按,近年其国博士游历北冰洋,满蒙北境之外有伊里塞河,在经线七十七度四十一分,纬线一百七十余度,其海角与亚洲东北相近之可林海角通,从此以达嘉喇,入奥卑河,由西伯里中部转入东洋,开俄人东海之捷径,计由国都行至亚洲路近一半。俄人举国庆贺,以其便于输货运兵也。今俄之姑缓而不动者,以土耳其之役疲于外,希尼士之党挟于内之故,否则岂肯一日安于无事耶?

荷兰一则

述荷人湖田之复

《志略》云:"荷兰为欧罗巴泽国,与鱼鳖杂处,受水患最甚。"考《西国近事汇编》,谓荷兰昔年大水,湖田尽没水中,葑草弥漫,一望无际,刻拟疏浚支港,泄水归潴以入于海,涸其地,垦田以广耕种。又得火轮取水器具,运转自如。人力少而成功多,曾不多时,涸可立见,旋现出湖田三十余万亩。有司以绘图与观,田畴缕晰,沟洫条分,计用款一百八十兆果而。果而,荷兰钱币名。虽为费甚巨,而能变斥卤为膏腴,民享其利,君课其租,可谓专所务矣。

俄国二十七则

辨以万别作一人之误

《志略》云:"国王号以万者,原注:一作伊挽,又作宜万。有雄略,辟地日广。"按,《四洲志》云有诺戈落部人伊挽瓦尔西者,起兵恢复俄罗斯北隅。是以万乃首先恢复之人,诸书所称依番汗,借瑞典兵力者,即其人也。此以为别是一人,误矣。

辨王女嗣位非后嗣位之误

《志略》云:"彼得罗殁,其后嗣位。"按,据《四洲志》云,比达额列王已逝,其女加特腊因嗣位。比达额列王,即此书之彼得罗王。以女嗣位,非其后也。此误。

订正辎车行国数语之非

《志略》云:"西伯利部地处穷发,自古辎车之所未至,历代行国之所不居。"《备乘》谓西伯利亚全土,在汉有丁零、坚昆等国,在魏有乌洛侯、室韦等国,在唐有骨利干、黠戛斯、驳马、流鬼等国,不得谓历代行国所不居也。汉苏武、魏李敞等,皆尝衔命至彼,不得谓自古辎车所未至也。此数语皆误。

订正跨岭割据犹惮险远之非

《志略》云:"元代有漠北藩王尝探悉其地,欲跨岭割据之,以险远而止。"《备乘》谓西伯利全土,在元代皆入版图,设州者二,谦州、益兰州是也;为部者三,吉利吉思部、乌斯部、撼合纳部是也。以上合为岭北五部,而海都、笃娃、昔里吉诸王分封其间,中间叛服不常,屡烦挞伐。地理形势,《元史》可考,乃谓元代藩王欲跨岭割据而未能,不亦谬欤?

辨受役匈奴当为突厥之误

《志略》云:"自唐以前为西北散部,受役属于匈奴。唐时突厥可萨即今俄罗斯萨拉德夫部。"《备乘》谓此当云当时受役属于突厥,不得概目为匈奴也。

辨割取日尔日部之误

《志略》云："尼歌拉士嗣立,原注：一作尼哥罗。伐土耳其,大捷,波斯来侵,击退之,割其日尔日等属。"《备乘》谓尼歌拉士系道光五年嗣汗位,日尔日部系嘉庆十八年割取,此之所记有误,当云割波斯之亚尔美尼亚部则确核矣。

辨正但述东峨大峨之封而遗去阿速之失

《志略》云："河流之最长曰窝瓦,流入（阿）〔亚〕速原注：即阿速。海湾。"《备乘》谓阿速海湾即元时阿速国地,元大祖灭之,以封其长子者。而是书谓元封长子,止及东峨、大峨两部地,殊为失考。

辨其部为八略当作八管

《志略》云："其部有八略,如中国之六部,益以宗人理藩。"按,《万国地理全图集》云其部为八管,宗室管外国、管兵、管民、管刑、管户、管文学、管赋税。

辨也尼塞之东之误

《志略》云："疴慕斯科原注：一作东色。在也尼塞之东。"《备乘》谓疴慕斯科即托穆斯科,一作托穆斯归,地在伊聂谢之西。其南有托穆河,西流入额尔齐斯河。若伊聂谢河则东合色楞格河,方隅水道均判然不同。此云在也尼塞之东,误矣。考《西人地理全志》,以疴慕在西,也尼在东。按之地理,斯为吻合。

辨乌弥河口之误

《志略》云:"俄建炮台于乌弥河口。"按,乌弥河口当即乌格理达,为色楞格河入海北处,海舶多集于此。

订正俄与土构兵在康熙不在乾隆

《志略》云:"俄国与土耳其东西境毗连,想在开加索部、波兰诸国以后事。其初构兵在乾隆中年。"《备乘》谓俄与土构兵在康熙时始。此但言始于乾隆间,考之未详也。

记俄国制炮用西洋法

《志略》曰:"火炮之法,创于中国。元末,有西人投其部下为兵,携火药炮位以归,又变通其法,创为鸟枪,用以攻敌,百战百胜,以巨舰涉海巡行,遂尔辟诸岛国。"按,明正德中,佛朗西泊广东之香山,恃大炮为利器。明人仿制,九边所用佛朗机、红夷大炮是也。俄罗斯国近西洋,方仿其制,故《宁古塔纪略》载峨罗斯鸟枪皆西洋制也。

订正天主教无所谓非之谬

《志略》云:"奉耶稣之教者,不祀别神,不供祖先,以耶稣为救世主,而以身命倚之,谓可获福佑。有得祸者,则为灵神,已升天国,胜于生人世。揆其大致,亦佛氏之支流别派。欧罗巴远在荒裔,周孔之教所不及。耶稣生于其间,戒淫戒杀,忘身救世。彼土崇而信之,原无所谓非,而必欲传其教于中土,则亦未免多事矣。"按,天主教天堂、地狱之说,略似佛书所言,而持论大异。其人与佛为仇,谓是佛氏之支流别派,非也。至入耶稣之教者,不奉祖先,不敬君长,其无父无君之罪,浮于杨墨。彼土崇而信之,其为愚昧无知,殆不足论,今乃称其无所谓非,谬之甚矣。

辨加特腊误作加他邻之非

《志略》云:"俄国至加他邻后,时遣其臣墨领向东北探寻。"《备乘》谓墨邻东北寻地,系康熙五十余年事,详见《四洲志》,其时女主乃加特腊,固非加他邻也。此误。

订正七字为六字之误

《志略》云:"波兰部其人白皙,称曰白峨。地广阔平坦,草茂土肥,宜耕宜牧。其民修洁,屋宇整峻,分六部,曰威德比斯科部,曰摩宜勒威部,曰明克斯部,曰维里纳部,曰哥罗德诺部,曰窝黎尼亚部,曰波多里亚部。"《备乘》谓此实分七部,原本曰"六"字,系刊本之误。

辨正千字为干字之误

《志略》云:"峨国北临北冰海,曰亚尔千日部。"按,此部内府图乃阿尔甘惹尔,以此知"千"字乃"干"字之误,《地理全志》作"亚干日"。

订正两部合为一部之误

《志略》云:"南峨在大峨、小峨之南,土脉膏腴,产谷最多,分隶诸国。地分五部,曰加的勾巴尔的哥部,曰给尔孙部,曰比萨拉比亚部,在黑海中曰捣里达部。"按,加的勾为一部,巴尔的哥又为一部,详考诸书,皆系分载,此独合为一部,误也。

辨捣里达未必尽在南峨地

《志略》云:"南峨地分五部,在黑海中者,曰捣里达部,小山叠秀,地气温煦,称乐土。"乃《总记》称捣利达,《备考》作道里达,名稍异而实则同。又李光廷《汉西域图考》谓:"条支国,今俄罗斯南境南峨五部高加萨、新藩五部地。"今按《后汉书》,条支国城在山上,周回四十余里,临西海,海水曲环,其南及东北三面路绝,唯西北隅通陆,自当在克雷木岛之些洼斯挖坡。立属地或至高加萨,未必尽有今南峨五部也。

辨惹鹿惹也指为波兰部之非

《志略》云:"波兰部在海东诸部之西南。先是,有查遮尔伦国者,与波兰邻。其王赘于波兰女主,遂与波兰合。后为峨罗斯所取,称为西峨。""波兰"注:一作惹鹿惹也。按《备乘》谓:"惹鹿惹也,见《海国闻见录》,地在里海之西,黑海之东。北联峨罗斯,南接东西多尔其贡于包社。"以地势考之,即此书之日尔日部,乃又指为波兰部之别名,误矣。

订正庭幕不传纪载之非

《志略》云:"西伯利部地处穷发之北,在天地为别一区宇。其地气候极寒,冰雪凝结者,九阅月。即游牧偶至,不能久留,故庭幕不传于纪载。"《备乘》谓历代沿革,庭幕在此地不一而足,岂得谓不传于纪载乎?

辨诺弗哥罗即倭罗克达之非

《志略》称："诺弗哥罗，何秋涛谓即倭罗克达，为古钦察国地。"考《俄游汇编》，直断其非，谓此属俄罗斯最久，与倭罗克达本非一地故也。

辨里窝尼亚即斯多尼亚之非

《志略》有里窝尼亚即烈威力，殆以城名为省名。今考《俄游汇编》，谓秋涛称之曰斯多尼亚者，非也。

辨窝瓦河入里海之非

《志略》云："窝瓦河从西北来，由此入里海。"按，窝瓦河即佛尔格河，《一统志》《异域录》俱以为入滕纪斯湖，是滕纪斯湖即指里海，而《志》言滕纪斯湖周围仅七八百里，非也。

订正奔萨即钦察之误

《志略》云："加匽部在大峨之东，峨攻得之，分为五部。其部有奔萨者，五部中之一也。叶圭绶曰奔萨即钦察之音转，元太祖所灭之一国也。"按，钦察地近北海，与此相距绝远，并非一地，叶说误。

辨火器不始于彼得罗

《志略》云："彼得罗为众所推立，躬教士卒骑射，兼习火器，悉为劲旅。"《备乘》谓康熙二十一年罗刹犯雅克萨时已有火器，是火器不始于彼得罗也。

辨霍罕即安集延之非

按，《元史·郭宝玉传》捋思干城，即今霍罕地，与安集延东西相去甚远。《志略》谓霍罕即安集延，非也。

辨萨拉德夫与端河相去之远

《总记》称喀萨克即突厥可萨部之遗，在端河，近阿速诸部。《志略》谓其在萨拉德夫。按萨拉德夫，滨倭尔噶河，与端河相去远至一千余里。何秋涛又谓罗刹即可萨，当年为患于黑龙江雅克萨诸城即此种人。盖因《总记》称"崇德四年，端戈萨司之弥特厘者，直至东洋荷葛斯海岸，侦探道路"之说，岂知罗刹乃译音之误，而是时俄人尚未收服喀萨克也。

美国七则

辨智利已到天南尽头之误

《志略》云："智利在玻利非亚之西南，夙称富庶。欧洲大国均与通商，以其地远而易以觅利也。"今考惠人《日记》，云乘轮舶抵其地，必越大西洋，过赤道，而后能到，似已到天南尽头矣。不知天外有天，中国天文家向以赤道为天地南方之尽处者，非也。

辨北有斗极而南则无之非

《志略》云："秘都地分七部，而都城建于利马河滨，终年无雨，天时殊不可测，而南斗七星固自在也。"考惠人《日记》，谓："言之足以征信者甚难。诸子百家庞杂无论矣,尝读《尔雅》,原文云'距齐州以南,戴日为丹穴,北戴斗极为空峒',一若北有斗极而南则无也者,非也。南斗七星因于此明明见之矣。无轻信古人也。"

美人有能致雨之法

《志略》云:"米利坚全土疆土恢阔,分成二十六国,招无业之民,以便开垦荒地。"惜西南诸省旷地,旱多雨少,故不能垦。近闻博士有能致雨者。按,博士讲求气学,于风云往来,潜心考究,因得击雨下降之法,呈诸议院。议员以事关农政,拨银九千元,俾资试验,由农部派员偕往常旱之笛沙司省。该博士以气球炸药空中轰放,立即云行雨施,屡试屡验,遍洒数十里至数百里不等云。查外国之轮船、火车、电气灯、德律风、电报、气球,其初创也,人皆不信;致雨之法,亦不敢信也。惜未亲至其地观之。

美国新造电车较火车尤速之异

《志略》云:"纽约尔,米利坚大国也。内地通衢多用铁汁冶成,以利火车之行。"考惠人《日记》,谓其国火车赛速,有由金山两日到华盛顿者,盖每日行五千里,每一时辰行四百一十余里矣。今闻美人又创新法,已造一电车试行,每一时辰可行八百里,则一日行万里矣。电气之用,渐试渐广,电气遍于各洲,惟阿洲未兴造。然阿洲已为欧洲各国分裂,将来亦必兴造矣。因考各国电线里数,以英里记之。美国十七万八千余里,俄国七万二千余里,德国五万八千余里,法国五万四千余里,印度三万三千余里,英国三万余里,义国三万余里,土耳其一万九千余里,奥国一万六千余里,日国一万三千余里,中国一万二千余里,日本六千余里。按,阿非利加洲自开辟至今,尚仍混沌之俗,其民皆黑人故也。其洲之南名好望角者,即大郎山。地广人稀,久为英属,英已设邮政局。凡铁路电报,次第举兴,邮政进项每年已六十余万矣。

美属国个郎蕉果之多

《志略》云:"危地马拉之东南为南北亚墨利加连界之地,名巴拿马。"程途曲折,欲经其地者,非有铁路火车不易至也。考惠人《日记》,谓巴拿马、个郎地逼赤道,天气四时皆炎热如溽暑,寒带下之人至此,极不相宜。树木丛杂,芭蕉满山,四时不凋,故开花而成实,黄橘、青梨、波罗各果遍山均是,尚有不知名者。有因以为利者,载蕉果入船,日数百车,以每车三百斤计,盖十余万斤,均运至美国出售。按,此地周围数百里人烟稀少,山果至繁,如无火车,则不能运出山;如无轮船,则不能运至美。盖地既热,小车至重则易压,而无船载又郁而易腐。间有存者,日久亦无不坏。今以火车运出山,既不积压,复以轮船运至他国,又不计时可以销售。计一年之内,得利已多,此铁路、轮船之利也。

美国整顿海军尤注意于水雷一物

《志略》云:"美既畔英,众推顿为帅。"时英将屯水师于城外,忽大风起,船悉吹散,顿乘胜取其城。国基既定,整顿海军,制炮造船,日有所益。水雷一物,近始造成,业经试验可用。惟其中奥妙精微,非熟习有素,不能得力。故水师学堂之设,以便训练。考惠人《日记》,谓水雷种类甚多,有伏雷、送雷、行雷之别,而兹三类者,又复分门别类。考究甚易而施用甚难,其自轰与轰人分别,只在呼吸之间。较之施放炸弹,其难不啻百倍,非专门名家,练习有素,断不能适于用也。尝乘舟长江,见网鱼船,呼之使来,买鱼论价,久而不定,且行且言,渔人櫂舟并行,其船行迟速与我船同,而又近不至触、离不至远,进退左右,毫不费力,所谓应于手者也。窃意用水雷者,手法之熟能至如此,则百发百中矣,亦如渔人按桨然。

美人之研究天文

《志略》云:"米利坚好讲学业,处处设书院。其士类分三等,曰学问研究天文者,较医药刑名为尤重。"考惠人《日记》,谓窥天之镜以美国为最大,所见亦最远。其第一大者在金山山巅,其镜宽三尺六寸,系美国大富户里克创成,故名里克千里镜。里克因创此镜,先修房屋,费一百万余圆。由此镜窥天,水星已可明白其中有地、有河、有海、有岛、有冰雪、有云,一一可辨。第二号在华盛顿,往观之,其房为圆形,有机器可旋转如意,镜面宽三尺余,长约二丈余,以机器运动,南北东西均可准对。以窥天,则无星处多有星,且有红色、蓝色者也。以窥月,则月中只见水溶溶然,其光射目,不可久视。及目离镜,则目光晃耀,不能见物,闭目久之,方可复元,与视月仿佛矣。察天文之总办为余言:"天行至速,远镜之架以电气运之,其运之之迟速,一准于天之行,然后可以久视而见之,否则天行而远镜不行,不过刻许,而星已离镜矣。"

右《瀛环志略》一书,前福建巡抚徐公继畬所著也。叙次国土民风,极其该洽,但卷帙已多,不免有舛误处。兹摘其讹者,随取近人所作诸书互相参考,加以辨正,务期核实。哀而存之,止得八十余条。去其非而存其是,次第编成,略可为稽古者之一助焉。庚子春月,煜南识于棉兰公廨。

卷三　名臣筹海文钞

疏

兼取洋学以罗人才疏

黄楙材

查各国互市，办理洋务急需人才。中华特遣幼年子弟分投各国学习，为数有限，经费甚巨。不若于南洋各岛兴立书院，训课洋学，翻译汉文，其经费由商民自筹。每隔三年各试一次，择其尤者，作为生员给以顶戴。再至三年复试之，择其尤者，咨送总理衙门学习仪节，以备翻译领事之用。外国语言文字必须自幼学习，始能精通。内地学者不能兼擅，而华人生长海外者，又多解洋文而不谙华语。求其中外兼通，足任翻译之事者，颇难其选。况乎领事之职办理交涉事件，尤宜晓畅洋文、熟悉土语，而后情形无所暌隔，措施鲜有窒碍。若专设一科，予以登进之路，彼旅居华人不敢自外生成，必皆踊跃从事，而朝廷声教远被遐陬，尤足以维系人心，鼓舞人才，因时制宜，获取洋学之实效矣。

奏覆御史王鹏运奏请讲求商务疏

总署王大臣

　　光绪二十一年十二月二十四日，总理衙门谨奏：为遵旨议奏事。光绪二十一年十一月十四日，军机处交出御史王鹏运《奏请讲求商务》一折。军机大臣面奉谕旨："着总理各国事务衙门议奏。钦此。"臣等查该御史所陈，无非欲官商一气，力顾利权。此《周官》保富之法，行之今日，尤为切要。如所称沿海各省会应设商务局一所，责令督抚专政，局中派提调一员驻局办事，将该省各项行业，悉令公举董事一人，随时来局，将该省商况利病情形，与提调妥商补救整顿之法，禀督抚而行之。事关重大者，督抚即行具奏一节。查通商为致富之原，必令上下相维，始克推求利弊。泰西各国以富强为首务，或专设商部大臣，其他公司、商会随地经营，不遗余力。中国各省商行自为风气，间有公所会馆，章程不一。地方官吏更不关痛痒，公事则派捐，讼事则拖累，商之视官政猛如虎，其能收上下相维之益乎？自立约互市以来，洋商运货，只完正半两税。华商即逢关纳税，遇卡抽厘，于是不肖华商贿买牌照，假托洋商之名，洋商出售报单，坐收华商之利，流弊遂不可究诘。要之欧美各洲商民之捐，名目繁多，如田房捐、存款捐、进项捐、印花捐，较中国厘金加重倍蓰，即香港、新嘉坡诸岛，何莫不然？此皆华商习闻习见者也。至于洋商，仅完正半两税便可畅行无阻，利权较华商为优。然华商食毛践土，当能仰体国家立约通商之故，不应自外生成，何以假冒牌照之风年来益炽？良由官商隔阂。官既不恤商艰，商复何知官法？该御史请于各省设立商务局，俾得维护华商，渐收利权，诚为当务之急。惟请派设专员，作为提调，以官府之体而亲阛阓之业，终难违则。不如官为设局，一切仍听商办，以联其情。拟请各督抚，于省会设立商务各局，由各商公举一般实稳练、素有声望之绅商，派充局董，驻局办事，将该省物产行情，综其损益，逐细讲求。其与洋商关涉者，丝茶为大宗，近则织布、纺纱、制糖、造纸、自来火柴、洋（铁）〔胰〕子诸业。考其利病，何者可以敌洋商？何者可以广销路？为能实有见地，确有把握，准其径禀督抚为之提倡。再由各府、州、县于水陆通衢设立通商公所，各举分董以联指臂。所有各该处物产价值涨落，市面消长盈虚，即由各分董按季具报省局，汇造总册，仿照总税务司贸易总册式样，年终由督抚咨送臣衙门以备参考。其华商互相贸贩，不与洋商相涉之货，亦应按照市价公平交易，不准任意高抬，或故为跌价以累同业。设经局董查确，应即明为告诫。若复怙恶，即由局董禀官，将该行店劣迹榜示通衢，以儆效尤。该局所遇有禀官之事，无论大小，衙门均不得勒索规费。各局所由地方长吏，月或一二至，轻车减从，实心咨访，盖必有恤商之诚，乃能行护商之政，非徒借势位之尊也。各直省果能实力奉行，商情可期踊跃，商利可冀扩充，即华洋交涉亦可得其要领矣。

又如原奏所称，招商局开办多年，全无起色，请特派督办招商大员一人，驻局办事。将招商之务分为闽广、三江、两湖、四川四大股，每股各令公举殷实公正之商董一二人，专办该股一切商务。由各商议定办法，禀督抚而行。别置提调一员，专管局中一切章程一节。查招商局为南北洋轮船总汇，同治十一年，前北洋大臣李鸿章奏明设局，商为承办，官为维持。自光绪二年买并旗昌船栈后，官帑积一百九十万八千两，逮今拨还，现已不存官款，尚非并无起色。即就每年完税而论，各省关所收招船税，岁约三百余万。搭载水脚，自开局至今，几逾万万。若无局船，则此利尽属洋商。是该局收回利权,实明效大验,更能力祛中饱,切实经理,则为益较多。该御史请整顿招商局,诚非无见。惟整顿之法,实分两端,一在局之弊,一在船之弊。查该局之所以能自立者,实赖官为维持,故虽怡和、太古多方排挤,该局犹能支柱,盖岁运苏浙漕米,又带免二成税课,皆该局独擅之利。其于江西、两湖漕米,则代买代运,尤操奇赢。若概属之局中,不由一二人专利,则公积愈增。此在局之弊所应整顿者也。各船买办,半由夤缘而得。每船货脚容有船口簿司查,而搭客则以多报少,影射隐瞒,难为究办。外洋轮船责在船主,事无巨细,悉听船主指挥。每搭客,登舟则验票,船至半途则查票,登岸则缴票,此皆大副专责而船主总其成,不致挤杂矇混。招商局船主但管驾驶,船中一切,买办主之,故长江买办之缺为最肥美。此在船之弊所应整顿者也。凡兹积弊,临以贵而无位之督办,公私未彻,呼应不灵,徒拥虚名,恐无实济。该局向隶南北洋辖理,以局船起卸口岸均有关道可以稽查,而受成于南北洋较为切近。光绪七年,李鸿章议覆王先谦一疏,声明该局缴清官款,不过商本盈亏,与官款无涉,并非一缴公帑,官职不应过问,听其漫无钤制,盖预言之矣。拟请饬下南北洋大臣,将招商局历年积弊认真整顿,该局总办及掣票登账管理船头司事,与夫江海各船买办能否得人,经办之事有无自私自利为商贾所指摘。并申明旧章,每年结算,由津、沪两关道稽核,该局岁刊告白。设被商股诋驳有据,则津、沪两官道亦应任咎。至于每船到岸如何稽察客载,应饬各关道委员经理,无分昼夜,与税关船头官公同查验,以杜弊混。其未设关道之地,如江南(大)〔下〕关,安徽大通、安庆,湖北武穴等处,由南洋大臣檄委地方官办理,按月径禀南北洋商署存查。能否如该御史所陈,分闽广、两湖、三江、四川为大股,应由南北洋大臣体察情形酌办。该局船曾驶赴旧金山、檀香山、新嘉坡各岛，道远费煤，船小载轻，为利无几。现求扩充之法，宜就中国各口岸有可为该局增益以敌洋商，统由南北洋大臣随时规画，请旨遵行。至通商事务，向由臣衙门办理，该御史请在京师设立商务公所，与臣衙门无甚表异，自应毋庸置议。所有臣等遵旨议奏缘由，谨缮折具陈，伏乞皇上圣鉴训示。谨奏。

奉朱批：依议。钦此。

派员查明南洋商务情形拟设领事疏

张之洞

臣查委员王荣和等于役南洋，海程五万余里，计历二十余埠。先至小吕宋，为日斯巴尼亚国属。次新嘉坡，次麻六甲，次槟榔屿，次仰江，皆英国属。次日里，次日里各附埠，次加拉巴，次加拉巴各附埠，次三宝垅，次三宝垅各附埠，次泗里末，皆荷国属。次新金山之钵打稳，次雪梨，次美利滨，次亚都律省各附埠，次衮司伦，次衮司伦各附埠，皆英国属。

其抵小吕宋也，华民分诉日人虐害情形，恳请派官保护，自筹经费。缘该处华民五万余人，贸易最盛，受害亦最深。该委员等详查被害各案，或挟嫌故杀，或图抢故烧，甚至官兵徇私，巡差讹诈，暴敛横征，显违条约，当经择要照会日官查办。时值土人联名拟逐内地华工，该委员等到日，其议遂寝。综核情形，非设总领事不可。其分设正副各领事，暨驻扎处所，由总领事因地制宜，择员禀委，以期妥洽。

其抵新嘉坡也，与原设领事左秉隆往见坡督各官，礼意尚洽。该处华民十五万人，富甲各处。除衙舍公产外，所有实业，华人居其八，洋人仅得其二。每年往来华工又最多，英设华民政务司专理其事，立法尚称公允。惟不向中国领事衙门报名，情意既不联络，而目击招工客馆作奸欺瞒，无从禁止，亦失保护之旨，似应并由中国领事稽查，以重事权而免流弊。至麻六甲、槟榔屿，与新嘉坡相连，而槟埠生意尤盛，宜添设副领事一员，用资倚毗。

其抵缅甸之仰江也，该处华人三万余众，设有宁阳会馆及各公司。该员遍加访察，以米石为大宗，宝石、牛皮等物次之。自英据其地，收饷设戍，密迩腾越，为中国隐患。此处宜设副领事联络商情，必于边事有益。

其抵日里也，该处为原奏所未及，华工亦万余众，来自汕头等处，先由客头带至新嘉坡、槟榔屿，经英官查过，自愿佣工者，订立华文合同，往日里为佣。所业种烟、扎烟，勤奋者年（中）〔终〕可余番银百余元，否则不足糊口。工头以赌倾其资，继以称贷，第二年复须留工，则返乡无日。查荷官洋文章程，内载"工人有过，准园主送官讯办，不得私自鞭挞。不得过三年之限，限满后无论有无亏欠，园主皆应给予川资，不得再留"等语，而园主阳奉阴违，于华文合同内并不叙明，任意虐待。经该委员等告知荷官，始允为设法整顿。此处宜设副领事以资保护。

其抵加拉巴也，该处华民七万余众，荷人捐税繁多，赌风尤炽，甚至迫令入彼国籍。其附近之波哥内埠、文丁内埠，皆有华人聚处。又有三宝垅与疏罗及麦里芬及泗里末及惹加等处，皆荷兰国属地，华人二十余万众，荷官横肆暴虐。该委员等接见华商，备言其苦。中国如筹保护，小吕宋而外，当以加拉巴为先。该处宜设总领事，兼办三宝垅等处事务，于荷属各埠华人加以恩义，数十万之众皆可内附。其分设副领事，一切与小吕宋同。

其抵新金山之钵打稳埠也，华工三千余众，雪梨附近华人万余众。美利滨埠、旺加拉打埠、必治活埠、叭拉辣埠、纽加士埠、市丹塔埠，均属新金山外埠，惟庇厘市槟埠系衮司伦之省城。又有汤市喊路埠、波得忌利士埠及谷当埠，每处华人自数百至千余不等，该委员皆勤加抚慰。查新金山即英属澳士利地，为五大洲之一，地方辽阔，物产繁富，多五金矿产。华人至者颇多，英欲阻之，特立收人税之法，每人纳英金十磅，方准登岸，间有收至三十磅者。似可援照美国总领事章程，在雪梨大埠派设总领事一员，总理雪梨及美利滨、亚都律、衮司伦各埠，并纽讨兰岛华人商务，则华工所得庇倚，谋生益觉有资。其各埠副领事，可即令商人兼办，无须发给薪费。

此该委员等先后禀报筹办。及回粤后面加询考之大略情形也。倘蒙朝廷设立领事，加以抚循，则人心自然固结，为南洋无形之保障，所益匪浅矣。

论俄罗斯条约疏

郭嵩焘

窃臣恭读光绪五年十二月初四日上谕："此次会议事件，中外臣工及在籍大臣如有所见，均可据实直陈等因。钦此。"仰见我皇上慎重边防、周谘博访之至意。因查前左都御史臣崇厚在俄国立定条约十八款，不察山川险要之形胜，不明中外交涉之事宜，种种贻误，无可追悔。然西洋各国遣派使臣相与议定条约，原应由各国核准施行，是此案准驳之权，仍制自朝廷。所有派遣驻扎各国使臣，但系两国交涉事件，应责成料理。总理衙门但一谕饬驻俄公使转达俄国外部：《伊犁条约》渐缓核准，权听俄兵驻扎伊犁，以俟续议。俄人虽甚猖獗，亦不能违越万国公法以求狂逞。只此权应之一法,可以稍戢俄人之志。即在我,亦稍有以自处。臣请通前后事情,为我皇上分别陈之。

一曰收还伊犁应由甘督核议。乾隆年间,勘定准、回各部,设立各城,驻扎兵弁。外设屯卡,与各属部画分疆界。百余年来,哈萨克、布鲁特诸部日以衰微,其地多为俄人侵占。又西灭浩罕诸部,与西域壤地紧相毗连。而自回疆畔乱,二十余年,屯卡毁弃殆尽。即令俄人缴还伊犁一城,清理疆界,极费推求。陕甘督臣左宗棠,平日讲求地理之学,经营西域,已逾十年,形胜险要,为能详知,并非数万里外遣一使臣凭空定议之事。臣所谓收还伊犁应由甘督核议者,此也。

二曰遣使议还伊犁,当径赴伊犁会办。俄人占据伊犁时,但以保护疆界民商为言,原约中国平定西域,仍行退还。是收还伊犁,并无他虑,惟虑俄人索取兵费太多,此须至伊犁相度情形,乃可置议。左宗棠以战功平定西域,不肯居赎回伊犁之名。拣派大员会议,着紧亦专在此,无舍伊犁而径赴俄会议之理。即令议办已有端绪,应遣使赴俄定约,亦必须由肃州取道伊犁,兼与左宗棠商定一切。臣在伦敦,日本遣使恩倭摩的赴俄,议换库页一岛,即所谓虾夷岛也,在该岛争持多年,乃遣使赴俄计议。其使臣即由库页岛径达黑龙江,取道伊犁,绕乌拉岭赴俄,为其水陆交通,险隘形胜,及其兵力所注,非身亲考览,无由知也。俄酋高福满驻扎伊犁,兼统浩罕诸部,其与崇厚议还伊犁,二万里调高福满回国会办。此在中国关系绝大,而在俄人则进退皆利,无关得失之数,而其任劳核实如此。臣所谓遣使议还伊犁,当径赴伊犁会办者,此也。

三曰直截议驳《伊犁条约》,当暂听从驻扎,其势万不能急速收还。臣查天山南北两路,所以号称肥饶者,正以河道纵横灌输之故。俄人所踞西伯利部一万余里，并属荒寒之地。近年侵夺塔什干、浩罕诸部，蓄意经营。前岁见俄国新报，言其提督斯哲威尔探寻巴米尔郎格拉湖一带，报称喀拉库拉湖至阿克苏，有通长不绝河源，深入俄国荒漠之地，为历来人迹所未到，举国相为庆幸。其睥睨西域，蓄谋已深。伊犁一城，尤为饶沃。自伊犁河以南曰哈尔海图，产铜；曰沙拉搏和齐，产铅。其北山曰空鄂尔峨博，产煤；曰辟里箐，产金；曰索果，产铁。往时，河南设有铜厂、铅厂，并近距特克斯河，而办理不甚如法。山北煤、铁各厂，则尚未开采。西洋人群视为上腴之地。伊犁所设九城，专驻兵弁，其膏腴并在河南。山北西至霍果斯，亦设有一城，距伊犁不逾百里。所设额尔格齐齐罕诸卡，皆在五百里以外。今画分霍尔果斯河属之俄人，则伊犁一河亦截去四之三，而五百余里之屯卡，皆弃置之矣。画分特克斯河属之俄人，则旧设铜、铅各厂，亦与俄人共之。而特克斯河横亘天山以北，其南直接库车、拜城，声气皆至阻隔。所设屯卡，直达特克斯河源，皆弃置之矣。塔尔巴哈台距伊犁东北尚在千里以外，闻亦有画归俄人之地。以一城孤悬浮寄，尽割置其膏腴之地，名为收还伊犁，而实弃之。此时置议，较之从前，其难万倍。当据万国公法，由国家径行议驳，无可再行商办之理。以此时蠲弃伊犁，与收还伊犁，其势并处于两穷。惟有申明权听驻扎，以杜其狡逞之心，而仍以从缓计议，稍留为后图，庶自处于有余之地，而亦有余地以处俄人。臣所谓直截议驳《伊犁条约》，暂听俄人驻扎者，此也。

四曰驻扎英法两国公使不宜遣使俄国。西洋各国，互相联络，各视其国势缓急轻重，与其恩怨，以为之程。数百年来，攻伐兼并，事变百出。而目前大势，则英法两国为私交，俄德两国为私交，德与法仇恨方深，英与俄尤为累世积怨。其心意所向背，即其喜怒好恶亦皆随之转移。臣尝谓英法共一公使,俄德亦当共一公使。凡为公使驻扎,非但以虚名通两国之好而已,实有维持国体之责与商办事件之权。遣使会议当在伊犁,而其难通之情,与其两不相下之势,由驻俄公使达之俄国朝廷,以持其平而分其责。此亦万国公法所当准情据理,通论其节要者。似此加派使臣,改议已定条约,恐徒资俄人口实,以肆行其挟制之术。俄国新报已言《伊犁条约》由英人播弄翻悔,亦可窥见其用心矣。臣所谓驻扎英法两国公使不宜遣使俄国者,此也。

五曰定议崇厚罪名于例本无专条,亦当稍准万国公法行之。臣查崇厚贻误国家,原情定罪,无可宽假。然推其致误之由,一在不明地势之险要,如霍尔果斯河近距伊犁,特克斯河截分南北两路,均详在图志,平时略无考览,俄人口讲指画,乃任资其玩弄。一在不辨事理之轻重,其心意所注,专在伊犁一城,则视其种种要求,皆若无甚关系,而惟惧缴还伊犁之稍有变更。一在心慑俄人之强,而丧其所守。臣奉使出洋,以崇厚曾使巴黎,就询西洋各国情形,但言船炮之精、兵力之厚,以为可畏。崇厚名知洋务,徒知可畏而已。是知其势而不知其理,于处办洋务终无所得于其心也,一在力持敷衍之计,而忘其贻害。臣在巴黎与崇厚相见,询以使俄机宜,仅言:"伊犁重地,岂能不收回?"颇心怪其视事之易,而亦见其但以收回伊犁为名,于国事之利病,洋情之变易,皆在所不计。故常以为与西洋交接,亦当稍求通悉古今事宜、中外情势,而后可以应变。是以崇厚之罪,人能知而能言之,而当定议条约之时,崇厚不能知也;携带参赞随员,亦皆不能知也。置身数万里之遥,一切情势略无知晓,有听俄人之哃喝欺诬,拱手承诺而已。朝廷以议驳条约加罪使臣,是以定约之国明示决绝,而益资俄人口实,使之反有辞以行其要挟。崇厚殷实有余,宜即令报捐充饷赎罪,而无急加刑以激俄人之怒,即各国公论亦且援之,以助成俄人之势。臣所谓定议崇厚罪名,当稍准万国公法行之者,此也。

六曰廷臣主战只是一隅之见,万宜斟酌理势之平,求所以自处,而无急言用兵。臣查西洋构患以来,凡三次用兵:广东因禁烟、宁波、天津因换约,皆由疆臣处置失宜,以致贻患日深,积久而益穷于为计。然其时中外之势,本甚悬绝,一切底蕴,两不相知,徒激于廷臣之议论,愤然求一战之效。至今日而信使交通,准情理处,自有余裕。俄人之狡焉思逞,又万非比英法各国专以通商为事。衅端一开,构患将至无穷。国家用兵三十年,财殚民穷,情见势绌,较道光、咸丰时,气象又当远逊。俄人蚕食诸回部,拓土开疆,环中国万余里,水陆均须设防,力实有所不及。即使俄人侵扰边界,犹当据理折之,不足与交兵角胜。何况以伊犁一城,遣使与之定议,准驳应由朝廷。纵彼以兵力要挟,亦可准度事势之宜,从容辩证,何为贸然耀兵力以构衅端,取快廷臣之议论?臣所谓廷臣主战只是一隅之见者,此也。

窃以为国家办理洋务,当以了事为义,不当以生衅构兵为名。名之所趋,积重难返,虽稍知其情状,亦为一时气焰所慑,而不敢有异同。臣之愚昧,直知为今日之急务,固不在此。应恳天恩饬令驻俄使臣转达俄国外部,以伊犁一城为天山南北两路关键,中国必待收回。而此次崇厚所定条约,万难核准。所有俄兵驻扎伊犁,应暂无庸撤退。从前喀什噶尔曾经与俄通商,应否照旧举行之处,由陕甘督臣左宗棠与俄国督兵大臣会商核办,以期妥善。毋得轻易率请用兵,致失两国交谊。开诚布公,正辞明辨,责成督臣妥为经理,或冀挽回万一。以后与俄人交涉,亦可于此稍得其端倪。关系大局,实非浅鲜。

臣以庸愚,奉政无状,万口交谪,无地自容。积年以来,心气消耗,疾病日增,里居逾岁,足迹未尝一出门户。自分衰病余生,无复犬马图效之望。而轸念时艰,重以崇厚之昏庸,贻误多端,几至无可补救。臣于洋务粗有所见,诚知一时公论,于此必多触忤。然求之事理,征之史策,准之国家之利病,验之各国之从违,允宜及早断行,以免多生枝节。为时愈久,议论愈繁,则益难以处理。是以不敢避诟讥而终甘缄默,谨略献其刍忱,上备圣明采择。

拟选聪颖子弟出洋习艺疏

曾国藩

窃臣国藩上年在天津办理洋务,经前江苏巡抚丁日昌奉旨来津会办,屡与臣商榷,拟选聪颖幼童,送赴泰西各国书院学习军政、船政、步算、制造诸书,约十余年,业成而归,使西人擅长之技中国皆能谙悉,然后可以渐图自强。且谓携带幼童前赴外国者,加四品衔刑部主事陈兰彬、江苏候补同知容闳皆可胜任等语。臣国藩深韪其言,曾于上年九月、本年正月两次附奏在案。臣鸿章复往返函商。窃谓自斌椿及志刚、孙家谷两次奉命游历各国,于海外情形亦已窥其要领。如舆图、算法、步天、测海、造船、制器等事,无一不与用兵相表里。凡游学他国,得有长技者,归即延入书院,分科传授,精益求精。其于军政、船政,直视为身心性命之学。今中国欲效其意而精通其法,当此风气既开,似宜急亟选聪颖子弟携往外国肄业,实力讲求,以仰副我皇上徐图自强之至意。

查美国新立和约第一条内载:嗣后中国人欲入美国大小官学学习各等文艺,须照相待最优国人民一体优待。又美国可以在中国指准外国人居住地方设立学堂，中国人亦可在美国一体照办等语。本年春间，美国公使过天津时，臣鸿章面与商及，允俟知照到日，即转致本国，妥为照料。三月间，英国公使来津接见，亦以此事有无相询。臣鸿章当以实告，意颇欣许，亦谓先赴美国学习。英国大书院极多，将来亦可随便派往。此固外国人所深愿，似于和好大局有益无损。臣等伏思外国所长，既肯听人共习，志刚、孙家谷又已导之先路，计由太平洋乘轮船经达美国，月余可至，当非甚难之事。或谓天津、上海、福州等处，已设局仿造轮船、枪炮、军火；京师设同文馆，选满汉子弟，延西人教授；又上海开广方言馆，选文童肄业：似中国已有基绪，无须远涉重洋。不知设局制造，开馆教习，所以图振奋之基也。远适肄业，集思广益，所以收远大之效也。西人学求实济，无论为士、为工、为兵，无不入塾读书，共明其理，习见其器，躬亲其事，各致其心思巧力，递相师授，期于月异而岁不同。中国欲取其长，一旦遽图尽购其器，不惟力有不逮，且此中奥窔，苟非遍览久习，则本原无由洞彻，而曲折无以自明。古人谓学齐语者，须"引而置之庄岳之间"，又曰"百闻不如一见"，此物此志也。况诚得其法，归而触类引伸，视今日所为孜孜以求者，不更扩充于无穷耶？

惟是试办之难有二：一曰选材，一曰筹费。盖聪颖子弟不可多得，必其志趣远大，名质朴实，不牵于家累，不入于纷华者，方能远游异国，安心学习，则选材难。国家帑项，岁有常额，增此派人出洋肄习之款，更须措办，则筹费又难。凡此二者，臣等亦深知其难，第以成山始于一篑，蓄艾期以三年，及今以图，庶他日继长增高稍易为力。爰饬陈兰彬、容闳等悉心酌议，加以覆核，拟派员在沪设局，访选沿海各省聪颖幼童，每年以三十名为率，四年计一百二十名，分年搭船赴洋，在外国肄习。十五年后，按年分起，挨次回华之日，各幼童不过三十岁上下，年力方强，正可及时报效。闻前闽、粤、宁波子弟亦时有赴洋学习者，但止图识粗浅洋文洋话，以便与洋人交易，为衣食计。此则入选之初，慎之又慎。至带赴外国，悉归委员管束，分门别类，务求学术精到。又有翻译教习，随时课以中国文艺，俾识立身大节，可冀成有用之材。虽未必皆为伟器，而人才既众，当有瑰异者出乎其中，此拔十得五之说也。至于通计费用，首尾二十年，需银百二十万两，诚属巨款。然此款不必一时凑拨，分析计之，每年接济六万，尚不觉其过难。除初年盘川发给委员携带外，其余指有定款，按年预拨，交与银号陆续汇寄，事亦易办。

总之，图事之始，固不能予之甚吝，而遽望之甚奢。况远适异国，储才备用，更不可以经费偶乏，浅尝中辍。近年来设局制造，开馆教习，凡西人擅长之技，中国颇知究心，所须经费，均蒙谕旨准拨，亦以志在必成，虽难不惮，虽费不惜，日积月累，成效渐有可观。兹拟选带聪颖子弟赴外国肄业，事虽稍异，意实相同。谨将章程十二条恭呈御览，合无仰恳天恩，饬下江海关于洋税项下按年指拨，勿使缺乏。恭候命下，臣等即饬设局，挑选聪颖子弟，妥慎办理；如有章程中未尽事宜，并请敕下总理衙门酌核更改，臣等亦可随时奏请更正。

强邻环伺疏

薛福成

奏为强邻环伺，世变方殷，谨陈愚计，略备采择，恭折仰祈圣鉴事。窃臣考舆图，遐稽史籍，知我国家幅员之广，轶汉迈唐，而超越于宋明数倍。惟元代极盛之时，差足比隆。然元之塞外诸部，不时自为分裂，未若我圣朝之一统无外，控制得宜。盖形势之雄，治平之久，人民之众，洵莫与京矣。自泰西诸国航海东来，始不过借互市之名，逐什一之利。相狎既久，寖有违言，衅端之起，仅在五十余年以前。谋臣议论不一，忽和忽战，累次失利。纷纭者逾二十年，而元气已大损矣。厥后更定约章，稍持和局，外警之迭起环生者，几于无岁无之。中外筹议，不能不以海防为兢兢。地之险者扼之，土之荒者辟之，军之阙者设之，才之乏者练之，械之精者购之，艺之良者习之。盖既经荩臣硕辅，内外合谋，苦心经营者，亦逾二十年，中国声威稍稍异于畴昔。然濒海之区，回环万数千里，布置既已难周，犹且艰于物力，缺于人材，限于时势，格于议论，措施不过十之二三，而狡寇窥逼之大势，又不仅在海而在陆矣。

　　臣窃按英、俄、法三国，欧罗巴著名强国也，其国都皆距中国三四万里，彼知西洋大小诸邦，竞能自立，难逞雄图，未肆西封，遂勤东略。英人初借公司之力，蚕食五印度，未几而沃壤数万里尽为所并，遂与我之西藏为比邻。近且胁服阿富汗、克什弥尔、巴达克山、克什南诸部，为英属国。其大势骎骎北向，既越葱岭，而与我之回疆相接。南并缅甸，而云南之迤南、迤西，悉与毗连矣。俄国自兴安岭以外，东傅于海，包我黑龙江全境，暨外盟蒙古、乌梁海诸部，西轶新疆诸城，地势尤为广远。自咸丰年间来索旧地，而黑龙江以南、乌苏里河以东，勘界一误，蹙地数千里。至今西人动辄借口，谓为中国不重边地之明证，侵夺之谋，无时或息。俄人又于同治年间乘我内寇不静，稍以兵力吞灭浩罕、布鲁特、哈萨克、布哈尔诸回部。自是俄境亦接回疆，其地匝我三陲，回环殆不下二万余里。法人自争得越南，旋胁取真腊一国，归其保护。近又侵割暹罗湄江东岸之地，疆圉愈固，气势自雄，而两广、云南边外，益以多事。由斯以观,中国东南两面,大海绕之;其自东北以迄西南,则三强国之境绕之。防于海者,动虞诸国窥伺;防于边者,日与三国周旋。至于南洋诸岛,星罗棋布,昔人所谓海外杂国,东南际天地以万数,时候风潮朝贡者,今已为英与荷兰、西班牙三国之外府,竟无一岛能自存者。此殆宇宙之奇变,古今之创局也。

然犹有可冀者,曰:"彼虽盛于一时,终将衰于异日。"顾臣观西洋大国图治之原,颇有条理。英、俄、法,皆创国数百年或近千年,炎炎之势,不始今日。今其制胜之术,屡变益精。舟车则变而火轮矣,音信则变而电传矣,枪炮则变而后膛矣,战舰则变而铁甲矣,水雷则变而鱼雷矣,火药则变而无烟矣,窥敌则变而用气球矣,照夜则变而电灯矣。专家之学,互殚智力,往往能制驭水火,呼吸风霆,新艺迭出,殆无穷期。其恃强逞威之具既如此,然犹有可慰者,曰:"彼既与我和好,未必遽蓄狡谋。"顾国必自强然后和可恃。夫制敌而不制于敌者,莫如铁路。英之铁路,一已抵西藏近边之大吉岭,一已达云南近边之新街。俄之铁路,将由塔什干而趋浩罕,近复经营西伯利亚铁路,东联珲春、海参崴。法开铁路以通商,已由河内直接谅山。而我无一足以应之。俄人移我界碑、胁我属部之事,时有所闻。迩来帕米尔一役,终不脱占地故智。英人力争野人山地,印度各官志在分据险要,侵逼滇疆。臣因滇缅分界,知其隐衷。法人注意滇南诸土司,已见端倪。彼既撤我藩篱,稍久必窥堂奥,其贪得无厌之情又如此。盖事变如此之棘,时局如此之艰,皆肇端于此数十年内。

夫自开辟以来,神圣之所缔造,文物之所弥纶,莫如中国。一旦欧洲强国四面环逼,此巢、燧、羲、轩之所不及料,尧、舜、周、孔之所不及防者也。今欲以柔道应之,则启侮而意有难餍;以刚道应之，则召衅而力有难支。以旧法应之，则违时而势有所穷；以新法应之，则异地而俗有所隔。交涉之事，日繁一日；应付之机，日难一日。诚不知何所底止矣。惟是通变方能持久，因时所以制宜。伊古盛时，或多难以保邦，或殷忧而启圣。臣愚以为，皇上值亘古未有之奇局，亦宜恢亘古未有之宏谟。夫英国地多而势散，俄国土旷而人稀，法国政烦而民困。彼有所长，亦有所短；我有所短，亦有所长。诚能弃所短而集所长，自可用所长而（弃）〔乘〕所短。未得其术，则难者益难；苟握其要，则难者亦易。臣谨择其约而易行者，请为圣主陈其大略：

一曰励人才。所谓才者何常？时方无事，则以黼黻隆平为贵；时方多事，则以宏济艰难为先。夫道德之蕴，忠孝之怀，诗书之味，此其体也。而论致用于今日，则必求洞达时事之英才，研精器数之通才，练习水陆之将才，联络中外之译才。体用兼该，上也；体少用多，次也。当风气初开之际，必有妙术以鼓舞之，则人自濯磨矣；迨豪彦竞进之时，必择异能而倚任之，则事无丛脞矣。群才之振奋，莫运于九重之精神，劝之有具，斯培之有本；培之有本，斯用之不穷。至于多设学堂，随地教人，多选学生，出洋肄业，亦皆储才之要端也。

一曰整武备。欧洲诸邦，以战立国者一二千年，凡事皆有专门名家。故中国练军，不能不仿参西法。海军取法于英，陆军取法于德，已稍著成效矣。顾北洋而外，推行未广，尚不足以建威销萌。且论今日海军，不在骤拓规模，而在简核名实；不在遽添船炮，而在增练材艺。俟其成效足与西军相颉颃，再援昔日化一为三之议，扩充分布，则海疆自无可虞。至各省绿营，疲癃特甚，前督抚臣曾国藩、胡林翼已早言之。似宜先就临边之地，与英、俄、法相近者，稍稍变绿营为练军,因其旧饷,给以新式火器,而以西法部勒之,渐除废弛拘挛之习,免为西人所笑侮。又查有屯垦之地,不妨酌置练军,或仿漠河金矿之例,许公司集股开矿,练营自护,随时操练,以备调用,似亦两得之道也。

一曰浚利源。泰西诸国竞筹藏富于民之法,然后自治自强,措之裕如。即臣所谓养才练兵,亦非帑项充盈不可。盖生财大端,在振兴商务,以畅销土货为要诀。欲运土货,以创筑铁路为始基。今者国家既筹的款,营造山海关铁路,以期渐达于东三省,此固护边至计也。然地势稍偏,土货不旺,尚需岁贴养路巨费,恐非持久之计。今欲使此路广引商货,化贫为富,似非通内地铁路不为功。内地铁路仍宜查照湖广督臣张之洞原议,分年筹费。由汉口开路,以抵卢沟桥而达山海关,则秦陇、楚、蜀、晋、豫之土货,日出日多,转输益远,商利自饶,必有自集公司依干路以筑枝路者,不必官为筹款。寖假六通四辟,富庶之机,蒸蒸日上,不仅有事征兵运饷为便矣。臣又尝阅光绪初年各关贸易总册,洋货入口与土货出口,厥价略足相抵。近年洋货骤赢,土货骤绌,中国每岁耗银至三四千万两,则以洋布、洋纱畅销故也。盖其为物,出自机器,洁白匀细,工省价廉,华民皆乐购用。而中国之织妇织女束手坐困者,奚啻千百万人?今上海、武昌皆已购机设厂,织布纺纱,天津亦有纺纱之议。诚宜推之各省及各郡县,官为设法提倡,广招股商,设立公司,优免税厘,俾资鼓励,收回利权,莫切于此。其他养蚕缫丝之法,植茶焙茶之方,练铁开煤之学,一一讲求整顿,岂非利用厚生之政,探本握要之图乎?

一曰重使职。昔汉武帝诏举茂才异等,可为将相及使绝国者。西洋诸国,或以宰相及外部大臣出为全权公使,或以资深望众之总督出为全权公使。其视使职与将相并重,大抵相臣襄内政,使臣襄外务,外与内相表里也;将臣尚武力,使臣尚文辩,辩与力相补救也。有百年安边之计,定于三寸舌者,富弼之使契丹是也;有一介行李之驰,贤于十万兵者,陆贾之使南粤是也。方今英、俄、德、法、美数大国,各挟胜势以相陵相伺,其事体又与古迥异。彼于我立约通商定界,动辄有大利大害倚伏乎其中。臣尝谓国势之振兴,不尽恃战胜攻取,但能于交涉数大端,措注合乎机宜,恢张自有明效。夫总理衙门所恃为耳目、为手足、为心膂者,莫如使臣。中国古多卓荦之士,然今尚稍艰其选者,不讲之于豫也。西洋久著强盛之绩,然今尚不竭于用者,能练之以渐也。伏愿树之准绳,明示激劝,则风声一播,足以奔走天下,俾人人以经济为先资,以远谟为急务。上之所重,下亦重之;下之所重,效亦随之。亦在圣意之专注而已。

已上四端,类皆劳臣之所经画,圣主之所施行。臣不过稍请变而通之,扩而大之,用力既专,收效自倍,庶冀舒外患而固邦本。大抵英人坚韧,俄人倔强,法人蛮横,而探其狡黠之谋,则各造乎其极,殊令我有应接不暇之苦。然论我固有之权力,苟善用之,未尝不为彼所深惮。诚使经理日宏,贤能日奋,必善审三国之变而备之可也,即徐待三国之衰而制之亦可也。倘因循而不早为计,则敌已迫矣,患已深矣,儳焉不可终日矣。《诗》曰:"心之犹矣,疢如疾首。"微臣奉使四国,稍睹外洋情势,辄敢贡其拳拳之愚,不胜战栗彷徨之至。所有强邻环伺,世变方殷,谨抒愚计缘由,理合恭折密陈,伏乞皇上圣鉴训示。谨奏。

密陈夷务疏

殷兆镛

窃惟今日国事之最切,莫如洋务海防之一端。议战、议守、议抚、议防，至不一矣，而二三十年以来，卒无定论。古人云："知己知彼，百战百胜。"正不必论我之制彼如何，当先察彼之胜我安在。近人之羡慕而悚息于西洋者，一曰富，二曰强。所谓富者，各处洋面占据码头，岁入之款倍于中华而已。所谓强者，船坚炮利，新式火器层出不穷而已。至于其所以致富、所以致强之道，无有能揣其本而探其源者。纵有其船、有其炮，而驾驶、开放之技艺不如也，坚忍勇鸷之人心不如也，如山不动之号令不如也，则与无船无炮又何异哉？

　　诚以最近之事较之：我大清国龙兴东土，以骑射为绝技。当时与明人交战，明人有鸟枪大炮，而我则无之，与今日我之枪炮不敌西洋情形相类。然明人有枪有炮，往往不及施放，而我之劲弓怒马已至其前，明兵率弃枪炮以逃。其故无他，人心一齐一不齐，士气一勇一不勇之别耳，固不在有器无器也。前年普鲁士与法兰西相斗，法国之旱队枪炮冠于泰西，千百年来为雄无敌。普鲁士乃褊小之国，徒以君明臣良，蓄谋岁久，殚精竭智，上下一心，遂使法兰西火器诸技失其所恃，而为普所挫败。是西人与西人交战，所用轮船枪炮，两俱精良，惟以人心之整齐涣散分胜负。中土日习火器，即事事尽其巧妙，亦不过与法兰西之炮船相等极矣。使不求先鼓励兵心，整饬刑政，设有如普鲁士之强锐无前者，我能不为所挫乎？故以前明之有火器与国初之无火器言之，则有者败而无者胜；以普法二国言之，以火器著名者败，而火器未著名者胜。然则其所以必败、所以必胜者，当以兵心之勇怯为优劣，而器之有无利钝实为第二义，灼然可睹矣。以中土十八省，分南北两途，南人工于文词，精于书写，北人往往不及焉。乃北人只效南人之笔砚精良、纸墨华美，而不能于幼小之年耳濡目染，如南人之勤学，无益也。北人习于弓马,善于驰骋,南人亦不及焉。乃南人之效北人,但购其名马高车、劲弓健矢,而不能如北人手足胼胝,耐习劳苦,无益也。以同一中华之人,南北异宜,尚不能事事相师、反客为主。乃一旦欲强开天辟地以来数万年之人心风俗,驱迫之以效法西洋,虽以汉武、秦皇之威,其不能有尺寸之效,亦明矣。臣愚窃谓目下中华之于东西洋情势,有无足虑者三,不易学步者三,大有可为者三,敢为圣明详陈之。

按泰西大小各国以数千计,而不能统于一尊。最大者为俄、为英、为法、为美,而普鲁士后出,亦颉颃其间,与中土从前之战国绝相似。互相联络,互相猜忌,更互相防维,故历次条约中必云"如后有施恩之处,各国一律均沾",其牵制钤束之隐情大可概见,断不能一国独启兵端。使我驾驭得宜,操纵有法,则彼且为我用,使为鹬蚌可也,使为冰炭可也。即或不然,亦必有此疏而彼尚亲,一违而众不合,断不致各国同时决裂,与我为难。此无足深虑者一也。西人虽勇于战事,而兴兵则甚慎甚难,必一国中君臣绅商询谋佥同,且筹有巨饷,方肯命将。即如道光二十年,洋兵初来,正林则徐为两广总督,威名最著,遂不敢遽犯广东,特乘浙江之隙,及占据定海,大可接踵内犯,乃仍向天津诉冤。次年二月,奕山在广东议和,给予六百万,已可罢兵,苟非裕谦剥皮为缰于宁波,则江宁二千一百万断不致如此之甚也。咸丰六年,叶名琛与之争执入城一事,辗转年余,始将省城攻陷。迨僧格林沁在天津击沉洋船一只,法国急于报仇矣。至下年春命上海道吴煦令商人与之讲解,只给兵费六百万,一切任照戊午原议,其各兵即可撤回。乃端华、肃顺拒之于内,何桂清、薛焕拒之于外,洋人无可如何,始大队北上。其时洋兵麇聚上海,载来战马三万匹,在洋泾浜游牧,中国共见共闻。正发逆迭陷苏、常，使洋人乘利逐便，翻然改图，以攻天津之兵，先据杭、湖，为贼前驱，则固唾手可得耳。而西人未奉君命，不敢为也。以洋人前后数年情节度之，其善战而不轻于决战，实已昭然矣。盖华军虽不能与之海上交锋，若陆路鏖兵，则洋人自揣亦无必胜之券。且我之兵勇调募可以不穷，彼则来者只有此数，全仗潮勇汉奸为之前队而已。此无足深虑者二也。洋商自十三口通市以来，其在中国购房屋，长子孙，已二三十年。恋土情深，惟利是急，一有变故，其数千万资财产业皆付荡然。故前数年屡次为中土剿贼，非其向化之独真，乃其自谋之更切。苟非万分怨恨，岂肯自害其羽毛？上年东洋无故饶舌，在京威公使尚出而排解，其不愿通商各口岸搅扰，为池鱼之忧，亦确然可证矣。虽东洋人心险诈叵测，与西洋人不同，不可不为之备，然通商各口岸有西洋人贸易在，断不令其独力鸱张。此无足深虑者三也。

西人兵法最严而养之最厚，其兵饷多于中华数倍。虽一队千人十死八九，其一二成尚且直前不退。每船数百人，终日寂然无声。所派在船分段巡查者，持枪往来，足无停趾，不但无故无一登岸者，即在船，亦无酣嬉高卧之人。枪炮器械绳索什物，不惜厚费，必新必坚，终日淬厉，如待敌至。即炮子之光滑，亦如球如镜，大小合膛，加以规算测量，故其炮能命中致远，无坚不摧。虽王子贵人，一经入伍，与齐民等，凡劳苦蠢笨事皆习为之。桅高数丈，缘索以登，必行走如飞。尽各兵之所能，方为水师提督。行伍之中，从无一官一兵可以幸进。此法律之精严，中国不易学者一也。西酋奉命出疆为全权大臣者，行止皆可自决。其督兵时，临阵作何开仗，每于未定计之先，广谘博访，必集众人所见，择善而从。虽走卒末僚，皆可预议。及既定策之后，即王公贵人不能摇撼。一切无知浮议,更屏而不顾。故下情无不上达,而善策不能中挠。敌之山川形势,兵将之强弱多寡,城郭之远近平险,必先期侦探确实,宣示各兵,皆能胸中了了。更各授以地图,临时再三申诫,合众心为一心。操有胜算,方肯举动,从无孟浪从事之时。此用兵之详慎,中国不易学者二也。西洋旧制,除临阵死亡无论外,凡所获之囚,伤者医之,死者殓之,生者养之,绝无摧辱陵虐之事。两兵相接,使命往来,不加梗阻。一竖白旗,立即止仗,不得无故伤害。逐日战事,准局外士人随时纪载,无所讳饰。为将之胜败,苟布置实非其罪,为众论所称者,各国皆可录用,如现在法国麦马韩之类。此待将之宽厚,中国不易学者三也。有此三长,故其人必心精力果,败少胜多。兼之船坚炮利,始克收其奇效。否则,孟子所谓兵革非不坚利也,委而去之而已。

  兵将法律之精且严者,其本也;轮船火炮之利且速者,其末也。有本而无末,虽强弩不能穿鲁缟矣。谈洋务者,于西人之根本长技,独不一深长思之,何哉?夫中土之于西洋,未必百事不如,亦未必百事皆胜。其间人情风俗,各有所长,而天理所存,则无二致。今人但知西人处处恃强,处处恃势,而不知平时优恤其民,信使其军,仍不能逃出中土圣贤之大道至理。且举措之间,时有一二暗合者,此其所以强也。世人皆以西洋为智,而臣独以西洋为愚。惟其愚也,故用心能专,制器能精;而中土之聪明十倍过之,其不专不精处,则皆聪明误之也。世人皆以西洋为谲,而臣独以西洋为骏。惟其骏也,故政令严肃,军律整齐;而中土之圆融亦十倍过之,其不整不肃,则又圆融误之也。今欲与之角逐,求其富强之效,必先探其富强之源。究竟各国得力之实际,乃由军民一心、法令严整乎?抑仅在于船炮猛烈、所向无前乎?苟能执其两端而详辨之,则朝廷之上,饬纪整纲,发号施令,孰先孰后,孰缓孰急之次第,自有主持,而不眩于道谋筑室矣。

又洋人之擅长在海,战争在此,谋利亦在此。国初郑成功窃据台湾,圣祖仁皇帝移沿海之民三十里以避之,郑氏遂为我困。此即不与争海之效也。此时诚弃海之利害与洋人,而但恃陆路兵民之心以胜之,彼必技无所施矣。溯自道光庚子起,至今三十年,内地与洋人交锋,惟广东三元里义民、八十三村及台湾各社两次大创之,皆不能恃枪炮之猛,而但恃人心之坚。前者已死,后者再进,洋人之利器竟亦不能致力。从前捻匪盛时,各省各县筑墟,其墟〔长〕不过秀才监生,乃一发号施令,数十墟中,百万人皆能为之效死。如果沿海地方官皆能如墟长之恩信及人,则平日之民皆临事之兵,虽一呼而数千万皆集矣。船炮乃呆物,待人用之而灵。民心兵心乃活物,激之可以必死。其间优劣,天壤相判矣。先选沿海之督抚,再选沿海之州县,如身之使臂,臂之使指,上下联络,万众一心。中土有船有炮,固足以取胜外洋;即无船无炮,亦必卓然有恃而无恐。与其费二三千万买非人不行之船炮,何如只用一千万,或减厘捐,或垦荒产,即可收沿海万里之人心乎?

夫天下之大,兵刑钱谷之烦,边府海防之重,一一综核其名实,振作而有为,使各直省中无一民不安其生,无一官敢旷其职,节无益之费,以薄敛于民间,求有用之才,各专以要任。船炮固不必废而不讲,但不专恃船炮以自强。兵将要在练之使精,更当求其兵将之敢死。将见薄海内外同仇敌忾,众志成城,国势蒸蒸日上。外洋之人,各有耳目,自然既敬且畏,不敢妄求。其办洋务之大臣,恪守条约,以恩信结之,断不致有无端要挟欺蔑之事。再历一二十年,我皇上春秋日富,英明神武,上荷天心眷佑,机会方来,亦如乾隆朝准夷故事，定可复数世之仇，泄敷天之愤。目前固不必急急速求奇效，徒乱人心。制器则画虎不成，临阵则羊鹤不舞。以举棋不定累庙算，以狼狈相倚启外疑。竭千百万小民之脂膏，购东西洋唾余之船炮，有百损而无一益。此天下士庶绅耆所异口同声而无敢上诉者，臣不胜愚憨，急迫之至，谨冒死上陈。

议覆谢祖源奏请练习洋务人才疏

总署王大臣

十二月初六日，钦奉谕旨："谢祖源奏时局多艰，请广收奇杰之士游历外洋一折，着该衙门议奏。钦此。"由军机处恭录，行知到臣衙门，钦遵核议。

伏查该御史原奏，内称自同治年间遣使外洋，除使臣由朝廷特简外，其随员或取在馆供事及肄业官生，学术既未淹通，器局尤多猥琐。即所延幕友，亦仅专司文牍，并无瑰奇磊落之才。其中出色人员，不过学习机器、通译语言，久之习与性成，甚至有乐效其饮食起居，便其车马衣服者，其人殊未足膺异日干城之选。臣愚谓国家帖括取士，经济即寓乎文章，今翰詹部属中，不无抱负非常者，可否令出使大臣每国酌带二员，给以护照，俾资游历，一年后许其更替。愿留者，听其才识出众者，由出使大臣密保。既备他日使臣之选，亦可多数员熟悉洋务之人等语。臣等维使绝域者，必资异材；习边情者，存乎实历。今外务日繁，诚宜广为储材，以收群策群力之效。

总理各国事务衙门查自奏请简派出使以来，其始原借聘问邻国为名，冀得游历殊方，周知其国俗、地形、强弱、夷险，以及练兵、制器、榷商、开矿诸要务。既而规模渐定，分遣使臣驻扎，由该使臣遴派参赞、领事等官，分驻通商津要，勘验记载各情，随时禀报。又有出洋学生以资练习。北洋大臣复屡派武弁、工匠陆续前赴各国船厂、炮厂学习技艺，用意不为不周。历年奉使及参佐人员亦多取材于曾任翰詹部属之人。查出使随员向由使臣自行奏带，跋涉万里，更换不易，必须为地择人，以责考成而效指臂。其不能拘定京外现在候补候选人员，惟材是任，势不得不然也。若夫供事学生由各该使臣奏带出洋者，取备缮写文移、翻译书问而已。其机宜重大事务，何尝取办于末秩？使尽去此曹，则笔札之繁、舌人之选，岂能概责之使臣一身？且其中未尝无可造之材，即或有沾染外洋习气者，亦可由该使臣随时督察，分别撤参，以示惩儆。

至该御史请于翰詹部属中由出使大臣酌带每国二员一节，窃惟《周髀》九数，畴人命官；《考工》五材，庶士分职。班固志前代艺文，于经典外列叙兵书、术数、方技诸略，此皆专门利用之学，圣人不废。原夫古时造士器数之学，本与义理之学并重，故足以通经致用，官效其能。近世士大夫非无才识宏通、学问渊博之人，而限于方域，囿于见闻，语及环球各国交际之通例，富强之本计，或鄙夷而不屑道，所谓少见多怪，其势然也。夫外洋测算，窃自中法；制器相材，源于《考工》；营阵束伍，乃古者司马法步伐进退之遗；开采五金，仿于《周礼》卝人之官；测绘地舆，亦晋人裴秀成法。礼失求野，岂彼智而我独愚？特中土习为游谈，其平日留心讲习者良少耳。是以欲周知中外之情势，必自游历始。然各国事理与中国不同，彼之借游历以传教者无论已，其他或默计中裔相通道里，或私绘山川形势，或考求物产盈虚，或阴测煤铁矿苗，非空劳跋涉者。且彼土之人强力坚忍，置之雪山冰岭而不辞。中土之人筋力柔脆，偶涉瘴疠风涛而生畏。况不习西国语言文字，即身历其地，亦与喑聋何异？今人欲于海疆牙错之形，直省盐铁之数，一切利病或未能了然心目，而遽欲舍己芸人，忽近图远，安必其有实济乎？

就目前而论，我之所亟，惟在察敌情、通洋律，谙制造测绘之要，习水师陆战之法，讲求税务、界务、茶、商、牧、矿诸事宜。虽未能遽底于精深，亦当先得其大要。查出使各国大臣不乏差遣之员，外国每年中例有避暑不办事之月，又多宾祭燕闲之日，相应申请饬下出使各国大臣，随时分饬属员游历境内，考核记载，分门讲求。并督出洋武弁学生等，学习各项技艺，董劝并行，以收实效。该员等本月支薪水，毋庸另给经费。至翰詹部属中如实有制器、通算、测地、知兵之选，坚朴耐劳，志节超迈，可备出洋游历者，可否请旨饬下翰林院六部核实保荐，并咨送总理各国事务衙门考核，再行奏请发往各国游历，由出使大臣就近照料。应需出洋薪水，届时由总理各国事务衙门酌定数目，在出使经费项下发给。所有臣等议覆缘由，谨合词恭折具奏。

请豁除旧禁招徕华民疏

薛福成

奏为时势互殊，例意已变，拟请申明新章，豁除旧禁，以护民而广招徕，恭折仰祈圣鉴事。窃臣溯查国朝顺治、康熙年间，始严海禁。当时因郑成功父子窃据台湾，窥犯江、浙、闽、粤，招诱平民，胁为死党，寇势滋蔓，沿海骚动，不能不创立禁例，以大为之防。凡闽人在番托故不归，复偷渡私回者，一经拿获，即行正法。厥后台湾既平，务在与民休息，不欲生事海外。康熙五十六年，禁止南洋贸易一案，经九卿议定：凡出洋久留者，行文外国，解回正法。蒙圣祖仁皇帝特恩，令五十六年以前出洋之人，俱准回原籍。雍正六年，奉谕："出洋之人，陆续返棹，而彼地存留不归者，皆甘心异域、违禁偷往之人，不准回籍。钦此。"乾隆十四年，复奉高宗纯皇帝特谕，将私往噶罗巴充当甲必丹之陈怡老严加惩治，货物入官。大抵昔日海盗未歼，邻交未订，彼出洋之人，禁之则可以孤寇党，弭衅端；不禁则虑其泄事机，伤国体。且承平之世，地广而人不稠，人散则土益旷。深维至计，首悬厉禁，非苛待此出洋之民也，时势为之也。

自道光二十二年以来，陆续与东西洋诸国立约通商。英国《江宁和约》第一条，华英人民各住他国者，必受保佑身家安全。美国续约第五条，中国与美国人民前往各国，或愿常住入籍，或随时来往，总听其自便。而《秘鲁条约》及《古巴华工条款》，亦于出洋华民郑重再三，庇之惟恐不周，筹之惟恐不至，每于海外要地设领事以保护之。诚以今者火轮舟车无所不通，瀛环诸国固已近若户庭、迩于几席，势不能闭关独治。且我圣朝煦濡涵育逾二百年，中国渐有人满之患，遂不得不导佣工以扩生计，开商路以阜财用，顺民志以联声气，张国势以尊体统。盖海禁早弛，风气大开，一视同仁，无间遐迩，前例已不废而自废，不删而自删，非偏厚此出洋之民也，时势为之也。臣于光绪十七年奏派道员黄遵宪为新嘉坡总领事（宜）〔官〕，属令到任后详察流寓华民情形，核实禀报。兹据称南洋各岛华民不下百余万人，约计沿海贸易、落地产业所有利权，欧洲、阿剌伯、巫来由人各居十之一，而华人乃占十之七。华人中如广、琼、惠、嘉各籍约居七之二；粤之潮州，闽之漳、泉，乃占七之五。粤人多来往自如，潮人则去留各半，闽人最称殷富。惟土著多而流寓少，皆置田园，长子孙，虽居外洋已百余年，正朔服色仍守华风，婚丧宾祭亦沿旧俗。近年各省筹赈筹防，多捐巨款，竞邀封衔翎顶以志荣幸。观其拳拳本国之心，知圣泽之浃洽者深矣。惟筹及归计,则皆蹙额相告,以为官长之查究,胥吏之侵扰,宗党邻里之讹索,种种贻累,不可胜言。凡挟赀回国之人,有指为逋盗者,有斥为通番者,有谓为偷运军火、接济海盗者,有谓其贩卖猪仔、要结洋匪者,有强其箱箧肆行瓜分者,有拆毁其屋宇、不许建造者,有伪造积年契券、借索逋欠者。海外羁氓,孤行孑立,一遭诬陷,控诉无门,因是不欲回国。间有以商贾至者,不称英人则称荷人,反倚势挟威,干犯法纪,地方有司莫敢谁何。今欲扫除积弊,必当大张晓谕,申明旧例既停,新章早定,俾民间耳目一新,庶有裨益。盖黄遵宪体察既深,见闻较熟,故言之详切如此。

　　臣窃惟保富之法,肇于《周官》;怀远之谟,陈于《管子》。民性何常,惟能安彼身家者是趋是附。中国出洋之民数百万,粤人以佣工为较多,其俗虽贱视之,尚能听其自便。衣食之外,颇积余财。至今滨海郡县,稍称殷阜,未使不借乎此。闽人多富商巨贾,其俗则待之甚苛,拒之过峻,往往拥赀百万,羁栖海外,十无一还。且华民非无依恋故土之思也,国家亦本非行驱禁之政也。特以约章初立之时,未及广布明文,家喻户晓,遂使累朝深仁厚意,泽不下究,化不远被,奸胥劣绅且得窥其罅,以滋扰累。为渊驱鱼,为丛驱爵,甚非计也。夫英、荷诸国招致华民,开荒岛巨埠,是彼能借资于我也;华民擅干才,操利柄,不思联为指臂,又从而摈绝之,是我不能借资于彼也。及今而早为之图,尚可收桑榆之效;及今而不为之计,必至忧杼柚之空。查前督臣沈葆桢奏请将不准偷渡台湾旧例一概豁除,曾奉特旨俞允。省具文,裨实政,莫善于此,迄今海内交口称便。出洋华民,视同一律,可否吁恳天恩,俯念民生凋敝,敕下总理各国事务衙门核议保护出洋华民良法,并声明旧例已改,以杜吏民诈扰之端。由沿海各省督抚及出使大臣分途切实晓谕,奉宣德意，俾众周知。并准各口领事官访其平日声名素称良善，核给护照。如是则不事纷更，不滋烦扰，可以收将涣之人心，可以振积玩之大局，可以融中外之畛域，可以通官民之隔阂。怀旧国者，源源而至，细民无轻去其乡之心；适乐土者，熙熙而来，朝廷获藏富于民之益。一旦有事，缓急足倚，枝荣本固，厥效非浅。所有拟请申明新章，豁除旧禁，以护商民而广招徕缘由，理合恭折历陈，伏乞皇上圣鉴训示。谨奏。

是疏于光绪十九年五月十六日由英伦使馆发递，七月初十日奉朱批："该衙门议奏。钦此。"总理衙门于八月初四日覆奏："应如所请。敕下刑部将私出外境之例酌拟删改，并由沿海督抚出示晓谕：凡良善商民，无论在洋久暂，婚娶生息，一概准由出使大臣或领事官给与护照，任其回国治生置业，与内地人民一律看待，毋得仍前；端讹索，违者按律惩治。"奉朱批："依议。钦此。"

附陈派拨兵船保护商民片

再：臣闻流寓外洋华民，往往以气馁势孤为他国人所轻侮。西洋通例，莫不拨派兵船保护商民，俾旅居者增气以自壮。近者中国海军各舰亦尝巡历新嘉坡诸埠，华民色喜相庆，以手加额，谓为从前未有之光荣。惟海军船数不多，经费不裕，势难分拨兵轮久驻海外。华民集资，积少成多，未尝不愿供给船费，禀请酌派军舰稍长声势。从前两广督臣张之洞曾议劝办此事，未及就绪。设令果有成效，则海军省养船之费，而有练兵之资；兵船无坐食之名，而著保护之绩。商贾佣工捐资不少，颇沾利益；使臣领事权力虽弱，亦倚声援。一举而数善备焉。臣属总领事黄遵宪相机利导，据称闽商未肯出力，事难必成，臣是以有招护商民之请。盖华商有力者之在外埠,商务之旺衰系之,军实之强弱系之,即西人亦视之颇重也。理合附片密陈,伏乞圣鉴。谨奏。

粤省创设水陆师学堂以储群材疏

张之洞　吴大澂

　　窃惟古今人材皆出于学,学之为事,讲习与历练兼之。近日海防要策,首重水师兵轮,次则陆军火器。外洋诸国于水陆两军皆立专学,天文、海道、算学、轮机、炮械、营垒、工作、制造,分类讲求,童而习之,毕生不徙其业,是以称雄海上。我朝圣武恢闳,中国人材所萃,将才何不一备,兵法何不一精,特是时势不同,船炮机算诸端,至今日而巧者益巧,烈者益烈。若欲因时制变,固非设学不可。近年天津、福州皆设水师学堂,而天津兼设武备学堂以练陆师,诚以二者不可偏废也。

　　广东南洋首冲,边要兼筹,应储水陆师器使之材,较他省为尤急。光绪三年,前督臣刘坤一捐银十五万两,奏明生息为储养洋务人才之用。光绪六年,前督臣张树声、抚臣裕宽,于省城东南四十里长洲地方,就将款内拨银建造学馆,分派教习,考选学生,肄习西洋语文、算法,用项取之前次息银,特以限于费绌,定额较少。此外有关兵事诸端,未能肄及。

　　臣之洞到任后,察看该馆生徒学业,尚堪造就,改名博学馆,于奏请筹办闽粤两省开设学堂各务折内声明在案。臣等审度时势,公同筹商,拟即就其地改为水陆师学堂,并须添购地段,增建堂舍教习,所以区功课而臻完备。其水师、陆师,均各额设七十名,先挑选博学馆旧生通晓外国语文、算法者三十名,为内学生;再遴选曾在军营历练,胆气素优之武弁二十名,为营学生;再拟选业已读书史,能文章,年十六以上、三十以下之文生二十名,为外学生。无论生监,俱准就学。

其水师则学英国语文,分管轮、驾驶两项。管轮堂学机轮理法、制造运用之源。驾驶堂学天文、海道、驾驶、攻战之法。其陆师则学德国语文,分马步、枪炮、营造三项。内学生取其翻译已晓,算法已谙;营学生取其兵事已历,胆气已壮;外学生取其志向已定,文理已通。惟营学生、外学生两途,年齿较长,学习外国语文稍有不便,应于洋教习之外添用华翻译一名,转为解授,以便领悟。其房舍则分为水师诵堂、水师操堂、陆师诵堂、陆师操场、陆师马步炮操场。其规制课程略仿津、闽成法,复斟酌粤省情形稍有变通,大抵兼采各国之所长而不染习气,讲求武备之实用而不尚虚文。堂中课程,限定每日清晨先读四书五经数刻,以端其本。每逢洋教习歇课之日,即令讲习书史,试以策论,俾其通知中(书)〔国〕史事、兵事,以适于用。在堂者,一律仍准应文武试,以开其上进之程。其营学生、外学生两途,年岁不必甚幼,庶可辨其志趣气质,不致虚养庸下之才。语文但取粗通,不必以此一端耗其心力、目力,总期由粗入精,必不使逐末遗本。水师学成之后,拨入练船。另设练船正教习、枪炮帆缆教习、测算教习四员,皆用洋弁,在船课读,即在中国沿海口岸游行,认真练习。一年之后,再选其才艺尤长者,分赴外国学堂兵船学习。其陆师则三年学成后择尤出洋,分赴各国学堂、陆军练习水陆,均令每年九月在堂,三月在船在营,遇有外洋有事,拟照西国通例前往观览,以资考镜实事。

现在购买地基,填造学舍,兴筑场厂,约估需银六万余两。每月员弁薪水、华洋教习薪费、学生赡费、丁役工食,约需银五千两。按之津、闽章程,已属节省。堂中应用书籍、机器,随时添置,除博学馆原有每年息银六千余两外,应于海防经费项下开支。粤省度支极绌,岂敢更增用款,然为此储才要素,不得不竭力成之。惟学堂事属创始,总办者非有熟习大员,未易胜任。查有二品衔分省补用道吴仲翔,才识沉毅,思虑精详,前充福建船政提调十余年,船政始规皆其创办,嗣经北洋大臣李鸿章调赴天津,委办水师学堂,亦著成效。现在请假回籍,经臣等函邀来粤,询商一切,相应请旨将吴仲翔发交臣等差委,拟即委令总办水师学堂事务,以资熟手。

至洋教习拟用三员:水师驾驶洋教习一员,查有福建船厂英员李家在闽期满,堪以调充;陆师语文、测算兼操练正洋教习一员,粤省现有德弁欧披次,堪以充补;其副教习一员,应由臣等咨商德国出使大臣,向外部选订。此外,应设汉教习十一员,水师则驾驶、操演、洋文各一员,华文三员;陆师则英文帮教二员,德文帮教一员,华文二员。其稽查各堂及经管钱粮文案,各委员酌用。此举现经臣等详加筹度,饬据广东布政使高崇基,会同海防善后局司道拟议章程,详请俱奏前来。除咨明海军衙门、总理衙门暨户兵二部外,谨合词恭折具陈。

请派员游历外洋疏

谢祖源[①]

窃惟《周髀》九数,畴人命官;《考工》五材,庶士分职。班固志前代艺文,于经典外列叙兵书、术数、方技诸略,此皆专门利用之学,圣人不废。近世大夫每囿于见闻,语及环球各国交际之通例,富强之本计,或鄙夷而不屑道。夫外洋测算,衍自中法;制器相材,

---

[①] 底本原未题作者。经查,本篇作者为谢祖源,见薛福成《出使英法比义四国日记》(《庸庵全集》本),据补。——编者注

原于《(巧)〔考〕工》；营阵束伍，乃古者《司马法》步伐进退之遗；开采五金，仿于《周礼》卝人之职；测量地舆，亦晋人裴秀成法。礼失求野，岂彼智而我独愚？特中土习为游谈，其平日留心讲习者良少耳。是以欲周知中外之情势，必自游历始。然各国事理与中国不同，彼借游历以传教者无论已，其他或默计中裔相通道里，或私绘山川形势，或考求物产盈虚，或测探煤铁矿苗，非空劳跋涉者。目前我之所亟，惟在察敌情，通洋律，谙制造、测绘之要，习水师陆战之法，讲求税务、界务、茶、(商)〔桑〕、牧、矿诸事宜。应请敕下出使各国大臣，随时分饬参赞随员游历境内，考核纪载，分门讲求。并督出洋武弁学生等，学习各项技艺，董劝并行，以收实效。至翰詹部属中如实有制器、通算、测地、知兵之选，坚朴耐劳、志节超迈者，可否请旨敕下翰林院六部核实保荐，并咨送总理衙门考核，再行奏请发往各国游历。

议

招工照会议

为照会事：现准前督部堂张，咨开光绪十五年九月廿五日，承准总理衙门咨光绪十五年八月廿二日，准和国费使照称外洋招工之地，有经纪人立市合同交易，华人乘轮船来去者，挤拥之苦直与牲畜无异。及到招工之地，该主人出钱多者，华人归伊做工，与经纪人立约。或一年，或三年，期满之后，华人仍回经纪人处。所得辛苦工资悉为烟赌花费，及钱用尽，复为经纪人挟制。本大臣欲拟一法，如华人愿意出洋种地谋生，必须在出口之处海关设立公所，委任中正之员管理其事，同外洋招工地主或同代办之人立约签字盖戳。凡出洋之华工，每人给一凭据，填明往某处佣工，每日做工几点钟，每月工价几何，往来船费若干，由外洋地主酌给。该华工在出洋之先，必须在海关公所立约，载明该华人在某处做工，须由某处一直回华，不准（透）〔逗〕留。所得工赀，该地主人注明簿上，在海关招工公所按名分给，可免经纪人诓骗。惟华人出洋之时，须由海关公所分往做工之地，庶不致有挤拥之忧也等因。前来查华人私自出洋工作，为该处经纪人挟制诓骗，种种弊端，事所必有。今该使拟设海关招工公所，系属便民除弊起见，似属有益。惟事属创行，究应如何办法，无从悬拟。相应咨行贵督，按照所开各节酌核办理可也等因，本部堂承准此。查同治五年间，准南洋通商大臣转准总理衙门咨与英法两国驻京公使公同约定招工章程二十二款，于华工出洋一切取益防损，以及严杜逼胁诱拐之弊，立法本极详明，久经遍行遵照。至开设招工公所，经瑞前部堂与英国罗领事商定招工公所事宜四条，札饬遵办在案，兹承准前因。

　　查和国费使所拟办法，核与招工章程内第八、九、十等款，声叙各节尚属符合。虽章程条款所载多有费使所未及者，若将来照准开办，仍可推广照行。费使所请各节，无非杜绝经纪人挟制诓骗各种弊端起见，尚可照准。惟华工附搭轮船一切稽查等事，以及现拟设立海关招工公所，均应由贵监主办。除先行咨覆总理衙门查照外，相应咨会查照施行等因，到本关部准此。相应照会贵税务司查照督部堂，咨内事理希，将华工附搭轮船出洋一切稽查等事，以及现拟设立海关招工公所各节，分别妥议，照覆来关，以凭咨覆核办，为此照会，顺候日祉，须至照会者。

续华佣出洋防弊议

一，领事官宜设立也。按互市通例，凡派公使驻扎国都，即为有约之国。既有公使驻其国都，即可兼派领事驻扎各地方，以资分辖。今如荷兰等国，中朝虽有钦使派往，而各属仍未设有领事。推原其故，一则防其阻止事权，再则以经费太繁，故未暇为之筹及耳。今则皆无此虑也。盖彼国需工正切，方有求于我，而吾即以设立领事要之，另立专条，注明领事所有事权，凡属该埠所有华人，均须归其保护。彼国招工正切，断不敢不允。既设领事，凡有华佣先于中国海关立约出口之时，若往某地，即由该关将出口之佣姓名、籍贯、年貌以及工作若干月一一注明抄录一分，邮交该埠领事官。迨华佣进口之时，即由领事官亲为按名查点，复设立册籍，将各佣履历以及派往何国、充当何役，一一注明册内。更随时分别传到各佣，案前讯问其工作以及园主工头有无苛刻情形。倘不照约而行，即会同该地方官秉公惩办。而领事折内应用随员若干，差役若干，均须妥为酌定。至于经费一款，或仅于华佣之内，每名酌抽册金若干，或概于该埠华人之中酌量抽取。此官以治民，即民以奉官，本无伤于王政。若是，则不惟经费不虞其告竭，且可得有余资以为方便抚恤之需矣。

一，诸员宜随时认真查核也。既设领事以及随员等，则办公有人。而领事须派用廉洁妥员巡行各园，以察诸佣之工作如何，园主工头款待如何。若有该佣懒惰，则固不能姑宽；而园主、工头等或有不照约款、任意苛刻等情，即可据情禀覆领事官，咨照地方有司会同查办，而诸佣等亦不得恃有官为保护，即任意结党以为挟制。倘诸佣等有犯以上情弊，许该园主、工头等随时向领事官案前控告，以凭惩办。

一，华人医院之宜设立也。每见华佣立约出洋者，死亡之众，实堪惨目。各处虽不无西医之设，然以西医而治华人，终多隔膜。且华佣众多，概皆施治，则不免有所草率，难期周到。是宜设立华人医院，略仿东华医院之例，抡选华医之深明症治者以为主席。凡属华人患病，俱可到院求治，不取医资。如极贫之人以及华佣，则可在院内居住就医，俟其医愈出院，再回工所。但调医时日久暂，固难一致，必更定一公道之法。如入院若干日，则为之扣除，注明簿中该佣工期满之时，更为之按日补回，俾不致有缺憾。其或不幸在院身故，即由该院医师出结，录明系因何病致死，并非抑勒等情，详于领事案中，以俟分季汇寄回华，俾其戚属家人得知其故。至于设院经费，则先筹诸华商及园主等。募集不足，即以办公所存之款继之。

一，工食不可以妄支也。今诸佣期满之后，往往仍羁留工作不能他去者，皆缘烟赌与嫖所累，每致预支工食，故遂为所缚耳。今更为之议定，该佣每年工资若干，酌核每人每年所费，给回本佣；所存之资，即由园主缴官代为存贮。若该工需赡家者，则酌拨若干，以充赡家之费。若无家者，则概行代其存贮放息，俟其工满之时，本息给还，听其自便。明白晓谕诸式人等，不许为华工除借以及赌欠等事；若有为之，是为自误，不得向公庭告发。如是则诸佣不至耗其所蓄，侵及工资，以致历岁羁留不能出境矣。

以上数则，若能实力行之，以挽回此中积弊，而公私两得矣。

采 西 学 议

冯桂芬[①]

《传》称：左使倚相，"能读《三坟》《五典》《八索》《九丘》"。

---

① 底本原题"殷兆镛"。经查，本篇作者实为冯桂芬，见冯桂芬《校邠庐抗议》卷下，据改。——编者注

孔安国曰："九州之志,谓之《九丘》。"《诗》列十五国之风,康成《谱序》云："欲知源流清浊之所处,则循其上下而省之;欲判风化芳臭气泽之所及,则旁行以观之。"孔子作《春秋》,又取于百二十国宝书。伊古儒者,未有不博古而兼通今,综上下纵横以为学者也。顾今之天下,非三代之天下比矣。《周髀算经》有四极、四和,与半年为昼、半年为夜等说,后人不得其解。《周礼·职方》疏:神农以上有大九州,后世德薄,止治神州。神州者,东南一州也。驺衍谈天,中国名曰赤县神州,中国外如赤县神州者九,当时疑为荒唐之言。顾氏炎武不知西海,夫西洋即西海,彼时已习于人口,《职方外纪》等书已入中国,顾氏或未见,或见而不信,皆未可知。今则地球九万里,莫非舟车所通、人力所到。《周髀》、《礼》疏、驺衍所称,一一实其地。据西人舆图所列,不下百国。此百国中,经译之书,惟明末意大里亚及今英吉利两国书,凡数十种。其述耶稣教者,率猥鄙无足道。此外如算学、重学、视学、光学、化学等,皆得格物至理。舆地书备列百国山川厄塞、风土物产,多中人所不及。昔郑公孙挥能知四国之为,子产能举晋国实沈台骀之故,列国犹有其人,可以中华大一统之邦而无之乎?亦学士之羞也。

今之习于夷者曰通事,其人率皆市井佻达游闲,不齿乡里,无所得衣食者始为之。其质鲁,其识浅,其心术又鄙,声色货利之外,不知其他。且其能不过略通夷语,间识夷字,仅知货目数名与俚浅文理而已,安望其留心学问乎?惟彼亦不足于若辈,特设义学,招贫苦童稚,兼习中外文字。不知村童沾竖,颖悟者绝少,而又渐染于夷场习气,故所得仍与若辈等。

今欲采西学,宜于广东、上海设一翻译公所,选近郡十五岁以下颖悟文童,倍其廪饩,住院肄业,聘西人课以诸国语言文字,又聘内地名师课以经史等学,兼习算学。闻英华书院、墨海书院藏书甚多,又俄夷道光二十七年所进书千余种,存方略馆,宜发院择其有理者译之。由是而历算之术,而格致之理,而制器尚象之法,兼综条贯,轮船火器之外,正非一端。如历法,从古无数十年不变之理。今时宪以乾隆甲子为元,承用已逾百年,渐多差忒。甲辰修改,墨守西人旧法,进退其数,不足依据,必求所以正之。闻西人见用地动新术,与天行密合,是可资以授时。又如河工,前造百龙搜沙之器,以无效而辍。闻西人海港刷沙,其法甚捷,是可资以行水。又如农具、织具,百工所需,多用车轮,用力少而成功多,是可资以治生。其他凡有益于国计民生者皆是,奇技淫巧不与焉。三年之后,诸文童于诸国书应口成诵者,许补本学。诸生如有神明变化,能实见之行事者,由通商大臣请赏给举人。如前议,中国多秀民,必有出于夷而转胜于夷者,诚今日论学一要务矣。

夫学问者,经济所从出也。太史公论治曰:"法后王,为其近己而俗变相类,议卑而易行也。"愚以为在今日又宜曰"鉴诸国"。诸国同时并域,独能自致富强,岂非相类而易行之尤大彰明较著者?如以中国之伦常名教为原本,辅以诸国富强之术,不更善之善者哉?且也通市二十年来,彼酋之习我语言文字者甚多,其尤者,能读我经史,于我朝章、吏治、舆地、民情类能言之。而我都护以下之于彼国,则懵然无所知。相形之下,能无愧乎?于是乎不得不寄耳目蠢愚谬妄之通事,词气轻重缓急,转辗传述,失其本指,几何不以小嫌酿大衅!夫驭夷为今天下第一要政,乃以枢纽付之若辈,无怪彼己之不知、情伪之不识,议和议战,迄不得其要领。此国家之隐忧也。此议行,则习其语言文字者必多,多则必有正人君子通达治体者出其中,然后得其要领而驭之。绥靖边陲,道又在是。如谓六合之内，论而不议，封故见而限咫闻，恐古博物君子必不尔也。

慎约议

王之春①

成周之建封诸侯也，其誓词曰："黄河如带，泰山如砺，国以永存，爰及苗裔。"于是镌玉版、镂金枝，藏在盟府，子子孙孙永保用享。降及春秋，互相雄长，强凌弱，众犯寡，有能内尊外攘、事大字小者，则狎齐主盟，以为诸侯主。故鲁史一书，大抵皆纪会盟之事也。然昔之所重者在修好，故珠槃玉敦，昭皇天而告之，则重誓词。今之所重者在通商，故纲举目张，列条款而晰之，则重约议。

所谓公法者，即万国之合约章程也。然法既曰公，自宜顾名而思义。曩者，中国与英、法两国立约时，皆先兵戎而后玉帛，被其迫胁，兼受朦蔽，所定条款受损实多，往往有出乎地球公法之外者。厥后，美、德诸国及荷兰诸小国相继来华立约，维时中国于洋务利弊未甚讲求，率将利益均沾一条刊入约内。一国所得，各国安坐而享之；一国所求，各国群起而助之。遂使泰西诸国协以谋我，挟以要我，几几有固结不解之势。同治十年，日本遣使来求立约，两江督臣曾国藩、直隶督臣李鸿章先后商订，始将均沾一条删去；约中并载明日本商民不准入内地贩运货物，限制綦严，节经该国屡次翻悔，每每斥驳。现闻各国驻京公使间有会商之事，日本独不得与。其尚未联为一气者，未必不因约议之稍异也。约议之不可不慎，非明征欤？

至若洋人居中国，不归中国官管理，试问华之居外洋者何如？外国人到中国不收身价，试问中国人之到外洋者何如？华人到美

---

① 本篇底本原题作者为彭玉麟，误。本篇内容见王之春《蠡测卮言·慎约议》（《国朝柔远记》附编，光绪十七年广雅书局刻本），据改。——编者注

国,每人每岁收税银一二元不等。且中国所征于各国商货之入口者,税甚轻;华船至外国,纳钞之重,数倍于他国。即以鸦片论,在孟米出口,每箱征银六十磅,中国税银仅十磅。中国出口茶税,每箱仅征每百元之七五,不上一成;至英国入口所征,不下四五成。至于烟台之约,且强减中国税则,几于喧宾而夺主。合彼此而较之,公于何有?法于何有?

更有词虽甚公而法甚不公者,如十六款所书:"英民有犯事者,皆由英国惩办。中国人欺凌扰害英民,皆由中国地方官自行惩办。"词甚公矣,不知中国之法重,西国之法轻。如华人与洋同犯命案,华法必议抵,西法仅罚锾。果孰利而孰害耶?又如公法所书:"一千八百五十八年,英、法、俄、美四国与中国立约,嗣后不得视中国在公法之外。"玩其词意,重视中国乎?抑轻视中国乎?亲待中国乎?抑疏待中国乎?嘻,异矣!

虽然,往者不可谏,来者犹可追。条约非一成不变者也。下届更修和约之日,宜明告各国,曰某约不便于吾国,某法不便于吾民,某税不合于吾例,须斟酌以协其平。彼如不允,则据理直争,百折不回,彼亦无术以处之也。且前之被彼挟而要求者,以滇案未清耳。今前案已结,彼已无所借口。且英国于条约之内事,尚未能尽行,理已先(诎)〔绌〕,兹(彼)〔复〕以理相(析)〔折〕,谅英有不得不允之势。英既允,余无虑矣。即或各执一词,相持不决,则因此款于我稍有所损,必取别款之稍有益于我者以抵之,变通尽利,亦不必过为操切,务使利害相权、嬴绌相当。于是案中国律例,合万国公法,别类分门,折衷至当,勒为成书,庶不至事事受制于人,有太阿而倒以持之也。善夫曾国藩与威妥玛书曰:"他日换约,去所不便,择其便者。"此诚不易之通论。不然,过为优容,遇事曲从,将我之所谓怀柔,彼之所谓尊奉也；我之所谓含宏，彼之所谓畏葸也。物必自朽，蠹始得而乘之；气必自馁，人始得而侮之。而可不严以辨之、慎以将之哉？①

论

通商四大宗论

杨家禾②

中国自与泰西互市以来，银钱之流外洋者不可数计。当就进口各货核之而得其要矣。出口以丝与茶为大宗，进口以烟、布为大宗，今则丝市坏矣，而茶市之坏尤甚；洋药旺矣，而洋布之销更旺。关心商务者，能不为之熟计哉？蚕桑之利，古惟中国。九州之地，无不宜蚕。近则浙江之嘉兴、湖州，江苏之溧阳、无锡，获利尤饶。泰西之来中国购丝也，始于康熙二十一年。其时海禁初开，番舶常取头蚕湖丝运回外洋。乾隆年间，旋禁弛。迨道光之季，通商立

---

① 自"英有不得不允之势"起至文末，底本原作："人之意，欲以南岛归我而换利益均沾之约。李鸿章奏以南岛瘠贫，得地而不能治，即予之球人，球人亦不能借以为国，以无用之物而增受害之约，得不偿失。力持正论，球案所以延阁也。况此一役也，为谋主者，萨摩人耳。国人基萨摩之日强，不以为然者亦半。现复遣官遣兵，劳费不支，而亦迫于清议，或亦少有悔心。乘其悔而图之，事尚大有可为也。高丽历遵圣教，恪守藩封，而北迫于俄，南迫于倭，式微之叹，几不能免，于其机阻而堪虞，何必坚确以自守？若与西洋诸国立约通商，俄、倭虽欲思逞，西人恐其妨于商务，必从而助之，我又从而接之，彼此互救，易与图存。以此制彼，意在斯乎。总之，藩服之地与内地同，以后与各国换更和约，宜将恤藩一则刊入约例，与之休息，又复勤修边备，不遗余力。凡遇交涉之事，悉以和平中正之心，行其忠信笃敬之道，未事无虚憍，临事无牵延，有事无畏葸，无事无荒息，事之应理者，始终如一以行之。事之不可允者，百折不回以绝之。据公法合约为辨论，本人情物理为周旋，即或自作不靖，则曲在彼，而兵威不扬。我有备而同心敌忾，又何畏彼知坚甲利兵也哉？"与上文文意不相连贯，殊不可解。经查，此段文字出自《蠹测卮言·固边圉》，系底本误录。今据《蠹测卮言·慎约议》改正。——编者注
② 底本原未题作者。经查，本篇作者为杨家禾，见求自强斋主人《皇朝经济文编》卷四五，光绪二十七年（1901）石印本，据补。——编者注

约,出洋之货,丝为一大进款,其利实与茶相终始。茶之出洋也,亦始于康熙初年。厥后轮舶踵至,华茶日兴。由福建、浙江,以及安徽、江西、湖广等省产茶之区,推行渐广。业茶者大率粤人居多,无不利市三倍,以道、咸年间为极盛。

西人见丝茶之利为中国所独有,垂涎已非一日。于是法兰西、意大利诸国,精究蚕务,出丝日多。法又巧于组织,遂为泰西诸国冠。美国所产之丝,不亚欧洲。日本之丝,近颇考究。各国之留心蚕务也如此。中国知之,英人亦知之。英于商务独重,心计最工,自知印度出丝无多,不能与各国争利,而茶又仰给于中国,未免相形见绌。因于印度之北境考得其地燥湿寒暑与茶相宜,广为种植。复以重资雇我皖人出洋为之教导,尽得其法,印茶遂盛。洋药本尽产于印度,流入中国,销行日广。因之云、贵、川、陕、晋、豫、苏、皖、闽、浙等省争种罂粟。中国之土药日增,英亦知洋药之利不可挽回,惟洋布之销行有年,度非中国旦夕所能办。英国自保其利,不惮极意经营,添设机张,益加意纺织,以供中国之用。利权独揽,英实有之。

夫以烟、布而论,烟之害人也,尽人知之,其病显;布则咸以为适用,致使中国女红之利尽失,而人亦漫不加察,其病隐。病之显者,人人已深;病之隐者,更不可问。或谓利之所在,人争趋之。烟之利厚,随地皆可种植,其势易;布之利较薄于烟,狃于目前之计者,又往往忽之。向来织布,华人专恃人工,西人竞尚机器,工半利倍。中国若欲仿而行之,动需巨款,其势难。故中国之种罂粟者,各行省蔓延殆遍;布则上海一局,如硕果之仅存。窃恐中国利权之失,不仅在丝茶而在洋药,亦不仅在洋药而尤在洋布。何则? 丝茶之利,尚可整顿,烟亦可以禁止,惟布则整顿无从,禁止不可,深足虑也，请申论之。

整顿之法何在？丝茶两项，向为中国独擅之利，今为中西共有之利。说者谓厘金太重，足以病商，此说诚是。然我之厘金可减，外洋之税亦可增。出口税轻，进口税重，泰西常例。若我减厘一分，彼反增税一分，亦无如彼何。是减厘之说尚不足以尽之。无已，其惟精物产乎？西人之于丝茶也，讲求尽善。养蚕则有公院，选蚕之法，以法人巴斯陡为最精。显微镜以察其形，知病蚕之宜去；寒暑表以测其热，使冷暖之适中。蚕茧之成也，三日不缫，蛹自化蛾，啮茧而出，则烘茧一法能久藏以待缫。制用汽水，丝白而洁；缫用机器，缕细而匀。即破茧乱丝，一经缫出，均可适用。凡此皆化学之功也，而华人略之。茶则色、香、味三者并重，外洋之茶，远逊中国，惟采摘及时，烘焙得法而已。

华人作事不如西人，惟作伪则过之。先是，西人惟喜丝茶，华人并渗以干靛诸物，而茶非真色矣。或以野柿之叶相混，恐其味苦沥，而晒之与茶无异。又或焙老叶使敛，一如嫩芽。甚有以柳叶掺杂者，茶之香味俱失。种种伪制，不可枚举。物产之不精，正坐此耳。他如放价争买，跌盘贱售，皆自败之道，于西人乎何尤？今使业丝茶者自知变计，力求整顿，亡羊补牢，未为晚也。

更论禁止之法。洋药一项，向为英人独擅之利，今为中西共有之利，其流毒也，殆遍中国。有谓宜禁外洋之进口者。洋药之来，载在和约，行之数十年，一旦议禁，势必不能。有谓宜禁内地之种植者。小民惟利是视，非人力所能强制禁令也。皆为具文，而种者如故。有谓宜不禁而禁，重加洋药税饷者。烟台之约已行，向之洋药，每百斤纳税银三十两者，今则厘税并征，已加至一百十两，仍属无济。有谓宜悬为厉禁，不使华人吸食者。烟之贻害已久，通都大邑，无论穷乡僻壤之间，几于无处无吸烟之人，无处无售烟之市，一旦立予厉禁，恐闾阎未易遵行。然则若何而后可？曰：有禁私煮之一法。中国烟馆林立，取携良便，难期禁止。莫如仿香港熬煮熟膏领牌纳饷之例，其法：印度运来之洋药，由官分售，设立烟户册，按户派烟，许有减而无增。苟非由官煮，以私论是。殆与古禁私酿意相合。今若参酌其法，仿宋榷估使，设官稽察，无论洋药土药，不得私自熬膏。凡售烟者，责令由官领帖，较他业什伯其税，只准出售烟膏，不得设榻开灯，供人吸食，违则严惩不贷。吸烟之人惮其不便，已吸者或可戒除，未吸者亦难沾染，禁止之法或于是乎得之。

若夫布之为物也，日用所必需，本为中西共有之利，今反若为西人独擅之利。其在十余年前，英国各织机约有十三万余张，美国有十五万数千张，印度亦有一万余张，此后设添者甚多。其织成之粗细各布运入中国者，即以光绪十五年而论，按照海关贸易总册所载，约有一千四百万余匹，计银二千五百万余两。棉纱约在七十万担，计银一千三百万两。其间如美国之布，虽不亚于英，而销数之多，究以英及印度为最。我中国之织布局仅在上海一隅，设机四百张，每年约出布二十四万匹。其定章载明，有人仿办，只准附股入局，不准另行开张，抑何隘也！近岁如张香涛制军拟于湖北省另立一局，尚未开办。夫以中国之大，岁销洋布至一千数百万匹，可知民间标布、扣布、梭布之利尽为所夺。整顿与禁止两穷其术，若仅恃此四百张机，织出布二十四万匹，诚不能敌其万一。刿谋之十载，始有规模，纵使极力扩充，而利权之收回，尚不知在于何日。坐使每年三四千万金之巨款流出外洋，可胜浩叹。窃谓东西各省种棉者不知凡几，若各就其地，悉令民间改用西法，其织成之布将不可胜用。闽中陈伯潜阁学，近购机器分置乡间，即此意也。更有进者,中国讲求西学不遗余力,制造等局,各省林立,鼓铸日兴,独于织布之机张从未有议及者。果能于轧花、纺、织布等器具自行制造,再得所在有司实力劝导,俾知机器之利可以补人工之不足,或一家自置数器,或数家共置一器,推广行之,将布缕日裕,又何虑银钱之日绌也哉?

通 商 论

通商非西制也,亦非新法也,中国古昔盛时已有行之者矣。"日中为市,交易而退",此为通商所自昉。降及成周大公之九府圜法,管仲之府海官山,何莫非通。或疑孔孟言教,商务为缓,不知孔子对君则云:"来百工则财足用。"孟子劝王则云:"市廛而不征,法而不廛,则天下之商皆悦而愿藏于其市。"明明重商,昭示来许。汉兴,始颁明诏,令商人不得衣锦乘轩,以示限制。唐宋而还,代沿其陋,遂至脉络不通,精华易竭,水旱频仍,老弱辗转。愚民从而生心,上下于焉交敝。况今五洲通道,风气日新,各国皆以商立国,而谓我独守成规,能与之竞爽哉?盖商务兴则脉络贯通,国家必隐受其福;商务衰则精华日竭,国家必显受其亏,一定之理也。

窃以为,及今宜参酌西法,设立商务衙门,与总理衙门相表里。实力奉行,不准敷衍。通商各局设立司员,使之研究进出各货,何者可以扩充,何者可以制造。并谕令驻扎领事劝令各埠巨商集资购制兵船保护,由国家慎选练达人员经理驾驶,量加津贴。所费无几,实足收无形之效矣。又云孟子之告彭更也,"子不通工易事,则农有余粟,女有余布",旨哉斯言!通商一途,即以其所有余,易其所不足者也。彼此交相易,即彼此交相益者也。益之在于不足者,如人所必需之物,来日多而价日贱也。益之在于有余者,如恶弃于地之货,去路畅而利路开也。且往来转运之商人,又可缘之以弋利,是通之者一而益之者三也。

况乎三者之外,更有富国之一道焉。以中国各新关税则而计,三十年前仅税征八百万金,今乃增至二千三百万两金。苟使中国自今日始再行推广商政,即岁征五千万金,仅指顾间事耳。谋国者于此,自宜博考良法,扩充出口货物为第一义。是故有地而不知用,与无地同;有人而不知用,与无人同。膏腴之地,无人播种,惟弥望荆榛而已。勤俭之人无资本以供其借手,惟颓然坐废而已。苟有资本,即有器具,然又非寻常櫌锄织纴已也,必有机器以辅之。机器愈多,出货愈广,地主人工皆借机器而增利益。然又必水则通水道,造轮船;陆则开通衢、筑铁路,无一不通道路,即无一不广利源。苟使水陆不通,则村农禾稼如云而无以达诸市集,时而斗米仅五十钱且无人过问矣,彼嗷嗷待哺之狭乡,至愿以五金购之而不可得,不且交受其弊乎?若使增造火船火车以通之,则利与弊适相反。又不但运货之速也,价亦渐廉。生物之处以能广销售,故虽廉而犹利;用物之处以货多之故,愈便而愈喜其廉,于是乃交收其益。中国本至腴之地,又多勤于工作之人,惟少创用机器耳。似不若暂延西人,择要创开水陆各路,以及各新工作。华人无不知其益,自能逐渐仿行。或谓外人得入内地,不啻夺华人之口食,此大谬不然。试思所延西人不过数人或十数人、数十人而止,即岁糜二十万金,以五年计之,不过百万金。而工作繁兴,道路四通八达,运廉价省,货又精巧,华人不购自有之物而犹购洋物者,未之有也。漏卮之塞,岁可以千万计。不特此也,中土工廉物众,自用有余,价必甚廉,且可出口而收外人之利。夫亦何庸深闭固拒为哉!

广 学 校 论

王之春①

今之自命为通儒者,以洋务为不屑,鄙西学为可耻。有习其语言文字者,从而腹诽之,且从而唾骂之,甚至屏为名教之罪人。嘻,甚矣!夫所贵于儒者,贵其博古耳、通今耳。试问今之儒者,通各国语言乎?通各国文字乎?即叩以各国之名,能通知乎?徒拘拘于制艺之末,而学问经济尽于是而已矣。方今海防孔亟,而所谓熟识洋务者,不过市侩之徒。正宜培养人材,攻彼之盾,即借彼之矛,谁谓西学可废哉!

又况西学者,非仅西人之学也。名为西学,则儒者以非类为耻。知其本出于中国之学,则儒者当以不知为耻。即以文字论,古之制字者本三人:下行者为仓颉,从左至右而旁行者为佉卢,从右至左而旁行者为沮诵。泰西之字,实本于佉卢也。天文历算,本盖天宣夜之术,《周髀算经》《春秋元命苞》等书言之详矣。《墨子》曰:"化征易,若蛙为鹑。""五合水火土,离然铄金,腐水离(本)〔木〕。""同重体合类,异,二体不合不类。"此化学之祖也。"均发均县,轻重而发绝,不均也。均其绝也,莫绝。"此重学之祖也。"临鉴立景,二光夹一光。""足被下光,故成景于上;首被上光,故成景于下。""鉴者近中,则所鉴大,景亦大;远中则所鉴小,景亦小。"此光学之祖也。《亢仓子》云:"蜕地之谓水,蜕水之谓气。"汽学之祖也。《礼经》言:"地载神气,神气风霆,风霆流形,百物露生。"电气之祖也。《关尹子》言:"石击石生光,雷电缘气以生,可

---

① 底本原未题作者。经查,本篇出自王之春《蠡测卮言·广学校》(《国朝柔远记》附编,光绪十七年广雅书局刻本),据补。——编者注

以为之。"《淮南子》言:"黄埃、青曾、赤丹、白(礜)〔礜〕、玄砥历岁生湏,其泉之埃上为云,阴阳相薄为雷,激扬为电。练土生木,练木生火,练火生云,练云生水,练水反土。"中国之言电气详矣。至于圜一中同长、方柱隅四谨、圜规写(殳)〔攴〕、方柱见股、重其前、弦其轴、法意规员三、神机阴开、剖劂无迹、城守舟战之具,蛾傅羊坅之篇,机器、兵法,皆有渊源。墨言理气,与管子、关尹子、列子、庄子互相出入。《韩非子》《吕氏春秋》备言墨翟之技,削鹊能飞,巧輗拙鸢,班班可考。泰西智士从而推衍其绪,而精理名言、奇技淫巧,本不出中国载籍之外。儒生于百家之书、历代之事,未能博考,乍覩异物,诧为新奇,亦可哂矣。

但西学规例极为详备,国中男女无论贵贱,自王子以至庶人,至七八岁皆入学。在乡为乡学,每人七日内出学费一本纳。合中国钱三十文。在城为城学,每人一月出学费一喜林。合中国银一钱七分。如或不足,地方官代补。其曰乡曰城者,特就地而言之,其实即乡塾也。塾中分十余班,考勤惰以为升降。其不能超升班首者,不得出塾学艺。乡塾之上有郡学院,再上有实学院,再进有仕学院,然后入大学院。学分四科,曰经学、法学、智学、医学。经学者,第论其教中之事,各学所学,道其所道,无足羡也。法学者,考论古今政事利弊,及出使、通商之事。智学者,讲求格物性理,各国语言文字之事。医学者,先考周身内外部位,次论经格表里功用,然后论病源、制药品,以至于胎产等事。更有技艺院、格物院,均学习汽机、电报、织造、采矿等事。又有算学、化学,考验极精。算学兼天文、地球、句股、测量之法,化学则格金石、植动、胎湿卵化之理。再有船政院、通商院、农政院、丹青院、律乐院、师道院、宣道院、女乐院、训瞽院、训聋喑院、训孤子院、养废疾院、训罪童院。余有文会、印书会。别有大书院数处,书籍甚富,任人进观。总之,造就人才,各因所长,无论何学,必期实事求是,诚法之至善者也。

中国取士,止分文武两科。文科专尚时艺,钱谷、兵刑非所习也。武科虽以骑射技勇见长,究之《武经》,尚未识为何书,遑问韬钤。前次发捻等匪跳梁,其建大功而荡群丑者,武科中人乎?抑非武科中人哉?然而武科正大可用也。方今战守之策,不外水师、火器两途,诚能于武科中设三等以考试之,一试以山川形势进退之方,二试以算学机器制造之能,三试以测量枪炮高低之度。其兼擅众长者,不次超迈;其专工一艺者,量材任事。选将之道,将于是乎在。近年来,我朝总理衙门派幼童出洋学习,万里从游,法至良,意至苦矣。但童子何知?血气未定,性情心术愈染,而愈失其本来,尽弃其学〔而学〕,恐尽变于夷者也。不如将西国有用之书,条分缕析,译以华文,刊行各直省书院。每院特设一科,请精于泰西之天算、地球、船政、化学、医学及言语、文字、律例者,为之教习,或即以出洋学习之学成返国者当之。其学徒则选十岁以上、廿岁以下,不得过长,以致口音之难调,亦不得过稚,以致气质之易染。又或于科岁两试所录文武俊秀,择其有志西学、(者)〔年〕亦相当者,就其性之相近,专习一科,其理易通,其效更速。又况名列庠序,咸知自爱,既可以收当务之益,复不背于圣人之教。而诸生之数奇不偶,又别开一途,以博取功名,谁不乐于从事哉?至于在院膏火,宜仿龙门书院章程,官为筹备。肄业期满,历试上等者,准赴京都同文馆或总理衙门考验。考验之后,或给以经费赴外国大书院学习三年,或派赴总理衙门及船政、机器等局当差,或充各国出使随员、翻译。庶几人材日广,风气日开,不独西人之所长兼,何难驾西人而上哉?至现京都设有同文馆,沪上设有方言馆,近复创立中西书院,广其额至四百余人,分为两院。其法,以疏通文字者为超等,以年齿稍长而读书多者为一等,其余各有差,凡三等。超等、一等,以午前学西学,午后学中学;二等,以午前学中学,午后学西学;三等,以年较少,专习中学,而缓西学,恐以西学分其心也。粤东与苏州新设有西塾,专教西语、西文、西算、设线、案报、测电诸学,设额虽少,可以渐推而渐广,为洋务培植人材,正未可量。鄙人闻之,固不禁喜色相告也。

通 使 论

郑观应

昔汉武帝诏举茂才异等,可为将相及使绝域者,诚以出使之选与将相并重。折冲樽俎,赞美皇华,胥于是乎赖。一不得人,则辱君命,损国威,所关非细故也。今中国与外洋各国通商立(和)约,〔和〕谊日敦,设(为)〔无〕使臣联络声气,则彼此之情终虞隔阂,虽有和约何足恃,虽有公法何足凭哉?使臣者,国家之耳目也。其所驻之国,必知该国之情形,凡陆兵之数,水师之数,库款之所入所出,交涉之何亲何疏,商工船械如何,精细讲求。故泰西公例,凡通商各国,必有公使以总掌其纲,有领事以分其任。又虑威权之不振,简兵舶往来游历,以资镇抚而备缓急。事或未协,彼此悉心公议,或请各国官绅裁断,以期必协而后已,其慎重也如此。

迩来中国人民出洋贸易、佣工者,年多一年,不可胜计。中国之人经营出洋者,为天下之至众,故钦差、领事等官比天下各国更宜加隆。顾中国未设钦差以前,外邦政府尚知爱护华民,多方招致。既设钦差、领事之后,外邦设法竟抽华民身税,极力驱除,或疑中国到彼争食。今其见逐,情理使然。夫争食者岂止华民,何以不逐他国而独逐中国?是其薄华民者,乃所以薄钦差。薄钦差,乃所以薄中国。薄钦差者何?为其不知西国之例,动多可嗤也。薄中国者何?为其不行于富强之法而徒夸其大也。中国外部及出使各官,必须全用深通西学、深明西例之士,则庶乎其得矣。洋人每肆欺凌,无由伸理。乃仿西例,于各国设公使,于华民寄居之埠设领事,遇事往来照会,按公法以审其是非,援和约以判其曲直,保吾民,御外侮,维和局,伸国权,使臣之所系不綦重欤!夫通使者,中古邦交之道也。春秋时,贤士大夫必周知列邦政教之隆替,民情之向背,俗尚之好恶,国势之盛衰。探听各国军务消息人员,某国现用何样新式轮船、铁舰、炮台、枪炮?炮台形势如何?兵官才能如何?或探访不全,必能得其大概。虽糜费,亦有所不惜。所派侦探之员,概须武员知兵事者。或随同公使前去,或另派游历,总之无处不有。平日洞悉各国强弱盛衰之故,如有战事,则措施自中机宜矣。用能事大字小,各协其宜。今泰西数十国叩关互市,聚族来居,此诚中国非常之变局。于此而犹不亟讲外交之道,遴公使之才。乌乎!可哉?华民之出洋者,就南洋之西班牙、荷兰、英、美各属考之,岁输银自一二元至百数十元不等。暹罗本我旧属,乃亦仿西法,岁征我民身税,否则拘作苦工,虽有公使领事,其如鞭长莫及何。

曩者,法、越多事,彭刚直檄委潜赴越南、金边、暹罗、新嘉坡等处侦探敌情。返粤后,上书当道,略谓:法兰西侵占越南,其国危亡已同朝露。然越南亡而暹罗、缅甸未即亡也。现在缅甸王暴虐,昆弟失和,英萌废立之心,不自安,转倚法援,为英所忌,恐愈速其亡。向闻暹、缅二国,素称恭顺,附近各岛,如英、法、和、西等国之属土,华民流寓其间者,不下数百万人。亟宜简派公使驻扎南洋,所有南洋各国,如越南、缅甸、暹罗、小吕宋,及英法各国属土之华民悉归统辖;即选各埠殷商,或已举为甲必丹,中外信服者为领事,联络声气，力求自强。仍仿西人在华训练民团，以资保护，令各埠商民捐资购置一二兵船，公使乘之，出巡各埠，庶信息灵通，邦交益固。声威既壮，藩属不敢有外向之心。以兵卫民，即以兵养民，一举两得，无逾于此。

或疑各埠华人多借洋人以自重，董事亦各树党援，不肯受约束于华官，持节南行，动多掣肘，可奈何？此则兵力之不逮，而权势所由不行也。非有水师兵舰出洋巡缉，不能折外人凌侮之心；非有老成练达、精明强干之才，难以胜公使领事之任。夫各国广招华工，美国独限制华工前往。外人之虐待应如何设法保全，与国之苛条应如何峻词拒驳，斯非使臣之责欤？

使臣简在帝心，朝廷用人自有权衡，固非厄言所敢论。至若每届使臣持节奏调人员，如参赞、领事、翻译、随员等官，尤当格外慎选。使臣、参赞、领事，识其国语言、文字、律例，凡事可以立谈，情意必然相孚。盖参赞为使臣之副，凡交涉大事，彼之得请于我者，或从或违，我之求于彼者，或可或否，皆赖参赞与使臣商定而行。使参赞毫无才猷，则使臣可者亦可之，使臣否者亦否之，亦安用此参赞为？故必熟悉情形，洞明利弊，始能匡使臣之不逮，而措置不至失宜。翻译、随员，则又使臣之喉口手足也。凡事之大者，由使臣亲裁，小者必令其代理。或办署中案件，或与洋人周旋。至辩论公事，惟翻译是赖。曲直所关，轻重皆须得体。苟喉舌手足运掉不灵，必于全身有碍矣。若夫领事一官，关系尤重，华民百万，良莠不齐，小而钱债纷争，大而命盗案件，使臣之不暇兼顾者，调停审断，皆于领事是资。领事贤，则商民既安，邦交亦日睦；不肖，则矜情任性，不但流寓华民失其庇护，而且外人轻藐，口舌滋多，彼此往来必多扞格，难免不因此失和。所谓参赞、领事、随员、翻译，尤当格外慎选者，此也。似宜明定章程,毋得滥徇情面,援引私亲。必须以公法、条约、英法语言文字及各国舆图、史记、政教、风俗,考其才识之偏全,以定去取。就所取中明分甲乙,以定参赞、随员、领事之等（历）〔差〕。不足,乃旁加辟举；如有余,则储候续调。倘出洋多次,办事勤劳,允符人望者,即可由翻译、随员荐升领事、参赞,备历各国,荐升公使。如有始勤终惰,或沾染洋习,措置乖方者,上则由公使特参,下则许同僚公讦,咨明总署覆核得实,奏请除名。夫予以可进之阶,则群才思奋；课以难宽之罚,则不肖怀刑。庶外可为四国之羽仪,内可塞终南之捷径矣。

自使臣以下各官,无论出洋久暂,务将所办各事以及地方风土人情、国政商务、工艺土产,随笔登记,回国进呈,择要刊刻,以示天下,庶知己知彼,决胜无形。此三代询事考言之成法也。戊子岁曾遣京曹分往各邦游历,惜非王公大臣,又不晓该国语言文字,虽略知中外利弊,著述等身,不能坐言起行,亦与翻译西书者无异耳。抑更有进焉者。泰西各国无论国之大小,公使皆以等第分班次,头等可随时入见君主,请茶会,面商要事,不致隔膜。二等先期约定,止能接见外部,君主茶会势分不及。今土耳其、希腊、日本各小国,皆遣头等公使分驻各邦,而中土堂堂大国,行走班次乃反居其后,于体统有关碍,于交涉亦动多掣肘。拟请嗣后驻扎英、俄两国使臣,均以头等派充,增费无多而收效甚远,国体亦因之而尊矣。且出使官员亦宜酌增公费,使之足用,昔总署所定出洋各员薪水数本不多,今复经屡次核减,则各员必有以简陋贻讥外国者,惜小而失大,甚无谓也。一切车马服饰皆不可过事寒俭,以壮观瞻而尊国体。所驻之国,其官吏有应接见者,固宜交相拜访,询悉情形；其不应接见者,断不可恣意往来,俾知使臣之尊贵、国制之严明。如是,则华洋之人见而敬服，专对有才，贤于十万师远矣。至如胆识兼优，声望夙著，当诤则诤，当从则从，当行则行，当止则止，回积议如转环，化巨祸为细事，使于四方，不辱君命，如汉之苏子卿、傅介子，唐之颜真卿，宋之富弼，炳炳诸贤，至今不朽。英风亮节，今岂无人？有志之士，所为奋然而兴也。

公　法　论

郑观应

公法者，万国之大和约也。中国为五洲冠冕，开辟最先，唐、虞、三代相承，为封建之天下；秦并六国，改为郡县，历汉、唐以迄今，莫之或易。其间可得而变易者，宗子之封藩，疆域之分合也。其虽变而莫之或易者，概不得专礼乐征伐之权也。然均有相维相系之势，而统属于天子则一也。统属于天子一，故内外之辨，夷夏之防，亦不能不一。其名曰有天下，实未尽天覆地载者全有之，夫固天下之国耳。知此乃可与言公法。

公法者，彼此自视其国为万国之一，可相维系而不能相统属者也。可相维系者何？合性法例法言之谓。夫语言、文字、政教、风俗，固难强同，而是非好恶之公不甚相远，故有通使之法，有通商之法，有合盟合会之法。俗有殊尚，非法不联。不能相统属者何？专主性法之谓。夫各国之权利，无论为君主、为民主、为君民共主，皆其所自有，他人不得侵夺。良以性法中决无可以夺人与甘为人夺之理，故有均势之法，有互相保护之法。国无大小，非法不立。列邦雄长，各君其国，各子其民，不有常法以范围之，其何以大小相维，永敦辑睦？彼遵此例以待我，亦望我守此例以待彼也。且以天下之公好恶为衡，而事之曲直登诸日报，载之史鉴，以褒贬为荣辱，亦拥护公法之干城。故曰公法者,万国之一大和约也。

今泰西各国,兵日强,技日巧,争雄海陆,将环地球九万里,莫不有火轮舟车。我中国海禁大开,讲信修睦,使命往来,历有年所。又开同文馆,集西学,译公法,博考而切究之,如此详且备矣。然所立之约,就通商一端而言,何其矛盾之多也。如"一国有利,各国均沾"之语,何例也？烟台之约,强减中国税则,英国外部从而助之,何所仿也？华船至外国纳钞之重,数倍于他国,何据而区别也？中国所征各国商贸关税甚轻,各国所征中国货税皆务从重,何出纳之吝也？外国人至中国不收身税,我中国人至外国则身税重征。今英美二国复有逐客之令,禁止我国工商到彼贸易工作,旧商久住者亦必重收身税,何相待之苛也？种种不合情理,公于何有？法于何有？而公法家犹大书特书曰:"一千八百五十八年,英、法、俄、美四国与中国立约,嗣后不得视中国在公法之外。"又加注而申明之曰,谓"得共享公法之利益"。嘻,甚矣欺也！然则如之何而可？曰：约之专为通商者,本可随时修改,以图两益,非一成不变者也。税饷则例,本由各国自定,客虽强悍,不得侵主权而擅断之。宜明告各国曰:"某约不便吾民,某税不合吾例,约期满时,应即停止重议。"其不专为通商者,则遣使会同各国使臣,将中国律例合万国公法两两比较,同者彼此通行,异者各行其是,无庸越俎代谋。其介在异同之间者,则参稽互考,折衷至当。勒为通商条例,会立盟约,世世恪守。有渝此盟,各国同声其罪,视其悔祸之迟速,援赔偿兵费例,罚锾以分劳各国。若必怙恶不悛,然后共灭其国,存其祀,疆理其地,择贤者以嗣统焉。庶公法可以盛行,而和局亦可持久矣。

虽然,公法一书久共遵守,乃仍有不可尽守者。盖国之强弱相等,则借公法相维持；若大强大弱,公法未必能行也。大强者,即古之罗马,近之拿破仑第一,虽有成有败,而当其盛时,力足以囊括宇宙,震慑群雄,横肆鲸吞,显违公法,谁敢执其咎?大弱者,如今之琉球、印度、越南、缅甸,千年旧国,一旦见灭于强邻,诸大国咸抱不平,谁肯以局外代援公法,致启兵端?不特是也。法为德蹶,俄人遽改黑海之盟,法无如之何也。土被俄残,柏林不改瓜分之约,各国无如之何也。然则公法固可恃而不可恃者也。且公法所论,本亦游移两可。其条例有云:"倘立约之一国明犯约内一款,其所行者与和约之义大相悖谬,则约虽未废,已有可废之势。然废与不废,惟在受屈者主之,倘不欲失和,其约仍在,两国当照常遵守。至所犯之事,或置而不论,或谅而概免,或执义讨索赔偿,均无不可。"由是观之,公法仍凭虚理,强者可执其法以绳人,弱者必不免隐受屈也。是故有国者惟有发愤自强,方可得公法之益。倘积弱不振,虽有百公法,何补哉?噫!

南洋各岛国论

吴曾英

中西关键,全在南洋。今欲严中国门户之防,绝外夷觊觎之渐,必自经理南洋始。南洋之东西诸岛环绕,俨然海国长城。殆天造地设之险,以保我中夏者也。汉以后,职贡称臣,共球相属,南洋从无西夷患。《梁书·天竺传》称与安息、大秦在海中交易,不闻设埠也。《唐书·诃陵传》称大食畏悉莫之威,不敢加兵,不闻据土也。是时,岭南海间珍宝山积中国,榷其赋税以充斥天府,号为南库。岛国之利,抑亦中国之利也。迨有明中叶,葡萄牙、西班牙、荷兰,接踵西来。葡萄牙据满剌加地(问)〔间〕,渐及于内地之澳门。西班牙袭取吕宋,荷兰则攘夺瓜哇、三佛齐、苏门答腊、浡泥、文莱、马神、吉理问诸国之地。又从而鼓棹月港,盘踞台湾,肆扰舟山、普陀,虽逾时扬帆西遁,然彼西夷巢穴已布满南洋矣。迩来英吉利、法兰西内侮之始,又以南洋为逆旅。其故何哉？地不与中国毗邻密迩,而口岸斜对西国,船用夹板、火轮,递相接应。近者一二日,远者五六日,遍历诸岛。诸岛之达中国亦复如之。方今南洋滨海之国,印度全境为其所有,即越南、暹罗、缅甸,素隶典属者,亦皆割地输金,大受挟制。加以南洋中荒岛如澳大利亚、巴布亚、西里百、摩鹿加,大小无虑数十,彼皆悬辟招徕,日渐丰富。处心积虑,可为寒心,履霜坚冰,其来有自。尝慨有明之假以澳门,及置吕宋、瓜哇诸国于度外者,实与弃大宁、东胜、河套、哈密同一失策。元代好尚武功,史弼之争瓜哇,亦不为无见,惜功未立耳。至今日而盘踞有年,欲如郑氏之驱逐红毛,固万不可得。惟西夷（法）〔迭〕相强弱,颇有六国纵横气象。近则称雄西土,盛推德、奥,几与俄、美并驾齐驱。英、法闻已稍逊,至荷兰、葡萄牙,于西夷中最为弱小。西班牙亦非甚大,其横噬南洋,将来变迁,实可预料。即如亚墨利加,本英吉利属部,自华盛顿起而立国,至今与诸大国抗衡。我未见南洋诸岛中国人民立业者亿万必无华盛顿其人也。且美人开国以英人残虐故,今中国商于南洋,亦多畏苦,今若设官其地,与之立约,不准掊克聚敛,虐我商民。彼不奉约,偕各国公使,执万国公法与彼理论。如商民中有雄杰出众者,授以领事等职,俾审其山川之向背,图其幅员之广狭,测量其海道之浅深,并侦探西夷动静以闻。西夷如有勾引东洋,潜谋为害于中国,中国得而预备。此即汉家隔绝羌胡之微意也。况今器械精良,仿模西法,海疆有事,命将出师,参用夷夏。晁错有言"以蛮夷攻蛮夷",中国之长技也,于南洋乎何有？

南　洋　论

陈次亮

今之筹海者,毋遽及西洋也,筹控制南洋而足矣。明成祖之明,能见万里之外矣。维时泰西商舶甫得穷探印度,泛海而东,而中国之宝船已震兵威于瓜哇、浡泥诸岛。终明之世,二百余载,畏神服教,朝贡弗衰。迨中叶以还,始乞地澳门,窃据台湾,以为窟穴。西土之聪颖者,亦得以巧思奇器自达于京师。然癣疥之疾,蚍虱之虫,毫不足为中国轻重。入者主之,出者奴之,亦当日赫濯之声灵有以慑之也。本朝威武所加,偏于西北,而东南沿海自台湾一岛外,均度外置之。各岛夷隔绝重溟,无所归命,西人迟之又久,乃渐肆鲸吞蚕食之心,倚其珠玑、材木、香椒、珍错之饶,以运售于中国。故南洋者,西人之外府也,中国弃之而后西人得而窃之者也。论者辄谓泰西各国相距七万里,限以重瀛,虽鞭之长不及马腹,而不知其精神命脉均在南洋。苟能次第挽回,因海外之华民,以渐收其权利,则因宜制变,此房已在掌中矣。控制之方,厥有四策:

一曰设官司。新嘉坡领事权轻望浅,往返禀命,动辄兼旬。而距粤东海程不过三日,宜于其地专驻使臣,管理各岛华民交涉之事,各埠均设领事以隶之。经费所需,概由内地筹给。

二曰护商旅。商旅所萃,不可无官以理之,尤不可无兵以护之。南北洋海军宜岁时游历,仍准各埠保举商董捐置兵轮,以顺民情,以张国势。

三曰建学校。人必读书明理而后聪颖特达,不甘受制于他人。西人于属地之民咸加抑勒,亦遂无能自拔者,宜由国家于每埠拨给帑金数千创建书院，广劝中外富商巨贾捐集膏火之资，教以中西之学，慎选山长，严定课程，即由领事各官主持经理。

四曰举贤才。生齿至数百万之众，茂才异等，岂曰无人？在上者无以劝之，斯淹没不出耳。书院肄业诸生，宜仿内地岁科两试，由使臣兼管学政。选补博士弟子员录送科场，官给资斧，愿就艺学科者听之。果于中西各学总贯淹通，使臣保送到京，破格擢用，则山陬海澨无弃才矣。

夫西人阅历既多，狡谲滋甚。华民之寄居其地者，固未易遽脱羁绊，就我范围。然各国生齿不繁，势力相等，欲兴商埠，必用华人。所患者，西人皆学而华人不学，故终为人役耳。岁费数万金以罗海外之才，以待欧西之变，他日必有奇才硕彦应运而生，为海上之夫余以藩屏中国者。故海大水也，西人成梁者也，华人问渡者也，南洋者东西之枢纽，而他年大一统之权舆也。

崇圣学以广教化论

日本长崎中岛文庙，由世奉汉学之日人所建。旁设讲堂，以五经四书课子弟。每岁上丁至其地，行释菜礼。日人之崇奉圣教及通解汉文者，皆得与焉。凡历三世，后人犹崇奉不衰。及明治维新诏下，废各庙祭祀，适我派员驻扎，遂由华理事官主祭，迄今十余载。祭时建广江三帮各司庶事，而由理事署总其成。惟是借地于人，终非长策。曾经理事署总其成，惟是商李星使欲另行创建。星使以此事为海外难得之遭逢，立嘱司马回署后，选择基址，以便鸠工。其款由使署及各理事署派捐外，复详请总署行咨各省督抚司道，集腋成裘，定欲高其宫墙，焕其堂奥，俾外人瞻仰威仪，肃然起敬。而我华人岁事奉祀，教泽涵濡，礼义廉耻之心亦可维持于不敝。噫！此圣学昌明，教行海外之一大转机也。

夫中国之尊信孔子，犹泰西之尊信耶稣也。西人每逢礼拜之期，凡在教中，无论男女老幼，皆得至堂中行礼听讲，郑重其事，肃恭其仪。虽远隔重洋，寓居他国，而所到之处犹必建礼拜之堂，行礼拜之礼，以寄其敬慕之意。独我中国于尊崇圣学之礼尚觉缺如，虽每年春秋两候，各府、州、县例有丁祭之文，亦惟官与绅始得执事其间。维彼小民，谁得窥见宗庙之美、百官之富？虽有心香一瓣，亦无由入而拜跪，一致其诚。况僻在外洋，目所睹者，外国之衣冠；身所习者，外国之风俗。积久相沿，诗书礼乐之遗，亦几漠然忘之矣。得李星使及张司马为之大起宏规，振兴圣教，行见衣冠秩秩，俎豆莘莘，下舞上歌，蹈德咏仁，小民于耳濡目染之余，忽睹汉官仪注，有不勃然兴起者耶？吾以为日本为然，他埠亦何莫不然？中国人民远涉重洋，谋食于泰西各国者，不下数十万。虽关山远隔，犹时有念中邦之教泽、怀故国之威仪者，惜无人提倡而诱掖之，故渐趋于异俗耳。

窃以为文庙之设，不但宜于日本，即各洋各国凡有华人荟萃之处，均宜一体创设文庙，以见教化之宏。且海隅有志之士，亦多闻风兴慕，自设文庙者。如南洋泗水等埠，孔子之教盛行，彼都人士自行建庙，馨香俎豆，惟肃惟诚。可见海外之人尚不忘圣泽，若得国家提倡，又何患教之不兴也哉？夫人心所恃以维系者，礼义廉耻耳。设为之示以规模，广其教化，使海外征夫穆然见中国盛轨，将见士习礼义，民知廉耻，人人有重圣之心，即人人懔尊王之义，从此圣学昌明，风行海外，积而久之，即异国之人且有慕义向风，愿作圣人之徒者。吾知所过者化，所存者神，圣教之感人，直渐被于无穷矣。

五 印 度 论

吴广霈

考印度即天竺,《汉书》称为身毒,又名愠都斯坦。其疆宇区分五大土,东北邻廓尔喀,北逾雪山,与西藏接界。东连缅甸,东南、西南皆临大洋,北接俾路芝,西北接阿富汗,界周围约六七千里。周时为婆罗门王,辗转至如来教王,中间亦尝并于波斯。按印度沿革,古有日朝、月朝,云并出于天神,中间尝并于波斯、土耳其。印度习教源流,先系婆罗门,不知其缘起,佛经所谓外道者是。至汉初,佛教大盛,通国崇奉。及蒙古人入王,强入回教。盖印度本系佛教,至元太祖逐乃蛮算端,南抵北印度雪山之界,后益发兵征讨,以驸马撒马尔韩王帖木耳王其地,强民入回教。至明建文间,创立大蒙古号,尽有五印度全土,威权颇盛。由是悉废佛法及寺像,而婆罗门始教未废,其教僧为国中第一品,土人之奉之惟谨。迨英人入踞,又建天主耶稣堂,强土人入其教,而回教为一衰。然遗庙存者尚多,非如佛教之坠地也。故印度史称蒙古朝,然第元族,非元裔也。荷兰人航海东来,首至其地,设埠通商。次法兰西人亦至,皆视囊中物。殆英人后来居上,荷兰、法兰西嫉之,两助蒙古王阿郎克散与英人战,卒为所败,于是相率他去。会阿王卒,世子阿申阿即位,英人遂于恒河之侧购还加尔各答故租地,练精兵,筑坚垒。垒名维廉,英王之名也。自是英人之盘踞深固,不可动摇,渐次逐去蒙古诸王,悉攘其地。前此弹丸租界竟成一大都会,至今垂二百年。蹊田夺牛,迄无敢过而问者?知天下事半归于势力,称仁慕义无为也。当荷兰、法人之助蒙古,岂真恤难扶危哉?亦皆为英人所为耳。殆不能得志,则荷兰散占苏门答腊以南之岛,法人西据安南之西贡,争先务得,各遂鲸吞,所尤涎而不能得者,则中华沿海屏蔽耳。近乃欲于北印度小国西基、菩薑之间,假道开筑铁路,舍缅甸直达滇省,其居心尤为叵测。是在当轴者坚以却之,以固藩圉;非然者,恐蹈天之祸不在海疆而在陆路,以蚕食启封豕长蛇之祸,而亚洲大局愈不堪问。

禁贩奴论

王之春[①]

国家户口日广,生齿日繁,谋食之徒往往不择地而蹈,以单子一身,涉重洋万里,致使天朝百姓受奴辱于洋人,诚可悯矣。其尤为惨酷者,粤东、澳门、汕头等处,西人设招工馆,应其招者名其人为"猪仔"。人也而畜名之,即以兽畜之。命名之意,已乖天常,然此犹明明招之也,更有寓粤洋人串通奸商,诱卖乡愚于秘鲁、古巴、亚湾拿等处。其始或炫之以财,或诱之以赌,又或倿指为负欠,强曳入船,有口难伸,无地可逃,每年被拐者动以万计。及抵彼埠,充以极劳极苦之役,少憩即刑,告假不许。生入地狱之门,死作海岛之鬼。且其中不无良家之子、贵胄之儿,不能劳苦,骇死风涛,望断家乡,斩绝宗祧。谁无良心,而忍听其如此哉?后虽此风稍熄,近又故智复萌。刑者不可复赎,往者不能复返,不亟思所以禁之,则中国之良民不尽入异域之畜道乎?

近赖两广总督张树声关心民瘼,迭次出示,严禁沿海地方拐贩,又与招工局严立条约,凡应招之人,先取亲族甘结,次取街邻保结,然后报明华官。华官亲加诘问,果实情愿,毫无逼勒,然后令该

[①] 底本原题"彭玉麟"。经查,本篇作者实为王之春,见王之春《蠡测卮言·禁贩奴》(《国朝柔远记》附编),据改。——编者注

局造具清册正副两分，详载年貌、籍贯，并中保姓名，送华官盖印。至出洋时，听华官登舟，按名册查验后方准驶行。即以副册咨行当地领事官，领事官于船到时，亦按名查验，如有册上无名或姓名年貌不符者，即以拐贩论，船主加等惩办，船没入官。其无领事之处，永远不准招工。如是则拐贩之风可以绝。即情愿应招者，某处若干人，某年若干人，皆有成案可考，中外均便稽查。洋人见中国之郑重民数如此其至也，亦不敢肆意凌虐。此诚万不可缓之急务也。即已出洋为奴之人，亦不可徒作旁观之太息。宜令各国公使、领事认真清查，密为保护。昔有贩阿洲黑人为奴者，英国集商禁止，出资购释。堂堂天朝果能自庇其民，仿英人赎黑人之例，是诚出水火而衽席之也。然而言之匪艰，行之维艰，积习难返，巨款何筹？视溺而不援，天下无此忍者。从井以相救，天下又无此仁人。是不过徒托空言而不能见诸实事也。可慨也夫，可慨也夫！

禁　烟　论

郑观应

烟之为害深矣！禁烟之议亦夥矣！始也，操之过急，继又失之过宽，遂使痼疾缠绵，充塞宇宙，败坏不可收拾，以至于今日也。当议和定约之时，若能坚持前议，商埠可开，兵费可增，而鸦片必不许入境，当亦唯命是从。何则？彼时出产无多，运售中国者，岁不过二千余箱，彼固易于改图也。吸食尚少，各省仿种者未致蔓延，我亦易于查禁也。此机一失，吸食日众，贩运日多，遂为进口大宗之巨款。查洋烟先到香港，转运各口，岁计约大土五万箱小土四万箱。其金花土，及在新嘉坡等处华人所销者，不在数内。岁约十万箱以为常，每箱价值约五百余两。除关税捐款外，洋商约得四百两左右，统计每岁出口银四千余万两。今直省相率仿种，甚至川、黔全境皆是，岁约十二万箱，箱重百二十斤，合计烟土约二千六百四十万斤，以每人岁食六斤计之，以土十灰六熬膏，土约五成，灰约七成，层层折算，实每人日食四钱七分零。当得四千四百万人，而佣工小贩之依此为生者，约十之一。其余自种自吸者，或相倍蓰。年年坐困于此，犯法伤生、废时失业者不下千百万人。于是中国之智士莫不痛悔从前之失计，而思有以禁绝之。

尝考日本与英国立约，鸦片土不许入境，例止三斤，以配药之需。如违约，关口拿获，全数充公，或竟抛弃于海。有闯关者，每斤鸦片罚洋十五元。我国亦宜设法严禁吸食，并仿日本条约，请各国劝英国一律行之。况英国好义之士，亦深以流毒中国违背公法为耻，立会议禁，英国禁烟会董事亚力山打自伦敦来，游历印度、中国，查探洋烟是否有害华人，曾偕广学会董李提摩太、仁济医院总理慕维廉，到招商局与余一谈，问有无良策，余将即所拟《禁烟论》告之。谒我使臣，陈说利害，而英之政府终迟疑不决者，盖数十年来恃此以致富强，而本国煤铁矿产之饶渐非昔比，印度兵饷赖此支持。苟我能借箸代筹，使无大损，则彼亦何乐而不为也？然即禁洋土之来，而不能禁内地之种，亦非正本清源之法也。

夫每岁四千余万金之漏卮，千万余口之鸩毒，洵非一朝一夕之故，其所由来者渐矣。迄今痼疾日深，疗救猝难奏效；症候多变，换方亦少成功。闻印度岁出鸦片烟，英国官为之经理，召商贩运，以时消息之。我中国不禁则已，苟欲禁矣，即宜破除成见，不分内外，一体严禁。

欲内禁必先外禁，不妨招商集股，创设公司。吴瀚涛大令曾偕马观察奉檄赴印度，与英督商办此事，再三辩论，始允将印度所出之鸦片尽归我华商公司查办，逐年递减，以五十载为期，即行截止。惜总督批驳，谓招商承办，明设公司，殊于国体有碍，而此议遂停，天下有心人均为叹息。独不思广东筹防捐、炮台捐、闱姓捐、赌捐，皆系招商承办者乎？果能与印度商办，并可责其担保，如有偷捐，从重罚赔，省内地无数缉私经费。五十年后，烟不禁而自绝矣。便孰便于此者？

至民间吸食亦宜逐渐严禁，而绝萌芽。内禁之法有二：

一曰定期限。由各处地方官出示晓谕吸烟之人，即四个月内一律报明，报后以一年为限，一体戒绝。如逾限未戒，官则削职，士则褫衿，吏则革役，商则罚镪，兵则除名，一切下等之人则治其罪。既经严办，仍予半年展限，改过自新。倘若再届期不改，立发边远充军，以儆效尤而除积弊。风行雷厉，孰复甘蹈刑章哉？然而立法虽善，奉行尤在得人，否则适启官府之苛求，吏役之需索，捕快地棍之讹诈，鱼肉乡愚，欺压良懦，而于禁烟之事仍无实效可观耳。此急以驭之之法也。

二曰编籍贯。通饬天下，将食烟之人逐一查明，无论官商军民，编成烟籍，谓之烟民，照差役例，不准应试，不准当兵，不准捐纳职衔，不准充当绅士，平民不准与婚。其有秀才、举人、进士、词林及现任官，已吸烟，限三年戒清，由族长或同乡官具禀地方官注销烟籍之名。如逾期尚未戒清，立即革职，不稍宽假。如此明示区别，严定科条，一挂烟籍，即不得侪伍平民。庶父勉其子，兄勉其弟，妻勉其夫，既吸者将痛改前非，未吸者亦不敢再沾染陋习。是乃攻心之法，王道之功，较之势迫刑驱，徒滋纷扰者大不同矣。此缓以治之之法也。

然而草偃必风行，上行则下效。要必政府左右无吸食之人，然后可禁部寺；京朝左右无吸食之人，然后可禁外省；疆臣左右无吸食之人，然后可禁僚属；将帅左右无吸食之人，然后可禁弁兵；现任无吸食之人，然后可禁候补；幕府无吸食之人，然后可禁师儒；职官无吸食之人，然后可禁士庶；胥役无吸食之人，然后可禁平民。故欲禁烟，必自上始。若为上者吸烟，而欲禁群下之不吸，虽朝申一令焉曰禁烟馆，暮申一令焉曰禁土栈，而民将嗤嗤然笑之以鼻也。呜呼！如是而禁，何惑乎终不能禁！

说

使才与将相并重说

薛福成

昔汉武帝招举茂才异等，可为将相及使绝国者，使才与将相并重久矣。孔子亟称子产，其相郑以润色辞命为功。管仲天下才，而平戎之役，文辞彬雅，为周天子所宾敬。秦汉而后，中国疆宇广矣。即令日拓日远，不能无与并立之国。有并立之国，不外战、守、和三事。战资乎将，守资乎相，和资乎使，殆有交相为用而不可阙者。且相臣主内政，使臣主外务，绥外则内方可治，外与内相表里也。将臣尚武功，使臣尚文辩，辩胜则力可勿用，辩与力相补救也。是故有百年安边之计，定于三寸舌者，富弼之使契丹是也。有一介行李之驰，贤于十万兵者，陆贾之使南粤是也。近数十年，火轮舟车，无阻不通，瀛环诸国，互为彼邻，实开宇宙之奇局。英、法、俄、德、美数大国，各挟胜势以相陵相伺。彼与我通商定界立约，应之稍一不审，往往贻患无穷，而使臣之责乃益重。吾观西洋诸国，或以宰相及外部大臣出为全权公使,或以大将军及兵部大臣出为全权公使,其视将相与使臣无纤毫轩轾焉。大抵使臣宣国威,觇敌势,恤民瘼,宜与庙堂谋议,翕然相通。至于造船制炮之法,练兵储才之要,或考其新式,或侦其密计,以告我将帅而为之备,(系)〔繄〕惟使臣是赖。是故无贤相之识与度,不可以为使臣;无贤将之胆与智,亦不可以为使臣。复乎艰哉!中国可膺此选者尚寡,安能应变而不受人侮?非士大夫之才力不如西人也,亦在有权力者之开其风气而已矣。

南洋诸岛致富强说

薛福成

南洋诸大岛星列棋布,固有千余年前入贡中国,自齿外藩,迄今转式微者,亦有亘古荒秽,广莫无垠,人迹不到者。自西人相继南来,占踞诸岛,仅阅一二百年,而疆理恢辟,民物蕃昌,无不有蒸蒸日上之势。将谓恃西人之经理乎?则(虽)〔离〕其本国数万里,究竟来者不(藉)〔甚〕多也。谓借土人之奋兴乎?则狉榛之俗,囿于方隅,风气未大开,智慧未尽牖也。然则其所以渐树富强之基者,不外招致华民以为之质干而已矣。大抵古今谋国之经,强由于富,富生于庶,所以昔人有生聚教训之说。然谋庶富而欲自生之,自教之,已觉其迂矣。今彼乘中国之患人满,而鸠我闲民辟彼旷土。数十万人,无难骤集也,不待生也。中国之人,秀者,良者,精敏者,勤苦耐劳者,无不有之,稍以西法部勒之,而成效自著矣。非若土人之颛蒙难教也。西人所留意经营者,惟聚之之法而已矣。泰西诸国用此术者,独英人为最精,自香港、新加坡,以及北般鸟、澳大利亚,皆能骤变荒岛为巨埠。荷兰、西班牙亦知华民之可用,始则勉招之,继则虐待之,甚有羁禁之使为奴,诱胁之使入籍者,而其功效乃终逊于英远甚。然其所以自立于南洋者,莫非借华民力也。余尝考越南、暹罗、柬埔寨等国,虽往往多受西人约束,而贸易、开矿诸利权,华人操之者六七,西人操之者二三,土人则阒然无与焉。至若吕宋、噶罗巴、婆罗洲、苏门答腊、澳大利亚等处,商矿种植之利,华人约占其大半,惜乎受人统辖,中国又无领事官以保护,以至失势被侮。若使中国仿西人之法,早为设官保护,则南洋诸岛之利权未尝不隐分之。惜乎失机者数十年,一旦觉悟,已多牵制。惟英之属岛已允我设领事官,而当事者犹以费绌为辞,不愿多设。是中国有可富强之机而不知用也,亦终于贫弱而已矣,谓之何哉!

海 防 说

傅云龙

水师莫重于海防,海防莫重于兵轮。临事言战,未事则言防。南北洋无虑数千百里,不胜其防,而节节防与不防等,一疏百虑矣。辅水军之陆师尚以聚而效,况兵轮炮舰快船之重兵不能择要扼耶!横沙之港,浅潮之湾,轮不必巨,炮亦不必重,一百五十匹马力足矣,逸以待劳,无事则巡境内海面;而铁甲大轮分泊最要,以时互易,无事则以其一周游海国,风潮既狎,胆识自增,奚有久顿则荒虑耶? 彼不远数万里航海交兵,未有不筹通粮之舟、避险之地者,亦未有不探旁出之口、绕后之津者。第而曰何者为无定之防? 何者为有定之防? 莫若寓有定于无定,而击其所必救;以无定济有定,而使之进不支而退无倚。道纡则费大,情移则饷糜,将不战而走矣。凡防近登,宜扼远口;防前击,宜策后抄。炮台宜泥不宜石,水雷宜虚不宜实。综而论之,必居不败之地,而后可战;必得能战之人,而后可守;又必识守战皆宜之时,而后可和。

阅《瀛环志略图》说

薛福成

念昔邹衍谈天,以为:"儒者所谓中国者,乃天下八十一分之一耳。中国名曰赤县神州。赤县神州内自有九州,禹之所奠九州是也,不得为州数。中国外如赤县神州者九,乃所谓九州也。于是有裨海环之,人民禽兽莫能相通者,各为一区,乃为一州。如此者九,乃有大瀛海环其外,为天地之际焉。"司马子长谓其语闳大不经,桓宽、王充并议其迂怪虚妄。余少时亦颇疑,六合虽大,何至若斯辽阔?邹子乃推之至于无垠,以耸人听闻耳。今则环游地球一周者,不乏其人,其形势方里皆可核实测算,余始知邹子之说非尽无稽。或者古人本有此学,邹子从而推阐之,未可知也。

盖论地球之形,凡为大洲者五,曰亚细亚洲,曰欧罗巴洲,曰阿非利加州,曰亚美理驾洲,曰澳大利亚洲,此因其自然之势而名之者也。亚美理驾洲分南北,中间地颈相连之处曰巴拿马,宽不过数十里,皆有大海环其外,固截然两洲也。而旧说亦有分为二洲者,即以方里计之,实足当二洲之地,是大地共得六大洲矣。惟亚细亚洲最大,大于欧洲几及五倍。余尝就其山水自然之势观之,实分为三大洲,盖中国之地,东南皆滨大海,由云南徼外之缅甸海口,溯大金沙江直贯雪山之北而得其源,于是循雪山葱岭、天山大戈壁,以接瀚海,又由瀚海而东,接于嫩江、黑龙江之源,至混同江入海之口,则有十八行省、盛京、吉林、朝鲜、日本及黑龙江之南境内蒙古四十九旗；西尽回疆八城，暨前、后藏；剖缅甸之东境，括暹罗、越南、南掌、柬埔寨诸国，此一大洲也。由黑龙江之北境迄瀚海以北外蒙古八十六旗及乌梁海诸部，西轶伊犁、科不多、塔尔巴哈台，环浩罕、布哈尔、哈萨克、布鲁特诸种，自咸海逾里海以趋黑海，折而东北，依乌拉岭划分欧亚两洲之界，直薄冰海，奄有俄罗斯之东半国，此又一大洲也。雪山以南，合五印度及缅甸之西境，兼得阿富汗、波斯、亚剌伯诸国，土耳其之中东两土，此又一大洲也。

夫亚细亚既判为三洲，余又观阿非利加洲内撒哈尔大漠之南有大山，起于大西洋海滨，亘塞内冈比亚之南境，几内亚之北境，尼给里西亚及达尔夫耳之南境，延袤万余里，直接于尼罗江之源，此其形势，殆与亚洲之雪山葱岭界划中外者无异。尼罗江又曲折而北，以入于地中海，是阿非利加一洲，显有南北之分矣。今余于《志略》所称北土、中土者，谓之北阿非利加洲；《志略》所称东土、西土者，谓之南阿非利加洲，此又多一大洲也。而南洋中之噶罗巴、婆罗洲、巴布亚诸大岛，则当附于澳大利亚一洲。

夫然则九大洲之说可得而实指其地矣。虽其地之博隘险易不同，人民物产之旺衰不同，然实测全地之方里，谓其八十倍于昔日之中国，自觉有盈无缩。所谓裨海者，若红海、地中海皆是矣；即有沙无水之瀚海，亦可谓之裨海；即中国东隅之黄海、渤海，有日本三岛障其外，亦可谓之裨海。是裨海与大瀛海殆一而二，二而一者也。而彼所谓九大洲者，在邹衍时岂非人民禽兽莫能相通者乎？至于禹迹之九州，要不出今之十八行省，若福建、广东、广西、贵州诸省，则《禹贡》并无其山川，今以置余以上所叙一州之中，约略计其方里，要亦不过得九分之一。然则禹迹之九州，实不过得大地八十一分之一；而《禹贡》所详之一州，又不过得大地七百二十九分之一，其事殆信而有征也。

振　百　工　说
薛福成

　　昔者人操制作之权以御天下，包牺、神农、黄帝、尧、舜、禹、周公，皆神明于工政者也。故曰："备物致用，立成器以为天下利，莫大乎圣人。"圣人之制，四民并重，而工居士农商之中，未尝有轩轾之意存乎其间。虞廷扬拜，垂、殳斨、伯与、皋、夔、稷、契同为名臣。《周礼·东官》虽阙，而《考工》一记，精密周详，足见三代盛时工艺之不苟。周公制指南针，迄今海内外咸师其法。东汉张衡，文学冠绝一时，所制仪器，非后人思力所能及。诸葛亮在伊吕伯仲之间，所制有木牛流马，有诸葛灯，有诸葛铜鼓，无不精巧绝伦。宋明以来，专尚时文帖括之学，舍此无进身之途，于是轻农工商而专重士。又惟以攻时文帖括者，为已尽士之能事，而其他学业蕞然罔省。下至工匠，皆斥为粗贱之流。浸假风俗渐成，竟若非性粗品贱不为工匠者，于是中古以前智创巧述之事阒然无闻矣。泰西风俗，以工商立国，大较恃工为体，恃商为用，则工实尚居商之先。士研其理，工致其功，则工又必兼士之事。

　　吾尝审泰西诸国勃兴之故，数十年来，何其良工之多也。铁路、火车之工，则创其说者曰罗哲尔，曰诺尔德，而后之研求致远者，不名一家。火轮舟之工，则引其端者曰迷路耳，曰代路尔，曰塞明敦，而后之变通尽利者，不专一式。电报之工，最阐精微者，则有若嘎剌法尼，若佛尔塔，若倭斯得，若阿拉格，若安贝尔。炼钢之工，最擅声誉者，则有若西门子，若马丁，若别色麻，若陪尔那，若回特活德。制枪之工，则有若林明敦，若吭者士得，若毛瑟，若亨利马梯尼。制炮之工，则有若克鲁伯，若阿模士庄，若荷乞开司，若那登飞。其他造船、造钢甲之工，则有德之伏尔铿，英之雅罗，法之科鲁苏。造鱼雷、造火药之工，则有奥之怀台脱，德之刷次考甫，德之杜屯考甫。泰西以人姓为人名，自炼钢以下，大抵以人名为厂名，即以厂名为物名者居多。当其创一法，兴一厂，无不学参造化，思通鬼神。往往有读书数万卷，试练数十年，然后能为亘古开一绝艺者。往往有祖孙父子积数世之财力精力，然后能为斯民创一美利者。由是国家给予凭单，俾独享其利，则千万之巨富可立致焉。又或奖其勋劳，锡以封爵，即位至将相者，莫不与分庭抗礼，有欿然自视弗如之意，则宇宙之大名可兼得焉。

夫泰西百工之开物成务，所以可富可强，可大可久者，以朝野上下敬之慕之，扶之翼之，有以激厉之之故也。若是者，人见谓与今之中国相反，吾谓与古之中国适相符也。中国果欲发奋自强，则振百工以前民用，其要端矣。欲劝百工，必先破去千年以来科举之学之畦畛，朝野上下，皆渐化其贱工贵士之心，是在默窥三代上圣人之用意，复稍参西法而酌用之，庶几风气自变，人才日出乎。

不勤远略之误说

薛福成

昔宰孔讥齐桓公"不务德而勤远略"，后世庸愦避事者流，借为畏难自恕之辞，而天下益以多事。不知桓公之病，在暮年多欲，内政不修。管仲死而贤才衰，内宠多而群小进。葵丘之会虽称极盛，乱机已兆。则"不务德"一语足以概之，盖非远略之不当勤，正因不知修德，无以立远略之基也。且桓公居方伯之任，尊周攘夷乃其职耳。独惜其德量不宏,见小欲速,昧于远者、大者,则君子不能无病焉。窃尝谓古今事变不同,即所以御之者亦异。齐桓公之时,当北伐山戎、南伐楚,势也,不得谓之远也;汉武帝之时,当攘匈奴、开滇粤,运也,不得谓之远也;唐太宗之时,当薙突厥、抚回鹘,权也,不得谓之远也。迨元太祖囊括俄罗斯,席卷五印度,余威震于欧罗巴,远则远矣,何尝非审乎机以奋厥武哉?

今者环瀛五洲,近若户庭,通商万国,迩于几席,任事者犹当高视遐瞩,恢张宏猷,然后有以导其窾、持其变。数十年来,中国不勤远略之名闻于外洋各国,莫不欲夺我所不争,乘我所不备,瞷瑕伺隙,事端遂百出而不穷。夫惟不勤远略,是故琉球灭而越南随之,越南削而缅甸又随之。其北则黑龙江以南、乌苏里河以东,勘界一误,蹙地五千里。其西则布哈尔、布鲁特、哈萨克、浩罕诸回部,尽为俄罗斯所吞并,而哲孟雄、什克南、廓尔喀诸部,皆服属于英吉利。即朝鲜之近居肘腋,台湾之列在屏藩者,亦恒启他国耽耽之视。

夫惟不勤远略,是故香港、西贡、小吕宋、噶罗巴等处,各有数十万华民而不能设一领事。美属之三藩谢司戈,英属之澳大利亚,华民皆自辟利源而无端失之,反受他人驱逐。夫惟不勤远略,是故商务无一船越新嘉坡而西、小吕宋而南者,而兵船游历,亦不逾此。出使大臣,或瞢然于条约之利病,而不知久远之计;封疆大吏,或惘然于边防之得失,而惟偷旦夕之安。以此应敌,以此立国,其不至召寇纳侮者几希。邑有富人擅陂田之利,天雨,湖水溢,堤将坏,或告之曰:"堤坏田必没,盍筑诸?"富人曰:"堤去吾田远,何筑为?"无何,堤果坏,田尽没,年谷不登,家以骤贫。彼富人固知田之当护,而不知不护堤之不能护田也。呜呼!时局之艰危甚矣,强邻之窥伺深矣。当事者漫不加察，苟图自便，玩愒岁时，犹偃然曰："不勤远略也。"此之谓无略，此之谓舍远而不知谋近，此之谓任天下事而不事事。

酌增领事说

陈次亮

各国领事之在中国者，威权无限，俨然治民治事之官也，实则护商之官耳。故其国商务少者，或以商人充之，或竟不设领事。惟法国领事职兼护教，动辄称兵要挟，杌陧多端。中外刑律不同，交涉案情必须会审，领事之权利遂推广于治民。太阿倒持，实碍中朝体制。英复增派一副刑司驻沪，有罪者援情准律，始定爰书，固缘明慎用刑，亦虑领事之不谙法律耳。英人通商各国，其领事无兼辖民情者，惟属地如印度、巴拿大、澳大利亚之类始派刑司，而香港、上海亦然，是俨然以属地视之矣。日本初约与中国同，此次换约之时，已经更正。中国向于日本设领事官，专管中倭词讼，而转不关商务，情形隔膜，一变而尽失其本来。今商约将成，此官亦撤，名实久丧，无庸更爰其羊矣。中国创立香港、西贡、新加坡领事，屡议始成，而香港一埠终无成说，因外国创设领事，皆先试办一年，某公必欲三年，故竟作罢论也。

华人之在外埠者，统归西官管辖，虽设领事，亦苦事权不属，受制于人。然领事以护商为职，不理民词，此西国之通例也。护商之事，不在铢铢而校之、寸寸而度之也，在平日通达外事，联络商情，潜收中国之利权，隐系远人之视听，苟得明通公正之才以久任此职，则上维国体，下顺民心，其补救于深微隐暗之中者，实非一二端所能罄也。且华人之出洋者，其苦累也深矣，其拘囚屈辱也亦甚矣。始也，由于匪徒串通洋商，诓诱乡人之愚拙者，名曰猪仔，至澳门左近，拘入洋船，载至南洋各埠，售之于垦地之西人。虑其私逃，羁以铁索，朝牵而出，暮牵而入，少惰则加以鞭挞，贱之如奴隶，役之如马牛，狺语猡声，食不果腹。其载运出洋也，数百人闭置一舱，昏闷而死者，已三之一。抵埠以后，饥饿、疾病、鞭棰而死者，又三之一。仅延残喘不及一成。其稍有技能、作工勤奋、能得主人欢心者，因而积渐致富，不过千百中之一二耳。然挟资而去，既忧异族之羁留；出险而归，复苦同乡之讹索。控诸地方官吏，复从而鱼肉之。当九死一生之际幸脱虎口，而博蝇头乃转棘地荆天，欲生无路，此可为寒心酸鼻者已。而其所以致此者，则因出口之际，既已不及稽查，抵埠之时，复苦无人管辖，以致进退不得，去住两难。而各埠情形不同，有巨贾殷商自设轮船行栈者，有仅有小康之户自食其力者，有全系工役仰食于人者。论者欲设领事，辄以就地筹款为辞，冀括彼私财以为公用。而兵船不至，威望不孚，华民受亏，毫无挽救。操守不谨，中外所轻，更有各省赈捐，敛财海外，比年常驻新架坡者，至有十三局之多，乞贷卑猥，益为远人所笑。嗟夫！天下事尚可言哉！

虽然，东南洋数百万华民，固中国之苍生赤子也。西人开埠必招华民，华民既多，其埠之兴可立而待，否则荒凉寂寞，太古荆棘。如英美之新旧金山、墨西哥、巴西、秘鲁、古巴各埠，袤延至西贡、缅甸、印度、锡兰及西人新辟之非洲、南洋万岛，开辟之始，皆广招华民，华民工作勤，食用省，薪俸廉，百产蕃昌，陡然富庶，然后其本国及他国之工人从而嫉妒之、残害之、驱逐之，天下之不平孰有过于是者？然而逐者自逐，新辟之埠仍不能不招也。诚派熟习情形、深明大略之人，周历各埠，经费擘画，定立保护华商华工章程，派一大臣驻扎新架坡，主持其事，澳门、香港、汕头、厦门四处专设领事，华工出洋将往何埠,与其国立约给凭,订立年限,仍声明日后去留自便,不得有擅行驱逐伤害等情,否则向其国家索赔巨款,华商出洋则给凭,不立约,亦须照会各国保护维持,如西商在中国之例,均不得向本人擅索规费,则每年出洋之民可以确知其数,而其源清矣。东南洋各洲各岛,须查悉华民若干,或贫或富,为工为商,何国所属,有约无约。其埠之华民满万人以上者,一埠设一领事,否则数埠总设一领事,国家筹给薪俸,必优必丰,统归新架坡大臣管辖。平日职守,专以抚字工商、保全人命物业为主,争竞斗殴琐事,不与外人争判断之权。新架坡须拨万金设立中西大学堂,以教聪颖子弟。各埠商民有家业子孙因而失学者,准领事禀明该管大臣,奏闻请款为倡,再因本地捐集经费,设立学堂。果有明达之才,由大学堂考验得实,保送来京,听候录用。因宜制变,除旧布新,恤其艰危,开其知识,则其流亦洁矣。

夫人才者,万事之根本也。学堂者,又人才之根本也。说者动谓中国之于南洋权势久失,虽糜巨万,无补时艰。不知南洋各岛在有明嘉靖以前,本朝贡之国耳。中叶以后,明人弃之,然后西人得而取之,蹊田夺牛,倚为外府,精神命脉,皆在此间。其取之者,人才也;其弃之者,无人才也。西人既驱策华民,尽除榛莽,种(种)〔植〕开矿之利,擅绝寰区,乃转迫逐摧残,竟忘开创艰难之自,有其功者不得食其报。华民勤且愿也,人之所悲,亦天之所悯也。以设官开其始,以立学考其成。不争旦夕之功,不惜度支之费,而惟以潜移默化,收效将来,使数百万之华民智慧渐开,才能渐出,则有人有土,有土有财。吾知天之所以报之者,将必有在矣,否则自弃其地,自弃其民,有明之覆车未远矣。彼西人坚忍沉鸷,无利不搜,独不可以待南洋者待中国乎?又岂不可以用南洋之华民者用中国之华民乎？此海内有心人所为怃然忧、悚然惧也。

大兴商埠说

陈次亮

自黄帝日中为市，首山铸铜，太公因之有九府圜法。管子立阛阓，作女闾，府海官山，以通天下之货。今之论者，以霸术斥之，若黄帝、太公独非王道乎？夫商务之兴衰，钱币之轻重，隐视万国九州之广狭以为差。太古之时，居民浑浑噩噩，老死不相往来，偶有所需，粟布交易而止矣。三代以下，土地日广，生齿日蕃，民用日增，则货殖日重，陶朱、计然之术偏行于寰区。汉世桓宽盐铁之书，文学大夫诘难万端而不能相胜。人情之所便，天意之所通，万古圣王之所不可禁也。然西通坡印，东抵倭韩，往日商途，际海而止。明永乐时，乃始遣宝船载瑰货出南海，通西洋，以收番舶珠犀之利。

自是而后，泰西巨贾络绎来华，而澳门，而台湾，而香港，而沿海沿江各口；华人之出洋经商、佣工谋食者，亦不下数百万人。英人擅利六州，多财善贾，君臣上下，并力一意，专以通商辟埠为要图。每于山陬海澨、荒凉寂寞之区创兴廛市，未及数月，而街衢洞达，楼阁崇闳，百货骈阗，万商云集。重以电火煤气，彻夜通明，电报轮车，终朝飞达，洁清整肃，如入化城。所谓天下之商贾皆欲藏于其市，天下之行旅皆欲出于其途者也。而其旁之中国城镇，转复崎岖，芜秽如沸如羹，盗贼横行，荆榛载路，税差衙役，冤辱平人，剪绺打降，欺压良懦。以此例彼，显判天渊。中人之家及富商大贾，无不挈赀携眷，适彼乐土，麇附他人。其留者，多困苦颠连，不能自给。相形见绌，奈之何哉？故西人商埠之制，整齐严肃，决为三古遗规，而不容执后世因循苟且之为强行轩轾也。今中国果确知受病之所在，决计开物成务，通商而惠工，则此商埠者，固中国五行百产之菁英所出焉藏焉，交易流通，以与天下万国商民相见者也。苟其街道之垫隘如故，舍宇之卑陋如故，水泉之咸涩污秽如故，捕务之不修，盗贼之不禁也如故，游匪蠹役之敲诈讹索也如故，则货物阗溢而远人不来，虽欲通之乃反塞之矣。且中国动言圣道，以上种种积弊，岂圣王之盛治所宜有乎？

简陋因仍，殆非所以昭示万国，欲申而禁之，廓而清之，亦不过一纸官文，奉行故事而已。其所以积渐颓靡，以至于此极者，非伊朝夕矣。惟有仿恰克图买卖圈，及江海各埠租界之式，凡轮舟、铁路、电报所通之地，及中国土产、矿金、工艺所萃之区，一律由官提款，购买民田，自辟市埠，开衢建屋，而岁课其租金。一切详细章程，均仿西人工务局成法。现在各埠租界之侧，亦一律清厘隙地，兴造楼房，正其名曰华市，以便华商居止贸易，且免西人托名射影，占地益宽，如近日上海租界地基蔓延至百里以外，彼以重值饴我愚民，流弊深微，未知所底。使皆由中华自辟商埠，则此疆彼界，虽欲尺寸侵越而不能。今通商之地日益多，占地之谋日益甚，非自辟华市以清其限，则官司隔膜，无可稽查。以利诱民，何求不得？然此犹患之小者也。中国自行建埠，而岁月取租，由内之商部、外之商政局经理其事，仿《周礼》司市之制，货物出入，有数可稽，即可改征地税银而尽撤天下厘金，以苏民困。按月按季所征之租课，除设捕修道诸费外，仍可成裘集腋，上济度支。东西两洋各国岁需，皆倚此为大宗之入款，则商贾通而民不为病，厘捐撤而国不患贫。复古时关市之征，改后世权宜之制。开渠垦道，养无算之闲民；殖货通财，辟无涯之利赖。此则益国便民之大者。有能揽持全局，爱养黎元，读三代以前之书，知四海以外之事者乎？愿得与之上下古今借箸而一筹之也。

多制兵轮护商说

陈次亮

今之论者，辄因中日交兵，海军失事，借口于兵船之无用，中国之无人。谓中国无人，固也；谓兵船无用，则非也。上年大东沟之役，两国调集兵轮，各出全力以相搏，雷轰电击，破釜沉舟。西人自谓英法海战以来，罕有如是之奋不顾身、将性命鸿毛轻于一掷者。若平日护商兵船，散泊海中，借张声势，不常备战，安有危机？不过按期会操，练习枪炮，以壮己民之胆气，系外国之观瞻而已，可以隐杜侵陵、潜销事变矣。前此中国海军游驶新加坡，中国商民所由瞻望旌旗而欢声雷动者也。惟海中道路沉礁暗线，艰险殊多，英国分驻外埠之兵轮，自保护商民外，专以考察海图为要务，日省月试，岁课其成，皆以日记绘图考其殿最。万一有事，则全地球之海道，孰远孰近，孰险孰夷，通国之人一览了然，更无疑滞，实有益于行程之迟速、战事之短长、兵机之利钝。因商轮来往只行常道，万不能周回遍历，尽悉其浅深曲折之所由然也。中国南北洋两军兴复，万难再缓，内（处）〔地〕通商各处亦宜各驻兵轮，方免彼族动辄称兵，要求无厌，一通一塞受制于人。至护商兵轮，应先以南洋为主，每驻一领事，至少须驻一船，此项薪粮可由商人捐助。当日新架坡、庇能各埠，本有捐置兵轮之说也，惟管轮驾驶必须得人，操演测量必有图说，此则各国所同者。英、法、俄、美各国之兵轮与商轮无大区别，恒有平日运货载客络绎往来，有〔事〕时改作兵轮，即为国家备战者。因轮船久泊，锈涩苔黏，转须修整。于暇时收取水脚，津贴弁兵，不惟熟悉海程，并可无须另给养船之费耳。中国事事隔膜，各省客轮或购或造，迨竣功以后，体制尊严，寄泊江海之间，除载送官绅，终岁不一开驶，而薪粮糜费，动数千金。商轮则自擅利权，亦不上济国家之急。官自官，商自商，无益而有损矣。嗣后守口巡阅兵轮，大可仿照各国章程办理，而国家稍加津贴，即可任意往来。闻南洋华商已自有轮舶多艘，行驶各埠，惟虑华官需索，转倚英人旗帜为护符。诚能开诚布公，酌补公费，发给公械，假以管带、武弁各头衔，无事则海天转运，俨然商部之章旗；有事则舰队联翩，高列海军之位号，声威远震，与有荣施，必有愿为公家出力者。惟船非坚固，战时仍充运船，如被敌舰击沉，仍须查明抚恤赔缴，此于济用之中仍寓恤商之意者也。

地 球 说

高云麟

今之谈天者，均言地球之说始自西人，其证有四。以为天下至平者水，至广者海，今试于海岸，用远镜遥窥去舟，必先见舟隐、后见桅隐；若窥来舟，则先见桅旗、后见舟舰。夫舟大桅小，人所知也；大者易见，小者难见，又人所知也，今乃反之。盖由舟浮水面而为地之圆处所蔽，故桅虽小，转先见耳，其证一也。又当明武宗时，西洋葡萄牙有人由西驶行，过大西洋、亚墨利加洋，由太平洋、南洋、印度洋、小西洋，仍回大西洋葡萄牙。若地形不圆，何能自西往、自东还乎？其证二也。又赤道北则见北极不见南极，赤道南则见南极不见北极，若地非浑圆，观星者安有南北之异？其证三也。又地形蔽月，则月蚀，惟地体圆，故暗虚之蔽月者亦圆，若地形方则影亦方矣，其证四也。有此四证，地圆之说了如指掌，虽天静地动说有不同,而地球总无异议。似其理惟西人知之矣,不知中国古书虽未明言地球,而《周髀》所载测日景之法与《授时》所载测月蚀之法,实已隐具其理。徒以西法言之,其可证地圆者,四端之外亦尚有三焉。一则证以地心之吸力,按西洋测地之士,言地中含有电气,能吸引一切万物,故土石泥沙层层相丽。然地心吸物之力,其势必周围相等,若地形为方,则地体四方之直线与四角之斜线度数不等,吸力安能均平乎?二则证以热道、温道、寒道昼夜之长短。热道正当日下,日光仅能及其半面,故四时昼夜均平。温道以斜面受日光,其经度由广渐狭,故近日则昼长夜短,远日则昼短夜长。而近热道与近寒道处,其昼夜之长短亦差有异。若二寒道,则其形如倚,其经度则由狭而至于无,故其昼夜长短之差迥异温道。近二极处,至有以半年为昼夜者,盖由近日则日光能照其全,故半年皆昼;远日则日光仅及温道,故半年皆夜。此时刻所由分也。使地非如球,何以由广渐狭、由平渐倚乎?三则证以天地自然之气,如吹水成泡,其形皆圆;作风气机,方者易毁。盖天形既圆,则下降之气其聚于中心者亦圆;气之聚于中心者既圆,则重浊之凝而为地者安得而不圆?曾子曰:"如天圆而地方,则是四角之不掩也。"此地圆之说之最古者。夫《尚书考灵曜》所云"地有四游",又与西人天静地动之说不谋而合,然则地球之说岂独西人知之哉?

风 性 表 说

杨毓辉

风者,气也。气顺时而遭变,风因气以转移,故其性有疾有徐,其势有顺有逆,其信有大有小,其力有刚有柔。然而格致家何以能明其底蕴？则以测验之功也。一经测验，何以竟探厥精微？则以器具之妙也。盖推验风性之器，如风雨表、测风器、风力表，其用皆精，请详说之。风雨表约有数种：极准风雨表创自福而丁，轮风雨表创自胡克，弯管风雨表创于该路撒克，自记风雨表创于米勒那。测山者以尼古类氏所造为良，航海者以费次来所造为善。他如强水风雨表、水瓶风雨表、波尔敦之金弧风雨表、费策之真空盒风雨表、浩孙之长尺风雨表，莫不精良。其法有佛逆、有度数、有水银管，所记空气改变之事为记事点，无论风雨燥湿，一测可知。如空气极燥，则下水银高三十一寸，定晴则高三十寸五分，晴则高三十寸，天时不定则高二十九寸五分，雨则高二十九寸，大雨则高二十八寸五分，风雨大作则高二十八寸，此为定法。而其预卜风雨之事尚有十端：一、水银上升极迟，则知天定能晴；二、水银升，空气燥，夏日减热，则知将有北风，俟雨下乃天晴；三、水银升，空气湿且减热，则知将有风雨自北而来；四、水银升时有南风，则知将晴；五、水银停，空气燥，冷热得中，则知天必久晴，如忽然速降，必将风雨大作；六、水银降速时有西风，则知大风雨将自北来；七、水银速降，有时北风，则知有大风雨，若夏为雹，冬为雪；八、水银降，空气如湿且加热，则知风雨将自南来；九、水银降，空气燥，冬日增冷，则知将雪；十、水银降时，若前数日天晴而暖，则知将雨及大风。用能测验极准，且其用又甚普，即如矿中恒多毒气，气之秘也，固无虞气之发也；即有损，若有风雨表，则凡毒发及一切危险之事，水银必降。有时水银高点忽然下落，尤宜加意防闲，斯可有备无患，是其有裨于矿务非浅也。农家春耕秋获，专赖风雨得时，若但凭臆度，以为风而未必果风，以为雨而未必果雨，既有风雨表，则风雨皆可先知，不难预为布置，是其有益于农务良多也。船家渔家用之,可以避飓风而不致遭危险,是又有功于航海。格致工艺用之,可以测天空,知燥湿,是更有助于人工。然则其用不亦宏乎！此风雨表能验风性之说也。

测风器专测风性,其器不一。英人陆萍生及林德所制最为简便,然陆萍生所制者下端有座,座上竖以直轴,轴之上端联以四辐,辐头有杯如球形,其直轴之下端有螺丝,能拨动小齿轮,小齿轮即拨动大齿轮。轮面如时辰表式,中有针,能指出各轮旋转之数,如风小,其性缓,则旋转之数少；风大以及烈风、飓风,其性疾,则旋转之数多。故风性刚柔疾徐,均能于表面指出。其表面宜用四数,一指万数,一指千数,一指百数,一指十数。试验时先看第一面之万数,再看千、百、十等数,笔而记之,则常年风性如何均可知矣。林德所制者略异于前,器之两端悉用玻璃弯管,一端口直,一端口向于外,中有一板,上画分度,按在长枢之上,能自转动。其顶上有对风板,恒对正风之方向。用法：将水装入玻璃管,无风时,二管水面齐平。风来时,无论大小两管,水即有高低,观其高数,齐于板上之分度若干,即知风性之大小、分数寸数也。此测风器之验风性之说也。不特是也,化学家考验矿质就有风力表焉,盖研究五金等质所用之灯或炉,悉赖吹风,而风性必须匀和不可多,多则易于误事；不可少,少则亦不为功。于是化学家制表以验风力,其表下为木座,并连进风管,座上连双弯玻璃管,管中有水银,管旁有度数。用法：将进风管连于灯或炉旁而吹之,则不进风时两管水银齐平,进风时受风之一边之水银压之向下,而对面一管之水银独自升高,观水银下若干度,则知风力若干大；倘水银久不摇动,必系风力平匀；水银时有高低,必为风力参错。以此测之,百无一失。此风力表能验风性之说也。

尤有说者，测验风性，其法尚多，不但恃乎表也。即如测风势流动及方向顺逆，只须用片板作风旗竖于长竿轴上，下作表针以指定盘之分度，则风势之流动顺逆无不知矣。如察风性刚柔，只须作方尺平板，板后有活尺及软簧如洋秤式，倘以板面正受风而视活尺之分寸，则风性之刚柔无不晓矣。如考风行速率，只须作一器，内有螺丝，以轴正对风，而观螺丝旋转迟速，则风行之速率无不明矣。呜呼！测风之术至今日不诚精且备哉？

各国教门说

王　韬

天下皆有一教以为纲维，盖牖世觉民之所不废也。考自佛教行于印度，回教盛于天方，天主即耶稣教被于西洋，而语其支派，各有不同。印度佛教分而为三：一曰墨那敏教，即印度国旧教也；一曰喇嘛教，即西藏之黄教也；一曰墨鲁赫教，即西藏之红教也。天方回教亦分为三：一曰由斯教，即婆罗门旧教也；一曰穆罕默教，即穆罕默德所创行于阿丹者也；一曰北阿厘教，则其兄子所传行于巴社者也。天主耶稣教亦分为三：一曰加特力教，即天主旧教也；一曰波罗特士敦教，即耶稣新教也；一曰额利教，即希腊古教也。言乎各教所行之地，则自中南东三印度，而缅甸，而暹罗，而西藏，而青海，而南北蒙古，皆佛教也。自西印度之巴社、阿丹，而西之阿非利加洲，而东之葱岭左右哈萨克、布鲁特诸游牧，而天山南路诸城郭，以及欧罗巴洲之土耳其国，皆回教也。其大西洋之欧罗巴各国外，大西洋之美利坚各国则皆天主耶稣教也。其与我中国、安南、朝鲜、日本之儒教屹然共立为四。此外又有火教、神教散处于各方，亦有土蛮之流俗尚祀鬼，无所谓教者。当我中国未通于外，所行者惟尧、舜、禹、汤、文、武、周、孔之道。《中庸》言"修道之谓教",亦非别有所谓教也。印度自佛未出世以前皆婆罗门教,以事天治人为本,即彼方之儒也。自佛教兴而婆罗门教衰,佛教衰而婆罗门教复盛,一盛为耶稣之天主教,再盛为穆罕默德之天方教,皆婆罗门之支派。盖欧洲之学,其始皆根于印度,由渐而西,故天主、天方有时皆不出乎儒教之宗旨。即我中国自古至今,道术分裂,儒分八,墨分三,老庄之道亦分数支,盖与佛教、回教、天主教之异流同源,无以殊也。呜呼!自教术多端,同中立异,斗诤坚固,于一教中自相胡越,欲泯畛域而会大同,盖亦未易言矣。故圣王在上,因其教,不易其俗;齐其政,不易其宜。今中国各教皆备,虽其教旨各殊,而奉天治人则一也。安知昔之以远而离者,今不以近而合乎?前见《申报》言"西国无佛教",夫西国固无佛教,然未尝无道教,其人盖散处各国,了然修练,名曰巴柳士艮教,欧罗巴、阿非利加两洲皆有之,特不若各教之纪年建朔耳,因论教而并及之,以见中西之教之未尝不可合也。

艺成于学说

陈次亮

中国之工艺何以不如泰西也?曰学不学之分耳。中国之购机器开制造者有年矣,何以终不若泰西也?亦学不学之分耳。泰西之学何所昉哉?昉于近百年来创行新法之人。创法之人又何所昉哉?仿于五六强国喜新尚异、争名逐利之心。然而天下之人不以为非,且孜孜然慕而效之者,何哉?以其有益于国也,有益于民也。效之者有大益,不效之者而有大损也。盖艺也,而进乎道矣,故曰天也。一舟也,行止听乎风;一车也,迟速凭之马。五千年来未有之改耳。有华式者,缘茗壶之气冲盖有声,始悟蒸之有力,推之以击石,推之以运煤,推之以起重,而火轮新法实始萌芽。父作之,子述之,不惮十反以求其利弊,而轮舟之制遂成,献之英君,锡以世爵。然仅一小轮信船,借以远通音问也。既而设学以教之,立厂以造之,而数十丈之巨舟,数千匹之马力,海天万里,绝迹飞行。继之以快舰巡船,雷艇铁甲,每一时行二百里,而轮舟之用始神。然而水道虽通,陆路仍虞梗阻也。复有人推广此意,创造轮车,嵌以钢条,垫以木板,车行其上,神速无伦,每一时行三百里。于是水陆联接,视万里如户庭,几几乎缩地之神方,补天之秘钥矣。复悟金铁相摩生电之法,机轮磨荡,阴电阳电,生生不已,如环之无端,而电报作焉。其始也,迅寄一音,仅以防轮车之撞击耳,至今日而电线三匝,环绕全球,铁筒沉浸于海中,铜竿森立于地上,环地球十万里,通信不逾一时。推之于照夜之灯,则卓立云霄,光明如皎月;推之于传音之器,则悬隔山海,声息犹比邻,疑鬼疑神,胡天胡帝,而推原本始,则皆由茗壶热力之一事开之。由是以火蒸水,以水化气,以气行轮,以轮生电,驯至天下万事万物皆入于机,皆出于机。物之细也入毫芒,力之大也推山岳,上关国计,下益民生,四海凡行,五洲响应。此岂泰西之智士所能为乎?然而孰为之?天为之也。天假手于西人,以成兹地球一统、万国会同之法物也。环球十万里,大小数百国,非轮舟铁路,何以捷往来?非电线、德律风,何以通文报?或卉衣木食,或穴处巢居,或饮血茹毛,或洼尊土鼓,将使冠裳栋宇,大启文明,非以一人作十人百人之工,何以给民生之日用也?今各国呈奇效瑞,萃我中华,而中国二千年来工师失传已久,因循简陋,不思变通,转使海外小邦以器物之精良,出而傲我。习远而忘近,务虚而失实,得精而遗粗,皆不学之过也。天将以器归中国,而以道行泰西,同轨同文,开万国同伦之大化,所谓凡有血气,莫不尊亲者,此其时矣。取彼良工,同我郅治,昭以文物,获其王侯,孰重孰轻,为得为失,何去何从,必有能辨之者。

按,诸君论说,各抒己见,言之不厌其详,无一非为工商起见。盖工以谋食,一不得所,流落必多;商以牟利,一不得当,折阅不少。保护之道,不得不先事预筹也。设官分治,始免彼之侵陵;驻兵有船,始免彼之胁制。兴立各岛书院,肄业有人,庶兼通中外语言文字,彼此情形无所瞹隔,因时制宜。当务之急,无有急于此者。无如当设不设,当驻不驻,当兴不兴,坐视数百万华民沉溺其中而终无起色。吾录诸君论说,甚望当轴者早见施行,共挽时艰,庶亡羊补牢,未为迟也。

交涉汇说

崔国因

盖观于今日之交涉,而叹天地之狭、人心之险也。祸患每生于万里之外,兵戎即兆于玉帛之间,无可避也,无可远也。天下之强国首推俄,其地跨欧亚两洲,皆在万里之外,而兵力所及,即足为患。其在欧洲也,兵逼德界,则德有戒心;逼奥,则奥有戒心;逼土耳其、波斯、阿富汗,则不仅有戒心,而直有覆亡之虑矣。其在亚洲也,造西里亚之铁路,增珲春之兵,建黑龙江之船坞,则我有戒心,而朝鲜、日本亦不能无恐矣。美与智利分赤道南北,而因兵船水手一案几至构兵。英人由缅甸造铁路以规滇,法人由越南兴火车以达粤,阿非利加洲亘古以来鸿荒未辟,而欧洲各国群起而分裂之,皆远隔万里者也。德、奥、义联盟以防俄、法,此玉帛之会,自守之见也。而俄与法联盟,俄又与土耳联盟。俄之与法、与土,实世雠也。(德)〔俄〕、法有不可解之雠而结好无间,亦抵牾时形。美因喀罗连岛教士之案而责义、英,因秘林海峡之案而责(美)俄、法,因埃及之事而责英、俄,因勃尔加厘亚之事而责德。中国沿江会匪闹教之案兴,而法欲联欧、墨、亚洲各国水师以要挟,虽好会无间而扰攘不休。居今之世,奚可局浅近囿耳目而高言耀德休兵哉?水师之力,英之兵舰至五百有零,法稍逊之,俄又逊之,次则义、德、日三国,亦可称雄。美国水师居第七,中国居第八,日本居第九。日本今年以水师之力不敌中华,乃于法国订造钢甲三艘,亦黾勉企及之意也。法与日,美与墨,互增入口税以相抵制,法重美国猪肉入口之税,俄增英国棉纱入口之税。乌拉乖,墨洲小国耳,亦增入口之税以足国用。义禁美国煤油入口,美禁欧洲穷兵入口,皆内政之可自主持者也。若夫美国之近政,则驻美之使尤耳熟而能详焉。其测天文也,则有算学诸士挟赀赴秘鲁,以测南半球;其测地理也,则有商务诸人赴尼格拉,以通东西洋水道;其讲海防也,则建炮台于太平洋,购圣驼马岛于丹国,增海口之巨炮,造极速之兵舰,讲求炮穿兵舰塞漏之法,措置兵舰中途添煤之地,试白铁之甲,造电气之船;其搜军实也,则造无烟之火药,至猛之炸药,创钢线缠身之炮,试电气之车,考连珠之炮,炼矾精以代钢,借水力以生电;其讲富国也,则与欧洲、墨洲各邦立报施条约,增入口之税,收丁口之费,禁入境之彩票。赛珍于希卡果,免税于夏威仁。铁路入款四千万有余,本年所入之款至四万六千万有余,直驾英国而上之矣。至于博士新得致雨之法,随时随地可以立沛甘霖。其说不经,乃闻农部已拨巨款试验,各省亦且以赀定购,则又似非子虚。相距较远,未能目睹,姑志之,以备一说云耳。

各国互相抵制说

崔国因

按,万国公法,地球通行,而弱与强之势不同,即从与违之情各异。大抵强者自抉藩篱,但以公法绳人而不以自律也。惟抵制之法行,则使之不得不平。始之两相敌者,卒之两相合,如楚子木欲屈齐,而晋以朝秦抵之;楚成王方围宋,而晋以分曹、卫制之。外洋交涉,亦如是耳。往者姑置勿论,试即以近数年之事证之。德、奥、义三国联盟,俄、法亦联盟,德君声言兵力足以胜俄,俄亦声言兵力足以胜德;法人以为兵力足以复雠,德人亦谓兵力足以一战:此以责言相抵制也。造铁舰者以防炮弹,而制铁舰者又造水雷;造水雷者以轰铁舰,而制水雷者又造铁网:此以机巧相抵制也。美、英为秘林之案互捕渔船,法、日为新约未成互增税,则美加墨西哥入口税,墨亦加美国入口税。英欲制俄之占巴美尔,俄以取印度抵之;法欲制英之胁挨及,英以突尼斯之炮台抵之:此以报复为抵制也。综观各国交涉之道,援公法者十之一,用抵制者十之九,且援公法者必有抵制以为之继。方今英税关与美为难,美知驳诘无益,即以限禁英船抵制,一举措间,而英即改除旧章,此明效大验也。

轮 船 说

泰西轮船之设,过五十余年,而其盛也,则在内地五口通商后。故今航海轮船又莫多于英国。其先有塞明敦者,苏格兰人也,尝造小轮船以自游戏,继造稍大者为客商带江之用,以未能尽善而废。时美国人富拉吨客于法国,亦造轮船,法主那波伦见而称之,仍以法制未周,行未甚速,置勿用。而富初心不易,措资返国,于纽约克地方又制轮船一具，人咸非笑。越五年，工始竣。试之，初甚便，及至中流，舟忽不行，富复察其弊之所在而精思之、条理之。又年余，始得任意行驶，遂传其制。惟是同一船，而明轮与暗轮制亦有二：明轮者设两旁，赖蒸气行之，若划桨然。如船身稍侧，则一轮出水无力，一轮入水深，而运即难。不若暗轮之隐于船尾，舵前轴顺轮机尽入于水，一经旋转，轻不费力。因其轮如螺纹，故名螺丝轮。近英人又造水轮船，只以一轮隐船旁，又有二水管从船底入，因转轮之力催水，由二管出，水势湍急向后泄，即令船行。管内复设机关，能使进退自如也。闻泰西轮船有长七八十丈、立五烟柜者，余未之见。其来内地贸易之船，则长三四十丈，宽四五丈，深亦如之，可载三千四百吨，每吨计十七石。然火轮器具居其半也。每船自船主外，各司事等共有百三四十人，火轮器并厨房设中桅前，两旁有长巷以通客房，房计四十余间，间容三十人。中桅后为饭厅，桌长七八丈，人坐四五十，饮馔多外洋风味。晚则灯火通明，两旁夹室十余间，间悬玻璃灯二、火镜一，烛光四映，何啻千门万户。舟行昼夜不息，以宽绰如居里巷，食物复咸备，登者渺不知在沧溟中也。至司船披图辨疆域，测日计路程，桅置针盘定方向，又悬铅铊以量浅深，绳板以验迟速，有寒暑表、阴晴器定气候而占风雨，其所以行之者正非草草。计一船之成不特费巨工繁，抑且器精法密，冬置暖炕，夏悬风扇，扇以数十人抽拽，凉生四座，百人会食，无挥汗者。其船如遇顺风，一周时可行一千五百里，亦快然哉。

铁 路 说

郑观应

夫水行资舟，陆行资车，古之制也，民生自然之利也。至今日而地球九万里，风气大通。以日行百里计之，环球一周，累年不能达。文轨何由一？声问何由通乎？天乃假手西人以大显利用宜民之神力，于是而轮船、火车出焉，以利往来而捷转运，风驰电掣，迅速无伦，诚亘古未有之奇制也。中国版图广大，轮船之利亦既小试其端矣，独火车铁路屡议无成，聚讼盈廷，莫衷一是，窃未见其可也。

美国西北之佘山郡，濒海旷远，自设铁路，近通东部，遥接金山，于是百货流通，商贾辐辏，户口陡增百万有奇，此铁路之便于通商也。德法构兵时，德提督谓法使曰："如战，则我国可于十四日中在边境集军十万，粮械俱备。"后果践其言，克获全胜，此铁路之便于用兵也。俄国所筑西卑里亚之铁路，不日可成。其道里所经，与俄之圣比德罗堡京及墨斯科城一气衔接，所属大西洋之地与珲春扼要之境亦节节相通。考欧洲至上海，若取道苏彝士河，历程四十四日；若取道美洲干拿打，历程三十四日；有此铁路，不过二十日可到。就通商而论，其地贯欧亚洲之北境，将来各国行旅多出其途，俄人即可坐收其利。若偶有边衅，则由俄京至中国边境仅半月程，而我调饷征兵，动需岁月，急递甫行，敌已压境矣。

今英、法、俄三国争造铁路以通中国，包中国之三面，合之海疆，已成四面受敌之势矣。英由印度造一路，逾克什弥尔，北抵廓尔喀，分支至西藏之大吉岭，与藏地为邻；一路由缅甸之仰江以达阿瓦，迳距滇边。法由越南造铁路以通云南、广西。俄自东北彼得罗堡至西北西伯里亚一带之地，凡造铁路一万余里，循黑龙江而南，告成而后，商贾往来便捷。愚民无知，惟利是从。我能保护之，则百姓为我之百姓也；我不能保护而人能保护之，则百姓即为人之百姓。缅甸之属英，越南之属法，琉球之属日本，吉林东北各部之属俄，其明证矣。且口外荒地甚多，开垦甚便。一有铁路，内地无业之民相率而至。膏腴日辟,边备日充,商旅日集。大利所在,人争趋之,荒远辽阔之区一变而为商贾辐辏之地。而我之境内未有铁路,则荒凉者如故,贫瘠者如故也。彼此相较,贫富相形,而欲边境之民尽甘槁饿而不为敌人用也,其可得哉?若彼以一旅之师长驱直入,则边陲千里,阒其无人,蹙地丧师,可以立待。故敌无铁路,我固不必喜新好异为天下先;若人皆有铁路而我独无,则必败之道,必不能支之势也。

外国有行军铁路,宽径尺余或二尺。地面不必铺平,下置木桩,架以铁樿,用则搭,不用则卸。仿而行之,运兵载粮尤为简易。至火车以美国之式为最善,工价则中国较廉,故旧金山车路皆雇中国人兴造。至铁轨需费尤巨,必须自造,若购之西国则失利多矣。溯自河运改行海运以来,轮舶往返,费省而效捷。议者或虞海道不靖,敌兵邀截,欲复运行旧制,而劳费不遑恤焉。何如以议复河运之费移开铁路之为愈也?盖尝访诸西人,其利有十:所得运费,除支销各项及酌提造费外,余皆可助国用,其利一;偶有边警,征兵筹饷,朝发夕至,则粮台可省,兵额亦可酌裁,其利二;各处矿产均可开采,运费省而销路速,其利三;商贾便于贩运,贸易日旺,税饷日增,其利四;文报便捷,驿站经费亦可量裁,其利五;中国幅员辽阔,控制较难,铁路速则巡察易周,官吏不敢逾法,其利六;二十三行省可以联成一气,信息便捷,脉络贯通,而国势为之一振,其利七;中国以清议维持大局,拘挛束缚,颇难挽回,有铁路则风气大开,士习民风颓然丕变,而士大夫之鄙夷洋务者亦可渐有转机,其利八;岁漕数百万石,河运、海运皆糜费无算,一有铁路则分期装载,瞬抵仓场,巨款可以撙节,其利九;各省所解京饷,道路迢远,鞘段累重,中途每致疏虞。铁路既通,则断无失事之患,其利十。有十利而无一害,复何惮而不行哉?

而泥之者则曰:"造路之后,夺铺驿夫役之利,一害也;修路之时,庐舍坟墓当其冲者必遭拆毁,二害也;他日猝为敌乘,祸发倍速,三害也。"不知铁路之旁,其左右歧路人马皆能行走,火车所运货物应于某处卸载者,仍须车马接运。且物产之流通日广,则人夫之生计日增,何害之有?铁路遇山巅水曲,均须绕越,架空凿洞亦可驶行,庐舍坟墓亦犹是也,何害之有?中国所购兵轮、商舶,苟有器无人,皆可资敌,何独于铁路而疑之,独不可宿兵以守之乎?且地当敌冲,临时拆断铁轨数截,十丈五丈之间,彼即无能为力,而我腹地仍得往来自如,何害之有?往者议造轮船、电报,群疑众谤,既费半途,既而毅然举行,至今日而天下之人异口同声,共知其利。矧铁路之利倍于轮船,而中国陆路之多倍于沿海,何可迟疑顾虑,坐误机宜,致他日受制敌人,悔之不已晚耶?查西商承办铁路,如有军务,先为国家运兵、运粮,缴费脚力照算,不使商人吃亏。有余暇,方准装运客货。忆往年晋省洊饥,费数十金不能运米一石。一石之米须分小半以饷运夫,得达内地济饥民,寥寥无几。饿殍之惨,言之痛心。设有火车,当不至是。况当日运费数百万金,苟移造火车,亦可成铁轨八九百里。今虽事后之言,得失之数,必有能辨之者。夫中国大势,西北土满而东南人满,若有铁路以流通之,则东南之民可以谋生于西北,西北之弃地可以开垦如东南。"政在养民"之谓何?而忍听其贫瘠流离竟不一为之所哉?

电 报 说

郑观应

电报创于丹,成于美,继乃遍行于泰西。山海阻深,顷刻可达。

各国陆路电报皆设于国家,商民发电者,官收其费,以所入济局用,而岁有所赢。用之兵间,尤足以先事预防,出奇制胜。普法之战,普人于大军所到之区遍设电线,而尽毁法人之电线,法京声息不通,遂以败法。所谓先发制人,后发制于人者,非电报不足以当之矣。

国家版图式廓,幅员之广,冠绝寰区。各省距京师远则数千里,近亦数百里,合沿海沿边诸属国、属部、属藩周围约四五万里,鞭长莫及,文报稽延。近日番船畅行,华洋杂处,兵机万变,瞬息不同。一旦有事疆场,飞章入告,庙算遥颁,动稽时日,而彼以电线指挥如意,如桴应鼓,如响应声,一迟一速之间,即胜负所由决矣。近年各省电线八达四通,其为利便,人皆知之。而创造之初,几经辩难,几费经营,始克于群疑众谤之中,翕然定议。成见之不易化而风气之不易开也若是。电报如此,则铁路可知。今日之排斥火车,亦犹当日之阻挠电线也。电线字码皆中华字数,数千百字皆由数字所生,从一至十,交相编辑。曩承玉轩京卿及盛杏荪、刘芗林、唐景星、朱静山诸观察公禀傅相札委会办津沪电线,时曾与同事著有《万国电报通例》《测量浅学》《电报新编》各书,各电报局及各口书局均有售者。如有机密,可先约定照电报号码或加或减,则外人不得而知。今使署及各埠殷商亦有另编号码,合数字而成一字,费用更省,事机更密,而消息更灵。故电线、轮车、铁路、火器四事孰为之?天为之也。天将使万国大通,合地球为一统,非是不足以通往来、达文报也。

迩日外国盛行德律风之法,略如传声之器,亦借电线以通,百里、数百里之遥,彼此互谈,无殊晤对。各国商埠及其国家行用寖多,费用尤广,亦电报之别格矣。又闻照德律风之式用电气写字,此间举（事）〔笔〕而书，彼处亦照式而写，笔迹分毫无误。惟电报虽已畅行，而造电配药之法，中国知者甚罕，岂西人故秘其传欤？抑华人心性粗疏，未能深求其故欤？盖电之为用，际地蟠天，今所用者未及一万分之一。约而言之，生力、生光二事而已矣。

电报取用之气，系意大利人嘎剌波尼及佛尔塔二人考验制成，由以强属于金属相感而生，谓之湿电法。用红铜、用白铅薄片对数重叠，每对隔以强水浸透之厚纸，复以二铜丝联之，即能生电。佛氏云因其纸易破，则机滞无力，乃以玻璃杯为电池。后又人造长箱，内以磁片分为数十格，箱盖下安铜铅薄片数十对，以铜条联之，每对一格，内储强水，用时但加盖于箱，则二金相感，生电较多，其力愈旺，而湿电之学大兴。寻丹国人倭氏复创磁电二气合一之说。法人阿拉格与安贝尔二人复以铜丝绕成螺形以验之，电气每绕一匝则力倍增，以铁能生电而磁能吸电，是为磁铁电学。于是英人惠氏乃设电线于伦敦，法、美因之，遂以遍行于天下。英国总司电局比利时自言一岁中必辗转思议，务使后来之法较诸往昔益为灵便。以前发报每一分钟止发七十五字，今每分钟可发六百字矣。

夫因仍者易为力，而创始者难为功。若中国能就其已然，精求其理，陆线、水线、打报机、测量表、干湿电药水皆能自行制造，无假外求，更复触类旁通，别成奇制，天下之大，岂无能者？亦由董劝之未行其人耳。现在所用材料皆购自外洋，总计漏卮为数颇巨。电报学生测量未准，停报久而虚耗多，电码时有舛差，电杆亦多朽折。外国电报皆用铁杆，日本则用铜杆，我国亦宜概换铁杆以垂久远。各局总办、帮办，宜由报生、司事推择升，其巡丁亦当分别等差，由下递升，以期精益求精，用资鼓励。外国陆路电线俱归国家主持,惟水电往来乃归商办。今我国电线已环绕于十八行省间,仍宜由国家购回,派员专办。沿边要地,逐次扩充。严定章程,节省靡费。他日如有军务,即照西例,不收商报,庶机密重事无从泄漏,而维持操纵,于国家之政体所保全者亦多矣。

查西商承办电线,如在中国之英商大东公司、丹商大北公司所设海线,如有军务,例应委员常住该公司报房稽查,不准传递暗码。所有明码电报亦须委员看过,无碍军务者方准传递。

曩承神机营札委在沪采办军械及侦探中外军情,时苦电线未通,机事不密,因购德律风四具、电线百里,进呈醇邸。力辞奖叙,冀开风气之先。今时甫十年,而电报已通行天下。顺天者存,逆天者亡。先天而天弗违,后天而奉天(若)〔时〕。后之君子,幸勿泥古违天,轻以人之国家为孤注也。谓予不信,请俟将来。

序

送许竹篔侍讲出使序

赵　铭

夫英猷遐骛,必争坛坫之光;奇俊挺生,不限区陬之识。是以飞矢在上,转毂方遒;运筹于中,折冲斯远。然而端木连镳于四国,延陵结纼于五邦,仅涉中华,未逾裨海。若乃仙槎西指,渺渺星河;紫气东来,晖晖旸谷。小朱昂之万卷,目隘寰中;大邹衍之九州,身驰域外。而临歧赠策,缱绻平生;祖道倾尊,流连日夕。情之所轸,俛可言欤?许子篔订交槜李,通籍蓬莱。校篇则井络腾文,蕴略而沧溟入抱。屡陈封事,密叶神谟;博览宗彝,殚精大约。出持三山之节,风引船回;归侍双阙之班,日临仗晓。兹以今年甲申四月,由翰林院编修补授侍讲,寻拜恩命,奉使泰西。鳌禁分符,辅之英荡;麟台入对,重以国书。九能造命之才,五善周咨之选,非徒资黼黻、定訏谟也。柔远之经,字小之道,将于是乎寄焉?泰远不隔乎鲆鳟,鞮胥能达其声教。考其行轺所至,曰德意志、曰法兰西、曰意大利、曰和兰、曰奥大利亚之数国者,皆在黄道以北,黑海之西,夷坚所不志,章亥所未步也。使指有归,请为扬搉。昔者晋要子驷,惟疆是从;秦背令狐,惟利是视。今之绝域,积有斯风。充狙欲而求训,时虎饱而杀怒,君子惧焉。抑知官非都护,道在羁縻。凭一介之遥通,示八荒之无外。大川之涉,信及豚鱼。敝邑之闲,取其麇鹿。相与捐细,故寻旧盟。采白狼槃木之歌,守黄龙清酒之约。若是者为缔交,大秦古寺,曾祀祆神;首善书院,乃来教主。膜拜盛于竺国,威焰虐于帝师。意大利实始滥觞,法兰西于焉树帜,遂使为丛殴爵,升木教猱,虽难语以革心,当隐使之帖耳。若是者为弭衅。飞车入贡,桔矢来庭。学神弩于眉珠,赋宝刀于大食。古来利器,半出穷荒。德意志者,席战胜之威,侈钩强之备。戈船横海,斗舰若山。枪飞火以雷轰,炮发机而霆驶,银夸饰杖,铁号迦沙。则以加令之智囊,储征南之武库。总其犀楫,奠我鲲涛。若是者为肄武。时购德国铁舰二,未至,将弁在洋学驾驶故云。门关稽税,周汉相沿;市舶置司,宋元弥盛。夷考南洋列埠,创自和兰,爰及神州,益通旁国。行缯絮于徼外,植葡萄于苑中。数马归资,蹊牛论罚。然而弘羊韬算,非西域所得争;李牧市租,讵北庭之可贷?虽崇大体,贵示微权。若是者为阜商。交聘者错于途,廷劳者待于境。重门洞启,邸舍宏开。彼呼中土为仙宸,我履沧瀛若平地。亦知秦为大鸟,未可独招;佛视海鸥,无妨狎处。于以靖边候,治国闻,游纪而发金壶,宅交而辨铜柱。若是者为测微。长春西游之记,刘郁西使之编,副在职方,垂为掌故。以之上穷倚柱,下察广轮,山川风土之殊,政教器名之别,犁轩善眩,波斯多珍,有异必搜,无奇不录。证《周髀》四隤之说,拾畴人九算之遗。若是者为搜佚。且夫纵横者才也,凝静者志也,涵濡者化也,润色者文也。君于专对之词曹,为识时之俊杰。披郤导窾,漆园之旨可寻;排难解纷,鲁连之风何远?竞绿胥泯,非绕指以为柔;谋断兼资,且虚心而集益。必能烛机于先兆,继好于后来。至于藻采所敷,华风与被。鸡林市上,定传居易之诗;吐谷床头,行皮子昇之卷。瑶林珠树,地望争夸。电策飙轮,天机欲舞。彼都士女,艳李揆之姓名;异域公卿,服徐陵之翰札。子弟置诸庄岳,齐傅幸其无咻。出洋学生赴德国各厂习艺者,由使馆考校。金水产自云州,楚材信其可用。中土机器制造物料多自西土购求。此又俱归陶铸,益富雕镂,写宾馆之余闲,足道山之清话者矣。仆冯唐易老,烛武无能。垂白相嘲,胜青滋愧。比值輶轩之出,首从析木之津。槐雨浣襟,兰风振袂。相思烟墨,话文字之前缘。极目沧浪,怅帆樯之远渡。揽辔且难乎为别,赠车则不若以言。为送飞鸿,借当前马。凿空万里,敢期博望之受封?报最三年,再俟韩侯之入觐。

赠西士傅兰雅纂《格致汇编》序

薛福成

格致之学,在中国为治平之始基,在西国为富强之先导,此其根原,非有殊也。古圣人兴物以前民用,智者创,巧者述,举凡作车行陆,作舟行水,作弧矢之利,以威天下,所谓形上形下,一以贯之者也。后世歧而二之,而实事求是之学,不明于天下,遂令前人创述之精意潜流于异域。彼师其余者,研究日精,竞智争能,日新月盛,虽气运所至,岂非用力独专欤?方今海宇承平,中外辑睦,通使聘问,不绝于道。西国之讨论中华经史者,不乏其人,而吾儒亦渐习彼天文、地舆、器数之学。涉其藩,若浩博无涯;究其奥,则于古圣人制作之原,未尝不有所见焉。甚哉,格致之功之不可不穷其流也!

西士傅兰雅先生,英国之通人也,航海东来二十余年矣,通晓中华语言文字,于翻译西书之暇,取格致之学之切近而易知者,汇为一编,按季问世,不惮采辑之烦,译述之苦,傅君之用心可谓勤且挚矣。顾吾谓中华数千年以来,材智迭兴,固未尝无好学深思之士造乎其极者。第自《周礼·冬官》一书既佚,而操艺者师心自用,擅其片长以眩于世。学士大夫又鄙弃工艺而不屑道,而古先圣哲所作述之绝学遂亡。讵知泰西各国殚亿兆人之智力,潜窥造化之灵机,奋志经营,日臻富强,以雄视宇宙耶?间尝考其大,凡其齐动力之轻重疾徐而制器者曰重学,即攻木、攻石、攻金之工也;剖别物质,各殊其剂以程材者曰化学,即治人、卯人之业也;以火化水,使积力而生动者曰汽学,即蒸釜酒龙之制也;凹凸晶镜,令光点迁就而利视者曰光学,即阳燧铜鉴之各适其用也。其他磁石引针、琥珀拾芥,即电学之权舆也;一尺之棰,日取其半,万世不竭,即几何学之妙用也。吾华读书之士,明其道者忽其事;工师之流,习其业者昧其理。多未明晓西法,故不能互相引证,抉其精要,然其学未尝不可考而能也。傅君《汇编》出而知人格致之实用,庶几探索底蕴,深求其理法之所以然。风气既开,有志之士锲而不舍,蕲使古今中西之学会而为一,是则余所默企也夫。

重刻《海国图志》序

左宗棠

邵阳魏子默深《海国图志》六十卷,成于道光二十二年。续增四十卷,成于咸丰二年,通为一百卷。越二十有三年,光绪纪元,其族孙甘肃平庆泾固道光焘,惧孤本久而失传,督匠重写开雕,乞余叙之。

维国家建中立极,土宇闳廓。东南尽海,岛屿星错。海道攸分,内外有截。西北穷山水之根,以声教所暨为疆索。荒服而外,大隃无垠,距海辽远。以地形言,左倚东南矣,然地体虽方,与天为圆,固无适非中也。以天气言,分至协中,寒暑适均,则扶舆清淑所萃,帝王都焉,历代圣哲贤豪之所产也。海上用兵,泰西诸国互市者纷至,西通于中,战争日亟,魏子忧之,于是搜辑海谈,旁摭西人著录,附以己意所欲见诸施行者,俟之异日。呜呼! 其发愤而有作也!

人之生也,君治之,师教之,上古君师一也,后则君以世及而教分。撮其大凡,中儒西释,其最先矣。儒以道立宗,受天地之中,以生者学之。释氏以慈悲虚寂式西土,由居国而化及北方行国。此外为天方、为天主、为耶稣,则华于隋唐之间,各以所习为是。然含形负气,钧是人也。此孟子所谓君子异于人者也。其无教者,如生番,如野人,不可同群,此孟子所谓人异于禽兽者也。释道微而天方起,天方微而天主耶稣之说盛,俄、英、法、美、诸国,奉天主耶稣为教,又或析而二之,因其习尚以明统纪,遂成国俗。法兰西虽以罗马国为教皇,其人称教士,资遣外出行教,故示尊崇。然国人颇觉其妄,聊以国俗奉之而已。今法为布所败,教皇遂微,更无宗之者,是泰西之奉天主耶稣,固不如蒙与番之信黄教、红教也。释氏戒杀绝纷,足化顽犷;时露灵异,足慑殊俗。其经典之入中国,经华士润饰,旨趣玄渺,足以涤除烦苦,解释束缚,是分儒之绪以为说者,非天方所可并也。天主耶稣,非儒非释,其宗旨莫可阐扬,其徒亦鲜述焉。泰西弃虚崇实,艺重于道,官师均由艺进。性慧敏,好深思,制作精妙,日新而月有异。象纬舆地之学,尤称专诣,盖得儒之数而萃其聪明才智以致之者。其艺事独擅,乃显于其教矣。

百余年来,中国承平,水陆战备少弛,适泰西火轮车舟有成,英吉利遂蹈我之瑕,构兵思逞,并联与国,竞互市之利。遂以海上多故,魏子数以其说干当事,不应,退而著是书。其要旨:以西人谈西事,言必有稽;因其教以明统纪,征其俗尚而得其情实,言必有伦。所拟方略,非尽可行,而大端不能加也。

书成,魏子殁。廿余载,事局如故。然同、光间,福建设局造轮船,陇中有华匠制枪炮,其长亦差与西人等。艺事末也,有迹可寻,有数可推,因者易于创也。器之精光淬厉愈出,人之心思专一则灵,久者进于渐也。此魏子所谓师其长技以制之也。鸦片之蛊,痛养必溃,酒后益醒,先事图维,罂粟之禁不可弛也。异学争鸣,世教以衰,失道民散,邪慝愈炽,以儒为戏不可长也。此魏子所谓人心之寐患、人才之虚患也。宗棠老矣,忝窃高位,无补清时。书此,弥觉颜之厚而心之负疚滋多,窃有俟于后之读是书者。

《西学略述》序

曾纪泽

《记》曰:"辟如行远必自迩,辟如登高必自卑。"老氏亦云:"合抱之木,生于毫末。九层之台,起于累土。千里之行,始于足下。"

盖天下事业文章，学问术艺，未有不积小以高大，由浅近而臻深远者。泰西之学，条别派分，更仆难数，学成而精至者，大抵撼风霆而揭日月，夺造化而疑鬼神。方其授学伊始，往往举孩提之童所能言能知，匹夫愚妇所不屑道者，笔之为塾钞，编之为日课，耆彦师姆谆复道之，不以粗浅为耻，翻以（蜡）〔躐〕进为戒。其向学易，而为学有次第，此泰西学者之所以众多，学而成名者亦因是而济济焉。试举一二端明之：

论光色之学，曰："白者，诸色皆备。黑者，诸色皆无。"诸色皆备则不复受色，故以色著白纸，常推而拒之，显露于纸上。诸色皆无则能受众色，故以色著黑纸，常纳而入之，隐晦于纸中。夫绘白纸而显露，绘黑纸而隐晦，此孩提之童所能言能知，匹夫愚妇所不屑道者也。然泰西学士由此理以证日质之所有，辨虹蜺之七色，窥玻璃之三角，定藻绘之彰施，考影相之宜忌，其学无穷极焉。又论寒热之学，曰："五金传热，羽毛不传热。"投铁杖一端于火，火外之铁遽不可执；焚兽皮将尽，而未尽者仍可执：此传热不传热之证也。狐貉足以御寒，非狐貉能生热也，惟其不传热，故能护藏人身本有之热。夫投铁杖与兽皮于火，可执不可执之别，此亦孩提之童所能言能知，匹夫愚妇所不屑道者也。然泰西学士由此理以考求太阳地心之热力，与一切机械键辖、火轮舟车、蒸汽生力之大凡，稽化学生克之源，察冷暖涨缩之理，储水银，铸钢鼓，以制寒暑之表、风雨之针。五纬彗孛，地球月轮，借摄力以环日；地火震山，空阳生飓，循定轨以行灾。推测之眇，通乎神明，其学亦无穷极焉。所谓积小以高大，由浅进而臻深远者，非其效欤？

总税务司鹭宾赫君择泰西新出学塾有用之书十有六种，属英国儒士艾先生约瑟译成华文，书成，问序于予。予尝忝持使节，躬至欧洲,每欲纂辑见闻,编为一帙,事务纷乘,因循不果。今阅此十六种,探骊得珠,剖璞呈玉,遴择之富,实获我心。虽曰发蒙之书,浅近易知,究其所谓深远者,第于精微条目,益加详尽焉耳,实未始出此书所纪范围之外,举浅近而深远寓焉,讵非涉海之帆楫、烛暗之灯炬欤？古称"通天地人为儒",又曰"一物不知,儒者之耻",儒岂易言？发轫于此书,就性天之所近,更著研耽之力,其余专门之学,殆庶几乎？《尔雅》训（记）〔诂〕之文,《急就》奇觚之字,贾、董、扬、班于是乎兴。吾人而有志于西学,则虽以《尔雅》《急就章》视此编焉可也。

《异域风谣》序

地球凡九万里,水居其七,有土斯有人,不过十之三耳。夫人生莫不有欲,能以礼节之,则思得其正。孔子删《诗》,不废郑卫,夫岂无故哉？凡以示劝惩之意,而寓无邪之旨焉。方今之天下,一大列国也。五大洲之说始于明,至今日而详尽。帆轮所至,视中外于一家。虽风气不同,而人心则一,盖尝博考群籍而得其梗概矣。

在东曰亚细亚洲,其地东距东洋,中国在焉,余则有蒙古、朝鲜、日本、琉球及俄罗斯之东境；西距红海、黑海、地中海,其国则有五印度、阿剌伯；南距五印度海,其国则有越南、暹罗、南掌、缅甸及南洋群岛；北距冰海,其国则有布哈尔、波斯、爱乌罕、俾路芝、基发、诸回部、土耳其之东中两境。此亚细亚之大略也。其教尚儒、释,间以回教,其人宽博而强毅。

在西北为欧罗巴洲,黄海注其中,黑海界其东,地中海横其南,大西洋海浮其西,乌拉大山亘其北。都于黄海东岸之彼得罗堡者,俄罗斯也。都于西岸之斯德哥尔摩者,瑞国。都于南岸之哥卑的给者,嗹国也。迤东为普鲁士之东部,曰伯灵。瑞国之西为璐威,其都曰格里土持阿拿。嗹国之南,普鲁士之西,为日耳曼,实居欧罗巴之中。普鲁士之南,日耳曼之东,为奥地里亚,其都曰维也纳。奥地里亚之东南,枕黑海、接亚细亚为土耳其,其都曰君士但丁。土耳其之南为希腊,其都曰亚德纳斯。日耳曼之南为瑞士。瑞士之南斗入地中海,为意大理亚列国。日耳曼之西北,临大西洋海,为荷兰,其都亚摩斯德尔登。荷兰之南为比利时,其都曰不鲁舍扯斯。日耳曼之西,比利时之东,为普鲁士之西部两部,夹日耳曼之左右,盖普鲁士、日耳曼之分国也。比利时之南,普鲁士西部之东南,瑞士之东,为法兰西,其都曰巴黎斯。法兰西之西为西班牙,其都曰马特。西班牙之西,临大西洋海,曰葡萄牙,其都曰斯里波亚。法兰西西北有伦敦、苏格兰、阿兰尔三岛鼎峙,海中为英吉利,伦敦即英吉利之所都也。此欧罗巴之大略也。其教宗即耶稣天主,其人机巧而坚忍。

在西南曰阿非利加洲,其地广莫而荒昧,仅西北一隅近印度海、红海、地中海,其国则有埃及,一曰麦西,努北阿、阿西尼西亚等国。无所宗尚,其人椎鲁而愚直,勇敢而多力,受役属于欧墨,即《唐书》所谓昆仑奴也。

在西为亚墨利加洲,分为南北两境。南亚墨有巴西、孛露、即秘鲁。智利、波非里亚、金加西腊等国;北亚墨之大国曰米利坚,即花旗。小国为墨西哥,余无所闻。其地半为英法人所开,其教宗耶稣天主,其人温厚而敦信。以阿非言之,则蒙昧未启,以亚墨言之,则风气方新也。

又南洋之极,东有大荒岛曰澳大利亚,又曰南亚细亚,即世所称新金山也。其地自为一洲,约二万余里,今人比之亚细、欧罗、亚墨利加、阿非为五大洲,而实英人辟之,故属英吉利,华人旅居于此实繁。有徒教门宗尚不一,风俗亦无可采。

故论五洲之土地,亚细亚为最大,亚墨颇与相埒,阿非视亚细亚之半,欧罗视阿非之半,澳大仅瓯脱耳。考之舆图,当无差谬。余作万国风谣,亦为有书可据,不敢臆造其事,不越乎男女。各国之形胜、物产,间一及之,盖以"风谣"名,则不得旁及他务也。如必讲求柔远之经,战守会盟之略,则全书具在,请悉心探讨焉,此篇不过当卧游之具云尔。

《朔方备乘》序

李鸿章

古之儒者博学而不穷,故多闻多志,必继之以精知,然后略而行之,未有不通天下之志而能成天下之务者也。吾观《周官》所记,有职方掌天下之图,凡四夷、八蛮、七闽、九貉、五戎、六狄,人民谷畜之数,要无不周知其利害矣。又有土方、怀方、合方、训方、形方,及山师、川师、原师、匡人、掸人,察宇内之土地形势,与夫山川林泽之险易,且约其法制,著之《周礼》,勒为成书,使学者童而习之,长而有以通知天下之故,以备国家缓急之用。后之学者囿一隅之见,忘深远之虑,举四裔之事,概置之"存而不论"之条,不亦陋乎?且夫三代之时,王畿不过千里,征伐不出五服,犹可执"不勤远略"之说也。而圣人已忧之,必为之图,设之官,著之于书,使周知而预为之防,如此其至。况封建既废,关市已通。轮舶火车,瞬息万里。异域遐荒,迩若咫尺。顾乃局守堂室,视听曾不及乎藩篱,是岂可久之计哉?《传》有之曰:"知己知彼。"《大学》之言治平,知己之学也。《周官》之言周知,知己而兼知彼之学也。自来谈域外者，外国之书务为夸诞，傅会实多；游历所纪，半属传闻，淆讹叠出，又或辗转口译，名称互歧，竞尚琐闻，无关体要，以云征信，盖亦难之。不知史传所存，官私书所纪，参考互校，可得而详。自非强识洽闻、精心远见之儒，罕能究其源流，证其得失。窃见故员外郎衔、刑部主事何秋涛，究心时务，博极群书，以为俄罗斯东环中土，西接泰西诸邦，自我圣祖仁皇帝整旅北徼，耆威定界，著录之家虽事纂辑，未有专书。秋涛始为汇编，继加详订，本钦定之书及正史为据，旁采图理琛、陈伦炯、方式济、张鹏（鹓）〔翮〕、赵翼、松筠，以及近人俞正燮、张穆、魏源、姚莹之徒，与外国艾儒略、南怀仁、雅稗理之所论述，并上海、广州洋人所刊诸书，订其舛讹，去其荒谬，上〔溯〕圣武之昭垂，下及窝集之要害，为考、为传、为纪事、为辨正，自汉、晋、隋、唐，迄于明季，又自国朝康熙、乾隆，迄于道光，代为之图，各为之说，凡八十卷。文宗显皇帝垂览其书，赐名"朔方备乘"。进呈之后，书旋散亡。礼部侍郎黄宗汉因取副本，拟更缮进，复毁于火。秋涛之子芳稑，奉其残稿来谒，篇帙不完，涂乙几遍。鸿章爰属编修黄彭年与畿辅志局诸人为之补缀排类，复还旧观，图说刊成，全书次第亦付剞劂。窃谓是记，虽止北徼一隅，然学者由是而推之，则章亥所不能步查，客所未及，周无不可，按籍而稽，更仆而数，是《戴记》所谓"考道以为无失"，可以精知略而行之者也。

《俄土构兵记》序

余澍畴

俄罗斯与土耳其构衅，始于我朝康熙年间。百余年来，干戈不已。光绪丁丑，俄国第九次伐土，论者谓此次构兵实为近年最大之战事，亦实为近年最大之时事。何者？俄之欲逞其雄图，有囊括之志者，已非一日。其伐土也，意不在土，实欲争土之亚洲通黑海，出两河，拊背扼吭，以薄印度，而思得志于亚洲，特于土兆其端耳。然则此役顾不大哉？西国之有战事也，其兵官尝有亲往观战者，我中国向无人观战，其战事如何而胜，如何而败，及胜败既分，如何而和，皆置之罔闻。知疆场之事，何时蔑有，若不谂悉敌情，而能不为敌所制胜者，鲜矣。

英法助土攻俄，以四国之师围攻其西巴士多卜鲁城并彼得罗海口。俄人坚拒载余，而卒能御大敌，保雄都，非善守者曷克臻此？是役也，借口吊民，隐綦叛逆，今日会议，明日处和，而卒不免暴骨一逞。及战事既兴，俄军渡河后骄矜已极，孤军独进，卑厘剌之战一败涂地，几至全军皆墨。及取士迫架之险，两军死者不可纪数，虽曰兵无常势、水无常形，而轻疾争利最犯兵家之忌，未有不至于败裂者。若夫各国始图灭土，继欲保土，而卒也为土议和，分土属地，其纵横捭阖之术，牢笼变迁之谋，诚非局外人所得而思议者。英舶之进达得尼河也，土已为城下之盟。各国皆不敢为戎首，俄必百端要挟，出黑海、通两河，以遂其大欲，而印度东南洋立见其害。英以兵法有进无退，决意行之，借以策胜算成和局，诚可谓得其要领矣。

然吾于是窃有感焉，今日泰西之强国曰英吉利、曰法兰西、曰俄罗斯、曰美利驾，近年崛兴者曰普鲁士，即德意志国，其次如奥、如意、如萄、如荷、如比、如丹，如班牙、瑞士、（威）瑙〔威〕、巴西、秘鲁诸国，皆昔为海外渺茫，今则中外通好，互市扣关，不啻六合一家，铁路轮船朝发夕至。英自得五印度，继有南洋诸邦，又开藩于香港，与我中国邻。俄罗斯立国在欧亚两洲之间，而珲春一埠，踞我上游，逼我疆圉。日本、朝鲜贴其肘腋，美里驾一水可达中土。

法兰西渐有越南。强邻四塞,耽耽环伺。以中国独治之天下,变而为四洲相通之天下,诚开辟至今未有之创局也。

夫天既创开辟以来未有之局,人不得不为开辟以来未有之事。泰西之竞富争强,斗智尚力,成为风俗,鲜有数十百年如中国之共享太平,安于无事。盖其利害过于分明而义理不足以化其暴戾,此海国之所以卒逊于神州者。我中国原不可弃其学而学焉,而无如舟车、火器、机捩、兵法、算学、舆图、文字、语言,新法之层出,情伪之变端,彼皆挟以傲我蔑我者,以为我不逮彼也。故今日者,所以纷纷效法西学者,势之出于不得不然也。向使我闭关绝市,西人不来,中国而安用此为哉?

虽然,今日统地球之人而来我中国,正以供我驱策,资我历练,牖我灵明。西学、中学本无二理,习西学者非徒以舟车、火器、算学、舆图、语言、文字专其一端,足以供钞胥、讲货殖、备行伍、作翻译而已,必度势审时,实有见夫国家大利大害之所在,远虑深识,察微知著,折冲乎樽俎,雍容乎坛坫,消恧睢于不觉,勘祸乱于未形。犹学中学者,非徒以记诵词章,猎华摘艳,八股墨卷,滑调空腔,足以博功名、取富贵而已,必读书确有所得,发而为文章,代圣贤立言,与经子同功异用,出而为事业,作国家柱石,与日月炳耀争光,隐为大儒,出为名臣。此皆从本源中得来,岂徒恃半幅腊丁、百篇时墨以求生活者,其造诣能至是哉?当今时势艰难,非得人不为功,欲求其西学如彼,中学如此,与夫中西淹博贯通、体用一致者,持此以相天下士,诚恐罕得其选。无已,则降格以求,一材一艺皆有可观,集小成而为大成,是又在用者之各得其当焉。此编并《西事杂著》四卷,无名氏草创于庚、辛之间。本年春季,由高凉旋省闲居、适有法人越南之役,检取旧本而编次之,自愧鄙俚无文,未能润饰。友人见之曰："兵事原贵事实,涓涓细流未必无补于河海。"再三怂恿刊梓。爰不敢淹没,付诸手民。《杂著》四卷,容俟续出。不免贻笑方家,惟愿高明大雅君子进而教之,则幸甚矣。

《筹鄂龟鉴》序

张罗澄

今天下五洲雄峙,各不相下,时人比之战国七雄。俄罗斯为古大秦国,亦以七雄之秦目之,虎视耽耽,狡焉思启。欧洲各国畏之,甚防之,严筹之,不遗余力。向者,俄欲灭土耳其,英法率师遏之,厚集兵舰于地中海,借阿富汗叠与俄战,以杀其势,俄计遂不能逞。英法以土为屏蔽,并力御俄,所以自卫。我中国仗英法御俄之力,南七省不虑有俄患频年。俄不得志于欧西,乃百计以勤东略,故西卑里亚铁路若成,俄将发难于东三省;兵轮从黄海出犯,则北洋海疆皆震。今年嗣王加冕,我国命大臣往贺,已许其代修东省铁路,而旅顺、胶州各要害,又许之停兵舰、开埠头,撤我藩篱,蹦我庭户,直鼾睡于我卧榻之上。愚夫浅见,愤日本割地偿金之辱,动以援俄胁日为得计。噫!可胜叹哉!

虽然东省患俄,世或知之,而俄为吾蜀患,则鲜有能见及之者。蜀后藏卫有斗鸡岭焉,其山大且高,悬据其上,可以俯视三藏,俄铁路已抵其境,意欲何为?藏卫若亡,蜀将自敝,蜀敝而滇、黔、湘、鄂之祸深,天下胡能有宁日?此杞忧所为深虑而却顾也。矧傅相马关议和,日本据有金、复、海、盖七州县。英、德、米利坚诸国援局外例,作壁上观。俄独与法同盟,攘臂而起,两国会师相向,德复从之,日詟其威,反我辽阳侵地。俄岂有怨于日哉?盖视东省如囊中物,不使日人先探其囊耳。时势至今,惟视俄法之亲疏为我国安危所系。俄法交分,则兵端可靖;俄法交合,则戎祸方殷。不急为筹,恐一旦俄犯东三省,窥北洋,法出两粤应之;俄出斗鸡岭,攻西蜀,法出云南应之,诸道兴师,遥相牵制,我国顾此失彼,应接不暇。虽武乡侯复生,亦将坐困。余环顾域中,澄观世变,每读"何乡为乐土,安敢尚盘桓"之句,未尝不叹息痛恨于时势之变亟也。手无斧柯,奈之何哉?

惟冀当道诸公取上谕"卧薪尝胆"一言铭诸心、刻诸骨,一腔热血,纯然忠义,痛除积习,力戒浮文。整饬吏治,以与生民休息。勤求西国新政,为富国强兵之谋。与各海邦共守公法,而其秘钥则在依日本为辅车,不可思小忿而忘大耻。彼俄因中日之战,结法以为远应,我即可取俄法之鉴,结日以为近援,守望相助。中日之盟好益亲,俄法之诡谋自息。天下在宥,犹运之掌,以此筹俄而豫为备,固不待卜之蓍龟,无可掩之明鉴矣。夫知己知彼,百战百胜。不入虎穴,焉得虎子?欲已俄患,而不能洞见其症结,何适而可?故吾友海宁陈侠君痛时俗援俄胁日之非,特搜辑《筹鄂龟鉴》一书,于俄土地、人民、政事及迩来会盟交涉各项,洪纤毕具,烛照无遗。其书已成,浼余为序。余不惜大声疾呼以为主张大局告,俄而不然,是使余多言也;俄而或然而不然,余得先泄其谋,而谋中寝,则季梁在随,未始非却敌之一端也。谨以挽回时局苦衷书于简首,以谂将来。

《盛世危言》序

彭玉麟

《盛世危言》一书,香山郑陶斋观察所著也。陶斋原名观应,少倜傥,有奇志,尚气节。庚申之变,目击时艰,遂弃学业,学西人语言文字，隐于商，日与西人游，足迹半天下。考究各国政治得失利病，凡有关于安内攘外之说者，随手笔录，经年累月成若干篇，皆时务切要之言。语云"识时务者为俊杰"，反是则为俗吏迂儒。当今日之时势，强邻日迫，俨成战国之局，虽孔孟复生，亦不能不因时而变矣。尝读《春秋》，知当时君相，无不周知各国山川险要、风俗民情、君臣贤否，日求富强之策，不以资格限人，似无异于今日泰西各国。我朝怀柔远人，海禁大开，亦当知某国何以兴、某国何以衰。知己知彼，洞见本原，方有著手之处。岂徒尚皮毛、购船炮而已乎？余赋性木讷，不（谱）〔谙〕洋务。今阅是书，所说中国利病情形了如指掌，其忠义之气溢于行间字里，实获我心。故缀数语，亟劝其梓行问世，以期与海内诸公采择而力行之。将见孔孟之道风行内外，莫不尊亲；彼族之器我能制造，日新月异。自然国富兵强，四夷宾服。奚不可以是书为左券也哉！

《日本国志》序

薛福成

东方诸国，足以自立、足以有为者，惟中国与日本而已。日本创国周秦之间，通使于汉，修贡于魏，而宾服于唐，最久亦最亲。当唐盛时，日本虽自帝其国，然事大之礼益虔，喁喁向风，常遣子弟入学，观摩取法，用能沾濡中国前圣人之化，人才文物，盖彬彬焉，与高丽、新罗、百济诸国殊矣。唐季衰乱，日本聘使始绝。内变既作，驯至判为南北，（制）〔裂〕为群侯，豪俊糜沸云扰。其迭起而执魁柄者，则有平氏、源氏、北条氏、足利氏、织田氏、丰臣氏、德川氏，七八百年之间，国主高拱于上，强臣擅命于下。凡所谓国政民风、邦制朝章，往往与时变迁，纷纭糅杂，莫可究诘。中国自元祖误用降将，黩武丧师；有明中叶，内政不修，奸民冒倭人旗帜，群起为寇。遂使日本益藐视中国，颛颛独居东海中，茫不知华夏广远。一二枭桀者流，辄欲凭陵我藩服，龁龂我疆圉，憪然自大，甚骜无道。中国拒之，亦务如防制水，如垣御风，勿使稍有侵漏。由是两国虽在一洲，情谊乖违，音问隔绝。近世作者，如松龛徐氏，默深魏氏，于西洋绝远之国尚能志其崖略，独于日本考证阙如；或稍述之，而惝怳疏阔，竟不能稽其世系疆域，犹似古之所谓三神山者之可望不可至也。

咸丰、同治以来，日本迫于外患，廓然更张，废群侯，尊一主，斥霸府，联邦交。百务并修，气象一新，慕效西法，罔遗余力。虽其改正朔，易服色，不免为天下人讥笑，然富强之机，转移颇捷。循是不辍，当具可与西国争衡之势。其创制立法，炳焉可观。且与中国缔交遣使，睦谊渐敦，旧嫌尽释矣。自今以后，或因同壤而世为仇雠，有吴越相倾之势；或因同盟而互为唇齿，有吴蜀相援之形。时变递嬗，迁流靡定，惟势所适，未敢悬揣。然使稽其制而阙焉弗详，觇其政而瞢然罔省，此究心时务、闳览勼学之士所深耻也。嘉应黄遵宪公度，以著作才累佐东西洋使职。光绪初年，为出使日本参赞，始创《日本国志》一书。未卒业，适他调，旋谢事闭门，赓续成之。采书至二百余种，费日力至八九年，为类十二，为卷四十，都五十余万言。岁甲午，余莅英法使事，将东归，公度邮致其稿巴黎，属为之序。且曰："方今研使力而又谙外国情势者，无逾先生，愿得一言以自壮。"余浏览一周，喟曰："此奇才也！数百年来鲜有为之者。"自古史才难，而作志尤难。盖贯穿始末，鉴别去取，非可率尔为也，而况中东睽隔已久，纂辑于通使方始之际乎！公度可谓闳览勼学之士矣。速竣剞劂，以饷同志，不亦盛乎！他日者家置一编，验日本之兴衰,以卜公度之言之当否可也。

送同年王子裳比部内渡序

许景澄

　　州外有州,同证谈天之辨;客中送客,先收过海之帆。子裳同年,学揽八纮,身行万里。子升文笔,入吐谷而争传;杨六儒衣,厌西番而将去。余以菲陋,忝托嘉招,愧絷驹以末由,羡见蝎之生喜。于斯别也,盖不能已于言焉。

　　溯自龙庭受吏,(鯷)〔鳀〕壑传邮,槃敦困于周旋,犀翠眩夫琛丽。浮图肇迹,罕述于精文;户数登书,或违于翔实。子裳则地当清暇,志乐网罗。见竹杖而察津(迷)〔途〕,借羊(脾)〔胛〕而占日景。仲山宝鼎,求诸野而犹存;休屠金人,征于古而匪妄。(侯)〔候〕风地动,即灵宪之绪余;书(草)〔革〕旁行,亦佉卢之孳乳。莫不秘诸蔡帐,记以隋珠。行见都讲问奇,编摩绝代之语;京师录副,润色北盟之编。斯其所快一也。

　　大地之体,肖乎椭圆;四洲之枢,悬于北极。既由布算而显,亦借挂席为稽。然而磐石坂长,竟传身热;条支海大,或惮风迟。虽志骛于遐征,或情均于畏道。子裳将登驿路,更出美邦,绕地一周,击水九万,与日轮而俱骋,悟人趾之相当。自西徂东,既穷大章之步;如黄在卵,乃得浑天之诠。以视抵皮山而辄还,访王母而不见。一公两戒之述,未越方隅;裴矩三道之图,匪由涉履。讵足衡兹远躅,媲此名游。斯其所快二也。

　　国家典崇韶传,惠逮宾僚。每循考绩之期,爰予懋官之赏。于是南楼妙选,蛮府高赀。或文媲孟坚,勒封山之颂;或辨高董晋,解市马之争。莫不感激于礼罗,畔援乎好爵。子裳序劳未满,掉头竟行。仅携径路之刀,惟获葡萄之种。天山偶度,无意封侯。郎署重来,依然不调。爰居攸止,匪钟鼓所能娱;焦朋既翔,奚薮泽之足恋？斯其所快三也。

天伦之乐,洗腆为荣;行役之悲,来谂是亟。是以子阳矢孝,不与叱驭同伦;太真勤王,犹引绝裾为疚。况乃玉关春隔,噬指无灵;毳幙天低,望云何处？瞻言亲舍,弥动唏嘘。子裳以征夫聿至之辰,值寿母维祺之庆。携来庑酒,佐（脩髓）〔瀹瀡〕之供;擎出蛮花,增萼（蚨）〔趺〕之茂。录龟兹之乐府,即叶仙（敖）〔璈〕;乞天竺之根因,为祈善果。始知菽水之养,甘于椎牛;当归之谋,胜乎远志。斯其所快四也。

虽然回帆鼓好,既遂逍遥之游;应管霜繁,岂无气类之感？余与子裳班荆甫上,聊骑京华。馆舍论诗,闲围石鼎;市楼贳酒,醉脱吴钩。及夫登临卫律之楼,览眺染干之帐,边声四起,抚素琴以愉心;衣尘日缁,崇兰佩以相勖。亦复连影蛮驼,洽德辅车。一旦折柳伤离,赠策言别,因晨风而无路,保岁寒以鲜俦。是又行者之所欣,居者之所戚也已。拂庐雪消,河梁尘动。天吴守其行箧,萤廉鼓其高樯。沧路方周,神（鼛）〔皋〕伫届。值洛阳之亲友,传语凭君;寻天姥之烟霞,来思俟我。

《请缨日记》序

丘逢甲

玉关烽警,正班定远出塞之年;铜柱云摩,是马伏波登坛之地。书生面目,顿改戎装;海上幺么,群惊将令。然而封侯投笔,便消磨兰台旧史之才;诫子传书,亦散佚浪泊旋师之后。未有刀头环影,半镜方飞,盾鼻墨痕,成编快睹,如《请缨日记》者也。

我维卿方伯夫子，三垣奎宿，早耀文光；八桂名流，夙饶奇抱。于蛮触交争之日，正和战未决之秋。贾谊上书，请系匈奴于阙下；陈汤献策，将维属国于关西。始则一介行边，终乃偏师捣穴。于是本子云之典册，写小范之心兵。纪事成书，编年仿体。以一身之涉历，观全局之转移。盖非陆贾持节，仅事羁縻；终军弃繻，空谈慷慨。综观全事，可得言焉。当其觅骏燕台，听箫吴市，大江东去，洗去雄心；秋色西来，郁为兵气。方谓伯通庑下，定有才人；要离冢边，不无奇士。苟能数五十于国，使虏情尽在掌中，亦可率三十六人，奏边功全资幕下。无如酒徒零落，击筑难闻；遂使烟水苍茫，买舟竟去。五羊停棹，未看岭上梅花；万马窥边，且眺关城杨柳。诚以编《板桥杂记》，浪抛词客才华，不若展故箧《阴符》，略见英雄本色。

越南旧隶黄图，久藩赤县。三年修贡，屡镌金叶之书；万里待封，频舣银河之棹。乃者粲粲熊罴，共骇西人之衣服；耽耽豺虎，将夺北地之燕支。如使卧榻之侧，酣睡竟容；将毋火维之区，全藩尽撤。公于此行，盖欲授策孱王，传书侠客；同扶残页，永拱中枢。苟舆服而保脾泄，楚尚有材；则甲盾而栖会稽，越犹可国。知不独驾汉官之驷乘，相如自侈谕蜀之文；方且赠齐国之鱼轩，管子将行复卫之策也。而乃富良江上，王气消沉；真腊城中，妖氛震撼。平章方以斗秋虫为乐事，尚书乃以撰降表为世家。铸翁仲之金人，难威夷狄；挽安阳之神弩，坐失河山。公知韩将背洹水之约而事秦，楚终出方城之师而灭蔡。君卿虽尚存口舌，叔宝已全无心肝。回望珠江，再航琼海，则此记也，固拟之《风土记》而不伦，较之《利病书》而更核者也。然而龙尾伏辰，遂亡虢祀；虬髯仗剑，或王扶余。如得尉佗黄屋左纛，上表称老夫臣，婆留玉带锦衣,开门作节度使,仍可资为外藩,自胜沦于他族。即或夜郎自大,竹王之种已稀;南交可宅,西母之图宜益。将使二千余年之故土,仍隶中朝;三十六郡之旧图,再编交趾。亦必号召豪杰,乃能申画郊圻,则有刘牢之本南国枭雄,黄汉升亦西州豪士。越南舍长城之万里,昧国士之无双。公知时局已更,乃遂露章而复上。盖以中国有圣人之世,为王者大一统之图,必不置羌戎、沉墨于无何有之乡,舍邓睑、靡岁于不可通之域。则当吾皇神武,能驭英雄;何不我马驰驱,再通山泽?果而得郭中令之书,承嗣屈膝;感陆士衡之荐,戴渊抒诚。橐鞬道左,誓复蔡州;酾酒江头,志吞朔房。亦可谓知人善任,将不难计日成功矣。无何吐蕃诣浑太尉而请盟,倭人误石尚书以款局。官书火迫,催赴昆明;心计灰飞,难羁炎徼。当斯时也,去留两非,倏忽万感。仰天长啸,日寒白虹;斫地悲歌,斗坠紫气。明知大同之塞,虽战胜而马市终开;无如广武之军,方屯定而鸿沟已画。绕朝适所谋不用,子野惟辄唤奈何。乃于进退维谷之秋,顿有惊喜自天之信。闻沙陀之鸦军,破林邑之象阵。于是疆臣决主战之议,大帅上吁留之章。盖当戎服方加,冰衔特晋,天子亦知公真可用矣。第以乍辞郎署,未能全付军符。非关李广之数奇,实待贾生之才老。故虽当金戈铁马之场,历瘴雨蛮云之际,航海捣燕之策,未见施行;分道伐吴之师,又多自竞。奇计屡摈而勿用,壮怀终郁而不伸。然而公之才固未尝不略见一二也。

其守谅山也,碻磝乍败,符离新溃。粮绌而无筹可唱,乞米徒书;将骄而有檄难征,强兵何策?鱼阵晨压,狼烽夜冲。越甲屡鸣,吴军尽墨。公乃气慑虎狼,画周猿鸟。李临淮作帅,色变旌旗;程不识行军,令严刁斗。遂使残军复振,败局能支。至是而后,大帅悔知之不早，用之不尽，而前失已不可追矣。

其攻宣光也，缒阴平而入蜀，度陈仓而下秦。万险备尝，一军曲达。方将扼兀术于金山，北虏绝无归路；擒孟获于泸水，南人不生反心。月晕而围已合，云压而城欲颓。金人见宗、岳而呼爷，夏贼畏范、韩而坠胆。此亦法人自纵横海上、睥睨寰中以来所未有之困者矣。则此记也，谓之为相斫之书则过，儗之以大事之记非夸者也。

今者银河洗甲，凯旋而柳色当楼；瀛海开藩，判毕而芸编满案。始搜伍籍，将付手民。子长酒肉之簿，饶有史材；髯仙嬉笑之词，皆为文料。盖一时兵交之事，一人战迹所关，而属国兴亡之局，兵家胜败之机，胥于是乎寓焉。或谓公间关万里，奔走三秋，所愿未遂，当鸣不平；其事屡乖，宜多过激。何以史臣以成败定英雄，公则多平心之论？术士以兴亡归气数，公则抉人事之微？得毋故示旷达，务为恢张？不知公含和饮粹，蕴英蓄华。娜嬛琐记，皆名臣奏议之余；幕府丛谈，无文士言兵之习。非特著岳岳之才，抑亦表渊渊之度。况昔者燕然勒石之词，塞上从军之作，多属油幕从事，笔墨为缘；蛮部参军，土风是记。公始则口含鸡舌，遍吐天香；继则事垄牛毛，难资人力。乃能挽弧射狼，搦笔绣虎。当下马作露布之日，为飞鸿存雪爪之思。斯又分其余事，足了十人；耗我壮心，独有千古者矣。

嗟乎！瞻文昌于天阙，惟上将最有光芒。纪列传于史官，独名臣备书言行。方今四洋毕达，五大在边。瀛海非终无事之时，天下正急需人之日。所愿公本绘画乾坤之笔，为荡清海宇之图。衙斋运甓，陶桓公志靖中原；帷幄陈筹，张留侯材堪独将。将上军中之日报，方略馆汗简宏修；扫海上之巢痕，纪功碑濡毫待作。

出使英法义比四国跋

薛福成

昔征夫原隰,诗咏夫《皇华》;使者輶轩,语传夫《绝代》。盖咨以四方之故,定以八月之行,诹谋则远而有光,谣俗则采而还奏。述征纪事,由来尚矣。

余历聘四国,已逾一年。凡舟车之程途,中外之交涉,大而富强立国之要,细而器械利用之原,莫不笔之于书,以为日记。总其大略,可得而言焉。

夫习之《来南》,永叔《于役》,爰有述造,此其权舆。然只涉历于寰中,尚非驰观于域外。若乃香港孤峙,今为百粤之门;西贡始通,古属九真之郡。寻海崎于顿逊,则有新嘉之坡;望山屿于翠蓝,则有锡兰之岛。于是,日当天而正赤,水沸海而微红,矗矗童山,浪浪暑雨,遂过亚丁之岸,复经埃及之河。大食荒沙,鸵鸟能走;排荇濒水,鳙鱼善飞。其间苦热于印度之洋,遇风于地中之海,鸢跕跕而下堕,飓隆隆以上盘。盖行三万五千程,历三十有四日,始至法国,继驻英京。巴黎繁华,则瑰货山积;伦敦富庶,则巨资川流。义大利之通使最先,申其旧谊;比利时之置君差后,洽此新邦。举凡飚轮电轨之驰驱,俱入夕课晨书之纪载。此行程之可记者也。

恭膺简命,远赍国书,所以慎固邦交,恪共使职,礼也。于是敬蠲吉日,入谒王庭,牒副旁行,语翻重译。君主君后,备饬其仪文;颂辞答辞,务崇其体制。鞠躬则礼简而肃,握手则情挚而殷。虽非汉谕尉佗,陆贾奉书而往;差比唐亲回鹘,殷侑承命以行。若夫时际公余,事同私觌:听乐观舞,折简以招邀;酒宴茶会,肆筵而款待。是盖风殊中外,礼尚往来,从俗从宜,在所不废。而况酬应既浃,情好斯联。天子万年,国主则签名致贺;中朝元旦,外臣则投刺倾诚。宛乎缟带之欢,允矣敦槃之盛。此交际之可记者也。

窃尝远稽大地四隅之说,近览环球万国之形,沿革必详,广轮胥准。大抵政治风俗,易地而不同;文字语言,转音而即异。溯海中之交市,遮遇于昔时;料国内之胜兵,递传夫今制。故其治国以经商为本,其教民以讲武为基,竞利争雄,更衰迭盛。拟以春秋搂伐,而亦重同盟;方之战国纵横,而未闻游说。然而强弱相制,大小相维。或约章之所不及遵,或公法之所不能限,善度地则捷足先得,务胜人则不戢自焚。坐大者俨若建瓴,始强者渐思方驾。至于君主、民主、官绅共治之主,爵员、武员、上下议院之员,尊卑泯其等差,选举凭以声望。其分曹治事,任久而责专;其出政施刑,令严而法简。公会所以成务,学堂所以储材。他若种树专司,周衢设表,《礼》志宿息井树,《传》称治道成梁。以古方今,殆不之过。总而论之,其道如墨子,故必尚同;其政如商君,故必变法。虽兴废固非一致,而缔造各逾千年。此政俗之可记者也。

且夫和仲之宅昧谷,用察玑衡;伯阳之至流沙,当携图籍。凡兹西学,实本东来。故制作因于《考工》,测算昉于《周髀》。唐一行铜轮之转,效之为车船;元驸马火器之遗,演之为枪炮。由是智创巧述,日异月新。火船则铁胁钢甲,远胜于木轮;铁路则穿洞造桥,较难于平地。炮则圆径殊制,枪则速率异宜。而且障以露堡暗台,辅之蚊船雷艇。悉属用兵之要,允为制胜之经。至于电气聿兴,风行殆遍,质分干湿,气薄阴阳,以传邮则万里瞬通,以制用则百方咸备。织布之器,颇便于民生;攻矿之机,有裨于地宝。推之同体异体,化学阐其精;均发均县,重学衍其绪。溯光学之祖,判二光与一光;考汽学之流,别蜕地与蜕水。此艺器之可记者也。

盖自简书远役，闻见稍多，辄有日钞，借资朓录。然且间登成案，附缀鄙辞。事有旧而可循，语有奇而非创。陈年公牍，欧公尝取以覆观；海外文章，苏子亦摭其论议。虽云愿学，滋愧未能。

嗟乎！时事方殷，外交宜慎。收利权于西国，念流寓于南洋。并著斯篇，当筹厥策。庶几神谌为命，先资乎获野之谋；邹衍大言，无取乎谈天之论云尔！

光绪十七年长至日，无锡薛福成自跋于巴黎使馆。

《英法俄德四国志略》跋

何 镛

是编为同乡沈仲礼司马所撰。司马自幼殚于泰西之学，语言文字，无一不精，而又能使中西一贯。且周游外洋者数年，即其所身亲目睹，以及考之于古、证之于今，其有吻合者，则留之；不合者，删改而增损之。其为文也简而赅，其用意也深而远。见之者，但以少许胜人多许而珍之，犹其测之以浅者矣。或疑司马所志，何以仅此四国？岂海外之国，惟此四者为大，故特笔记，此外皆等诸自郐以下乎？此则近乎势利之谈，司马所不为也。有以为司马虽周历数年，而亲为详考，只此四国，余则有所不暇及。故就其所确见者，笔之于书；其不确者，皆不敢滥入也。即此可见司马实事求事之意。然实事求事，则司马之素心也，而以为见闻较确者，惟此四国，余皆忽略视之，夫岂其然？吾盖深思久之，而知所以特志此四国者，正其胸中之丘壑、平生之经济所因此而流露焉者也。

方今大势，俄罗斯逼处东边，珲春、黑龙江壤地相错，而俄人不能得志于黑海，必思另寻出路，以一遂其吐气扬眉之志，则其所耽耽虎视者，不卜而可知矣。为中国计者，莫不曰俄患不可不防也。

既欲防之,则安得不知其国中之事、人情风土、疆域山川、文学武备？皆觇国者所当知,故记之独详。而与俄联络一气者,则莫如法。法国之通好与俄,非真有爱于俄者也,亦不过为乘机进取之。观于安南之夺,知法人之志不在俄国下。蚕食鲸吞,有不顾其理之所安者,则法之宜防亦与俄等。防之又安得不先知其国中之事？物产制作,一一默察而备记之,此其所也。

余尝谓中国之御俄也,莫善于结英。英人能拒之于黑海不使出,则以水师俄不及英也。司马殆与余有同心,故于英国为之冠,而不厌其详焉。盖我欲与之联络结契,以期为他日之声援,则必深知其性情,早联以气谊,而后彼此可称知己而莫逆于心。倘我不能知彼,则彼即能知我,而其意气间,终有不能浃洽之处。若我能深知夫彼,相孚以诚,则彼自能深信夫我,而相交以义,如此则两国之交固,而彼此可以互相倚依。我固恃英之助,英亦可以恃我之助,斯外患不足虑矣。惟德与法实为世仇,虽法亦曾侵俄而为俄所败,亦侵英而为英所破,惟德则受创独深,亦最近,故德之于法刻刻防之,法之于德亦时时图之。法合于俄,则德必合于英。彼奥、义诸国虽与德近,而与俄、法多有姻娅盟约,恐不可恃,德而欲防法之合俄以复仇,舍英于中又奚属乎？近来中国与德交谊颇笃,购德器,用德人,较之英国不相上下,而法人未必不相忌嫉。英虽阻俄于黑海,而近年以来,骎骎乎有不能复阻之势,非不能阻,盖阻之于此者,逸之于彼也。英与法未尝不可合,而英若有疑于法,法亦若有疑于英。德未尝不可合于俄,而俄若不慊于德,德亦不慊于俄。此时为中国谋者,于英、德则结之,于俄、法则防之。英、德与中交情愈固,则俄之谋沮、虽有狡焉思逞之志,亦不敢遽尔肆意。然则欲结之,欲阻之,而可不知其国之备细者乎？兵法云"知己知彼,百战百胜",故为将者急急于悉敌情,而纳交者亦必当称知己。此则司马先撰此《四国志略》之意也乎?

余与司马交有年矣,见其于华文,则金石诗古皆能贯而通之;于洋务,则以光化电重诸学皆能抵掌而谈,如数家珍,辄钦佩之。前者,曾以地球之图,缩印于纨扇之上以见赠,知其于舆地之学必有心得,而又羡其运意之精巧,至今什袭藏之。兹者蒙自金陵邮寄此书以见示,其书之尽美尽善,桂序、江序言之详矣。因就其言外之意,书数语于篇末,司马其哂之否?

如赤县神州者九赋以题为韵

许　郊

有蠡测客,结贯月之槎,膏御风之车,行历万里,穷海内之地舆。踏软尘于冀北,萃冠盖与簪裾。荆楚则大龟纳锡,维扬则阳鸟攸居。青瞻泰岱,兖会灉沮。探形胜于雍豫,怡风景于梁徐。自谓九州之大,纵亥步之所如,乃造渺沧主人而致辞曰:"夙闻吾子半世豪游,天下几遍足迹。笑漫游锥锥之朱,夸裘马翩翩之赤。抵掌雄谈,宇宙俱窄。轨辙所经,必有纪游之一册,曷取证于《夏书》,质夷坚于伯益?"主人曰:"嘻!以子所历,证吾所闻,何如是之浅见也?聿稽神禹,山川既奠,州区以九,统乎郡县,括之曰赤县神州,均属中夏之畿甸。然此仅寰瀛之区,南朔东西,未及周遍。试与按地球之图,量分野之线,穷域外之方舆,傥周游乎不倦,则衡以州数,中国只八十一分之一。子将聆之而神眩。"客乃前席曰:"习闻内典分四大洲曰东胜神洲、西牛赙洲、北俱卢洲,而以南瞻部洲属函夏,其说岂无因耶?又闻西人分五大洲曰欧罗巴洲、利未亚洲、亚墨利加洲、墨瓦蜡尼加洲,而中华附于亚细亚洲之内,其言何不伦耶？今承明教，创论甚新。天空海阔，不觉驰神。惟证以耳食，析合之数，大半由旬，先生其指迷焉，俾得触类而引申。"主人鞭然曰："某之目论本乎战国之邹，桓宽、王充并斥其迂怪虚妄，营惑诸侯。宋邵尧夫衍皇极，转称其立说之有由。夫九之为数，以一配八，以二配七，以三配六，以四配五，含夫易理，岂容胶滞以求？其云环以裨海，各为一州，规其大旨，亦谓中邦之幅员迫隘，外洋之肇域亘修。子好游乎？吾与子游。"客曰："其人民何如乎？"主人曰："或为徐福之后嗣，或溯箕子之始封。品类尚属温雅，或号大夫，或称天野，或镂颊兮冒肜，或结胸兮跂踝。《山经》备载，信非虚假。濯杨枝以净齿，覆箬叶以代瓦。琉璃围屏，金玉晋斝。冰雪寒冱，终岁隆冬。草木荣敷，四时盛夏。天之外区，判乎高下。风土不齐，有如此者。"客曰："其禽兽何如乎？"主人曰："抵乌鹊以玉璞兮，縶孔雀以珥䚢。乘犀车而擘流兮，匊鲛珠以盈斗。输黄龙之一双兮，何论坐为隆而背为九。聚赤鹦翡翠之伦兮，随凤舞鸾歌之后。看狮象之柔驯兮，已牛马之却走。假六畜以名官兮，视孕乳以察星纽。凡珍禽奇兽之纷陈兮，悉重洋之所有。"客闻主人言，不觉帖然改容，默尔自顾。契绪纶兮甚闳，愧管窥兮殊误。问答既终，负手徐步。但见烟幕翠溦，日衔碧树。遥瞩无穷，遐心隐注。归途转纡，入室向暮。遂挑灯以构思兮，因泚笔而为之赋。

筹海赋 以"葱岭无尘，盐池息浪"为韵

王廷禄①

浩浩乎波涛掀空，四望溟濛。气涵宇宙，界失西东。水则滔

---

① 底本未题作者。经查，本篇作者为王廷禄，见《赋海大观》（光绪二十年刊本），据补。——编者注

滔而洋溢,山则隐隐而青葱。幻神奇兮楼市,恣冲突兮艨艟。极八蛮、七闽、五部、九种之戎,莫不游行出没,方舟可通。似此海疆辽阔,海国崆峒,可任其波谲云诡,奔腾充斥于无穷乎?有东表主人望洋而叹曰:"今者海澨荒疏,海氛驰骋。域混夷华,势沦边境。拓蹯枭獍之奸,跋扈蛟螭之猛。若不急策海防,边警恐备不足。两浙之江险,不恃三山之岭也。"乃进晏然先生而问曰:"仆亦切愿潮平海岛,风靖海隅,长城妙算,天堑全模,而空谈纸有,束手全无。先生宏才卓识,何以使干城有寄?何以使烽燧无虞?何以摄鱼龙之暴?何以为鲸鳄之驱?尚可揆情夺势,而明以教吾。"先生曰:"时哉!君欲息沧溟之浪,清函夏之尘乎?夫筹防御之资,而不规其要者,算虽工不神;筹守备之法,而不握其全者,民可使不亲。况筹海之谋,与筹边之策,其形势亦绝不相伦,请竭我管见,略举以陈。然犹在征调之尽善,与胜任之得人。一在测要害。黄沙之浦,青山之尖,筑垒久伺,坚壁遐瞻。或藏兵于洲岛,或设伏于间阎。有道以通侦探,有村可储米盐。扼隘屯戍,立法精严。毋使舍近图远,而疏漏见嫌。一在神驱遣。拔营立营之役,巡江巡夜之师,逻奸宄于荒岛,角技击于云湄。校阅毋间,更代以时。樵采勿扰乎村落,侵渔勿及于陂池。而又编蜑户以固兵卫,录钓船以绝盗资。自得指臂相使,而无不左之右之。一在利器械。水电、水雷,制成精刻;药线、药箱,互加拂拭。冲波夸艨斗之轻,蹴浪借皮球之力。稍矛列而波面寒,旌旗摩而潮头折。铜皮铁甲之船,云帆云樯之植,莫不罗备整齐,按时整饬。似此筹防,有不寇盗远扬、风波永息乎?"主人闻之,肃然神惊,豁然心旷。于是按海图,沿海上,佐元戎,召部将,递置营垒,广储兵仗。既良策之克遵,亦相机以裁量。行之几年,而闽浙数千里滨海之区,共享平波静浪矣。

　　右《筹海文》一卷,辑近日诸公所作也。窃谓中国门庭大启,时局更艰。通商之地,即行教之地。泰西诸国,轮舶周行,动借保护为名,由海入江者屡屡矣。当轴者方谋抵制之法,创招商局,而取息甚微;设船政局,而遇战屡蹶;即所购外洋军火,咸钝敝不适用。此无他,利归中饱,不得其人而理故也。兹录诸公之文,类皆洞悉形势,恺切详明。将何以兴利除弊,将何以保国卫民,无不极力振顿,以实心行实政,上纾九重宵旰之忧。疏议具在,愿后起者留心体察,共任仔肩,兼筹善策,庶有以挽时艰于万一也。煜南识。

卷四　槎使游历诗歌

赛马行

王之春

古人重射御,其道由艺成。武灵始用骑,意气殊纵横。滕文兼试剑,犹惧儒者轻。欧西事武备,磬控飞遥程。绝缰迅奔电,当春乃盛行。天池龙种阿剌伯,星精上驷巴陵城。桃花叱拨一瞥间,顾盼自雄何专精。驰骤那止千万匹,举国若狂同齐盟。风前迥立健腰褭,六辔在手尘不惊。中为囷广若罫画,泥融沙净道砥平。层楼远瞩骅骝逝,声传乌乌西乐赓。民主遥临伯理玺,一一亲为月旦评。滕薛争长亦戏耳,岂以胜负相绌赢? 寓兵于农用此意,移步换形皆雄兵。士女如云飞车轨,耳鬓相磨先后争。登台偶作壁上观,气清天朗为怡情。

西末喇山行偶霁

吴广霈

山行沐秋洁,天风洗宿雾。青猿啼绝涧,黄蝶引行辂。板屋架穷岩,松花落古树。崔巍上百盘,稳策轮蹄度。白日忽西匿,行云没前路。平铺蔚银海,浓卷拂晴絮。峭壁立千丈,瑶草纷无数。举头一仰瞩,白帽忽吹去。仙境绝人踪,想见谈经处。瀑雨涤凡襟,回首发神悟。

通蕃事迹石刻歌

萧　抡

　　石在刘家港天妃宫壁,明宣德六年,正使太监郑和、副使太监朱良、都指挥朱珍等立。辞载:永乐三年,统舟师往古里等国。时海寇陈祖义等聚众三佛齐国,抄掠蕃商,生擒厥魁,至五年回还。永乐五年,统舟师往爪哇、古里、柯枝、暹罗等国,国王各以方物、珍禽、奇兽贡,至七年回还。永乐七年,统舟师道经锡兰,由国王亚烈若奈儿负固谋加害,赖神显应得备,遂生擒其王,至九年归献,寻蒙宥归国。永乐十二年,统舟师往忽鲁谟斯等国,有苏门答剌国伪王苏干剌寇侵,王遣使赴阙请救,就率兵剿,生擒伪王,至十三年归献。是年,满剌加国率妻子朝贡。永乐十五年,统舟师往西域,忽鲁谟斯国进狮子、金钱豹、西马;阿丹国进麒麟,番名祖剌法,并长角马哈兽;木骨都(东)〔束〕国进花福禄并狮子。(十)〔卜〕剌哇国进千里骆驼并驼鸡;爪哇国、古里国进縻里(黑)〔羔〕兽。方物皆前古未有闻。王各遣男弟捧金叶表文朝贡。永乐十九年,统舟师遣忽鲁谟斯等各国使臣久侍京师者,悉还本国。各国王贡物,视前益加。宣德五年,仍往诸藩开诏。舟师泊祠下,思昔皆神明护助,勒文于石。

　　金支翠羽双玉虹,灵妃缥缈飘云游。筑宫祀神颂神德,通蕃事迹前朝留。是时成祖继大统,囊括六合朝诸侯。舆图思辟苏禄国,正朔远被扶南洲。柯枝阿丹尽向化,爪哇古里咸怀柔。表文金叶呈瑰丽,使臣拜舞丹螭头。麒麟神物亦充贡,驼鸡角马喧长楸。纳姑妹珍讵足数,白狼槃木宁堪俦。不知何德能致远,万里乃遣中珰求。观军容使乘楼舰,伏波将士修戈矛。扣刀光压鲛人室,传箭风清蜃母楼。龙伯羽民各惊怖,扶桑若木穷采搜。灵妃况复能助顺,神灯鬼马如同仇。组系名王献太社,手擒逋寇清荒陬。几回下濑兵势振,鲸奔鼍骇空啁啾。谁怜风涛将吏苦,且喜职贡梯航修。我闻在昔太平世,占风测雨知天庥。越裳南服重九译,远奉白雉朝西周。圣王盛德八荒服,逾昆越海输共球。招徕讵假博望节,转战不劳荀彘舟。一从旅獒诫前事,太保动色陈王猷。不贵异物贱用物,珍禽奇兽圣所尤。何为远迹涉瀛海,频年使者星槎浮。干城岂无卫霍辈,将兵乃用貂珰流。内官预政昔有禁,高皇垂训严春秋。似闻王师靖难日,惠宗左右通阴谋。洎登大宝念诚款,心腹之寄任渐忧。如和如良本厮养,鹰犬小效聊一收。岂知监军成故事,后来帷幄专运筹。首坏家法任奄寺,历阶驯至王振与刘瑾。履霜坚冰此其象,摩挲片石心烦忧。江山既改遗烈尽,谁图王会陈鞮鞻。灵妃庙下一怀古,麻姑同此沧桑愁。东望当时放洋处,海云暗淡风飕飕。

　　此诗专咏太监郑和下南洋事,所至各国止闻责其贡献方物,未闻经营土地,收入版图,留待后人蚕食,据而有之,使荒陋之地顿成富庶,坐享其利者数百年。失此机会,良可惜也。录此,见中国通南洋自和始。

游各种博物院

王之春

　　菁华日泄鬼神忌,睹物知名西人智。物生何止亿万计,习尚风行聚珍异。雪泥重欲穷欧洲,舟车所至汗漫游。洪纤巨细异庭宇,钩心斗角能旁搜。通都大邑固应尔,穷乡僻壤经绸缪。几如温峤燃犀,俯照之牛渚;东坡望海,惊奇之蜃楼。飞潜动植遍九有,古今中外开双眸。目眩神摇叹观止,易地皆然比比是。何时何处何物多,英德法俄不胜指。一言蔽之曰博物,快游那得不狂喜。

畴　人　歌

徐　灏

　　《授时》《大统》之术,至明季而愈疏。泰西利玛窦、熊三拔诸人,推测精微,实有功于天学,不得以中西异视而故为轩轾也。近玛吉士著《地理备考》,复述哥伯尔尼阁之说,以为日轮居中,而地及诸曜皆环绕升降于其间,算家惊为创获。据《尚书考灵曜》言:"地与星辰,四游升降,于三万里之中。"郑氏康成本之以注《周礼》土圭测景,其说与《周髀算经》略同。又《河图括地象》《春秋元命苞》,亦皆言天左旋,地右转,是西士所妙悟者,我中国已先有之。余昔尝著论,窃谓七政右旋之度,即左旋之差,而差数繁,不如东行之度简也。故古人以此命法,而非不知其故也。顷见吴太史嘉善、夏署正鸾翔,与旧友邹秀才伯奇,皆神明于象数者,乃为是诗以质之。今者台宫测候已积岁差,黄赤大距其度渐朒。是宜及时考核,以阐奥理,继绝学焉。此固畴人家所有事也。

　　欧罗巴人入中国,几何妙算穷豪芒。纵横八线割阛体,遂化弧角为万匡。精心孤诣信超绝,更传负重兼韬光。西人轮机诸器,谓之重学。远镜之学,谓之光学。有明末造失天纪,扣槃揣籥空旁皇。畴人子弟各分散,礼失求野资梯航。不知彼法本自我,如青出蓝圆出方。我朝历数迈前古,作者维圣述者明。圣祖御撰《律历渊源》,高庙、宣庙并作后编。又宣城梅文鼎所著《历学疑问》,曾蒙圣祖御笔亲加评点。

天元肇造借根术，西人数典犹未忘。西人名借根方曰阿热巴达拉①，犹华言东来法也。溯从羲和宅旸谷，机衡重器陈明堂。隶首商高久代谢，鲜于洛下争颉颃。汉唐以来几推嬗，五十四家纷短长。或谈灾祥辨分野，竟昧浑盖如参商。高人冥心悟元理，浅夫咋舌嗟望洋。艰难天步实幽渺，谁能傅翼游穹苍。在易之革曰治历，乘时损益斯乃良。灵台遵守四轮法，椭圆角度加精详。乾嘉迄今阅百载，黄赤距纬聊双璜。侧闻已改立成表，岁差渐积久愈彰。何人手操累黍尺，四余七政从天量。今则四余、七政、躔度，谓之量天尺。翳余幼学读保氏，九数涉猎徒浅尝。天生慧业有人在，胸中列宿森怀藏。密测躔离验盈朒，便从分秒追寻常。泰西近察大地转，一阳独处天中央。地球如月及众曜，拱日环绕罗成行。算经谶纬旧有说，四游升降非荒唐。乃知古人具卓识，特为布算提宏纲。天牵日月向西没，举头万古常相望。前贤立法贵易简，西士挟术多矜张。愿通中西勒会要，著作一代成典章。诸公精力早办此，毋令坠绪终茫茫。

西人以镜映真歌

西洋国中番贾胡，髯鬑黄发双碧矑。短衣秃帽皮鞋乌，侏离言语堪胡卢。火船高天双轮粗，海程九万九千余。艰难至此胡为乎？云有绝技人难如。不同女娲抟泥涂，不同金铸范大夫，不同丝绣平原图。丹青粉墨俱不须，顷刻现出人人殊。师传是否为耶稣，五羊城里赁屋居。闺中矮婿携妻孥，好事不少贤与愚。户限踏破群争趋，洋钱日获满一车。吾闻其事虚疑诬，先睹为快登其庐。金支翠羽红珊瑚，玛瑙砗磲明月珠。陆离光怪一室储，七日礼拜方南膜。

---

① 阿热巴达拉，应为"阿尔热八达"或"阿尔热巴拉"，即拉丁文代数 algebra 音译。

聱牙诘曲言喁喁，刀叉为进花烧猪。卢卑美酒浮玉壶，鸦片烧出香如酥。客来相劝何勤劬，欲试其法云徐徐。竿头日影卓午初，一片先用玻璃铺。徐以药水镜面敷，纳以木匣藏机枢。更覆七尺巾冪疏，一孔碗大频觊觎。时辰表转刚须臾，须臾幻出人全躯。神传阿堵知非虚，阴阳黑白分明俱。此中有人真可呼，画师乍见增长吁。直夺造化无权舆，百年之内难模糊。在镜中央岂可污，我思推究无其书。博物当待张华徒，吾曹本是山泽臞。自有真面常存诸，无劳相照供揶揄。四声重译知解无，诗成一笑迂倪迂。

西洋八音匣歌

李 晴

秋河在户秋叶长，离离花影疏映墙。主人留客开虚堂，酒阑语倦灯无光。忽闻丝竹调宫商，清音脆节堪断肠。嘈嘈切诉悲秋娘，昵昵软语偕王昌。红情碧怨谁商量，换羽移宫低复昂。春禽变音争垂杨，秋雁叫月投潇湘。就中一段尤琅琅，毋乃古调名枫香。白云停空花落床，余亦涕泪沾衣裳。欲歇未歇还铿锵，潜入阶砌催啼螀。四壁帘幕垂相望，疑有歌姬吴越妆。摅筝擘阮纷成行，红红记曲娇专房。不然挟瑟邯郸倡，夏侯衣障东西厢。不然别室围歌郎，紫云紫稼齐芬芳。主人一笑非所当，子所拟议皆荒唐。袖出一匣小以方，余韵入耳犹砰䃔。开缄纵我观厥藏，岂有革木匏丝簧。但见铜具森铺张，片片精于百炼钢。圆者如毂方如筐，卧者如梳立者枪。神枢秘管存中央，钩心斗角归毫芒。形虽可睹意不彰，寸钥一转争跳踉。鞭风掣电无此狂，闭匣侧耳重端详。众手杂逻非一双，众音繁会非一腔。腰间掌上皆可将，令人不可思教坊。谁与制者云西洋，我闻其国本海疆。古里琐里诸番旁，天与巧艺超寻常。航十万里通大邦,番禺城外收风樯。持索高价侔琼璜,鲁班丁缓工之良。见此得毋走且僵,主人旁坐神飞扬。橙柑手擘黄金黄,自言性耽歌舞场。早游三晋逾太行,北走燕赵南金闾。一官楚鄂趋跄跄,暇日多为声妓忙。逻迤槽子雕文鸯,低拢侧捻摇明珰。鸟爪为甲莺为吭,更深不知半臂凉。但觉一举空连觞,自从投绂归故乡。不逢佳会今几霜,村笛嘈哳横斜阳。惟赖此匣差我偿,破除病郁祛愁伤。愁病几如雪沃汤,旦夕周旋焉可忘。兼省缠头千万强,《木兰诗》:"赏赐百千强。"从今遂不忧空囊。劝余濡笔裁诗章,摐金戛玉能交相。微吟未毕林鸟翔,明河晓没天茫茫。

偕同人观跑冰园

王芍岩

泥滑滑,战兢兢。御飞车,履薄冰。亭皋直落数十步,是何矫健得未曾。钢条嵌地痕碾玉,辙迹破绞声裂缯。连袂娇痴小儿女,寒光退避热血蒸。拳足附背叠偎抱,往过来续若相乘。飞燕身材应善舞,如熊意气多飞凌。有时并肩双挽手,毫无假借殊自矜。老夫偶立高阁处,未免豪情勃然兴。西俗冰嬉久成例,士女如云皆精能。堪笑宴安本疏懒,暖阁行酒辄呼朋。冰天雪地大自在,以此视彼何足称。

晤龚仰蘧星使

王芍岩

祸福相依伏,智者防未然。安危不旋踵,达人能自全。国事胜家事,血热心忧煎。安得同志人,时局相斡旋。逢君在海国,喜色来眉巅。津门昔订交,已逾二十年。此日一再晤,得毋前生缘。只今膺使命，万里徒瞻天。可怜合肥公，始终任仔肩。思比来歕刺，幸有裴度毡。鞠躬尤未已，和议始从权。奈何多要挟，条约频纠缠。王事正棘手，畴能安枕眠。昕夕坐行馆，军报飞电传。不日别君去，天外吟归鞭。捧日近霄汉，别袂隔云烟。临别何所嘱，彼此当勉旃。

印度苦荒行

征人于役离家园，他乡忽逢白日鬼。非鬼乃人认依稀，肩搁骷髅面糊纸。眼大鼻高颐深凹，身似坏屋东西倚。大风一吹忙抱树，放手恐作纸鸢起。道旁借问子胡然，口不能言但手指。指向腹中与我看，腹皮反仗背骨抵。有人认是某家儿，知余素非游惰子。不幸逢此鞠凶年，鬻妻卖子竟至此。凶年杀人亦有限，无奈凶不自今始。去年大水复大旱，大旱才终又大水。尧有九年汤七年，十六年总一年里。米价日贵布日贱，典尽衣裳救一馁。尔时救馁竟忘冻，来日冻馁齐攻体。一条生路在野菜，甘苦遑问荼与荠。下手春蚕食叶声，剁盆铁砚欲穿底。贫饔每与富飧并，菜在野而米在市。有菜有米岂易得，菜必带根米带秕。初从众米中见菜，继从众菜中寻米。迨来并米亦无之，一菜之外水而已。野无青草可奈何，又向古树动刀机。楄作断头将军严，蕉作剜心丞相比。榆皮煮尽非学仙，桐叶剪碎岂封弟。异味惊倒百岁翁，囫囵吞之亦觉美。美则美矣渐萧疏，可口之树亦无几。亡之命矣复何言，呼天天亦如充耳。但愿大生广生天，速下大死广死旨。地也有心欲救之，突出白壤曲相似。名士画饼亦可餐，野人与块非无礼。遂令倮虫有数变，一变牛羊二蟟蚁。今又三变作蚯蚓，未到黄泉先饮是。谁知许入不许出，可怜胸中横块垒。扑满已满扑不得，百饿不死一饱死。或云某地颇丰年,费尽残力谋迁徙。谈何容易轻去乡,手囊背褓肩行李。十处门关九不开,裹腹犹行三百里。小儿须仗大儿扶,壮夫反为老夫累。未几坐者哭卧者,张口无声但见齿。日暮骨肉无人收,前去又岂有生理。欲断不断气一缕,不如死者长已矣。

伤心惨目,一至于此,何减监门《流民图》。

阿芙蓉歌

苏时学

有物产温都,团团类人面。置身汤火间,沸鼎自熬煎。丹成凝作膏,色恶嗅如靛。其毒甚乌头,其名曰鸦片。厥状古未闻,为害今乃见。前明番舶来,万里达畿县。唤作阿芙蓉,本草人论撰。聊云备刀圭,非能佐珍馔。国朝定台湾,中外尽安奠。地大生育蕃,邪妄始潜煽。聚群不逞徒,日饮恣欢宴。买醉比醍醐,授餐非粥面。留为枕席娱,更以瓜果荐。茗饮岂殊科,米汁亦同传。谆谆蓝鹿洲,先忧雪维霰。始但供宵谈,久乃减常膳。酪浆还作奴,巴菰可为殿。沉迷博踘场,流连曲房宴。高会所必需,嘉宾更相饯。下不遗市儿,上且达邦彦。真能络英雄,非独诱愚贱。吁嗟百年间,东西朔南遍。我闻古佛邦,天竺乃禅院。流传梵夹书,奚啻千万卷。不闻罂粟花,幻作优昙现。谁欤始作俑,天诛定当谴。又闻温都南,毗连界诸甸。有路达滇黔,微茫通一线。驶风抵闽广,航海亦云便。况乘火轮船,激水疾如箭。谁遣欧罗巴,居奇独专擅。垂涎中国财,得陇有余羡。我但吸烟云,彼遂溢金绢。念兹蚁穴微,终防溃堤堰。矧此蚩蚩氓,知识每昏眩。甘心陷井危,束手葛藤缠。一喷还一醒,三嗅更三咽。入座旃檀香,高枕云霞绚。潮汐候不讹,饥馑害重洊。愁肠彻夜煎,仙骨经时炼。锱铢较必严,涓滴丐犹恋。青灯学道成,红豆痴情纤。斗室聚淫朋,深闺泣良媛。斥卖尽田园,典易至钗钏。里鄀每交讥,亲戚更相唁。鹄面鬼揶揄,鸢肩众矜炫。癯惊石上猿,弱讶风中燕。精锐岁销磨,筋骸日疲倦。形存心已死,魄落胆犹颤。三人不满百,嘲谑见谣谚。凡兹受害端,莫能穷笔砚。为膏身自焚,已溺手应援。回头若知非,合掌各称善。赋诗效刍荛,充耳莫如瑱。

　　自鸦片入中国,中国资财吸取殆尽,嗜此者沉迷不返。读此诗,令人辄唤奈何。

火 轮 船 歌

龚易图

蓬蓬勃勃烟腾空,呷呷轧轧轮翻风。不动如山疾如马,牙樯锦缆皆无功。水弱偏能济火烈,舟行乃至同车攻。西洋奇器恣淫巧,直欲凿空欺鸿濛。无边谁能测海外,有恃遂敢周寰中。沧溟抟击九万里,计日可至何从容。我昔闻之未能信,登舟详视明双瞳。机衡错杂钩笋角,大盘小管靡玲璁。燖汤百沸聚水力,一气贯注交相通。金轮铁轴自旋转,不胫而走光熊熊。锐头划海海水破,破痕两道施奔虹。海神震愕百怪避,驱走鱼鳖蛟鼍龙。轰雷掣电精且锐,涛头万马吾从东。曾闻越裳昔重译,指南遗制传姬公。中华尚德不尚力,遂使技巧流西戎。近时操刀能学制,郢斤宋削縻人工。闭门而造出合辙,涉川有赖兹蒙冲。我闻蛮貊能笃敬,波涛凭仗信与忠。不然舟中皆敌国,作楫之材将焉从。自来在德不在险,万方向化今喁喁。如天帝载胥骈帲,艺成而下何所庸。操舟掞舵驭以正,四夷之守从其隆。

阅克鲁伯炮厂

王芍岩

机械丛生天地窄,不重衣裳尚兵革。精刻岂复余地留,奇巧更创克鲁伯。克鲁伯,伊何人?范金冶铁无比伦。霹雳车改后膛式,无坚不破神乎神。父子继业旧厂存,超心冶炼专其门。分厂合并谷鲁生,输攻墨守翻乾坤。天发设机秘阴符,日月秘亏相吐吞。吾闻其语未见之,适来考证方称奇。五花八门走雷霆,发皆洞的神鬼悲。地无坚城人夺气,吾家武库或逊兹。我知造物有深意,一乱还应生一治。五洲大和同,六合敦信义。武备虽修盛文物,公法既行浑才智。纵有铁甲铁炮亦奚为?全球虽大履如夷。声教所渐化同轨,岂徒富强立其基?扩充此意在善变,制器尚象利乘便。君不见,汉阳巨厂属中原,炉炭阴阳变锻炼。通工相见无相妨,肯使欧西利权擅?

感　怀

人生自古重伦理,况是平时称知己?今有人焉势利交,有初鲜终深可鄙。方其酒酣耳热时,指天誓日同生死。解衣推食本寻常,出则同行卧同起。不特寝食与之俱,甚至婚姻联两美。门前车马纷纷,二人断金我与尔。当时沥胆与披肝,胶漆雷陈安足比。谁料包藏有祸心,外似让恭内奸宄。一旦其人变故来,反眼无情肆谗毁。解纷排难已难言,陷阱添石竟若此。不以为德反为仇,堪叹人情薄如纸。不见古来金石交,轶事班班载在史。或与共患难,或为托妻子。或与通货财,或为存宗祀。今人岂不及古人,胡以丧心至于是?记否欢乐契好时,感佩誓言犹在耳。奈何利尽交便绝,任人唾弃不知耻。翻手为云覆手雨,鬼蜮为心伊胡底。男儿结交尚情义,不情不义何足齿。试为纳手自扪心,清夜能毋颡有泚?其始尚见重其人,由是观之今已矣。感兹聊作不平鸣,歌成不计词之俚。敬告诸君慎结交,结交要自择交始。在昔先民曾有言,君子之交淡如水。

　　笔笔跳脱,往复缠绵。如怨如诉,可泣可歌。结句尤觉淡而弥旨。

登山巅望希马山,云开雪见,灿若堆银,萃此奇观,遂成长歌一首

吴广霈

噫吁嚱,神且奇!看山直尽西南陲,千峰万壑相追随。我陟千峰万壑顶,自谓众巘皆嵝嵉。须臾风抉岚烟开,犹龙巨岭蟠天来。蟠天传闻二千丈,撑持宇宙包元胎。上有鸿荒不化之冰雪,下有盘古为辟之草莱。山不可登雪可见,嶙峋灿烂如披练。白日照耀斗光彩,青冥动宕生惊眩。倚伏千层势转穹,晴云如絮遮头童。一夜流泉走江海,金沙西去恒河东。自昔邱仙通此路,又闻元祖回天步。铁门千丈耸鸾霄,犹在兹山最卑处。兹山自古绝人迹,阴阳万变谁能测。耻学诸蛮横翠眉,白头横卧支南极。支南极,寒琼洁,云开遥见金银阙。藐姑仙子驻霞骖,口嚼瑶花炼冰骨。峰头睡醒瞰人寰,西烛阳乌东镜月。自笑狂奴有奇癖,久思五岳挂笻节。何期海外得奇观,豁目荡胸惊咋舌。归来白眼谢群峰,肩藏毋溷乃公辄。悬线著屐世岂无,探幽笑让尘中客。

观打复尔山麓山泉

王　韬

平生酷有看山癖,每至登山足愈捷。巉岩鸟道千百盘,振衣直

上兴难遏。行行瀑布走山隈，奔崖百丈声如雷。怪石峥嵘不可得，劈开青嶂如龙飞。龙飞毕竟归沧海，浩瀚千年曾不改。浑涵大地佐陶钧，洗濯双丸发光彩。水哉水哉洵莫测，世人但见在山日。我来掬水洗尘胸，热血牢愁涣然释。回头长笑谢山灵，一鞭落日千林黑。

阅英国胡力枢船厂并鱼雷船商厂

王芍岩

幕天席地橐籥工，阴阳炉炭飞炬红。光芒腾霄万丈起，运锤一击声摩空。巧匠凿山吸山髓，刳木冶铁开鸿濛。踵事加厉逞奇秘，巨灵失顾来罡风。君不见，英廷设厂胡力枢，船形炮式群举隅。万五千人效鞲鼓，霹雳响应山岳呼。宋斤欧冶各有执，众声无哗相奔趋，商家有此博大无。古来善事首利器，如有所誉必有试。演验发声如雷霆，果能取资非儿戏。商厂更洸观鱼雷，巧夺天工争化裁。推陈出新任狙击，所向齑粉惊魂摧。机簧连钱似爆竹，万灵雨泣天为哀。南洋购置战守利，金瓯巩固息喧豗。中华船政亦久矣，旧章率由继难起。迂儒尚欲咎水师，饩羊一去胡底止。瞬愿发愤复雄风，经营煤铁策商工。一转移间强且富，中西步武将毋同。

海　水　曲

吴广霈

海水泠泠兮，其深不可测。洪波千万丈，下有蛟龙窟。冯夷罔两相出没，云旗烟驾何倏忽。既乏温峤犀，复渺湘妃瑟。缒幽钓隐神所疾，勺蠡醮指空抑郁。愤来欲借周侯剑，斩却鲸鲵答天眷，坐令万顷桑田见。时乎不来，日月如电，等闲钝折腰中练。其一。

海水阔兮荡无涯,涵天浴地喷云霞。长蛙巨鳄利齿牙,杀人挂置骨如麻。活活西流果何极,古来浪说黄河槎。大地八万九千里,一气浑转无终始。空闻横海斩楼兰,几见支机犯牛女。莫问严君平,由来今古多升沉。击雷鼓兮吹鸾笙,一笑凌苍空复情。其二。

海水其清兮,谁移我情。缅彼成连兮,善鼓瑶琴。风潮吞吐万窍辟,七条弦上声愔愔。声愔愔,寄遐心。世无钟期兮,畴识此音。解衣赤足登孤岑,凌虚望古发长吟。其三。

海水碧兮云物幽,孤舟挂席冲寒流。怀仙侣兮隔瀛洲,我欲从之道阻修。青天淡淡兮开云罗,娟娟凉月兮生苍波。平生秋兴兮今宵多,美人迟暮兮将奈何。独奈何兮扣舷清歌,纷纷穷达皆同科,有酒弗醉兮胡蹉跎。其四。

浮海至巴黎纪程百韵

宋育仁

乘潮出黄浦,发夕泛海流。表里悬明月,空水荡悠悠。梵言喻尘海,兹岸号南洲。佛书喻尘世为苦海,喻成道为彼岸。今西书称亚洲者,佛书称为南瞻部洲,海为南海。伏鳌起群岛,灵山如可求。出吴淞,南行入浙境,望见诸岛,西名果腊,近浦陀山,佛书所称南海岸浦陀山也。浙江南入海,名邑落荒陬。招宝对虎蹲,出没若沉浮。过镇海口,两山对峙,左为招宝,右为虎蹲。古来限穷发,掌故有时修。道光始通津,远航欻来游。道光□年,英吉利商船航海到中国,泊招宝山,时未有火轮。火轮飞海水,五口遂通辀。适越昔趋庭,登山望此丘。廿年如隔世,感目涕沾襦。同治初,先君官镇海丞时,余年始数龄,曾侍游招宝山,望虎蹲,至今廿余年矣。月落四暝阴,衣湿风啾啾。日出霞光曙,平明见泉州。炎风赤道来,三日到汕头。舟南行偏西二十七度,过福建泉州境,望见海道诸山。行赤道下,天气渐热。入港见翠微,云气冒山楼。蜂房叠层阓,礆平通九馗。入港行里许,泊香港。层山苍翠,上有云气。洋楼背山面海,因山基层叠而上,望如蜂房。中通阛阓,街道修平,略如上海。嘉树郁青苍,夹道何翛翛。憭憭行未央,一息聊淹留。对岛峙九龙,咫地弃不收。荜路启山林,夏声大有由。香港对面为九龙山,广东辖地。香港旧为荒岛,道光壬寅为英所据,招徕商会,建造市廛,遂成巨埠。居民十二万人,船户三万人。沿海之地,每中国一亩岁收课银百余两,山地少减,亦数十两,故一隅之地收课银八十余万。雷琼昔云远,儋耳感行袜。前贤迁谪来,今我独无邮。出香港南行,右为琼州境。晨经越南境,波平鉴潜虬。古闻重译贡,户庭今不绿。大通信有时,固为中国忧。佛书言灭度后三千年,天下当大通。以时数考之,其言当验。暮入澜沧浦,潢污见培塿。入西贡江口,循山麓,曲折行十五海里,泊西贡。进港江口与澜沧江入海口平行,相距甚近。南圻属西贡,百厘溢旁周。咸、同间,越南杀教士,法兵舰往攻顺化,不克而退,遂入此口。启衅两次,割南圻六省,设西贡总督治之。光绪初,法据有越南,设西贡巡抚,辖南圻六省。其原设之西贡总督改为东京、北圻、南圻、柬埔寨四处总督。华民聚堤岸,转粟逾万艘。华民聚市处名堤岸,计五万人。分居南圻各省者,尚有二十余万。贸易以运米为大宗,岁出米至一千八百万石。征敛颇繁苛,淄渑信难调。法国税则有身税、招牌税、贸易税、房税、地基税、进口税,税款甚重。身税惟取华民,进口皆闽广货,华人自相买卖,而取税倍重。吏议成闭市,居民望有鸠。光绪十九年,法复立新章,尤为苛细。华商罢市,进口货皆不至。星使登岸,商人邀至闽广会馆,所称中华会馆是也。商耆率众数十人具呈诉诸苛细状,求使者至法求辖免。真腊鉴前车,暹罗慭之谋。柬埔寨旧为真腊国,服属于法,法设巡抚治之。去年,法复用兵暹罗,进取湄江以西两省。三日新格坡,柔佛国已墟。新格坡或译新加坡,本柔佛国地。嘉庆二十三年，英以兵船夺据之，其王退居近岛。交衢聚成都，熙攘来相投。西里及瓜哇，交广与骆欧。暹罗交印度，土人号巫尤。奇服或镰齿，桑艾语嚯哎。英立埠，不税进出口货以广招徕，由是商旅云集。华民居此者十五六万，多闽粤人。此外，民族多至数十种，有印度及葛罗巴所属诸岛，西里百、瓜哇之属，土人巫来由族，鲎黑，嗜槟榔，多镰齿。苏门对麻甲，此焉实襟喉。犹见汉官仪，横海独无侯。新格坡二百六十海里，至麻六甲海峡。右为马六甲，左为苏门答腊，为新加坡之外户，出此则为印度洋。新加坡，又闽粤海口之门户也，驻有总领事。流寓华民尚知有中国，商家堂厅有对联，门挂头衔灯。巡海兵船偶一至，无常驻者。暮入苏门峡，婆罗山气幽。苏门答腊山长约八十海里，其山尾尽处名勒拉司对，亦有山，列树青葱，洋人名之曰渭船。微风生澜漪，浩荡没海鸥。镜清无纤尘，时时见文鱐。台飓西南来，鲲运起吞舟。冲浪砰前却，蓦波汨若洇。寄身渺一粟，望天如覆瓯。天吴已肆虐，赤瀑复我遒。三日已愆期，五日犹不俦。身无四凶罪，投荒实诸囚。万物矜耳目，孁宁圣所优。闻道力不任，怀德庶思柔。晨经巴德峡，雨来天忽黝。云垂水壁立，举目尽胡愁。船主缚桅樯，水手登如猱。出险身犹慄，再生叹且讴。过巴德峡，近锡兰境。沿海岸有山，舟欲行避浪，近山麓，天忽雨，有疾风横掠，舟对面不辨向，舟势欲薄山，船主自缚桅，指引舟向。约半刻时始出险，庆再生矣。清歌夜鼓琴，蹲舞欢相酬。南蛮昔跳月，索偶搜其逑。双双今实来，易妻或承羞。西人跳舞本于南蛮跳月之俗，然彼乃男女初婚胖合，今则夫妻同赴会，各随所悦交易而偶舞，亦伦矣。避风泊海堤，云是克伦哀。抵锡兰之克伦博，此地无马头，泊舟海中。英人筑堤界海，长一里许，高厚出海面约三丈，界成一弯，以障洪涛。克伦博一作格仑坡，一作科郎埠，或云科郎褒。大浪来啮矶，飞沫喷起涛。格里荡王居，葡荷为之搜。环涂备兴工，营国置汝酋。昔时，有新格里王居开殿城，初为葡萄牙所并,继属荷兰。嘉庆元年,始为英所夺据,垦筑招徕,建炮台、兵房、教堂、书院、铁厂、监狱、关署。修铁路,自挪拉里山顶至开殿山之中,间置大酋于开殿,即《使西纪程》所谓高诺。英人称其大酋为格男浮,中国译之为总督巡抚,皆以意为之。其本意犹言管理人耳。新加坡以内华人称之为兵头。锡兰古化城,涅槃仍首丘。三刹有遗尘,毗卢日少俦。高卧疲津梁,菩提荫有樛,锡兰,古狮子国,是佛降生灭度处。自为英据,佛教久衰,仅存三刹。一曰开来南庙,有如来卧像,磁质,长三丈。有菩提树,云佛降生时先栖此树。僧出贝叶经售与客。号为名刹,仅一住持而已。前经阿剌伯,西去埃与犹。阿剌伯,回国,与印度接境,迤西为犹太、埃及旧国,皆已并于英矣。旧教已沦胥,操戈起为仇。其民转愚鲁,黧面务而句。妇女环镊鼻,高冠身沐猴。乞钱泅海底,没身如一沤。广漠多不毛,民类仅有噍。置戍更设官,驱使如马牛。七日逾亚丁,海颈狭若湫。左盼见狼荒,斥卤野无睬。犹太旧教本自东来,耶稣生于犹太,长于埃及,为犹太旧教祭司长所杀。其徒保罗、约翰等传教,又见杀,故耶稣教徒誓灭旧教。其实耶稣受洗于犹太之旧教约翰教,本东来,且承佛氏之遗说。自稣克得拉岛至亚丁一带土人皆印度、阿剌伯种,人皆黧黑,以巾冒首。妇人鼻上镊环,多至五六。男高冠,儿童驾独木小舟游海面,见客舟索钱,掷水中则争泅而取,如鱼蛙然。地多童山斥土,土人粗蠢,英人建炮台,驻兵二千,设官于此。土人贫且愚,凡粗工重役皆令土人为之。过亚丁约三时,入红海口,两山矗立海面,约三洋里。水底有礁,中间可行者仅一里,英语名勃白耳门,译言谓之哭海颈也。红海左岸为阿非利加洲境。炎方道红海,风来转飕飗。孟夏收恢台,冷然天气秋。绿净镜明波,陵鲤贯如鲉。三日苏彝士,道怳一何廋。明灯照夹岸,权星如缀旒。古时两州限,僝工实旁俅。鞭石入海水,蹠地成通沟。夥颐信无赀,疏浚不时扰。右顾见埃及,山水信清修。文教自东来,铭刻犹可搜。粤稽虫鸟篆,遗取绝代辀。欲谕象胥言,恐诒众楚咻。苏彝士河旧为阿非利加与欧罗巴两洲分界,海舟至此,须易火车交替。赖赛朴集股开凿,令与地中海相通。河道狭处悬球于表,大如瓜。入夜,沿河排列红绿二色灯以照船行。每段分布挖泥机器,十里设以电局。按船收税,岁用不赀。河岸西为埃及,山川清秀。旧时石刻存者尚多,土人影照出售,字体繁重,多画虫鸟形,字直行,与西文旁行者异。埃及在中为西,在西为东,疑三代象胥谕语言所及。停轮发波赛,裨海进乘桴。半程阿散德,希腊泊无餘。土耳介强邻,幸免剪为俘。苏彝士河北岸为波赛,又半日程抵亚勒散德,土耳其大埠也。英既征服埃及,设总督治之,建公署于此。土耳其盛时,地跨欧亚二洲,及与俄构兵而势蹶,英法出而议和,各割其地,彼仅以自存。舟经土耳其之康第岛,接希腊境。浹辰过枚息,卡腊见山椒。罗马盛文物,通工亦绸缪。丛台峙参差,轨涂络置罘。山花海上闻,芬芳服已攸。梅息那海峡左为昔昔来岛,其镇曰梅新,即梅息之转音。右为意大利之南省卡腊勃来,其镇曰而爱及。两岸皆山,火车往来如织。楼阁参差,山岭遍岭,舟过香闻,诚胜境也。晨经考息岛,马赛不逾餐。希腊前考牧,法船攘其飡。海堤交虎牙,炮台对钮鋻。水闸纬铁船,桥衡转环彄。三面倚山埔,一方阻上游。商利四远来,形胜此爱诹。清晨过考息卡岛即至马赛,不半日程。马赛开地最古,五六百年前,希腊人先至是处,遂成都会。后为法人所夺,尽力经营,街衢阔大,层廛蔚起。其地势三面倚山,一面当地中海口。老海口旧筑炮台,南北对峙。后又于老海口外更筑长隄两道,为新海口。新旧海口之间为水栏四,皆有铁桥。机轮开合,以水压力,运动甚便。鸣钟发车栈,霆奔驰电斿。耆若雷雨作,映若乘风彯。旋转见山川,历录辨田畴。一宿二千里,中栈还数休。由马赛至巴黎,火车一宿至。停轮五六次,每次五分钟,久则十分钟。平明巴黎都,喧填略难侔。民富在兴工,管墨握其阄。泰西即同风,寰宇借前筹。周官亡所守,求野信云赒。礼乐俟君子,谁为宏远猷?

渡印度洋得短律四章

吴瀚涛

怒涛吹不尽,竟夕鼓阗闻。大海落残日,孤帆摇暮云。擒王怜郑监,投笔愧终军。北望同心远,相思寄紫雯。

蛮烟向晚暗,倚楫揽星辰。北斗低沉水,南箕近接人。樯灯寒锁雾,钩月淡浮春。欲把欃枪扫,天狼势未驯。

泛泛八千里,汪洋片岛无。鱼龙争出没,烟水极含濡。南陆风涛壮,西欧气象殊。人间尽腥土,何处更方壶。

泽国气萧森,怀人九曲心。闲持谪仙句,坐对海涛深。流水不尽意,天风识此音。尘中多郢曲,何苦费高吟。

乘兜游东山,归途见灯火如繁星,得短句二首

税驾鹫峰西,回头万壑低。秋云扶健笔,野市杂雕题。月白哀猿啸,林青老鹳啼。巉岩绝人境,何处是仙梯。

十日山中住,浑忘客里身。遥山卧冰雪,繁火乱星辰。啸傲空今古,行歌愧隐沦。桃花流出否,慎勿饵鱼人。

舟中雨,水天一片,茫无所见,口占短律一章

四望白无际,乾坤晦若昏。涛声争雨势,水气匝天痕。海阔山都尽,舟轻浪欲吞。回头见飞燕,乡思共君论。

感事五律五首

宋育仁

万马渡辽河,千营夜枕戈。城亡诸将在,律丧两军和。伏阙书

何用,忧时泪苦多。独怜持汉节,归雁望云罗。

江海隔中原,论都已枉论。艅艎先失水,猿鹤尚乘轩。东海惭高蹈,西邻畏责言。呕余心血在,朝夕作潮翻。

茧足返秦庭,台湾未解兵。潜师谋郑管,侵地劫齐盟。星火催和约,楼船息战声。如何闻越甲,不耻向君鸣。

投笔一书生,今朝定请缨。窃符惊魏寝,还璧返秦城。孤愤遭时忌,艰难愧位轻。闻鸡中夜起,未悔去承明。

诏书迟不报,命下悔蹉跎。坐失军需急,何堪岁币多。挥戈悬汉日,衔石误虞罗。岂见臧文仲,赧颜遇卞和。

武备学堂四首

王芍岩

有备方无患,堂堂水陆师。承平文字尚,济变武功宜。德艺成均地,英才教育时。纠桓置兔意,华夏让诸夷。

立法期无弊,绸缪在未然。程功西学重,得力幼童先。韬略论三六,英豪聚万千。时艰谁补救,制造有新编。

忧盛危明意,欧洲若是班。波涛容测海,霹雳许开山。战法师黄帝,心机亚鲁般。升堂原一样,屹立德英间。

侯服顿称王,多年克自强。分曹官十部,合众约三章。丁壮皆兵籍,舆图寓战场。几疑参仲氏,有勇且知方。

听西人女士征集乐歌,曲终感赋

王咏霓

明月出西海,客愁知夜深。有人倚长笛,邀我听胡琴。闻乐生新感,殊方冀赏音。玉关春已老,折柳为谁吟?

赠英领事马君

丁　廉

矫然一鹤孰同俦,君是人间第一流。半壁河山资保障,只身天地寄遨游。名贤随处风情见,杰士谈交臭味投。此日河梁分襟后,梦魂常绕海东头。

正月元旦,天气晴和,风日都丽,口占一章,聊以遣兴五古

丁　廉

暖风飏晴旭,春意融芳林。匆匆一岁去,旧腊无从寻。梭掷与箭离,抵死催光阴。忆昔离家时,日暖嬉鸣禽。春事犹未半,良夜值千金。何为出门去,惘惘来烟浔。鹏程十万里,刻意凭登临。主人情最重,故友交逾深。天涯征一气,风雨矢同心。当此新岁至,时景费沉吟。白云渺无极,何处通鸾音。旅怀不自适,时把浊醪斟。柳条放新碧,大半愁痕侵。赋诗且题壁,长啸出烟岑。

题查抡先孝廉欧西航海图

王芍岩

天水相连绕地球,欧西何足尽遨游。瀛洲路近君应到,宦海帆高我未收。放眼沧溟供一眩,侧身今古有千秋。无妨凿空开图画,看取途中认得不。

泊 西 贡

王之春

天宝物华行处有,富贵真腊君知否?炎荒朽壤成膏腴,海国擘画启户牖。君不见,西贡一隅华岸堤,近年庶富属巴黎。车过六街水流走,楼高百尺缫鸾楼。夷场华界复分壤,估舟鳞次湄江上。赏心更辟大花园,不惜余地留空旷。四灵聚族百物生,池清草茂皆天成。如入画图意闲远,别开风景劳经营。奈何征重到人税,取尽锱铢利会计。俨然重镇截南圻,未必美利无流弊。要知有人乃有土,开国立家在自主。盛衰兴废转移间,既悔亡羊牢可补。百端交集心上来,击铁如意倾金罍。南洋商埠此较近,互相雄长风气开。中华行政尚宽大,安土重迁无招徕。城民不借山川险,足用空筹天府财。毕竟古今异时势,咫尺变迁需化裁。邦交自古讲信义,中立不倚策风雷。六合以外不论议,区区富强何为哉?

巴 黎 行

王之春

地球行近七万里,境入巴黎纵奇诡。眼花撩乱兴狂发,城开不夜恣华靡。士女酣嬉国无愁,惟日不足复夜游。阛阓云连屋蔽日,睥睨泰西雄欧洲。穷兵黩武相戕贼,天意挽回不可得。崛起空说拿破仑,中分竟为民主国。立国毕竟当自强,后言美利先通商。果能虎视持牛耳,何用蚕食吞越裳?师心自用忘顾忌,以力服人等儿戏。安知在后无黄雀,螳螂捕蝉殊不意。使臣过此停征轺,心如悬旌时摇摇。伤今吊古无限意,属词比例成歌谣。成歌谣,纪游历。从大夫后执鞭棰,增天子光重坛席。莫非王事慎西行,后视今犹今视昔。

游伦伯灵观瀑歌

王　韬

同治戊辰夏五月,我来英土已半年。眼中突兀杜拉山,三蜡游屐听鸣泉。岩深涧仄势幽阻,飞泉一片从空悬。我临此境辄叫绝,顿洗尘俗开心颜。居停主人雅好事,谓此未足称奇焉。去此十里有名胜,风潭广斥万顷田。上有飞瀑如匹练,下有杂树相妍鲜。爰命中车急往访,全家俱赋登临篇。其日佳客践约至,遂与同载扬轻鞭。初临犹未获奇境,渐入眼界始豁然。意行不惮路高下,疏花密荫如招延。涧穷路尽更奇辟,忽如别有一洞天。水从石窍疾喷出,势若珠雪相跳溅。至此积怒始奔注,一落百丈从峰巅。侧耳但觉晴雷喧,声喧心静地自偏。径穿荦确蹑涧石,獨从正面观真铨。四顾几忘身世贱,来往忽冀逢飞仙。万山拥翠若环合,中有一朵芙蓉妍。惜非胸中具丘壑,坐使腕底生云烟。媚梨女士工六法,定能写此图其全。胜情妙墨发奇想,何将造化形神传。嗟予穷厄世所弃,胸贮万斛忧愁煎。山灵出奇为娱悦,今以文字相雕镌。我乡岂无好山水,乃来远域穷搜研。昨日家书至海舶,沧波隔绝殊可怜。因涉名区念故国,何时归隐江南边。

驻俄旬日,都门内外纵所游历,随时纪之,亦足以资考证、新见闻也,共得五章

王之春

王　宫

宫阙何壮丽,不越阛阓间。尽人可瞻仰,附近民居环。君贵民岂贱,熙熙相往还。非不事土木,疾苦切痌瘝。宝藏博奇

古,金碧光斑斓。想见开创时,图易复思艰。立国自唐宋,雄峙出瀛寰。子孙能保之,自强无弱孱。彼得更崛起,移兹波罗湾。只惜隔城外,丸泥封其关。竖儒渺闻见,传疑比神仙。我朝素通聘,远来敕书颁。重门洞内外,一见快老悭。列国逊雄风,莫谓若是班。

博 物 院

古今出奇巧,取之当以约。天地产菁华,聚之当用博。迩来博物院,列邦苦搜索。耳目所未经,迹象或未著。有时委泥沙,否亦束高阁。有俄启土宇,地方何广漠。刻意求新奇,议论费穿凿。五都目既眩,小儒舌应嚼。考据几何代,珍藏严扃钥。传神到油像,古音留雅乐。数典设裳衣,采金列鼎镬。其余不胜观,珠宝任丛错。旁门通宫院,创造久斟酌。凡物钟所好,况与民同乐。鉴赏出君公,多取不为虐。

天 主 堂

天人本一体,阴阳无两歧。设教重神道,使由不使知。秦汉愚黔首,法令多参差。宋元廓疆域,风行同夏夷。何期教旨同,奉天为主持。爱虽无差等,亦存救世思。降生千余年,假托人始疑。堂皇起宫观,至今如神祇。粉饰穷奢丽,金钱广布施。此教严戒律,谁敢汝瑕疵。我来非顶礼,聊复瞻仰之。高阁庋经典,广殿崇阶墀。诸夏虽有君,肃穆或逊兹。泰西诸国君民皆行教,而教堂重于王宫。未免喟然叹,发聋欲吼狮。彼族尤信好,余情难诡随。洋洋遍海外,岂徒俄罗斯。

海军机器造纸各局

立国重文教,强国先武备。时势异古今,苍苍果何意? 一自强弱分,成城须众志。谁为借箸筹,善事当利器。西北有大邦,形胜若天赐。府海而官山,苦寒偏得地。多年创海军,设局穷格致。黑海直长驱,天山谁暗觊?气挟铁甲飞,非复楼船类。武库不胜收,行当及锋试。坦白任人观,英雄无顾忌。其余车同轨,铁路广推暨。再逾四五年,畅行里可记。境接海参崴,彼此边陲寄。相为唇齿邦,通商收美利。近复更钱钞,畿内称盛治。制纸仿蔡伦,经营到文字。雄长当欧洲,庶几树一帜。

书　　局

天下皆同文,篆籀为最古。海外有声教,希腊文字祖。极盛或难继,后来畴步武。所贵溯源流,非徒事训诂。藏书帝王家,不愧图书府。杰阁四五层,标题相参伍。搜罗千百年,珍赏无朽腐。漆书胜木皮,石刻满廊庑。崇文国乃兴,好名吾无取。藏之者何人?上绘并领贾。铸像镇书厨,彼族历世主。地虽瀛环外,接壤占车辅。友邦惟中俄连界处最多。字列经典中,学海任网罟。纵观心何幸,辩识功殊苦。高文在典册,毕竟推中土。四库多包罗,书目灿织组。儒臣经校定,大成非小补。

过地中海

少小有奇志,壮年作远游。扶摇无双翼,飞凌四大洲。谁知承接处,乃在欧洲头。亚丁监其脑,波赛扼其喉。中有苏士河,贯通如脉流。终古任横亘,应贻愚公愁。筋骨不聊属,能无巨灵忧。鼓轮幸到此,啸傲登航楼。水深如蘸墨,寒气欲重裘。风利不得泊,乘槎胜张侯。此事有天幸,多福非自求。

苏彝士新开河

五丁何用等闲开,又值龙门凿险来。瀛海苦填精卫志,华峰奇擘巨灵才。湖山变画仍流水,内有大小二湖,俗名大苦、小苦,谓其水味苦,无生植者也。天地为炉划劫灰。一旦豁然千古利,富强无道讵生财。

夜游马赛各市赋此

鞭走群山峙两行,畅通商务展夷场。波涛到此都停蓄,灯火无边入莽苍。宝赛肯居诸国后,游踪忘却一宵长。馆人大类虬髯样,肃客当门若有光。

夜 入 柏 林

昨夜今宵记未真,浑身草草是劳人。昨夕戌刻展轮,今晚对时即至。千灯焕彩迎车幨,余雪冲寒遍地匀。道假邻封成过客,身持使节亦前因。樽前佥说俾司马,羡杀他邦柱石臣。

呈俄皇七律二首

累朝修好固同盟,特遣行人数万程。如日重瞻双凤阙,前星回首五羊城。膺符应运新承绪,当璧征祥旧著名。上馆缁衣荣使节,更蒙握手慰骖征。

东华世胄溯银潢,帝锡年龄应寿昌。雨雪来斯人乐岁,卿云纠缦史书祥。珠槃好合衣裳会,环海澄清日月长。中夏使臣劳念旧,客星何敢比严光。

雪夜游乡景观跳舞会即事

十分清极不知寒,怒马飞车报夜阑。携手有人冰上立,赏心乐事画中看。商音变徵关河感,古调移宫抗坠弹。歌管欧西盛茶会,我闻如是亦殊观。

俄主遣翰林院挨田承旨来馆,绘喜乐图,并从事各官意切挚维,大有去思留名之意,因赋二律

王之春

西极行来促简书,气能完璧景相如。中朝礼已通和好,异域人犹问起居。自古绥边推属国,即今绘像到扶余。簪毫画院新承旨,仪表应教进玉除。

妙传眉宇入丹青,忘势言情许肖形。写照有时烦象译,蜚声早已过龙庭。日华耀采人生色,云汉为章笔有灵。宾从聊翩成上客,披图争识使臣星。

过德相毕司马宅译卑斯麦,即毕司马

王之春

法普成盟迹已陈,琦珑共事政维新。毕佐德卅年,合众连横,拔去奥国,外兼并三十九国,始成偏安。与毛琦、逢珑赞成,厥功甚伟。淮阴自是无双士,秦誓先尊一个臣。岂但知名从海内,还应越境访斯人。过门不入空泂溯,想见英雄露角巾。

维多利亚花二首

曾纪泽

玉井莲花十丈青,奇葩终古不凋零。长梯摘实来西域,太华腾光照北溟。圣瑞虽非尧历荚,霸图犹兆楚江萍。藐姑仙子如冰雪,肇锡嘉名比德馨。

自腾光焰照狂榛,渐列祯祥比凤麟。桂府仙娥离皓魄,蓉城旧主降红尘。品香兰合称王者,论艳蕉犹号美人。收取园林名贵气,乘时并作一家春。

次韵答日本人金尾蓝田

曾纪泽

诗律探源饭颗山,邮筒酬唱各羁闲。遭时情异三闾愤,感事愁添两鬓班。责自西邻忧未已,交联东国谊相关。辅车记取先生句,共济羊肠九折艰。

题日官所藏石拓贺季真草书《孝经》

曾纪泽

四明狂客酒中仙,诗句昆山片玉传。诗酒余闲挥草隶,纨缣真迹散云烟。一编醉帖来沧海,万里回光照剡川。长史萧疏虔礼密,权量铢寸定谁贤。

黎莼斋观察奉使日本入都

曾纪泽

廿载交亲结笠簦,桑田成海谷为陵。长林选胜朝携酒,旅馆论文夜对灯。东去瀛洲云好色,北朝天阙日初升。亲朋问我支离态,齿豁眸昏百不能。

八月十五夜森比德堡并引

曾纪泽

森比德堡为鄂罗斯国所都地,濒北海。良天佳节,月明云散,是日，国人顶礼祆神，钟声四起。耳目所触，感慨丛生，酒后成章，质诸僚友。西人谓海潮为月吸引，结句采用其说，或者为后来诗人增一故实耶。

祆庙园楼百仞高，梵钟清夜吼蒲牢。见闻是处驼生背，官职无名马有曹。明镜喜人增白发，奚囊搜句到红毛。冰轮何事摇沧海，去作长天万顷涛。

戊寅腊月至法兰西国，谒其君长，授受国书，慰劳良厚，颂及先人，退为此诗

曾纪泽

圣泽覃敷大九州，冠裳万国荷天庥。笼间白雉陈螭陛，旗绣青龙照蜃楼。阆苑风随仙露重，敕书香带御烟浮。从来忠信行蛮貊，莫讶戎王问故侯。

送陈荔秋太常使西班牙诸国

曾纪泽

词曹礼寺总声名，午夜卿云拥使星。万古奇文增旧史，四方专对仗遗经。龙章越海颁西域，鹏翼培风起北溟。谈笑三年勋绩蒇，归来吾与酌湘醽。

十一月晦日泊红海尽处，登航楼乘凉，见舟人所蓄白鸥，口占一律，己卯元日补录之

曾纪泽

九万扶摇吹海水，三千世界启天关。从知混沌犹余窍，始信昆仑别有山。朔雪任回温带热，南薰不转鬓毛斑。女床丹穴寻鸾凤，

却见雕笼养白鹇。

送邵筱村回京二首

曾纪泽

朝雨轻尘洒节旄,离觞劝尽紫蒲桃。大鹏运海回三岛,翔鹤凌风上九皋。秋到穷荒霜信早,天连瀛汇月轮高。加餐崇德为君寿,鞭策风霆莫六鳌。

仓卒珠盘玉敦间,待凭口舌巩河山。功成燕颔军留塞,利逐蝇头虏叩关。贡马颁茶增互市,雕龙炙輠动朝班。仗君此去纡筹策,更为庸驽乞赐环。

送左子兴之官新嘉坡领事二首

曾纪泽

花萼初春日未中,左郎天矫气成虹。藏身人海鸡群鹤,展足天衢凤勒骢。涵养生机宜守朴,指挥能事莫矜功。旅亭无物装行箧,赠汝箴言备药笼。

外坂盐车岂足多,骅骝屏不与同科。苦爪鹳埤赓零雨,酸枣龙渊塞溃河。顾我自嗟还自笑,喜君能咏又能歌。三年欢会驹过隙,不尽深杯奈别何。

留别刘芝田太常二首

曾纪泽

英荡辞朝候雁来,年年不与雁俱回。云雷有象随著变,鬓发无情借镜催。自愧多言常越职,姑求寡过敢矜才。节旄方落羝羊乳,更喜同岑匪异苔。

昔别明公东海隅,相逢西海各羁孤。八年何异驹过隙,百事惭非马识途。英国使兼俄国节,前车光借后车珠。公归更有无穷事,异日东行莫忆鲈。

次韵答日本使大鸟圭介公宴诗二首

曾纪泽

嘉酿如渑斗斛量,主宾谈宴绝关防。青疏昼辟阑干院,绿意春生薜荔墙。互庆友邦成璧合,同歌乐岁得金穰。酒阑分惠新诗草,晻霭云烟绕画堂。

海客丛谈任洸洋,世儒翻谓不狂狂。欣看妙笔双关意,似放明珠十乘光。晓日扶桑蒙谷朗,春风棠棣比邻香。狮鹰隆替罴消息,付与虞人絜短长。

次韵答王子裳咏霓四首

曾纪泽

大食犁軒黜戛斯,史夸王会汉唐时。熙朝化及三千界,仁术贤于十万师。一德咸孚灰应琯,四邻征战客争棋。庙堂方重安边策,渐补羊牢未是迟。

拿破仑坊纪战功,威名当日此洲中。兼收符玺王三国,强设敦槃会八戎。万炮凝烟天宇暗,百城流血海波红。乾溪一败前功弃,未息蛮荆犷悍风。

谬佩铜符骋传车,颊中存舌粲生花。吾人纵解雕龙辩,敌意方同硕鼠赊。英荡有期随反节,包茅无贡附归槎。艰难历尽成功小,雨泣孤臣海一涯。

无翼云鹏掠海飞,乘之东去换征衣。八年风雪身将老,五夜波涛梦已归。邂逅醇醪先自醉,激昂佳句复相晖,未知此别重逢日,泛梗飘蓬约再依。

次韵答许竹筼四首

曾纪泽[1]

志趣徒宗范庆州,佐时无可纪勋谋。奇书懒复狸头译,豪气消成绕指柔。海国八荒蛮触靖,朝堂九列凤麟游。高风未敢师垂钓,恰羡鲈鱼岁岁秋。

昔年南徼骤鏖兵,将帅桓桓授钺征。鳌极三山终古峙,鲸涛万顷霎时平。敌军宵遁红江岸,电报朝腾紫禁城。战罢铢槃新歃血,皇威从此震寰瀛。

谷道防军未可裁,军储何处利源开。矿金投冶光凝日,镀水行军响迸雷。赫怒直将平四表,杀机那虑发三才。树人远作百年计,累土终成千仞台。

鬓发相怜瘴雾侵,客中酬劝酒杯深。云霞郁郁暮天话,风雨凄凄秋夜吟。各荷圣恩鱼在藻,同縻好爵鹤鸣阴。公门桃李春无极,示我英贤去访寻。

赠曾劼刚出使英法

郭筠仙

十洲天外一帆驰,踪迹同君两崛奇。万国梯航成创局,数篇云海赋新诗。罪原在我功何补,壮不如人老更悲。要识国家根本计,殷勤付托怅临歧。

---

[1] 底本未题作者。经查,本诗作者为曾纪泽,见喻岳衡点校《曾纪泽遗集》(岳麓书社,1983 年,第 308 页),据补。——编者注

酒肆即席赋

王咏霓

我从北海渡英伦，又见名都景物新。三岛昼沉千日雾，六街灯漾四时春。盘飨渐识回中味，樽俎叨陪席上珍。知有凤鸾漂泊感，暂时萍聚倍相亲。

安南感事

吴广霈

地近炎荒古不寒，久从椎髻废衣冠。空闻圻域分南北，已见闾阎杂汉蛮。土壤膏腴民力惰，山川平衍霸才难。纷纷蜗触知何底，不满书生一笑看。

偕眉叔出游至海滨闲眺

吴广霈

荡荡长途接海雯，一鞭游骋又斜曛。出墙秋色高于树，隔浦遥帆淡似云。尘市尽饶山野趣，清时犹练水犀军。书生壮志终当遂，拂剑摩空动斗文。

渡海二律

吴广霈

万里沧溟一夜开，双轮激水转殷雷。森森岛屿排云出，猎猎天风卷地来。独问空苍摩混沌，欲从造化问元胎。浮沤粟粒功名小，到眼难消是霸才。

笑把龙泉椅舵楼，远山如发送飞舟。朝游碣石摇琼管，暮醉天池倒玉瓯。日月无私双跳荡,风云有意一勾留。伏波横海须臾事,李广何庸恨不侯。

景军铙歌五首

李受彤

廿年簪笔侍承明,一出都门便将兵。杀贼归来看草檄,才知霍卫是书生。

载酒江湖杜牧之,感春楼上夜题诗。请缨便是韩忠武,儿女英雄事事奇。

椎牛犒士一军欢,月照泸江剑气寒。宣光河即泸江。洒遍乌支头上血,征袍三日未曾干。

几人屠狗卖浆中,能捍边关即是功。亡命莫教西夏去,张元吴昊本英雄。

捣穴犁庭事岂难,愤时谁共寸心丹。连朝巨鹿城边战,诸将皆从壁上观。

交趾舟中口占绝句四首

吴广霈

黑风吹海雪花飞,极目微云四塞稀。东岱轮蹄南溟浪,一年两度涉劳机。

翠霭沉山夕照明,蛮烟瘴雨势纵横。排樯云阵排山浪,大块文章也忌平。

鹏翼垂天怒不休,西风吹梦落浮沤。图南漫许夸寥阔,海外从知更九州。

到此诗情信不孤,一轮明月贮冰壶。夜深抗手吟仙句,警醒骊龙献宝珠。

过五印度随兴成诗八绝

吴广霈

催上鸾车趁晓晴,当头朝旭挂铜钲。苍官列道如排仗,都为山灵管送迎。

万里劳人未息机,零零草露湿征衣。高峰吐欻随云落,吹去红尘化雨飞。

发脉昆仑第一支,天梯石栈极参差。悬崖百丈迎人绿,想见如来面壁时。

怪石奔崖谷转雷,千条急瀑走山隈。洞中黑壤随泉出,疑是乾坤太古灰。

倦鸟愁猿奈若何,断崖才过又危坡。仆夫笑指云深处,记取双轮一一过。

神秀天钟信不诬,看山到此昔人无。凭谁绝妙荆关手,难写岹峣万叠图。

瞥眼千峰足底经,天风吹袂响泠泠。遥山终古头颅白,羞画蛾眉学送青。

不负平生汗漫游,八荒云物恣冥搜。庸庸五岳归来客,慢与狂奴斗远眸。

锡兰杂咏六绝句

岭峤当年战血红,南来苏武有遗踪。慈乌望断归何日,赢得诸蛮识相公。叶相曾居加尔各搭望海楼。

谒法玄奘事不虚,说经野鹿有精庐。尚留大藏三千乘,零落人间劫火余。

雪山西干走恒河,妇子相将洗濯多。圣水难平亡国火,始知众孽未消磨。

佛迹南行向锡兰,道留足印落伽山。如何中夏皇王地,也袭斯文太强颜。普陀一名落伽山。

布地黄金事有无,我来考古一长吁。栽完古贝栽䓯粟,黑白乘除理暗符。

炎炎烈日午难遮,底事清凉乐境夸。杂树盈堤多不识,西风开遍木棉花。

除夕,海上遥念鄂渚申江,大有一夜乡心五处同光景,远适异邦,抚时感事,率成四绝

王之春

碧海青天四顾空,融和应候有东风。遥知此夜不成寐,想到行人几处同。

春申江上余今夕,黄鹤楼边又早春。草绿河南情脉脉,征衣相念未归人。

渐近三更又一年,封侯夫婿少团圆。勉将吉语除烦恼,镜听佳音更卜钱。

捧日丹忱仰九霄,阿拉洋面度今宵。瞻天万里神先往,一朵红云梦早朝。

槟城杂诗八首

王恩翔

星坡更渡庇能去,犹是飞轮两日程。云木万行山半壁,绿阴如

海是槟城。庇能一曰槟城。

　　长堤一望海山苍,车马喧阗到海旁。最是西人安息日,踏歌椎鼓打球场。打球场在海旁。

　　琴尊携入乱峰巅,下有烟波荡画船。上巳清明都过了,品茶来试石流泉。石流泉为槟埠名胜处。

　　乔木阴阴列万章,法轮初转顿辉煌。自从八部天龙护,极乐人来礼梵王。极乐寺在阿意淡,殿宇宏丽。

　　踏到幽栖意淡然,爱他白石与清泉。一泓涤罢身无垢,曳屐僧房借榻眠。阿意淡浴室最为雅洁。

　　欲探山水借图经,帽影鞭丝曲径停。立马椰林墩上望,濛濛雨气海珠青。海珠寺面临大海,为一方之胜。

　　丁字帘栊亚字栏,银屏九曲障春寒。燕闲亦是围棋墅,人物风流晋谢安。燕闲别墅为同人燕饮之地。

　　彻夜华灯照海红,泊槎烟水杳冥濛。倘劳太史占星象,人在天南二岛中。英属埠头,息力第一,槟城第二。

坝罗杂诗八首

王恩翔

　　茫茫春草绿如烟,路遥千峰铁轨连。今夜坝罗江上宿,不知月色为谁圆。坝罗为大霹雳总埠。

　　小沟流水自西东,插竹编篱大概同。好是一行鸦踏屋,槟榔树外月濛濛。林间草屋以鸦踏叶盖之,宛如茅舍,颇幽雅。

　　郁呢窄袖制单衫,林下同游有籍咸。瑶草琪花春欲晚,洞天来访道君岩。道君岩距坝罗数里,灵秀敞豁,独擅其胜。

　　开行七石换车停,笙鹤云中集万灵。洞府约寻南道院,红毛楼阁海山青。英路程以三路半为一石。南道院石洞玲珑,尤为奇绝。

谷口猿啼草木长,岩扉深锁古云凉。蛮姬膜拜生拿督,也学西天礼象王。昔时有老人骑象入石洞不出,岩扉自掩,传为仙去者,称曰生拿督,蛮女游春过此,则膜拜之。

越罗低衬凤头鞋,新到珠娘未上街。笑语高楼醉春宴,花光交映夜银牌。夜银牌为码官所设,粤江珠娘多在此招客。

绿阴庭院画帘垂,气吐如兰馥可知。碟子小堆萝角草,玉台斜倚卷烟丝。倡家多设萝角草,卷烟丝待客。

秀娘风韵胜徐娘,窄窄衣襟楚楚裳。绾就巫云好螺髻,七枝莲蕊照明珰。有秀娘者,明眸善睐,为十一姝中翘楚也。

抵荷兰游园,园官请,题得一绝

斌 椿

遐方景物倍鲜妍,得句偏联翰墨缘。今日新诗才脱稿,明朝万口已流传。谓所题诗旋入新闻纸,数万张遍传海国。

到瑞国谒大坤,命入御园游览,敬题一绝为大坤寿

斌 椿

西池王母在瀛洲,十二珠宫诏许游。怪底红尘飞不到,碧波青嶂护琼楼。

俄京杂咏

王之春

旧都懒说墨斯科,比德城中安乐窝。远向和林过沙漠,不愁黑海有风波。

冰天雪地共谁偕,结伴行经大海街。群挈马单廊下出,大毛风领小皮鞋。

每思选胜到芬兰,当作华清出浴观。易地皆然偏就近,天魔易得美人难。

乡景曾观跳舞场,大家拍手笑声狂。曲终有酒须同醉,鱼子鹅肝信口尝。

宫墙高峻近民居,忧乐同民景象舒。入目晶莹无隔阂,方圭圆璧聚琼琚。

架悬十字贡心香,礼拜传经有教堂。石柱不妨镶孔翠。宝光还更耀金钢。

涅瓦江边任跑车,园分冬夏地幽遐。微行往往逢君后,试剑谁惊白帝蛇。

骈罗百货灿生光,皮币金砂擅富强。只有金龙旧茶店,独留字号认华商。

使 东 杂 咏

何如璋

清水洋过黑水洋,罗针向日指扶桑。忽闻舟子欢相语,已见倭山一点苍。自过花鸟后,目之所极,一望无际。水初作浅碧色,渐作蔚蓝,更为黝黑。至廿五日申正,驾长命舟师登桅遥望,少顷,云已见高岛,盖近日本境矣。

缥缈仙山路竟通,停舟未信引回风。烟岚万叠波千顷,不在诗中即画中。廿六日巳刻到长崎。初入口,弯环回匝,山皆古秀可爱。松翠万株,中有云烟缭绕之态,即古之所谓神山者耶?

八闽两粤三江客,鼓棹相迎谊独亲。笑问东游各情况,大家都是过来人。华商寓此者分三帮,约七八百人,亦闻有胜朝遗臣后裔居此已十数世者。

东头吕宋来番帕,西面波斯辟市场。中有南京生善贾,左堆棉雪右糖霜。中人多以棉花、白糖来。南京生者,彼尊我之辞。生,犹言先生也。永乐朝,倭大将受明朝册封为藩王,立勘合互市,故有此称。

入境宜观令甲悬,谁夸过海是神仙。游踪应少餐霞癖,不近清明也禁烟。日本烟禁极严,吸食贩卖均处重刑。

童男卯女渡三千,镜玺流传遂万年。沧海漫漫新乐府,诗人犹自笑求仙。距长崎百余里有熊趾山,山有徐福墓。纪伊国亦有徐福祠。日本传国重器三:曰剑,曰镜,曰玺,皆秦制。其立教首重敬神,亦方士法门。

天生海峡势回环,一鉴平湖入下关。寄碇晚沽村市酒,坐看渔火带潮还。是晚泊下关,一名赤马关,土人名为小长崎。山势环拱,泊舟佳处也。此口未通商,而市廛似颇繁庶。登岸匆匆一观,尚未悉其形胜。

极目茅淳海市通,蜃楼层叠构虚空。街衢平广民居隘,半是欧西半土风。未初到神户口,一名茅淳海。港口南敞,山岭北峙。番楼廛肆,依山附隰,约里许。然东人所居皆仄隘,通市以来,气象始为之一变。

丰臣奋迹开雄镇,石垒深濠大坂城。三百六桥余霸业,淀川呜咽暮潮声。大坂繁庶,街衢如棋盘。大小桥三百余处,淀川萦贯其中。有石城,表里两层,石巨方或二三丈,濠深莫测,中有台,甚高,远望十余里,镇兵驻之,平秀吉之所筑也。

剩水残山旧国都,前王宫阙半荒芜。司阍老吏头垂白,犹记当年辇道无?初六日,乘火车往西京游览故宫。大坂府知事先以电信告守者。已至,老吏导入。有曰紫辰殿者,颇庄严,其他稍杀,俱暂颓废矣。

盘曲苍松拂槛低,池边芳草绿萋萋。忘机却有穿林鸟,不管游人只管啼。宫中有御花园,引水为池,水从石罅泻入,曰青龙瀑。池上草树繁茂,尤多苍松。迁都后,除门外守吏外,殆无人迹。

险过江行遇石尤,由良濑户急停舟。渔人不解风波恶,闲弄寒潮狎海鸥。初八早,由神户启轮东南行,至由良濑户。濑户者,译言峡也。出峡即大洋。是日天气骤变,风浪险恶,不可行。沿峡而西,泊大岛以避之。

弹指沧桑迹屡移,石填蠡测总成痴。阿谁快订麻姑约,亲见蓬莱水浅时。西人初来互市,在横滨外口下田港。嗣以地震,地形改易,不可泊舟。乃立约移神奈川市场,开山填海,化灌莽为肆廛矣。

磴道盘云三两家,苍松蟠曲石槎牙。山翁迟客茶铛爇,亲瀹寒泉试嫩茶。由伊势山渡平沼桥,海岸山巅有园,依岩壑以点缀之,结构甚佳。主人见客远来,瀹茗相饷,汤作湛碧色,味似龙井,彼上品也。

家书运寄凭邮便,一纸何嫌值万金。五岭极天隔瀛海,鲤鱼风紧碧波深。东人公私文报设局经理,名曰邮便。置柜中衢,任人投之,定期汇收分寄,无遗漏者。所收资,局中供用之余,皆入公。

聘问仪修三鞠躬,免冠揖客甚雍容。承书欲讶云霞烂,拜祝新沾膏雨醲。廿四日赴王宫呈递国书,王免冠拱立敬受。出入三鞠躬,王答如礼,其容甚肃,而其礼甚简。

叡山松柏郁寒云,东照宫前日易曛。野老不知时事改,尚持钱赛故将军。余游上野东叡山,山有神宫,祀故将军东照公。宫前松柏环植,寒翠蔽日。野人持钱赴赛者,踵相接也。跪而合掌,不知喃喃作何语。

宾筵酒馔翻新式,乐部笙歌倚旧声。沿习太平唐代舞,诸伶白首忆西京。日宫宴客改用西式。酒阑,召伶人奏《兰陵王破阵乐》及唐代太平舞二阕,颇饶古趣。盖西京旧时乐工,今比之《广陵散》矣。

负郭芝山郁万松,漫天风雪舞群龙。客居自笑耽幽癖,时听寒涛杂晚钟。十二月廿一日,移寓东京芝山月界僧院。院外万松盘郁,风起涛生,与山寺疏钟相答,都市中殊得山林之趣。

天门诀荡五云春,万国衣冠拜舞辰。西望觚棱遥稽首,数千里外二人行。既来东京舍馆驻节,越十日,为我四年元旦。如璋以海外行人,谨偕副使率随员行庆贺礼。瞻望阙廷,如在天上。

使琉球杂咏

林麟焻

手持龙节渡沧溟,璀璨宸章护百灵。清比胡威臣所切,观风先到却金亭。

徐福当年采药余,传闻岛上子孙居。每逢卉服兰闍问,欲乞嬴秦未火书。

匹练明河牛斗横,鼕鼕衙鼓欲三更。思乡坐拥黄绸被,静听盘窗蜥蜴声。

射猎山头望海云,割鲜挏酒醉斜曛。纸钱挂道松楸老,知是欢斯部落坟。

王居山第兔园开,松枥棕花倚石栽。多少从官思授简,不知若个是邹枚。

奉神门内列鹓行,乞把天书镇大荒。唤取金縢开旧诏,侏僑感泣说先皇。

閟宫甍角压山原,将享今看几叶孙。二十七王禋祀在,厘圭锡卣见君恩。

译章曾记莋都夷,盘木白狼归汉时。何似岛王怀圣德,工歌三拜鹿鸣诗。

宗臣清俊好儿郎,学画宫眉十样妆。翘袖招要小垂手,簪花砑帕舞山香。

望仙楼阁倚崔嵬,日看银山十二回。笙鹤绛云飞咫尺,不教弱水隔蓬莱。

纤腰马上侧乘骑，草圈银钗折柳枝。连臂哀歌上灵曲，月明齐赛女君祠。

久稽异域岁将徂，自笑流连似贾胡。三老亦知归意速，时时风色相桐乌。

右《游历诗歌》一卷，近年诸星使所著也。乘一叶舟，行万里路，奇情异景，历历在心。本入境问俗之例，结与国联袂之欢，发为诗歌，不同凡响。昔太史公周游名山大川，作文有疏宕气，今诸公之诗亦然。余忝膺槟屿领事，诸使往还，匆匆一面，即展轮去。今读其诗，不啻如见其人，恍置身九洲三岛间，亲见其吮毫拈笔时也。汇为一册，尝置案头，非徒备观览也，时寓高山仰止之思焉。煜南识。